新版

野菜の作業便利帳

川崎重治 著

よくある**失敗**
100カ条

農文協

まえがき

手間を省こうと、かん水チューブでのかん水に頼っていたら、病害に悩まされるようになった。排水が悪い畑を深耕したら、よけいに水はけが悪くなった。徒長を抑えようとハウスの換気をしたら、生育が不揃いになった……。本書は、そうした誰でもどこでもおかしがちな失敗を集めている。

『野菜の作業便利帳』の初版が発行されてから、三十年弱。最近は新規就農する方々や直売所などに出荷をされている方々の参考書としても、役立てていただいているようだ。そこで、そのような読者層に向けて、新たな品目、失敗例、一口ヒントなどを加えたのが本書である。基本的な事例はそのままに、現代の課題ともいえる異常気象対策などの事例も追加した。

情報が氾濫し、便利な資材なども増えた昨今だが、もっとも必要なのは、野菜の生理に立ち返って判断し、適切な対策を練ることである。失敗は成功のもと。本書が、あなたの野菜つくりの腕の向上に役立つことを願っている。

平成二十六年一月

川﨑　重治

目次

各項目について

よくある失敗、思いちがい
なぜそうなったか
どうすればよいか

◉品種とまきどき

◉苗の育て方

品目別目次

●一口ヒント

《ピーマン》

《キュウリ》

《スイカ》

◉農薬利用

◉土つくり

（注：本文でふれている農薬は、二〇一四年一月現在の適用です。）

■障害別さくいん■

本書のねらい

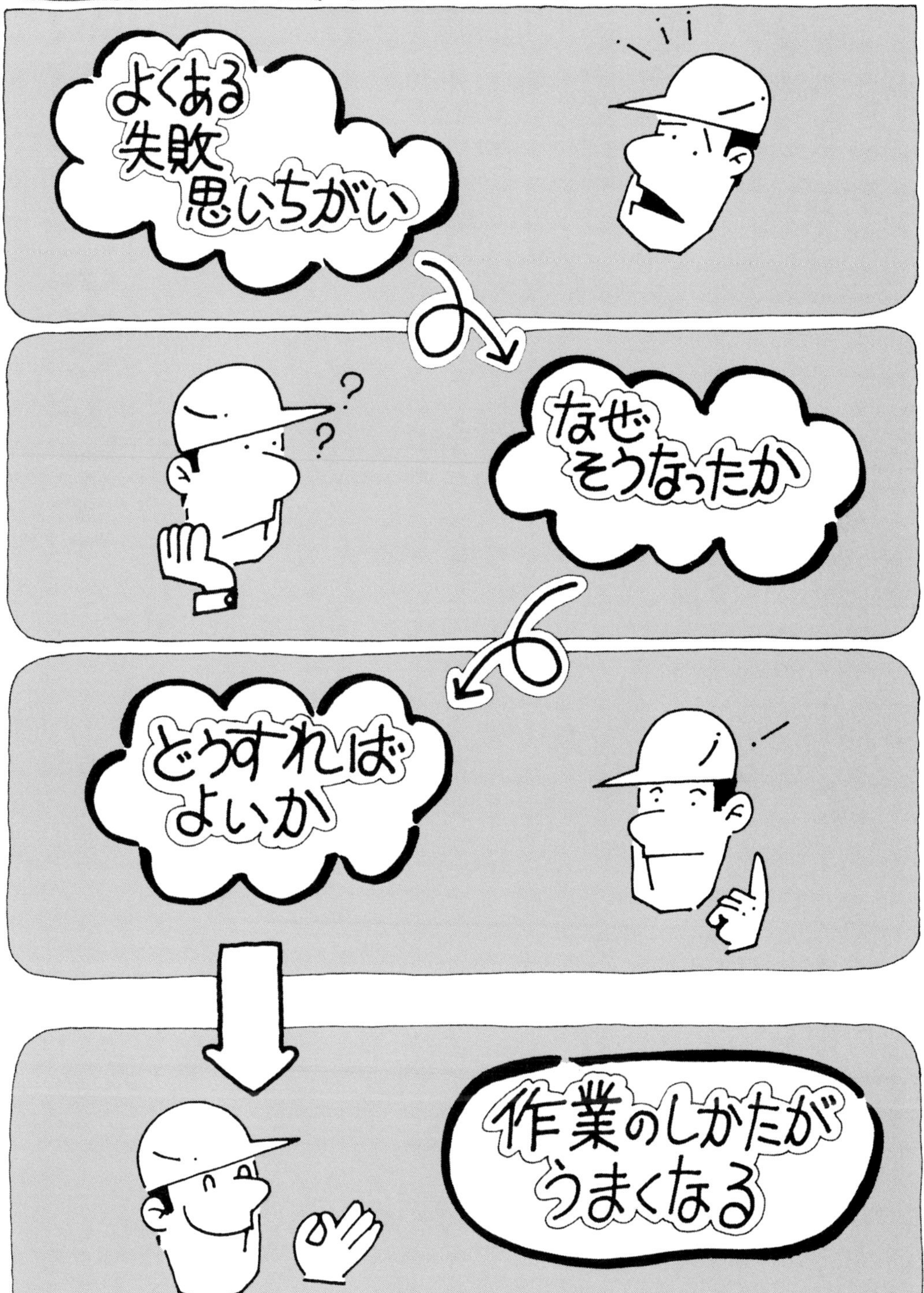

品種とまきどき

野菜つくりはスタートが肝心。生育過程によってさまざまなポイントがある野菜つくりだが、品種とまきどきをまちがわなければ、その後の生育も軌道に乗せやすい。

同じ野菜でも品種によって特性はちがう。早まきして病気にかかったり、まきおくれて収穫できなかったりすることもある。早生と晩生のちがいに注意するなど、品種にあわせて栽培することが基本だ。

新顔野菜や新品種は年々ふえ続けているし、野菜の販売方法や消費者の好み、食べ方も多様化している。そういった点も加味して、品種とまきどきを考えることが、ますます重要になっている。

促成ナス・トマトなど

年内多収をねらった早まきで大減収

よくある失敗、思いちがい

ナスの市況は、年内は比較的高い。そこで、十二月までに多収穫しようと思い、慣行の種まき適期より半月早い六月下旬に種まきした。ところが、例年より早く年内から青枯病が多く発病し、欠株が目だつ。生育がおう盛で年内の成りこみが多かったが、一～三月は石ナスの割合が多く、まったく収穫できない。全体としては大幅に減収した。

なぜそうなったか

青枯病の病原菌は細菌（シュードモナス属菌）で、高温を好み、地温が二〇度以上と高くなるほど、盛んに繁殖する。七～九月上旬にかけて活発に活動し、仮植や植付け作業でいためた傷口、あるいは根が分岐するときに生ずる裂け目などから

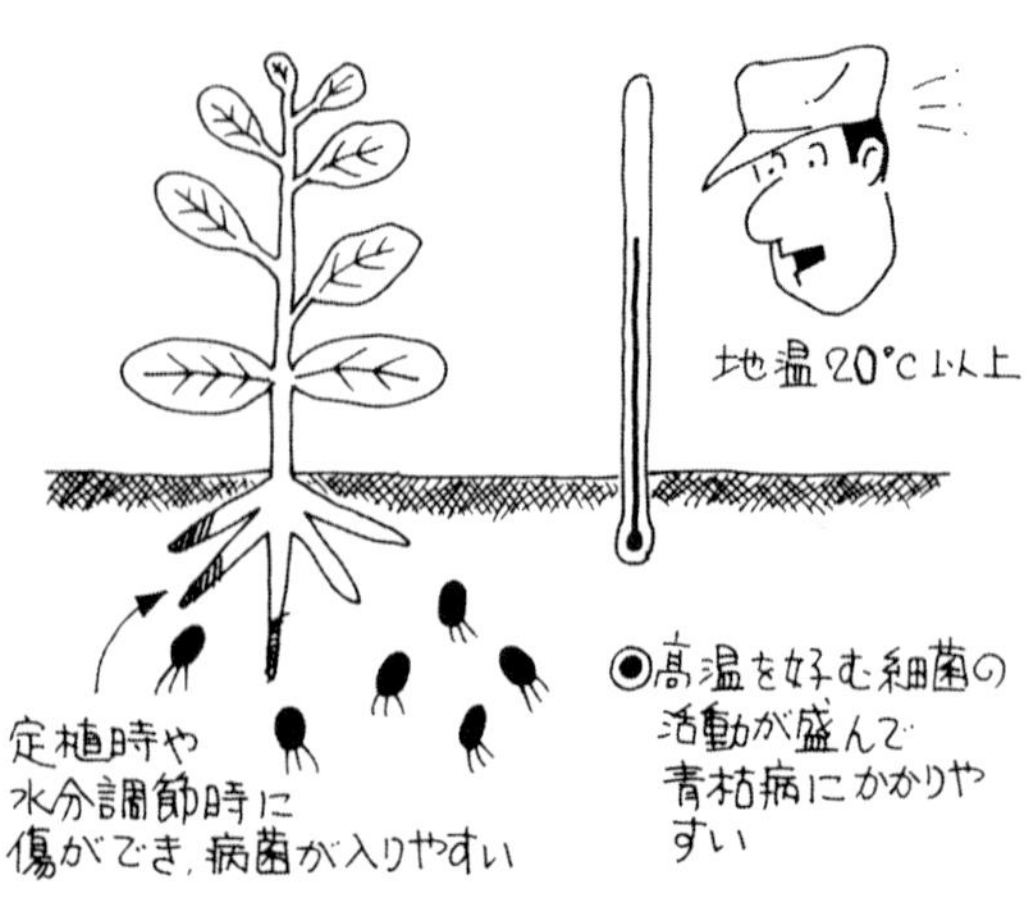

早植えは危険がいっぱい

侵入して、発病が多くなる。とくに秋季の冷えこみの少ない暖冬時に、保温効果の高い大型ハウスで多くなる傾向がある。

また、早まき早植えでは、気温や地温が高いため植付け後の生育調節がむずかしく、発育が強勢になりやすい。確かに年内の収量は多くなるが、低温で日射量の少ない一〜三月には過繁茂になり、成りこみが著しく減少する。そのうえ、商品性のない石ナスが多く、大幅な減収になる。

どうすればよいか

促成ナスの生育相と青枯病の発生のしかたからみて、抵抗性を持つ品種を選ぶか、抵抗性を持つナス品種の接ぎ木専用台木を利用する。青枯病にかなりの抵抗性を持つアシストやトルバムビガーなどの台木を使うと相当に生育が強くなり、生育の調節がやりにくい。これらのことを考えると、年平均気温一六度ぐらいの地域での促成栽培では、七月中旬種まき、九月中旬植付けがよいであろう。

トマトでも六月まきでは青枯病が多い。褐色腐敗病にも強い接ぎ木台木専用を利用できるが、接ぎ穂品種との親和性を事前に調べておく。また、秋ジャガイモの八月中〜下旬植えは青枯病が目だち、とくに排水不良地は激しく発生する。そのほか、春キュウリ系品種の八月まきでも立枯れなどの障害が多い。野菜や品種の持つ特性と病害の出方を無視した栽培は多くの障害をおこす原因になる。

ハクサイ

少しのまきおくれでも結球せず

よくある失敗、思いちがい

冬どりハクサイを九月中旬に種まきし、十月上旬、早生水稲の後作に植える予定で育苗したが、整地がおくれた。

葉重型の極早生品種を用い、適期にまき、植えいたみの少ない鉢育苗であるため、定植が多少ずれこんでも、生育には支障はないと思って作業したが、まったく結球しなかった。

なぜそうなったか

ハクサイは幼植物でも一五度以下の低温に一五日あまりあうと花芽ができ、その後は新しい葉ができなくなる。ハクサイが結球するには、ある一定の葉数が必要だが、植付けがおくれると、花芽分化がおこる十月中旬までの生育日数が少なく、結球に必要な最少限度の四〇枚が確保できないために、不結球に終わる。

日ごとに気温や地温が下がる秋から冬にかけての時期は、一日でもおそく植えると、その後の発育が著しくおくれてくる。また、育苗日数が三〇日をこえると根は老化し、発根力が弱い。植付け後の発育が一時停止したり、下葉が落ちるほど植えいたみが激しい。

植付け後の肥料吸収がスムーズにいかず体内の窒素量が少ないと花成ホルモン物質がふえて、花芽分化をおこしやすくなる。

どうすればよいか

水田利用の冬どり栽培を計画するときは、前作水稲は刈取りの早い極早生品種を使い、早めに整地して十月上旬の適期植えができるように準備を進める。

とくに強粘質土では砕土が悪く、根鉢が乾きやすいので注意する。また、苗質が悪くならないように、腐植や窒素、リン酸を多く含んだ床土を用意し、根の活力が維持できるようにする。

苗床では特殊肥料（以下、特肥）「エポック」一、〇〇〇倍液か、「地楽園」三、〇〇〇倍液に液肥五〇〇倍液を加えて、苗床で二〜三回かん水する。または植付け前にどぶ漬けすると活着が早い。また、速効性の窒素やリン酸肥料を根付け肥として、それぞれ一〇アール当たり成分量で一キロあまりを、または特肥「エポック」か「地楽園」を植穴に施すのもよい。

また、田畑輪換畑では、直まきが無難

植付けが5日おくれると、生育にこんなに差がつく

であり、さらにマルチ栽培を併用すると七〜一〇日あまりおくれても結球する。

このほか、冬場にむかって、生育する冬どりタマネギや夏まきキャベツ、促成イチゴなどは、植付け適期がおくれると、玉ができそこなったり、収穫がおくれる失敗をおこすので、植付け適期は守りたい。

ハクサイ

「晩生種はおそまきできる」という錯覚

よくある失敗、思いちがい

生育適温期間の長い冷涼な地方では、晩生品種のほうが収量が多いと参考書に書いてあった。平坦地でも生育期間の長いところでは、おそまきしても、充分に生育して多収穫ができると思った。ところが、九月中旬に種まきしたら、半結球で、しまりが悪く、また、結球できずに抽苔してしまった。

なぜそうなったか

結球ハクサイには早生種の葉重型と、晩生種の葉数型、その中間型の三つの結球型がある。それぞれの品種によって、結球に必要な最小限の葉数がきまっており、葉数が多いほど、大きくて重い球が収穫できるが、葉数が不足すると結球しなくなる。

晩生種は葉数型で、結球するには八〇枚以上の葉数を花芽分化までに確保しなければならない。

秋まき栽培での花芽分化時期は、平均気温が一五度となる十月中旬であり、品種や種まき時期を問わず一斉に分化する。九月中旬になって種まきすると、花芽分化までの日数が短く、結球しにくい。

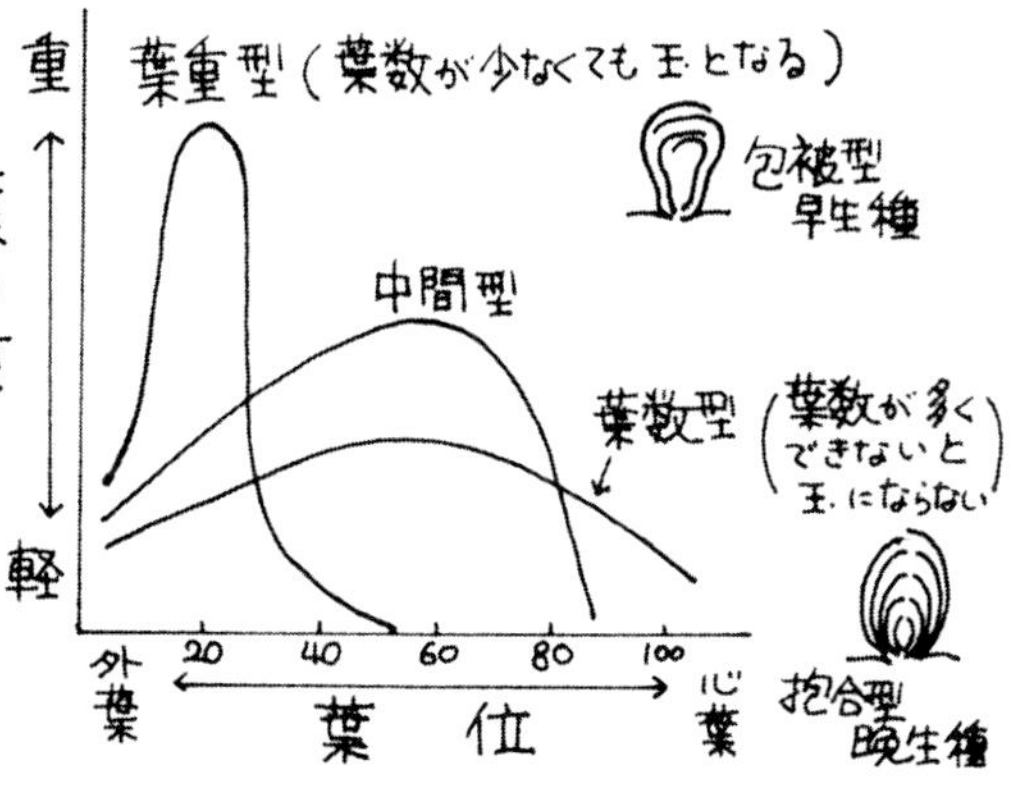

ハクサイ品種の結球型（タイプ）

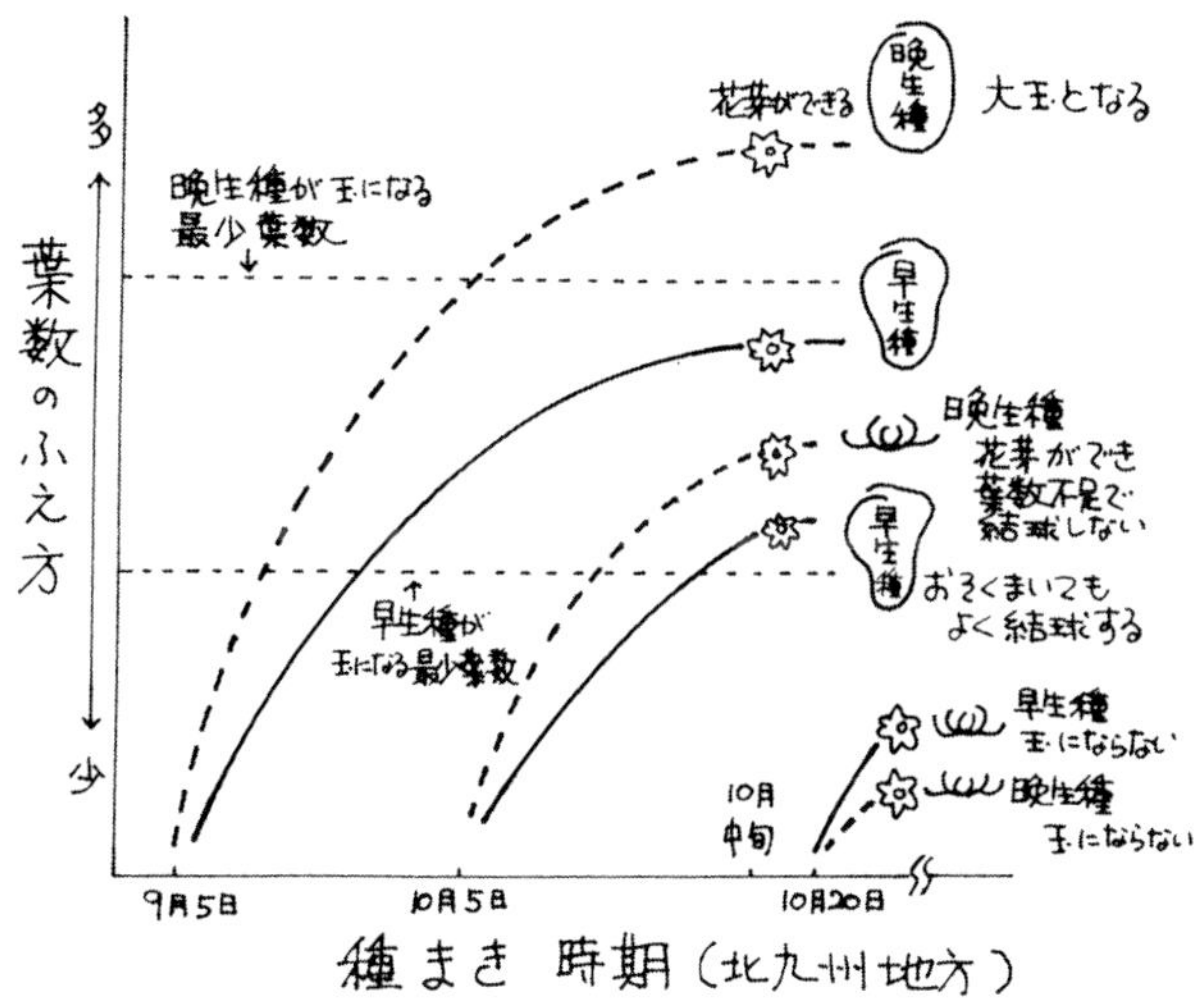

種まき時期と葉数のふえ方

どうすればよいか

早く種まきして生育日数を長くしなければならない。ただし、平坦地で八月上～中旬に種まきするとよく結球するものの、病気にかかりにくい特別な品種以外は収穫前に腐敗病にかかって収穫できなくなるので、八月下旬から九月上旬が適期になる。勘ちがいして早まきした場合は、結球はじめころから特肥「エポック」三〇〇～五〇〇倍液が株元にしたたり落ちるように、多めに葉面散布すると腐敗を減らすことができる。

一方、早生種は葉重型で四〇枚あまり葉数があればりっぱな球が収穫でき、晩生種とちがって播種適期の幅が広い。そのため、早まきによる早出し栽培と九月中旬～十月上旬まきの冬どり栽培、あるいは春まき栽培が可能である。

播種適期をのがし、おそまきするときは、短期間で結球に必要な葉数がえられる早生種を利用しなければならない。

一口ヒント

スイートコーンの品種選び

品種によって雌穂のつく角度がちがう。雨の多い時期は、雌穂が横に開く型の品種は、上面はよく受粉され着粒するが、その反対側は不稔粒ができ雌穂は変形する。雨の多い山間地の作型ではBの品種がよい。

雨が多い地域は立性の品種を

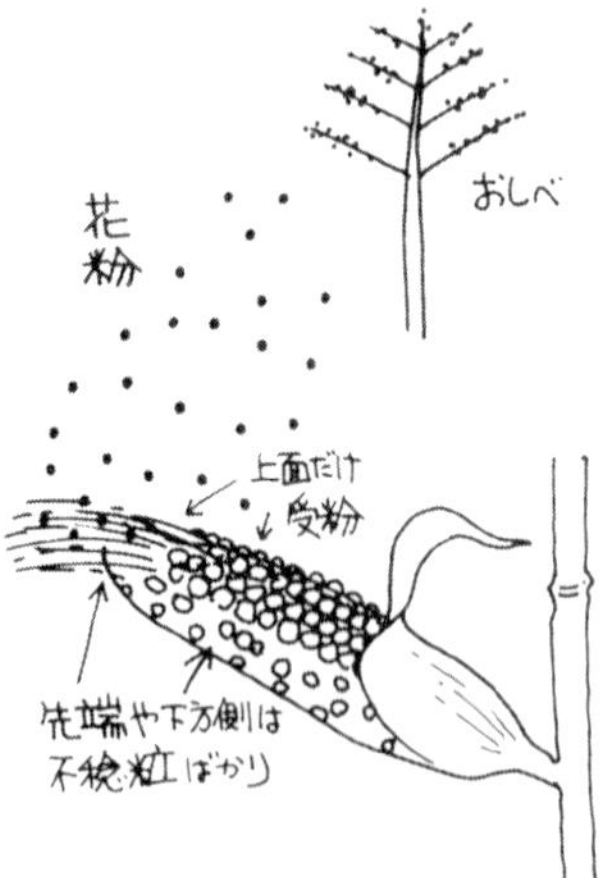

タマネギ

セット栽培の品種選びは目的にあわせて慎重に

よくある失敗、思いちがい

いろいろな情報から、播種は多少おくれてもよいのだと思い「シャルム」を三月下旬に播種し、セット球を五月下旬に収穫した。その球を選別しないで九月上旬に植え付けたが、完熟球は少なく、青立株ばかりで失敗してしまった。

なぜそうなったか

タマネギの球ができるしくみは、日長時間と温度が深くかかわり、一株ごとに感受性がちがう。種子ではわからないので、めんどうでもセットで早く球ができるのとそうでないのを選り分ける。セットの選別ができないとシャルムの栽培は成功しない。

球が早くでき、そろいのよい品種（冬スターF、冬スターH、スーパーアップ、トップゴールド320、トップゴールド305）では、三月に播種をして五月にいっせいに収穫しても球が太らないセット球は、腐敗して自然に淘汰されるのでめんどうなセットの選別が省ける。

しかし、シャルムの場合、選別できなかったセットを九月上旬に植えると、球の肥大が早い株は大球を収穫できるが、長日感受性の鈍い株は球の肥大が途中で止まる青立株になる。

どうすればよいか

セット利用の秋冬どり栽培では、品種特性に適したセットの養成、選別が必要。セットの選別ができず、球の肥大が早い個体と遅い個体が混ざりあった場合は、球ができやすいように早く植えて、茎葉が高温と長日条件を充分に感受されるようにする。そのためには、標準より七～一〇日早い、八月二十日ころに植える必要があり、山林や建物の陰になってしまい朝夕の日当たりの悪い畑は不向きである。こうすると欠株や球の太りが早く、小玉がふえるのはやむをえない。

タマネギ

マルチ栽培にむく品種は？

よくある失敗、思いちがい

マルチをすれば収穫が早くなると聞き、マルチ栽培を試みた。どんな品種でもマルチすれば早出しができると思い、晩生品種を使ったところ、抽苔が多く、残った株は普通栽培とあまり変わらなかった。

なぜそうなったか

タマネギは、温度や日長時間などへの反応が品種によってちがい、太り方もちがう。中晩生品種は日長時間が一三時間程度で温度が一五度以上にならないと太らず、とくに、日長時間がより強く影響する。したがって、マルチ栽培で地温を確保しても、根や茎葉の発育は進むが、玉の太りや収穫は早くはならない。むしろ、早まきでは冬場の生育が進みすぎて分けつしたり、花芽分化をおこし抽苔してしまう。

どうすればよいか

中晩生品種を使って早出しをねらうのはまちがっている。ただし、圃場が乾きやすいところや、二月の春植え、雑草防除をかねて多収穫をねらうときは中生から晩生品種のマルチ栽培がおもしろい。この場合、やや細い苗（茎の太さ、普通植えで四～五ミリ・春植え五～六ミリ）で、施肥量も三〇％減量する。早出しをねらうときは極早生品種（スーパーアップ、トップゴールド320、トップゴールド305など）を使う。極早生種は温度に敏感で一〇度以上、しかも一一時間日長で玉が太る。

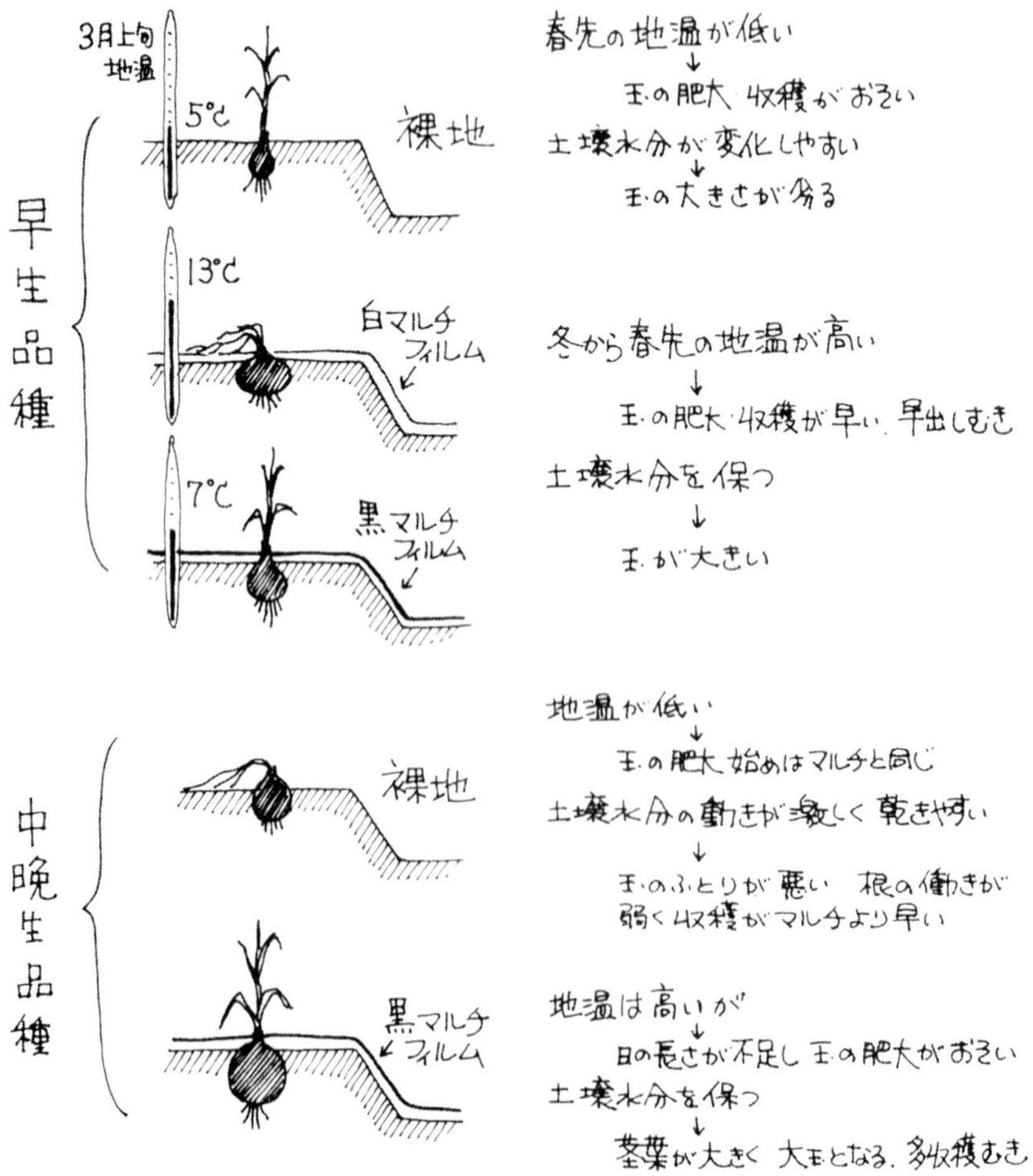
3月上旬 地温
早生品種
5℃
裸地
春先の地温が低い
↓
玉の肥大・収穫がおそい
土壌水分が変化しやすい
↓
玉の大きさが劣る
13℃
白マルチフィルム
冬から春先の地温が高い
↓
玉の肥大・収穫が早い。早出しむき
7℃
黒マルチフィルム
土壌水分を保つ
↓
玉が大きい
中晩生品種
裸地
地温が低い
↓
玉の肥大始めはマルチと同じ
土壌水分の動きが激しく乾きやすい
↓
玉のふとりが悪い 根の働きが弱く収穫がマルチより早い
黒マルチフィルム
地温は高いが
↓
日の長さが不足し玉の肥大がおそい
土壌水分を保つ
↓
茎葉が大きく大玉となる。多収穫むき

タマネギの品種とマルチの効果

カリフラワー・ブロッコリー

晩生種は早まきしても早く収穫できない

よくある失敗、思いちがい

カリフラワーは、平坦地でも十～十一月どりできると友人から聞いた。水田転換畑に栽培を計画、カリフラワーはハクサイと同じように秋には花芽ができ、どんな品種でも早くまくほど収穫が早まると思い、晩生種を七月上旬にまいた。しかし、十一月にはいっても株は大きいが花蕾が見えない。一方、極早生種を八月上旬にまいたら、植付け後、小さい株に花蕾ができたが、商品価値がなかった。

なぜそうなったか

カリフラワーの栽培を成功させるには、地域ごとに収穫期にあった品種と種まき時期を選ぶことがポイント。

花蕾のもとになる花房分化は、品種によってちがうが株が一定の大きさに生長し、二三度以下の温度に一五～三〇日間あわなければおこらない。晩生種では葉数が一五枚以上に生長し、五度以下や二～三度の低温にあってはじめて花房が分化する。したがって早まきしても十一月以降の分化になり、茎葉ばかり発育して、肝心の花蕾が見えてこない。一～三月になって収穫できるものの、大玉になりすぎる。晩生種は八月上～下旬すぎが適当である。

一方、極早生種は平均気温二三度以下の比較的高い温度で感応し、六～七枚以上の葉数に生長していれば花房ができる。したがって、極早生種を八月上旬にまくと、

ブロッコリーの花蕾
A：頂花蕾　B：側花蕾（脇芽）

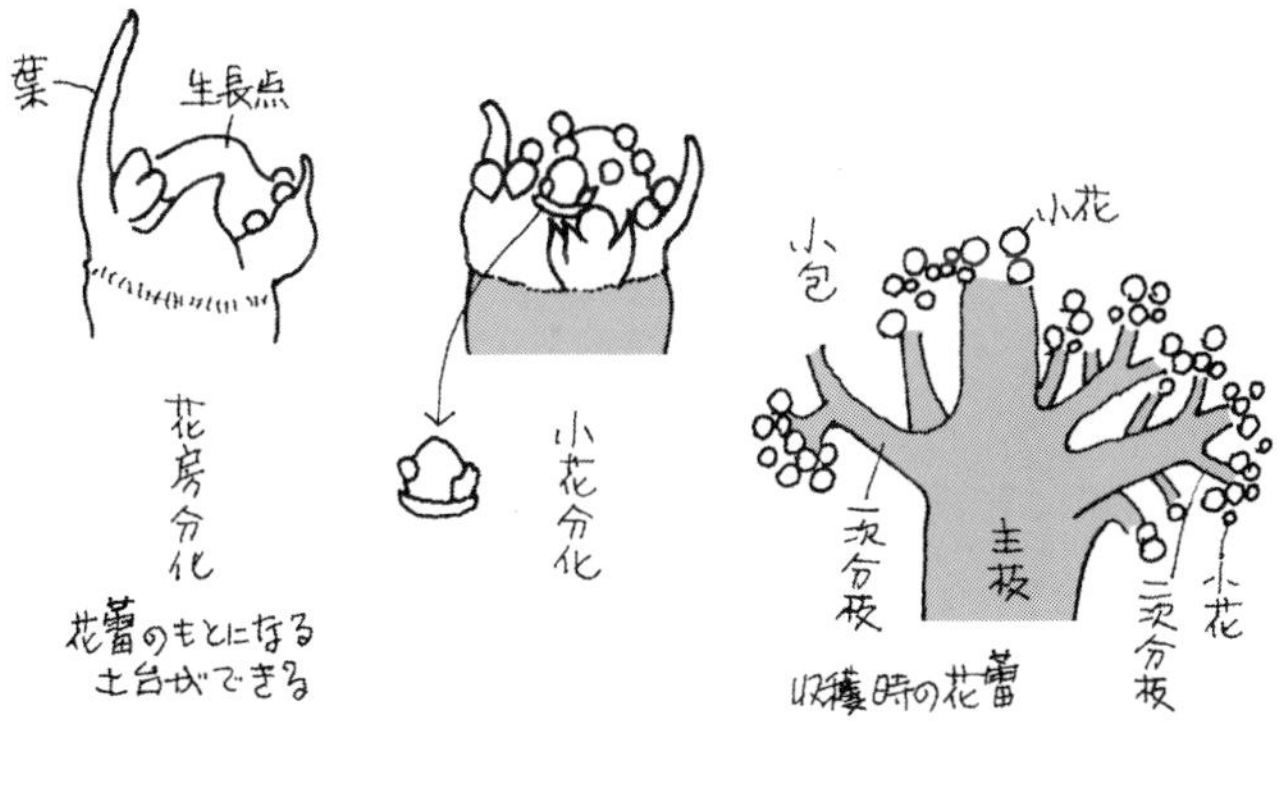

ブロッコリーの花蕾のでき方

小さい株で花房ができ、その後、葉数がふえないので、同化養分が不足して花蕾は大きくならない。

どうすればよいか

十〜十一月収穫には極早生種や中早生種を使い、六月下旬から七月中旬に種まきし、若苗を定植して植えいたみを防止する。

種まき時期が適期であっても、植付けがおくれると、植えいたみが激しいばかりか、初期の生育が妨げられる。思うように発育しないうちに花芽ができると、そのあとは新しい葉がふえてこないので、葉面積が少なく、花蕾を充分に大きくすることができない。本圃は作付け予定より二カ月くらい早めに準備しておく。苗は本葉三〜四枚、育苗日数二〇〜二五日の若苗を定植する。元肥重点で速効性肥料を用い、特肥「地楽園」三、〇〇〇倍液にどぶ漬け後に植え、乾燥を防いで生育をうな

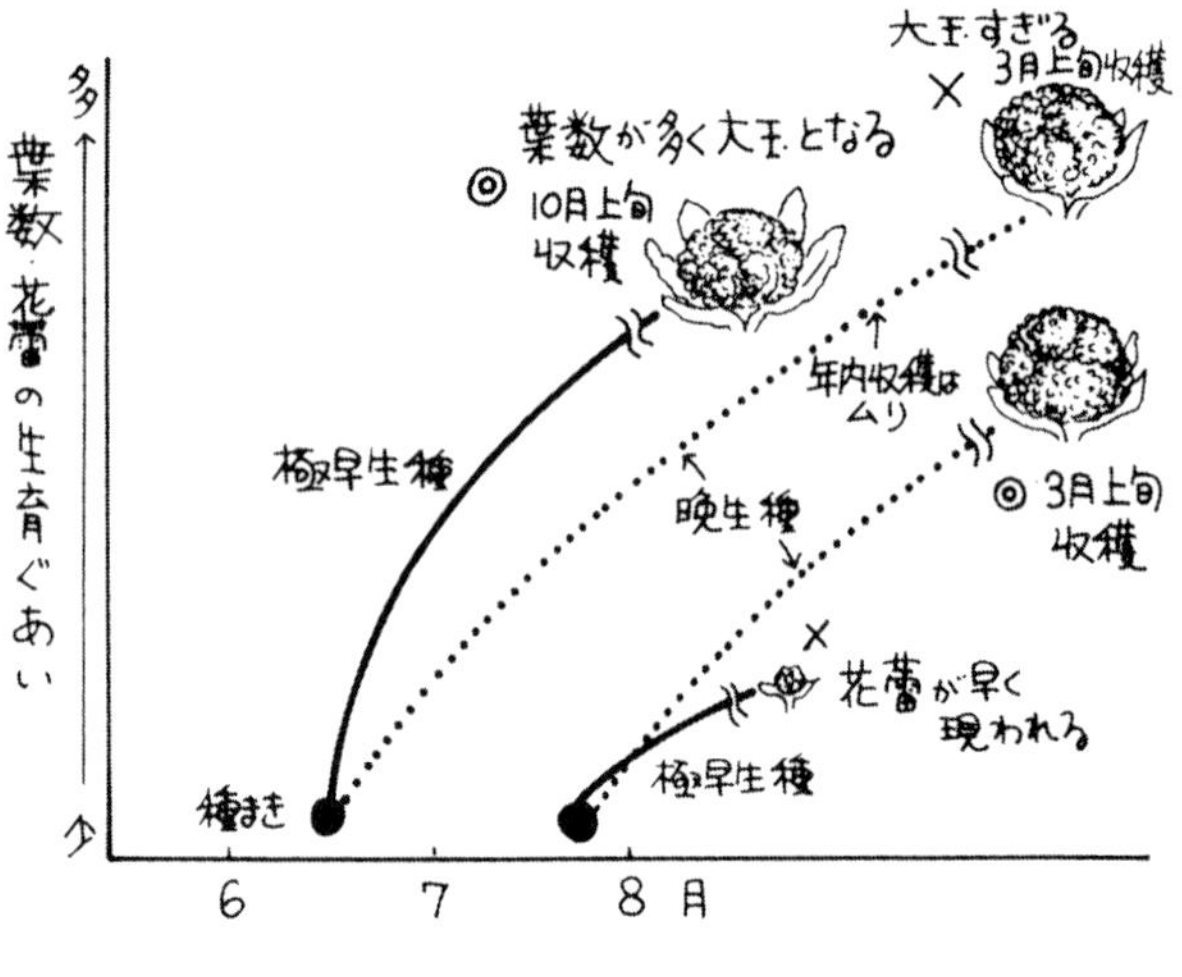

晩生種を早まきしても早く収穫できない

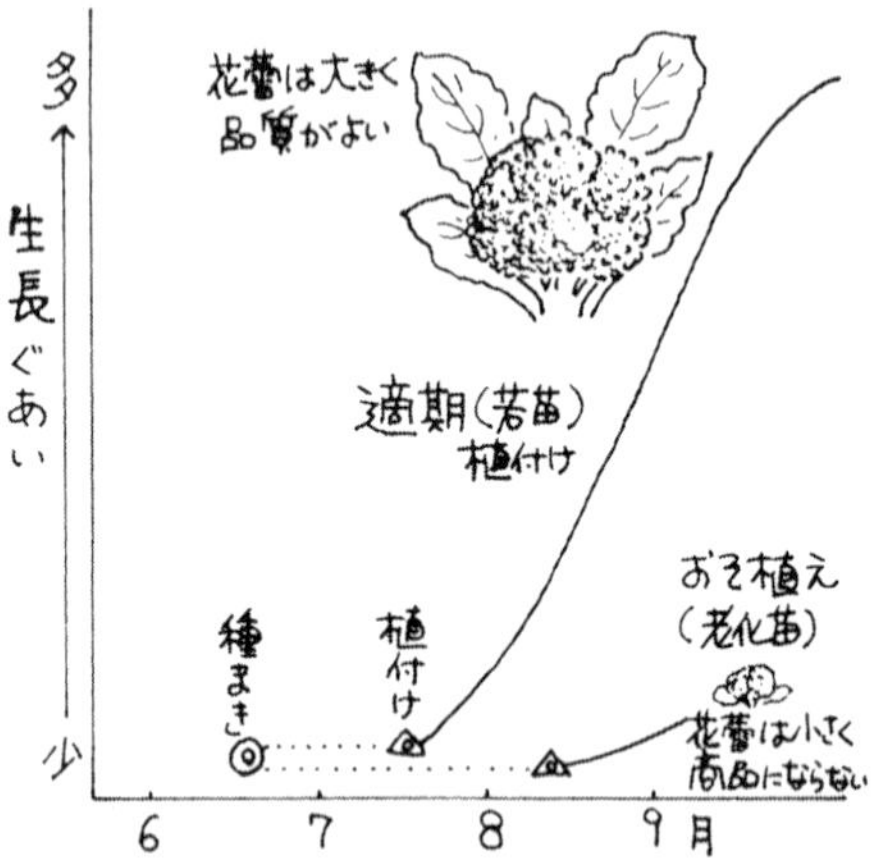

植付けがおくれると商品にならない

カリフラワーの花芽分化の条件

品種	葉数	温度
極早生	6〜7枚以上	20〜23度以下
早生	6〜7枚以上	14〜17度以下
中生	11〜12枚以上	10度以下
晩生	15枚以上	5度以下

がす。なお、植付けがおくれたら、作付けを断念し、中晩生品種にきりかえるほうが得策である。

ブロッコリー

冷涼地でもむずかしい早まき栽培

よくある失敗、思いちがい

冷涼な気候を生かしたいと思い、水田転作にブロッコリーをとり入れた。標高四〇〇メートルあまり、夏場は比較的に涼しく年平均気温一三・五度、五〜七月と秋梅雨どきは降雨量の多い山間地である。極早生の品種を用い、六月に種まきし、九月どりを計画した。しかし、まったく野菜を作付けしていない圃場であったにもかかわらず、収穫直前になって、花蕾が腐敗する軟腐病が発生して収穫できなかった。

なぜそうなったか

ブロッコリーは二〇度前後を生育適温とし、冷涼な気候を好む。幼苗時から生育初期にかけては病害や暑さには強いが、花蕾が見えるころからは暑さに弱く、二五度以上になると花蕾の発育が鈍く、病害にかかりやすくなる。

そのため、平坦地での七〜九月収穫はむずかしい。品薄どきをねらった山間地での栽培はおもしろく、実現したいところだが、標高四〇〇メートルといっても、日中の気温が高いうえに、雨量が多いと、ブロッコリーはストレスをおこしやすい。

高温多湿（病菌の発育適温三〇〜三五度）を好む細菌（エルビニア属）の繁殖が盛んで、軟腐病が激発することがしばしばである。

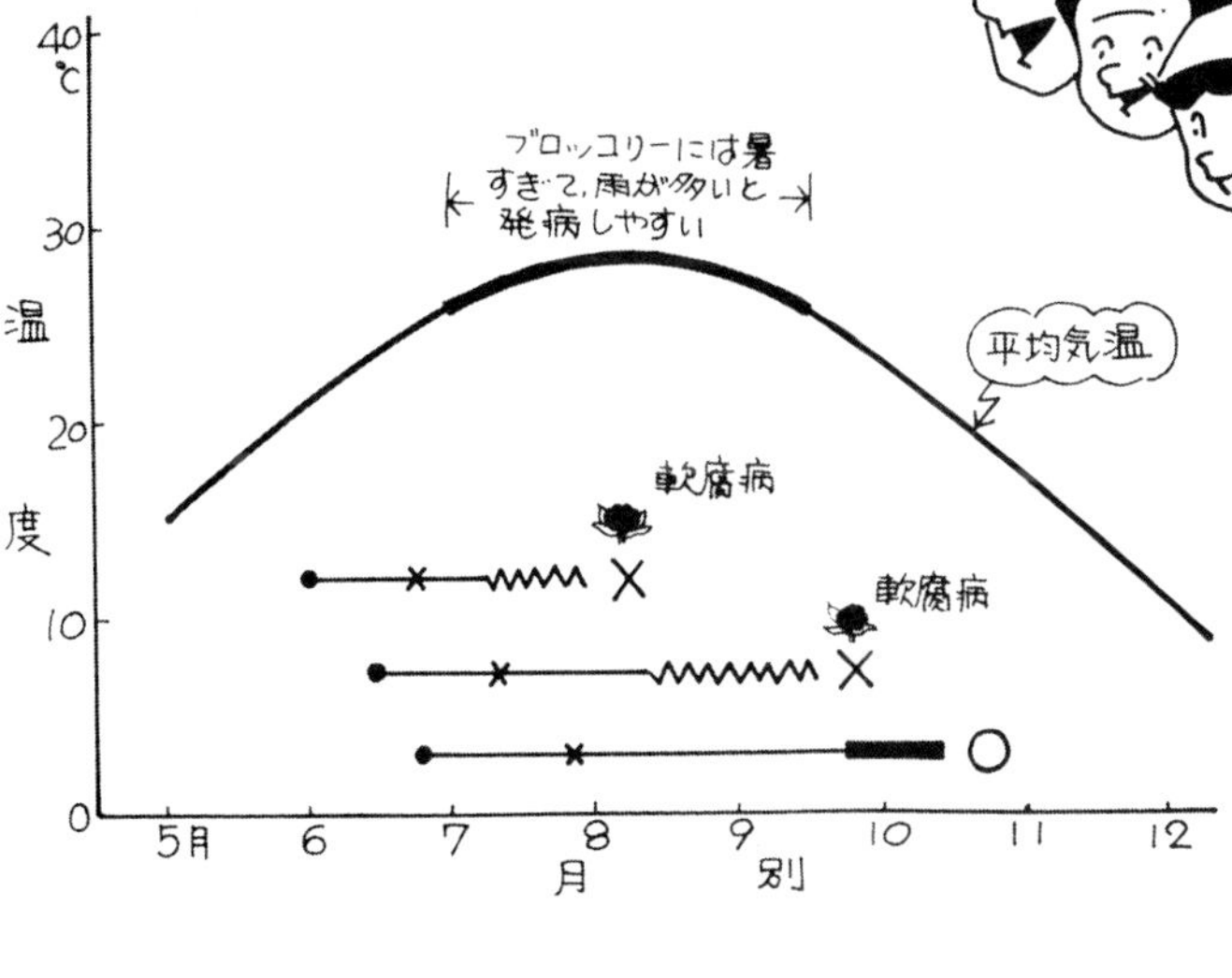

冷涼地でも雨の多いときの早まき栽培はむずかしい

どうすればよいか

この病菌は風によって土や砂といっしょに運ばれ、キスジノミハムシやヨトウムシなどの食べ跡の傷口などから侵入するので、害虫防除が大切である。

雨量の多い地域では雨よけ栽培を、雨量の少ない地方では出蕾ころから寒冷紗を被覆して温度を多少でも下げてやるほかに特肥「エポック」五〇〇～一、〇〇〇倍液を生育初期から一五日ごとに葉面散布すると障害が少なくなる。

また、最も適した十月か、初夏に収穫できる栽培を考えたい。

山間地で夏場に栽培するパセリーでも収穫後に軟腐病が多い。収穫直後の葉上からのかん水は禁物で、葉をかいだ傷口が乾いたあとに行なう。さらに特肥「エポック」を葉面散布する。

ジャガイモ

男爵、メークインは秋作にはむかない

よくある失敗、思いちがい

暖地での秋作ジャガイモは、生育期間がきわめて短い。収穫するには、いもの肥大が早く、しかも食味のうまい品種がよいと思って、早生といわれる男爵と、市場性の高いメークインを選んだ。種いもは春作でできたいもを使用し、九月上旬に植えたが、なかなか発芽せず、十月中～下旬になってようやく萌芽してきた。しかし、まもなく霜が降り、茎葉が枯れて収穫できなかった。

なぜそうなったか

秋作は植付け後霜で茎葉が枯れるまで、わずか三カ月あまりの生育日数である。生育適温は一五～二〇度だがこの範囲にある期間は短い。したがって早く萌芽させて、初期生育を促進するような品種の選び方が栽培のポイントになる。

ジャガイモは収穫後、どんな好条件においても萌芽しない性質、いわゆる休眠がある。その期間は収穫時期や貯蔵条件で多少は変わるが、品種固有の特性である。そして、いもの肥大が早い品種は休眠が短いとはかぎらない。早生といわれる男爵やメークインは、休眠期間が一二〇日から一三〇日と長く、農林一号やニシユタカ、デジマ、メイホウ、普賢丸、アイノアカなどは九〇日と短い。

そのため、休眠期間の長い男爵やメークインは秋作には不適当だ。九月に植えても十月以降の発芽になり、茎葉が充分に発育し終わらないうちに、霜で枯れるのでいもは太らない。

どうすればよいか

秋作には休眠が早くさめて、発芽が早く、しかも、よくそろう農林一号、デジマ、

普賢丸、アイノアカなどを使う。

発芽後一カ月くらいでつぼみが見えるが、そのころ、いもとなるストロンができてくる。この時期までに生育を急がせ、十月の適温に茎葉のはたらきが充分に行なえるようにする。

なお、十二月植えのハウス栽培は、春に収穫したものを秋すぎまで貯蔵して、発芽したいも（おんばいも）を利用する。

最近の品種は外皮色、肉色、薯の形、でんぷんの質などがちがい、それぞれ用途や調理法で適性がちがう品種が多い。地域やつくる時期、直売などの販売方法を検討して品種を選び、芽が動きだすまでの期間が長いか短いかも品種選びのポイント。

ジャガイモ以外でも新しい消費の動きや販売方法、機能性成分を重視した動きから新野菜や品種もミニサイズ、形、色など個性のあるものが多いが品種特性をよく知る必要がある。

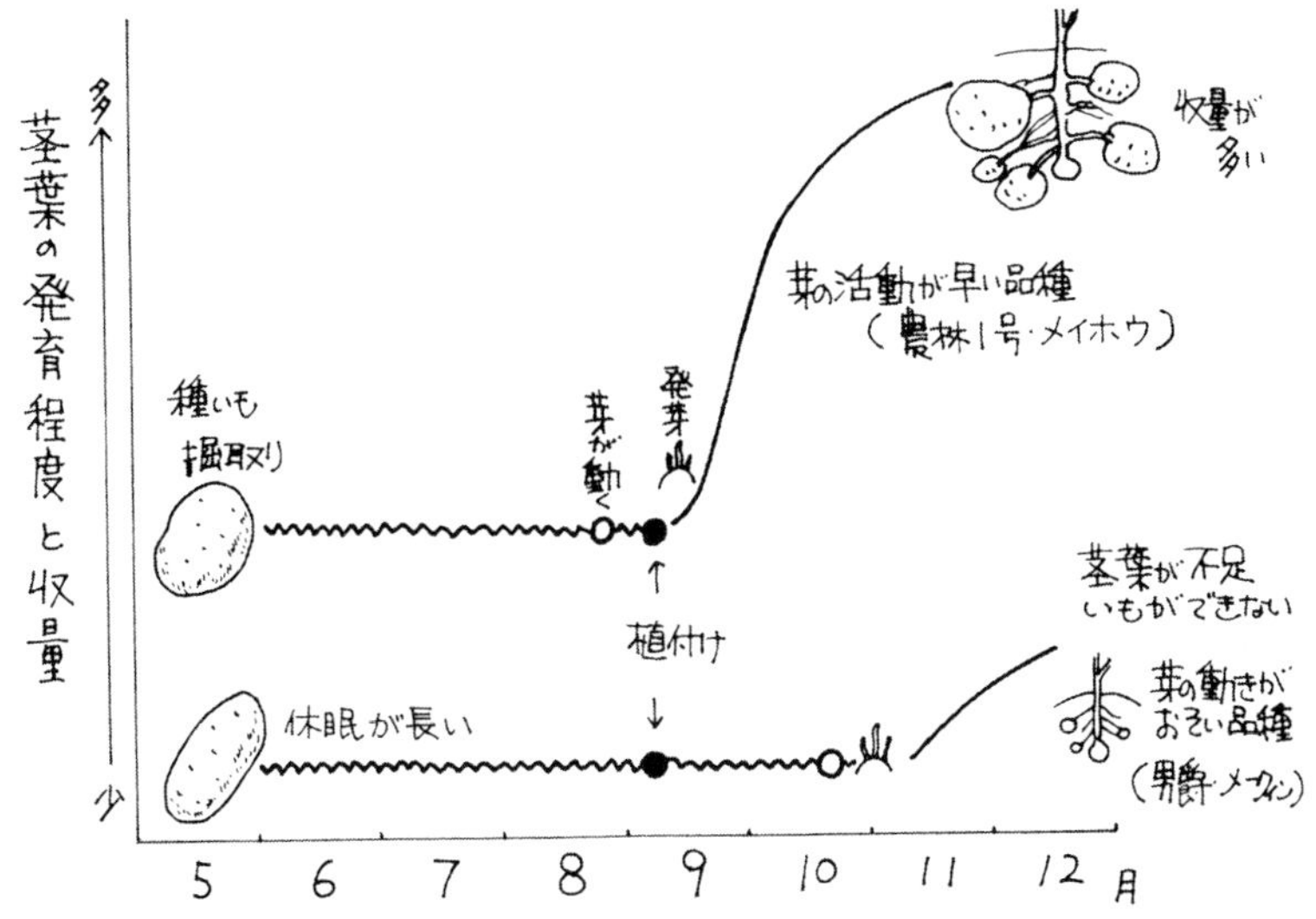

秋作ジャガイモは品種によって芽の動きと生育がちがう

オクラ

高温を好むオクラは、低温では生育できない

よくある失敗、思いちがい

オクラを春先の早い時期に収穫しようと、三月下旬に市販の苗を購入して露地に植えた。乾くと活着が悪いと思い株元にかん水しても、新しい根や葉は伸びないし、枯れてしまう。そんなことをくり返していて、毎年二～三回植えかえている。

なぜそうなったか

低温を嫌い高温を好むオクラを、まだ気温や地温が低い春先に、しかも露地に植えるのは早すぎる。市販の苗は保温されたハウスや苗床で育てられたもので、気温や地温の低い露地では生育できない。

また、かん水をくり返すと地温が下がり、根のはたらきが悪くなるので、リゾクトニア菌などに侵され、立枯れになる。

どうすればよいか

生育適温が二五～三〇度と高いオクラは、露地栽培では地温が一八度以上になる五月上旬ころに植えるのが適当で、プランター栽培でも同じである。

地温を高めるマルチ栽培や、小面積の栽培ならばトンネル栽培、株ごとにかけて保温する保温ドームを利用する。

植付け後のかん水は、株元の乾きぐあいを見て暖かい日中に行ない、温度の低い朝や夕方、曇天日は避けたい。以上に挙げた栽培法、注意点は高温を好む夏野菜や、低温に敏感な品種に共通していることである。

一口ヒント

タマネギセットの発芽促進法

秋冬どりのセット栽培は生育期間が短く、セット内の葉芽（五～六枚）が発芽後早く生長して、玉ができはじめる十月上旬までに、七枚以上の葉数を確保しないと大玉とならないので、発芽を早めたい。セットは掘取り後七月上旬まで三〇～三五度の高温になるハウス内で一時貯蔵したあと涼しい軒下に移す。また、七月下旬から植付け時まで一五～二〇度の低温庫に貯蔵すると発芽が早まる。とくに「シャルム」が有効。

五月から植付け時まで高温で貯蔵すると発芽がおくれて青立株になるので注意する。早出しのワケギや葉ニンニクも種球の低温（二〇度）貯蔵がよい。

苗の育て方

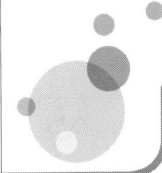

発芽がうまくいくには、よい種の準備と、野菜の性質に適した温度と水分の管理がカギ。とくに床土選びは重要で、適度の肥料養分があり、腐植、土壌生物が豊富に生息しているのが好ましい。そのうえで、温度、日当たり、水分の多少に注意したい。

夏場で雨の多い時期や地域では、苗つくりは雨よけハウスやトンネル内で行なう。温湿度管理の急な変化は禁物で、失敗すると、光合成や代謝作用などの生理作用に強く響き、あとあとまで影響する。また、かん水時間や方法のまちがいも病気のもと。かん水にむらはないか、野菜の育ち方を観察しながら、温湿度管理を行なおう。

タマネギ

条件が合わないと、早植えの意味はない

よくある失敗、思いちがい

春先に人よりも早く収穫したいと、極早生品種を選び、播種後四五日くらいの小さな苗を早めに植えた。しかし、収穫時期は一〇日あまりおそく植えたのと同じで、球は小さく収量も少なかった。

なぜそうなったか

タマネギの球ができる最適な条件に合致すると、大きな株も小さな株もいっせいに太りはじめるので、育苗日数が短く若い苗をあせって植える必要はない。逆に、植えいたみのダメージで発育がおくれてしまうので注意が必要だ。さらに、株が大きくなる前に球ができはじめてしまうと、葉面積が少ない分、小玉で減収することになってしまう。

どうすればよいか

温度に敏感な極早生品種ほど、植付けの時期をはじめとしてとり扱いに注意を要することを覚えておきたい。たとえば、年内から二月ころまでに大きく生長するように計画して植付けを早めても、子苗ほど植えいたみの後遺症が大きく、発育がおくれてしまうのだ。

充実した苗に仕上げ、その後の生育も軌道に乗せるためには、五五日あまりの育苗日数を経てから植えるのが得策である。

発芽時の徒長を防ぐには

よくある失敗、思いちがい

キュウリは高温を好み、発芽には高温が必要だと聞いたので、種まき床の床温を三二度と高く保った。三日目に発芽してきたので、すぐに換気したが、すでに徒長していた。徒長を防ぐため、発芽はじめに換気したら、発育が不ぞろいで、双葉の展開が悪い。その後の生育にも尾をひいた。

なぜそうなったか

発芽直後の徒長は、温度と湿度が関係し、二五度以上の温度で湿度が高いと徒長する。発芽はじめに少し換気して除湿できると徒長しないが、そこがむずかしい。たとえば、夕方ようやく発芽しはじめたような場合、換気すると発芽がおくれるし、かといって保温すると一晩で徒長させてしまう。

一方、発芽はじめのころ、三〇度ちかい温度から二五度前後に一気に下げるように換気すると、そのショックは大きい。発芽中の生育速度がおち、また、展開中の双葉は充分に展開することができない。葉縁が波うち、その後の発育が悪く本葉の発育や雌花のつき方が悪くなる。

どうすればよいか

発芽後の温度管理が細かく行なえるようにするには、日中に発芽させることである。

たとえば、種子は半日あまり清水に浸し、充分吸水させたあと、三五度くらいで芽だしする。ガーゼに包み、ポリ袋に入れたものを、人の体に一昼夜くらい巻きつける。幼根が見えるころ、午後の一～二時の時間帯に、床温三〇度に保った床に種まきする。こうすると、よく観察できる二日後の昼間に発芽しはじめるので、徐々に換気する。さらに、床面の余分な水分を除くと徒長は防止できる。

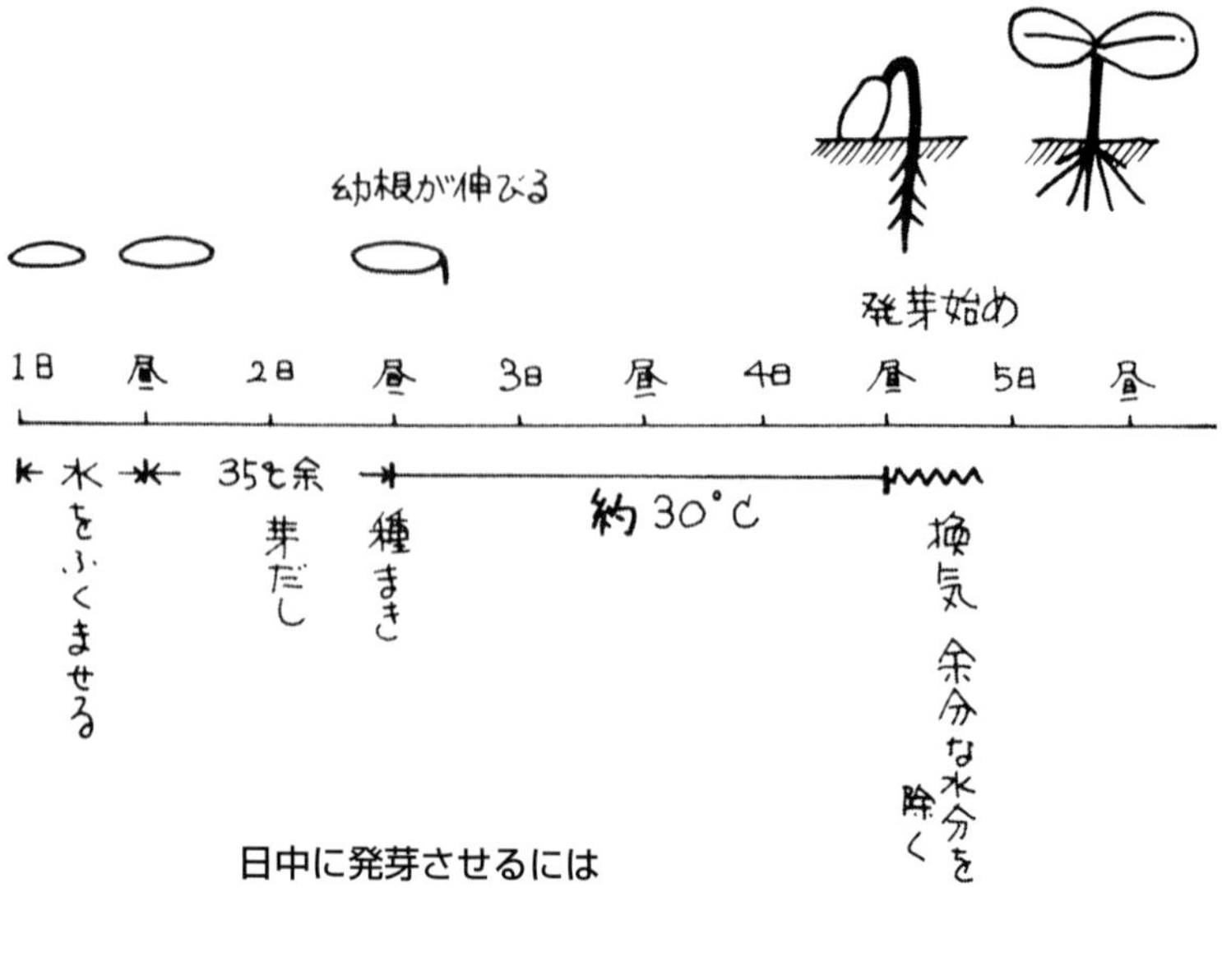

日中に発芽させるには

一口ヒント

発芽のそろいはまき溝の深さがカギ

タマネギやネギの苗つくりは、発芽を早く、かつ、そろえることが肝心。覆土の厚さがそろうように、床面をよくならし、まき溝の深さをそろえるとよい。

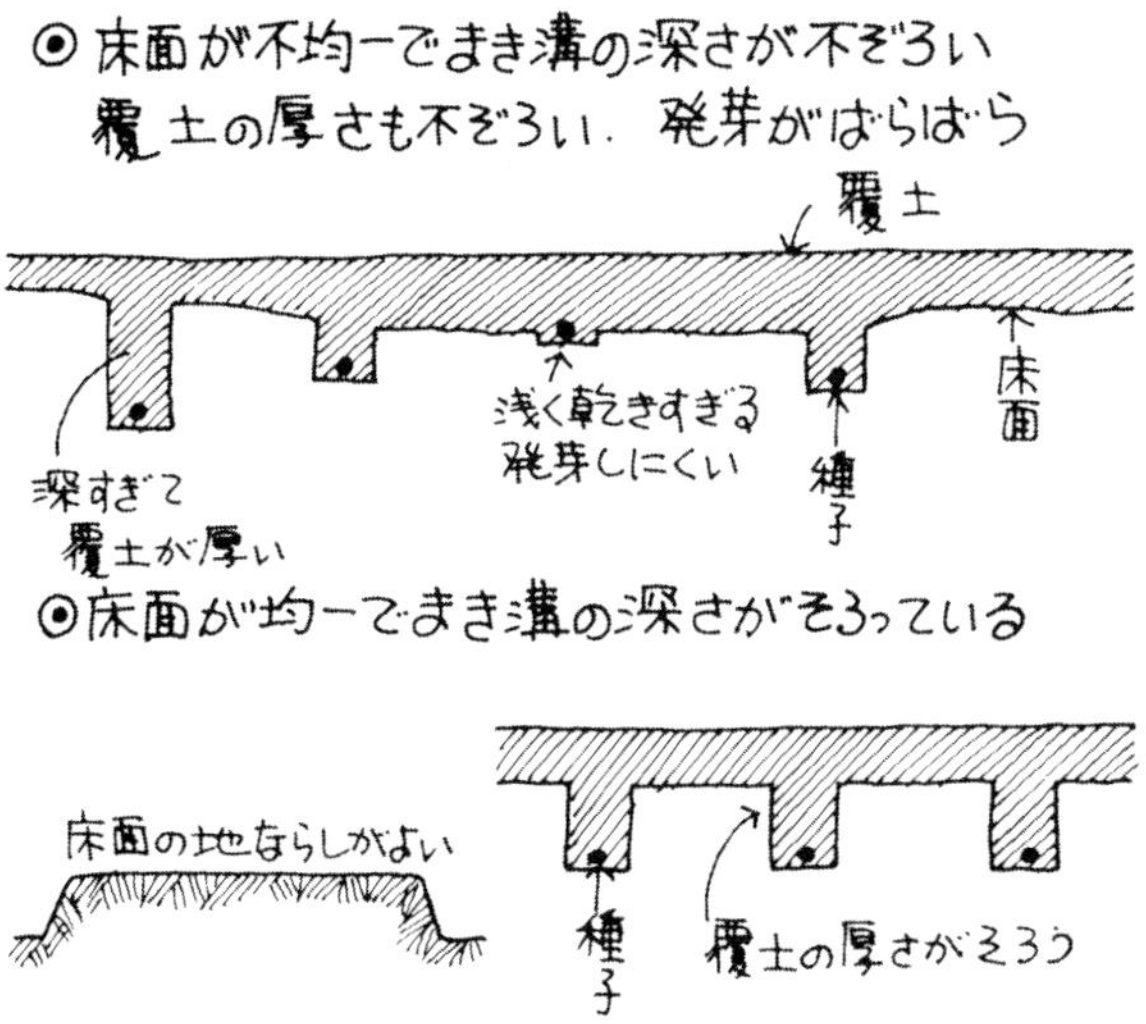

◎床面が不均一でまき溝の深さが不ぞろい
覆土の厚さも不ぞろい. 発芽がばらばら
覆土
床面
浅く乾きすぎる
発芽しにくい
種子
深すぎて
覆土が厚い
◎床面が均一でまき溝の深さがそろっている
床面の地ならしがよい
種子
覆土の厚さがそろう

鉢を並べる床面は固く平らに

果菜の双葉が波うつのは

高温を好むキュウリ、メロン、スイカ、トマト、ナスなどを低温期に育苗したとき、発芽後の双葉が波うつことがある。原因は温度不足で、保温が肝心。双葉の生長は本葉の発育や花芽のでき方に影響するので、定植時まで健全な双葉がついているようにしたい。

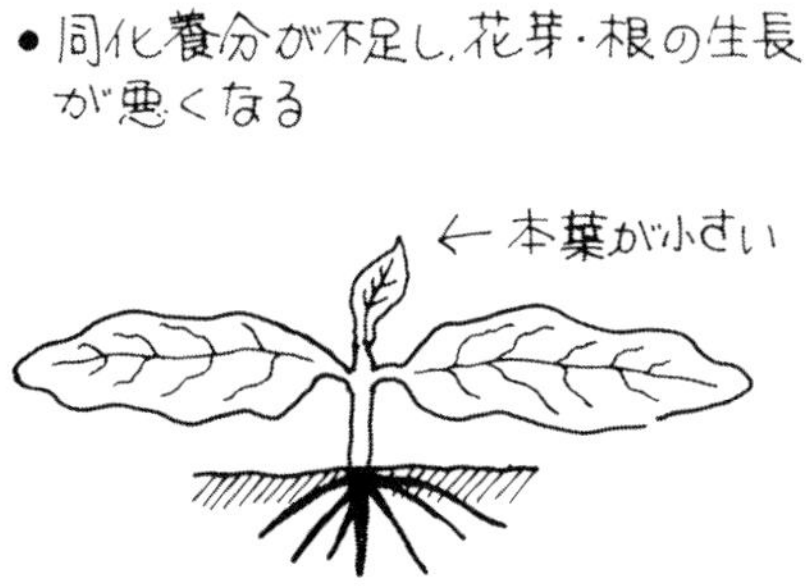

●同化養分が不足し、花芽・根の生長が悪くなる
←本葉が小さい

キュウリのほか、メロン、スイカ、カボチャなど徒長しやすいものも同じ扱いでよい。

野菜全般

急激な温度変化は日やけをおこす

よくある失敗、思いちがい

ナス、ピーマン、キュウリ、トマトなどの育苗中、曇天で苗床内の気温が低いため密閉しているうち、急に天候が変わり、苗床内の気温が四〇度以上になった。早く適温にもどさなければと思い、一気に換気したところ、苗がしおれたり、葉枯れをおこした。

なぜそうなったか

苗床を密閉していると、四〇度以上の高温になることがあるが、空中湿度が高ければ、日やけ（葉枯れ）はおこらない。しかし、あわてて一気に温度を下げると、同時に湿度も失われ、それとともに葉の水分も失われてしおれる。症状が激しいと一部の組織がこわれて枯死する。

どうすればよいか

苗床内が高温になった場合、いったん、黒色の寒冷紗かこもなどで覆って光線をやわらげる。そうして温度が下がってきたら少しずつ開ける。この場合、冷たい外気に直接ふれないよう風下をあけるのがよい。一気に開放し、葉がしおれはじめたときは、急いで葉面散水すると日やけを防止できる。なお、一時的な高温にあわせると、新しく展開する葉は変形したり、一部葉緑素が破壊されて、モザイク病の症状となるが、一～三枚後は正常な葉になる。

このような現象は果菜や葉根菜のハウスやトンネル栽培でも、たびたび見られる。

春まきレタスでは、冷床や温床から気温の低い本圃に移植する場合、苗床で外気にならす必要がある。冬春レタスでは冷えこみを防ぐため、トンネルを密閉して栽培すると組織が軟らかくなり、低温に対し抵抗力が弱く、一時的な冷えこみ時に寒害をうけやすい。寒害予防のためには、日常のトンネルの開閉が必要である。省力的な方法としてトンネルの両すそをあける被覆方法は、温度の急激な変化をさけ、寒害を防ぐ効果的な方法である。

促成イチゴの株冷栽培で、二〇日あまり低温下においた苗を、九月の暑い時期にいきなり定植すると、株のうけるショックは大きく、植えいたみをおこし、あとあとまで尾をひく結果となる。したがって、低温庫から出庫したあとは、寒冷紗を被

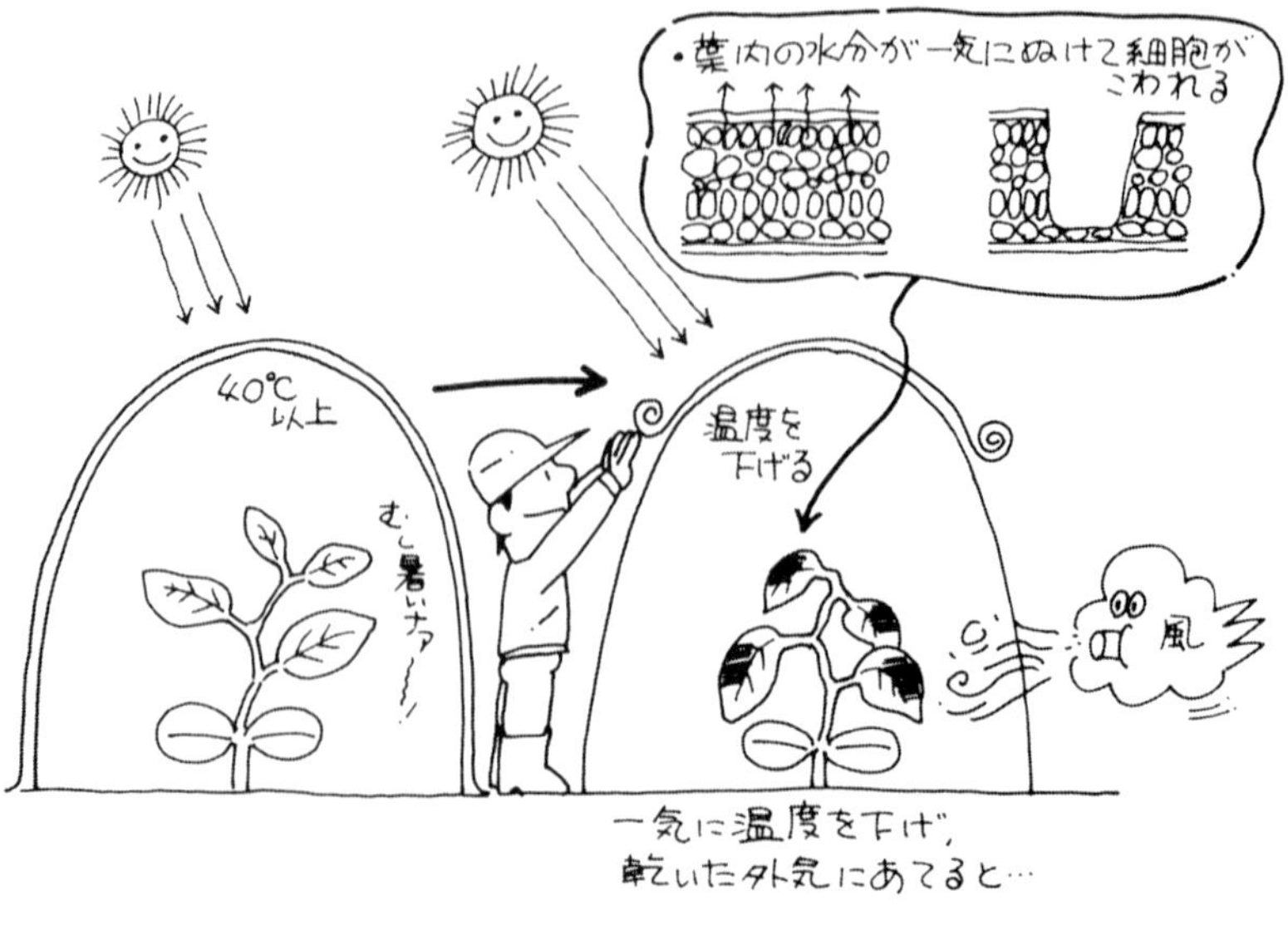

急に温度と湿度が下がると、葉から水分がぬけて枯れる

一口ヒント

鉢を並べる床面は均一に固める

降雨が多い季節は、鉢底の排水孔がふさがらないよう、スノコか硬質の波シート（小波）を敷くとよい。軟質フィルムを使用する場合は、床面を均一に固めておく。また、鉢下に稲わらか、麦稈を敷き、すき間をつくると湿害が防げる。

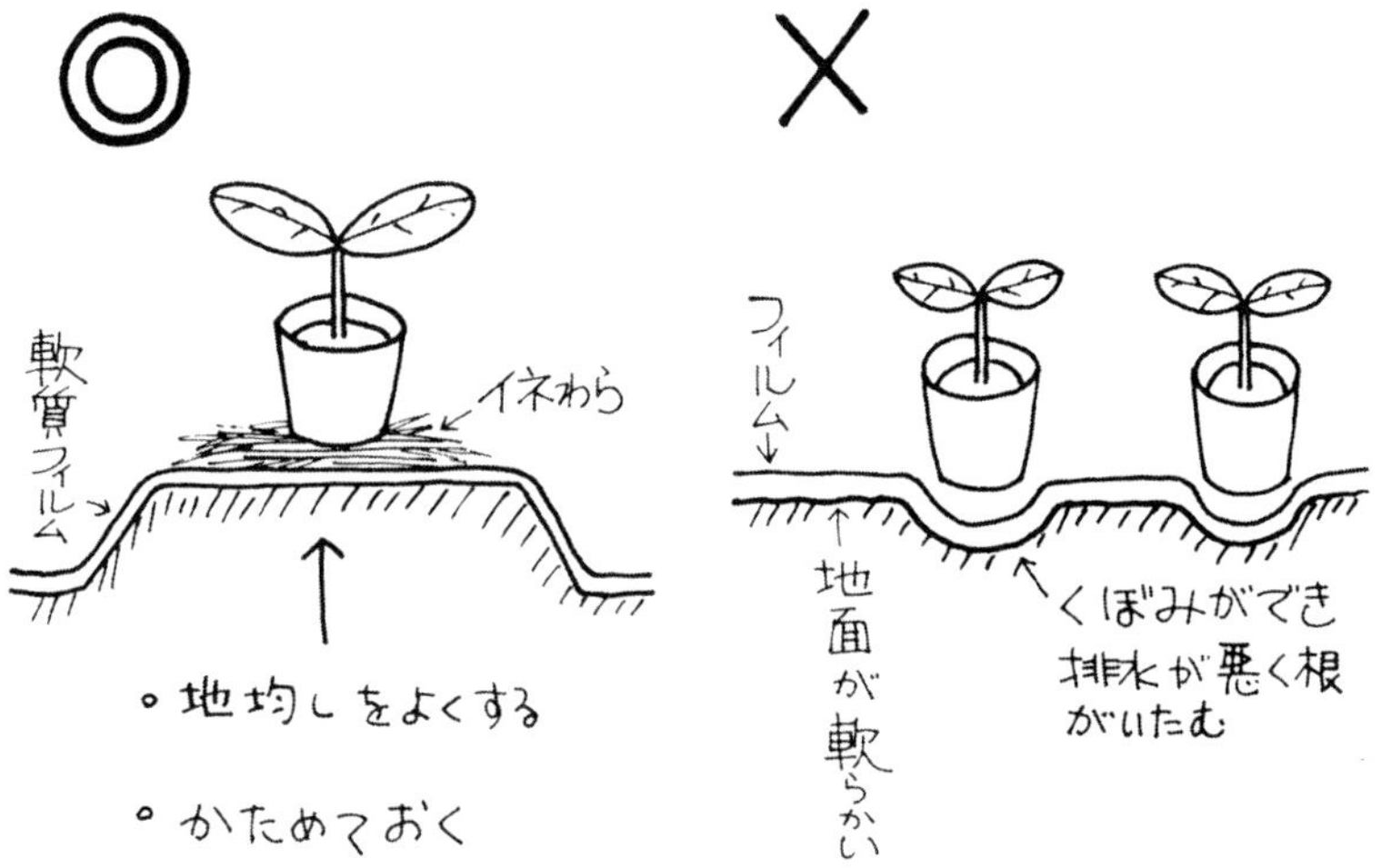

鉢を並べる床面は固く平らに

育苗床での鉢の並べ方

挿し芽や移植をしたばかりの鉢をはじめから鉢間を広くして並べると、かん水むらが多くなり、鉢土への気温の影響も大きいため、活着やその後の発育がそろわない。かん水が足りずにいためてしまった根は発病しやすく、余分な作業と時間の無駄が多い。

挿し木や移植直後におすすめの鉢のおき方は、鉢間をつめて並べておく方法。こうしておけば、手まめな管理が行き届き、かん水むらをなくせるし、温度などの影響が少なくてすむ。その後、苗が生長してきたら所定の鉢間に広げればいい。

覆した場所に五～七日おき、外気にならしてから定植する。

以上のように温度や光線に急激な変化を与えると、野菜の生理を乱し、生育を悪くするので注意する。

メロンなど、鉢の大きさ

育苗日数が短いので小鉢でもよいと思ったが

よくある失敗、思いちがい

ハウスメロンの育苗にあたって、床土が不足した。育苗日数が短いので、径五センチの小鉢を利用したり、一〇センチ鉢で床土を半量にして育苗してよいと思った。しかし、根が少なく、植付け後の生育が悪い。

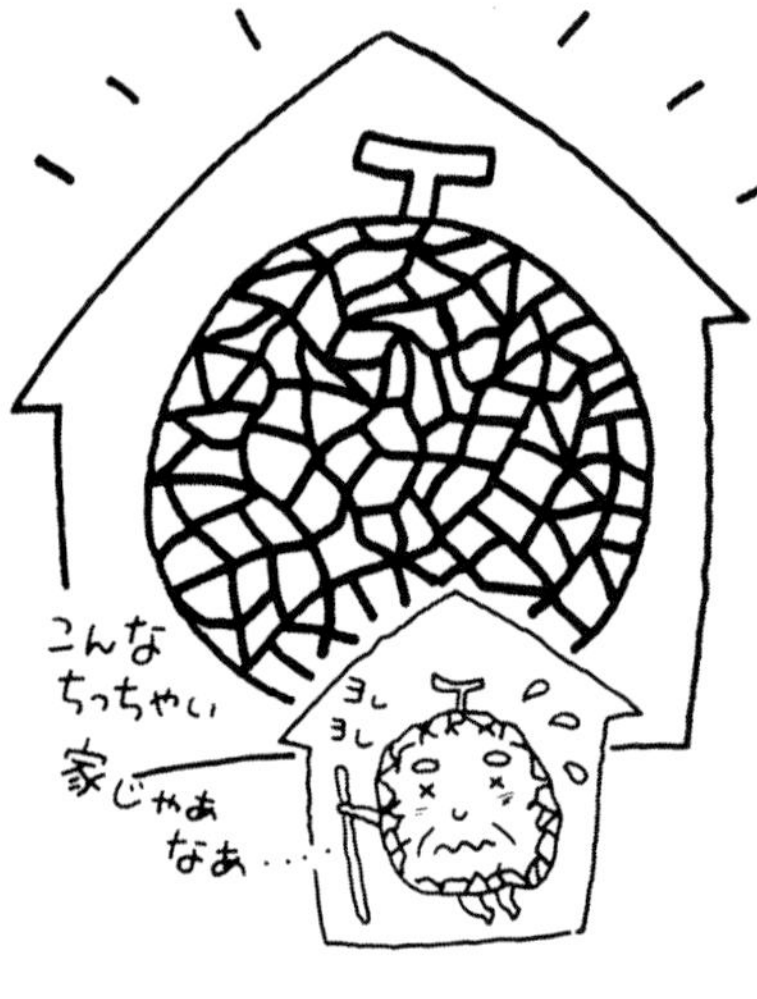

なぜそうなったか

わずか三〇日前後の短い育苗でも、その間に雌花の着土や素質がほぼ決定される。発芽後の養分はかぎられた鉢からしか供給されず、小鉢や床土量の不足は肥切れをおこしやすい。鉢土量が少ないと、外気温の影響をうけやすく、地温は低く、根のはたらきが悪くなり、いきおい、茎葉の発育にもおよぶ。

小鉢では鉢間も狭く軟弱徒長しやすい。また、根は鉢のまわりに伸びて硬い根鉢をつくり、老化が早まる。

どうすればよいか

ハウスメロンをはじめ果菜の床土は、育苗の基本である。床土づくりの省力化から、速成床土への関心が高いが、セル育苗や小鉢育苗では床土の素質が問題で、鉢土の乾燥や本畑の土壌条件になじみにくいことから植付け後の生育に影響する。鉢に満ぱいできるぐらいの床土を前もって準備したい。

やむをえず小鉢で育苗するときは定植前にひとまわり大きい鉢に植えかえ、床土を補う。特肥「エポック」一、〇〇〇倍

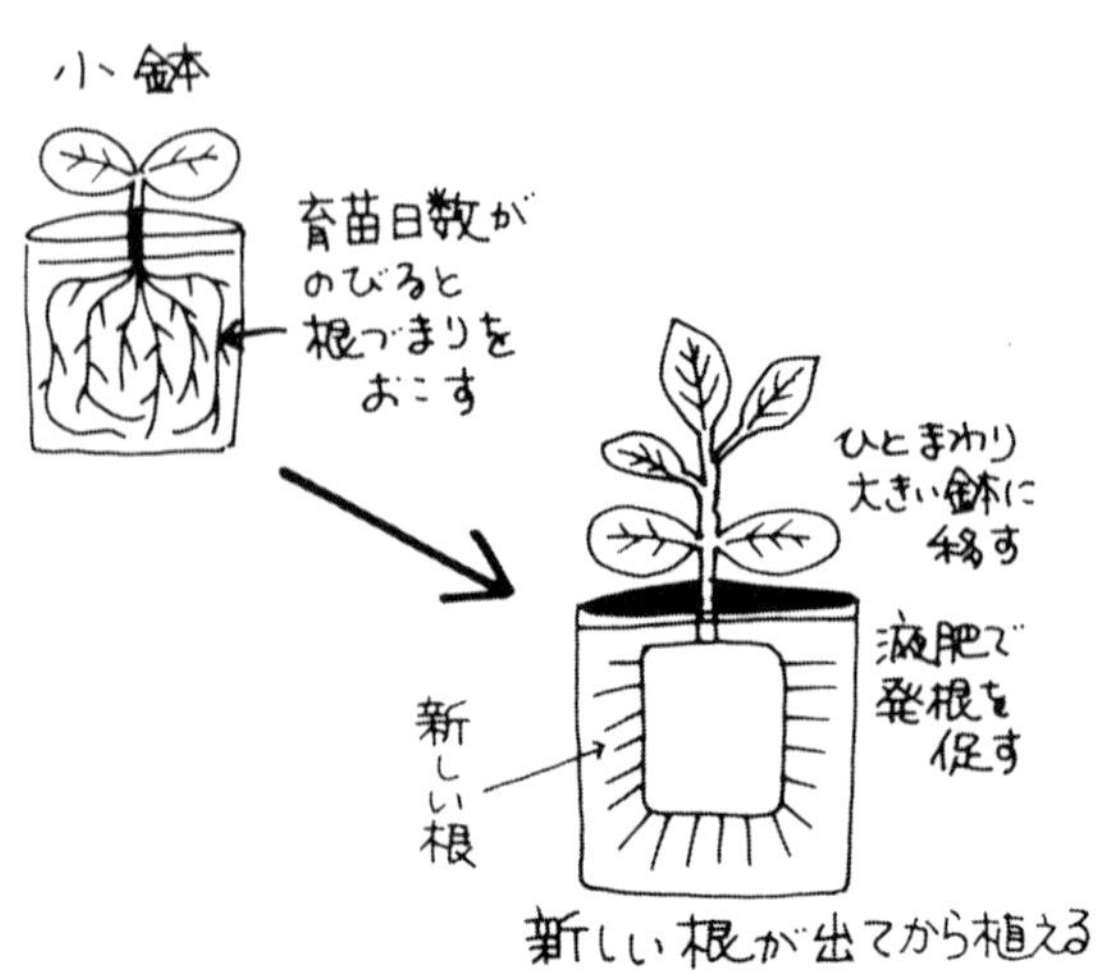

根づまりをおこしたときは

液または「地楽園」三、〇〇〇倍液に液肥を混用して鉢土にかん注すると、根の発育とはたらきをうながし、小鉢の弊害をかるくできる。えひめＡＩも活用できる。

キャベツ・レタスなど

夏の育苗は雨よけハウスが便利

よくある失敗、思いちがい

夏まきキャベツの苗つくりでは、移植直後に立枯病が多く、毎年失敗をくり返してきたので、無仮植育苗を採用した。研修会で涼しくすると育ちがよいと聞き、白色の寒冷紗でトンネル被覆した。また苗床は乾きを防ぐつもりで低くし、中央部分にややくぼみをつくった。しかし、種まき後雨が多く、発芽後の欠株が目立った。

なぜそうなったか

移植作業は苗に強いストレスを与え、

一口ヒント

セル苗は根鉢の水分保持が必要

排水のよい培土ほど根鉢が乾きやすい。根鉢が乾燥すると根がいたむので、傷口から雑菌が侵入して欠株の原因となるし、初期生育が悪くなってしまえば、生育後期まで影響する。生育期間の短い野菜や短い作型ほど影響は大きくなる。鉢土の乾燥は育苗中だけでなく、植付け時の乾きによる障害が多いので、かん水に注意する。また、本畑の砕土は細かくして根鉢とよくなじむようにする必要がある。とくに粘質土壌はていねいに砕土を行なうようにしたい。

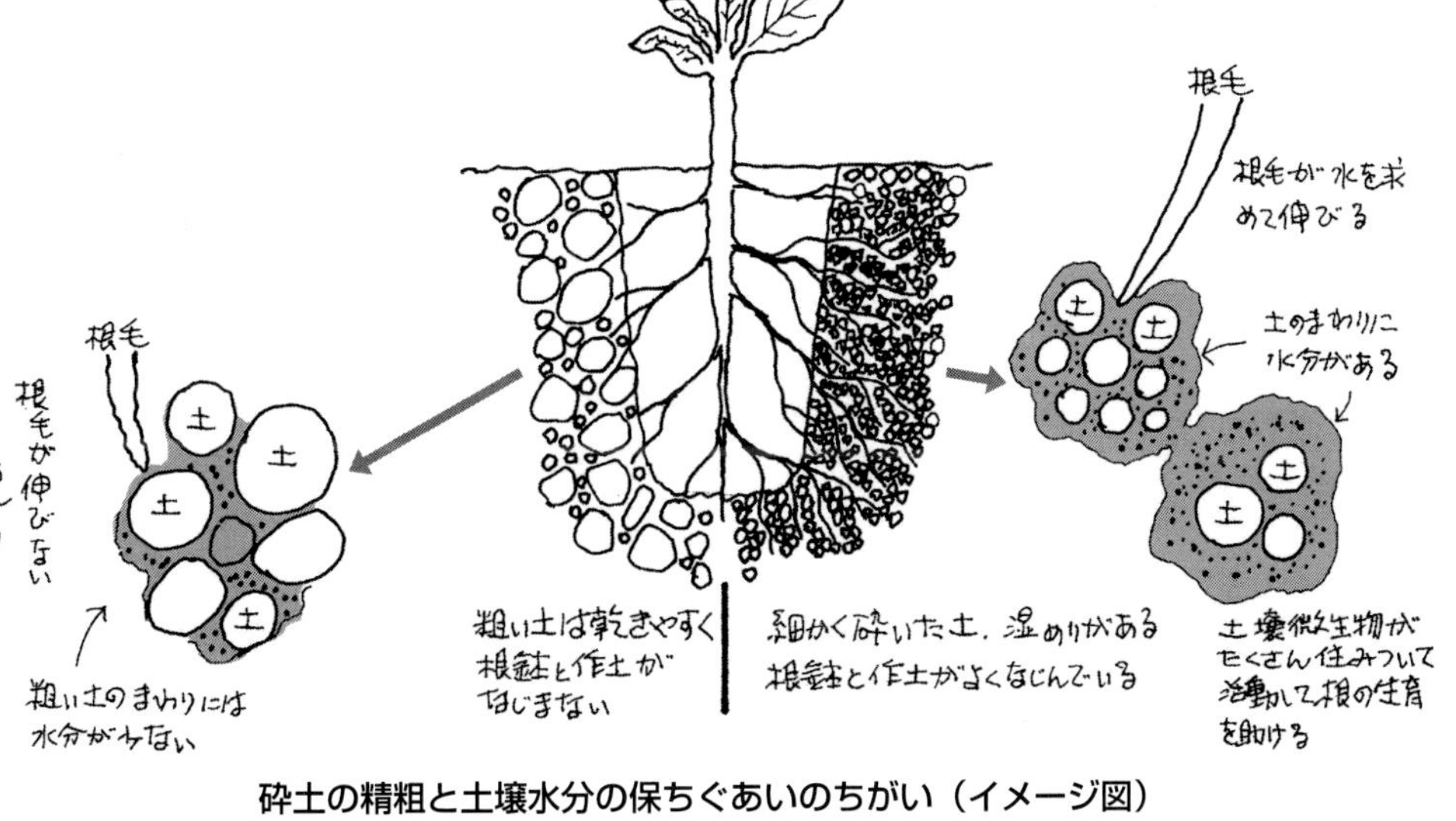

砕土の精粗と土壌水分の保ちぐあいのちがい（イメージ図）

病菌による立枯れをおこす。立枯れ防止をねらった無仮植育苗はよい手段である。しかし、床の中央部の排水が悪く、たとえ短時間であっても、水がたまると根が弱る。また、寒冷紗のトンネル方式による被覆では、風とおしが悪く、蒸しこんだ状態になって小苗立枯病が発生しやすい。

発育適温が一五～二〇度と、冷涼な気候を好むキャベツにとって、平坦部の夏場は気温が高すぎる。茎葉や根の呼吸作用が盛んで、土壌水分が多いと根はストレスをうける。生理的に抵抗力が弱ったうえに、移植作業で傷ができて、病菌（リゾクトニア菌、ピシウム菌）に侵される。むし暑い七～八月ころ、移植直後に強い夕立ちにあい、土壌が湿りすぎて小苗立枯病が激発し全滅するのをよく見かける。

どうすればよいか

夏まきの苗つくりは、日よけができ、土壌水分が加減できる雨よけハウスを利

一口ヒント

床土に牛フンは危険がいっぱい

果菜の床土に牛フン堆肥を使うと、心止まりや茎葉の変形、葉縁からの枯れこみがでやすい。堆肥は雨にさらし、よけいな肥料分を流し、完熟させたあとに利用する。障害が発生したときは肥料分の少ない土ととりかえ、特肥「エポック」一、〇〇〇倍液をかん水すると回復が早い。

牛フンを床土に使って発生した障害

葉が変形し、心止まりしたキュウリ苗。メロン苗も同様の症状になる

茎や葉が変形し、根がいたみ、葉縁から枯れこんだトマト苗

用すると欠株が防げ健苗ができる。また、移植作業はていねいに行なう。育苗鉢へ直播するとより安定する。

　雨よけハウスは古ビニールフィルムをかけ、寒冷紗かヨシズなどで遮光する。側壁は開放する。

　ハウス育苗は、キャベツのほか、レタス、カリフラワーなど高温に弱い野菜を夏場

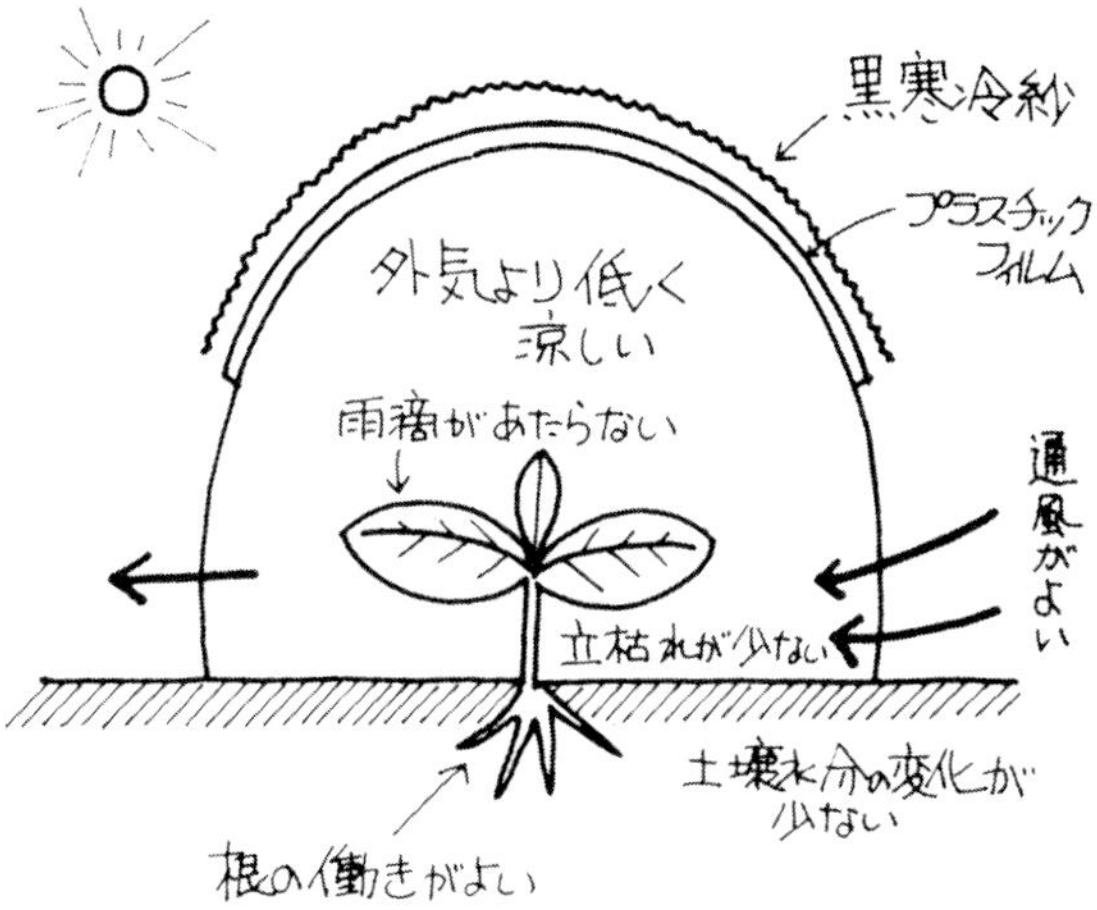

雨よけハウスでは立枯れが少なく安心できる

一口ヒント

イチゴ育苗　夏場の寒冷紗被覆

　夏場の暑さ対策として、ハウスを遮光ネット（寒冷紗）で被覆するが、終日かけっぱなしでは、昼間の暑さは防げても夜間に熱気がこもってしまう。遮光ネットは、床面や鉢土、さらにイチゴの茎葉から放射される赤外線をさえぎりハウス内にとどめてしまうため、温度が下がりにくくなるのだ。その結果、徒長したり、花芽分化がおくれてしまう。対策として、夜間や曇雨天時は開放するように工夫したい。

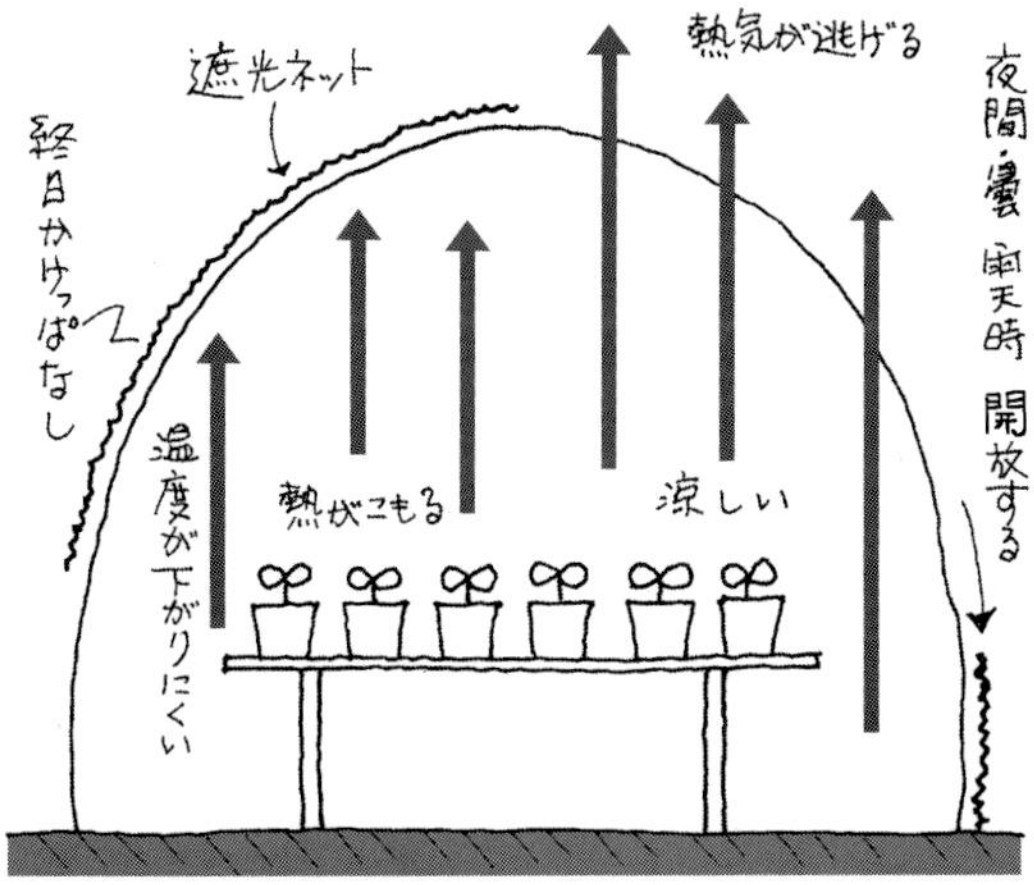

イチゴハウス寒冷紗被覆
気温の高い秋、遮光して気温、地温を下げる

育苗するときに活用できる。

イチゴ

イチゴ育苗での水のやり方

よくある失敗、思いちがい

イチゴ育苗で、水かけの手間を少なくしようと、かん水パイプ（チューブ）でかん水しているが、次々と葉や茎が枯れてしまい、計画している育苗が確保できない。

なぜそうなったか

春先から気温が上がっていく夏にかけて育苗するイチゴにとって、かん水は育ちを左右する大事な作業。失敗すると病気を誘発することもおおいにある。

葉上からの散水は風が出るとかん水むらができ、苗の育ちがばらばらになる。さらに、水滴が土砂とともに茎葉にはね返ってしまうとまわりに病原菌をばらまくので、炭疽病、疫病、立枯れ性病害などを引き起こしたのではないだろうか。

どうすればよいか

手間をかけて健苗を育苗するか、簡単で能率本位で育苗するかは、栽培者の判断によるが、時間がかかっても、手かん水が無難。

手かん水であっても、強い圧力で勢いよく、葉上からのかん水は禁物だ。水量の加減は、かん水ホースの吐出口に布きれか手袋などを固定すると調節できる。鉢土だけにかん水して、鉢土とともに病原菌が茎葉に跳ね上がらないようにする。

かん水する時間も重要で、気温が高い昼間のかん水はさけたい。気温の低い朝か、夕方から日没後に気温が下がる時間に行なうようにする。ほかに注意したいのは、地面においておいて直射日光があたったパイプやホース内の水温が高いこと。かん水する前に、一度冷たい水を流したあとで、使用したい。なお、小苗床だけでなく、小苗をとる親株の感染防止にも同様の手法が好ましい。

パイプチューブを利用する場合は、かん水の時間に注意することが一番の対策だろう。なお、用水の水源には、夏場は水温が低く清潔な地下水が最適。古い産地では土壌や河川水の汚染が病気の伝染源になる心配もある。

ホース
ホースの吐出口に布きれか、手袋などを固定して調節する
イチゴ苗
病原菌と土砂がはね上がらない

床土にモミガラ利用はここに注意

よくある失敗、思いちがい

イチゴの促成栽培で年内の収穫量を多くするにはポット育苗が最適であり、また、花芽分化を早めるには培土は水はけがよく肥料養分を含まない生モミガラを利用するとよいと聞いた。モミガラの配合割合が多いほどよいだろうと、思いきり多めに使ったら苗の育ちが悪く、早出し効果が充分でなかった。

なぜそうなったか

ポット培土は、適度の肥料分が含まれ、水分調節がやりやすい団粒構造の土が好ましい。生モミガラを利用する場合はモミガラの腐熟程度と配合割合がポイントとなる。

生モミガラは水をはじき、吸水しにくいため水もちが悪く、多くするほど、土は乾き根をいためる。そのうえパイプでかん水すると生育が不均一となる。一方、モミガラが腐熟するため窒素を奪い、窒素飢餓で生育が著しくおくれる。このような苗では葉面積が少なく同化物質の生産が少ないため、窒素含量が低くても花芽ができにくいし、分化後の生長も著しく妨げられる。

どうすればよいか

モミガラは腐熟させたあとで使用し、高分子系土壌改良剤と併用するとよい。

また、追肥やかん水方法、苗とり時期、など生モミガラ利用に適した技術内容があるので、経験者から学ぶようにしたい。

鉢育苗では、鉢間を広げたあと生育が一時的に停止することがある。これは黒ポリポットは熱を吸収して鉢土の温度が高くなり根がいたむためである。鉢土の温度を上げないよう鉢間にモミガラをつめるか、寒冷紗でしゃ光し、少しずつならしていくと苗のショックは少ない。

また、温度や水分、肥料の影響をうけ

花芽が早くできる
窒素の加減がかんたん
水
培地(肥料分を持ちにくいもの)
・山砂とくん炭
・少し腐ったもみがら
すき間が多く水のとおりがよい
乾きやすい
肥料がもちにくい
水
肥料分

ポット苗の特色

一口ヒント

よい床土の配合は

健苗は素質のよい床土の準備から。時間をかけてつくる熟成床土は、田土と堆肥を等量配合して一年間熟成させる。肥料は一立方メートル当たり窒素三〇〇グラム、リン酸五〇〇グラム、カリ三〇〇グラム。速成床土は良質の原土と完熟堆肥の等量配合がよい。さらに特肥「エポック」一、〇〇〇倍液一リットルを床土一〇リットルにかん注（手で握りしめ、手のひらを開いても崩れない程度）して五〜七日養生して土壌微生物をふやすと効果的。

やすい鉢育苗では、地床育苗以上に良質の子苗を確保することが重要であり、できるだけ大苗に育てる。

なお、窒素の肥効は花芽分化予定のほぼ二週間前からひかえるようにする。

イチゴの親株選抜

よい株はこうして確保

よくある失敗、思いちがい

イチゴの親株から発生したランナーは、親株の特徴がそのままひきつがれると思い、数年間、収穫終了後の株を、あまり選抜には注意せずに親株にしてきた。しかし、収量や品質が少しずつ悪くなってきた。そこで先進産地の株は、これまでの株より優秀であろうと思って購入したが、今まで見られない病虫害に悩まされた。

なぜそうなったか

株から株へとふえていく栄養繁殖のイチゴでは、変わり種のでかたはきわめて少ない。早く開花し、成りこみの多い優れた性質も、逆に収穫がおくれ、着果や果実の形質が悪いものでも、親株の特色は、苗にそっくりひきつがれるのが普通である。

一口ヒント

結球野菜・不良環境では直まきが有利

栽培条件が悪い場合ほど、苗をつくって定植するより直まきがよいようである。

たとえば根ばりや土壌水分が関係するハクサイの心腐れ症も根ばりの深い直まき栽培では少ない。平坦地の夏どりキャベツは、移植栽培では高温に弱く、軟腐病で収穫できないが、直まきするとりっぱに収穫できる。直まきで根が深くすなおに伸び、いろんな障害に対し抵抗力を持つのであろう。

アブラムシに媒介され次々と伝染するウイルス病も苗で伝染することが多い。

親株の選抜に無関心であると、悪い株が数年のうちに広まり、大きな減収になる。

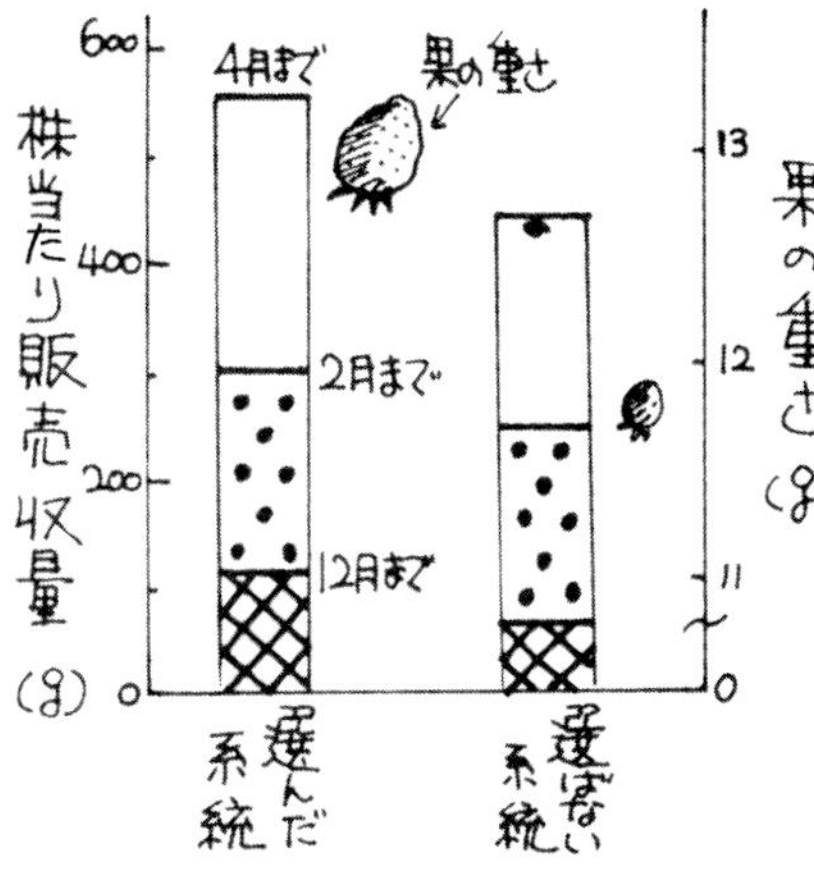

母株の選び方で収量が大きくちがう

どうすればよいか

親株にしようとする株は、栽培中から、草姿や開花、収穫時期、花つきや成りこみ、果実の形・色などをよく観察し、ウイルス病や萎黄病に汚染されていないかを確認しておく。親株はめんどうでも目印をつけ、早めに収穫を打ちきり、親株専用圃に移植しておく。親株移植はできるだけ秋から準備したい。

無仮植育苗や鉢育苗では収穫終了後の本圃を親株床として利用することがある。この場合、病害感染の機会が多く、また、不良系統が混入する危険性も高い。また本圃は苗床にはせず栽培終了後、整理して次年度の準備、つまり、土壌消毒や土つくりなどの作業ができるようにしたい。そのためには、親株専用圃や苗圃を設けておくことが必要である。

また、他人や先進地から親株をとり寄せるときは、素性が明らかで、炭疽病、萎黄病、疫病、ネグサレセンチュウなど土壌からくる病害虫の心配がないことを確かめておきたい。親株の更新だけに気をとられ、今まで見られなかった病害虫に悩まされることが多い。

ほかから導入するときは、栽培圃場の実状をつかんでおく。生育ぐあいや発病による欠株の有無、茎葉や株際に病変はないのか、あるいは根のいたみはどうかなどを事前に確認したい。

一口 ヒント

イチゴ子苗の発根促進

イチゴの子苗は親株から切り離したあと、清水で土砂を洗い流し、特肥「地楽園」三、〇〇〇倍液に一晩漬けたあとに挿し芽すると発根が早い。サツマイモ、タマネギ、ネギ、葉菜類などの苗にも、根付き前にどぶ漬けするか、育苗の時期に希釈液を散水すると活着が早い。

佐賀農試の松崎さんが開発されたかんたんな疫病の診断方法を紹介しよう。畑の土をとり、コップに入れてよく水に混ぜてから、健全なナスの果実を入れ、二五度くらいの場所に一晩置く。水際が変化すると土壌が、汚染されているとみてよい。

また、イチゴのクラウン部の変色したところから切片（厚さ一ミリ、長さ五ミリ）をとり、ナスの果実に埋めこみ、ポリ袋に入れる。白いかびが見えると疫病と判断してよい。センチュウについては普及センターや農協などで検診してもらう。

◎ 畑の土に疫病菌があるかどうか
畑の土壌 大さじ3杯
きれいな水
1日放置する
ナス
水際が茶褐色に変わると疫病菌がある
土壌をよくとかす
◎ イチゴのクラウンが変色している場合
クラウン
黒く変色している
小さい切片をとる
切片をはさむ
カミソリで切りこむ
脱脂綿に吸水させテープでとめる
口をふさぐ
ポリ袋
ナス
白いカビがみえると疫病

手軽にできる病菌判定法

一口ヒント

イチゴの花芽分化を確かにするには

花芽分化をうながすには、短日処理と低温操作、植物体内の窒素濃度を下げることが要点だ。頂花房も腋花房（二番花房）も花芽分化予定日前三〇日に特肥「エポック」を土壌かん注したあと、特肥「天酵源」の葉面散布を一〇日ごとに三回行なうと、硝酸同化還元作用などで、植物体内の硝酸態窒素濃度を下げて、花芽分化を確実に誘導できる。

植えいたみさせない苗のとり扱い方

よくある失敗、思いちがい

サツマイモ苗はよく発根し、活着しやすいので、三～四日ほど屋内に貯蔵しておいた苗でも収量への影響はないと思って利用した。ところが、植えいたみが激しく、親葉が枯れてしまい、いも数が少なく、減収した。

なぜそうなったか

サツマイモの収量は一株から収穫されるいも数と大きさできまる。

サツマイモの根はいずれも、いもに生長する素質を持っている。根のもとになるのは、苗の節の部分にできており、その組織が大きく太いと将来、いもに発達する。逆に細く小さいものは、吸収根になる。

苗床での肥効がよく、日当たりが充分で、適度の水分や温度が保たれたときは、大きく、太い組織ができる。

将来いもになる根のもとでも、親葉が枯れたり、土壌が乾燥したり、あるいは雨がつづいたり、ハウスおよびトンネル栽培で地温が低いと、同化養分が不足して、普通の吸収根やごぼう根へと変わってしまう。

したがって、数日貯蔵し、親葉のいたんだ苗は、いも数が少なく、収量があがりにくく不適当である。

どうすればよいか

早朝の苗とりは同化養分のたくわえが充分でなく、発根力が劣りいも数が少なくなる。晴天つづきで同化養分をたくわえた昼一二～一四時ごろの苗とりが理想である。

トンネルやハウスのように地温の低いときに植えるときは地温を上げておく。また、苗床は株間を広めにして養分を豊富に含む節間が短い大苗をつくる。苗質は硬くも軟らかくもない充実した苗を準備する。

なお、苗を貯蔵するときは、親葉が枯れないよう、弱い光が入るところで、一三

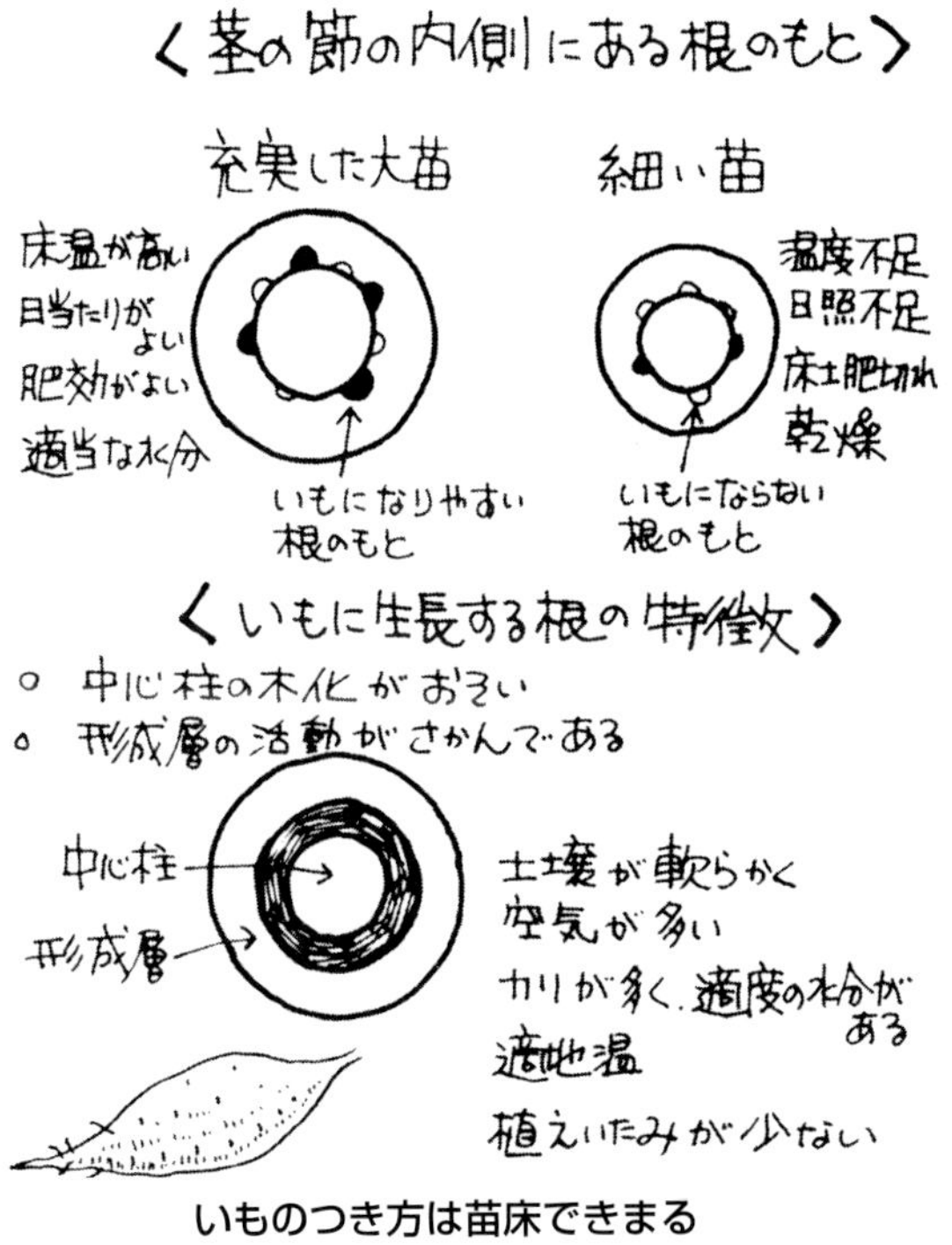
〈茎の節の内側にある根のもと〉
充実した大苗
細い苗
床温が高い
日当たりがよい
肥効がよい
適当な水分
いもになりやすい根のもと
温度不足
日照不足
床土肥切れ
乾燥
いもにならない根のもと
〈いもに生長する根の特徴〉
○ 中心柱の木化がおそい
○ 形成層の活動がさかんである
中心柱
形成層
土壌が軟らかく
空気が多い
カリが多く、適度の水分がある
適地温
植えいたみが少ない

いものつき方は苗床できまる

〜一五度の温度条件で貯蔵する。そうすれば五〜七日貯蔵できる。このとき、特肥「エポック」一、〇〇〇倍液に切り口をつけておくか、「エポック」希釈液をしみこませた古新聞紙で切り口の乾燥を防ぐと活着が早い。

サツマイモ以外でもタマネギ、ネギ、レタス、キャベツなどの苗のとり扱いも、まったく同じことがいえよう。タマネギの植えいたみは、苗の充実程度やとり扱い、土の乾きぐあいで変わる。植えいたみは冬場の根ばかりを著しく妨げ、いきおい、春先の立ちあがりまで尾をひき、玉の肥大にも悪影響をおよぼす。また、活着後に使う土壌処理用の除草剤の薬害をうけやすい。そのため、苗とり後に日光や寒風にさらしたり、数日間も貯蔵した苗は好ましくない。やむをえず貯蔵するときは、サツマイモ苗と同じ方法で特肥「エポック」を使い、根が乾いたり葉がむれないように、土間などにおいて貯蔵する。

一口ヒント

エダマメにオオムギを混播して発芽良好

雨の多い初夏に強粘質土壌で直まきすると、土壌の表面に硬い膜ができ発芽しにくい。そこでオオムギ（ビールムギ、充実不良種子でよい）を一カ所一〇粒あまり、エダマメと混ぜてまく。発芽が早く、よくそろう。発芽後のオオムギは暑さのため枯れてくる。

オオムギは力強く土膜をほぐすのでエダマメは発芽しやすい。オオムギはしぜんに枯れる

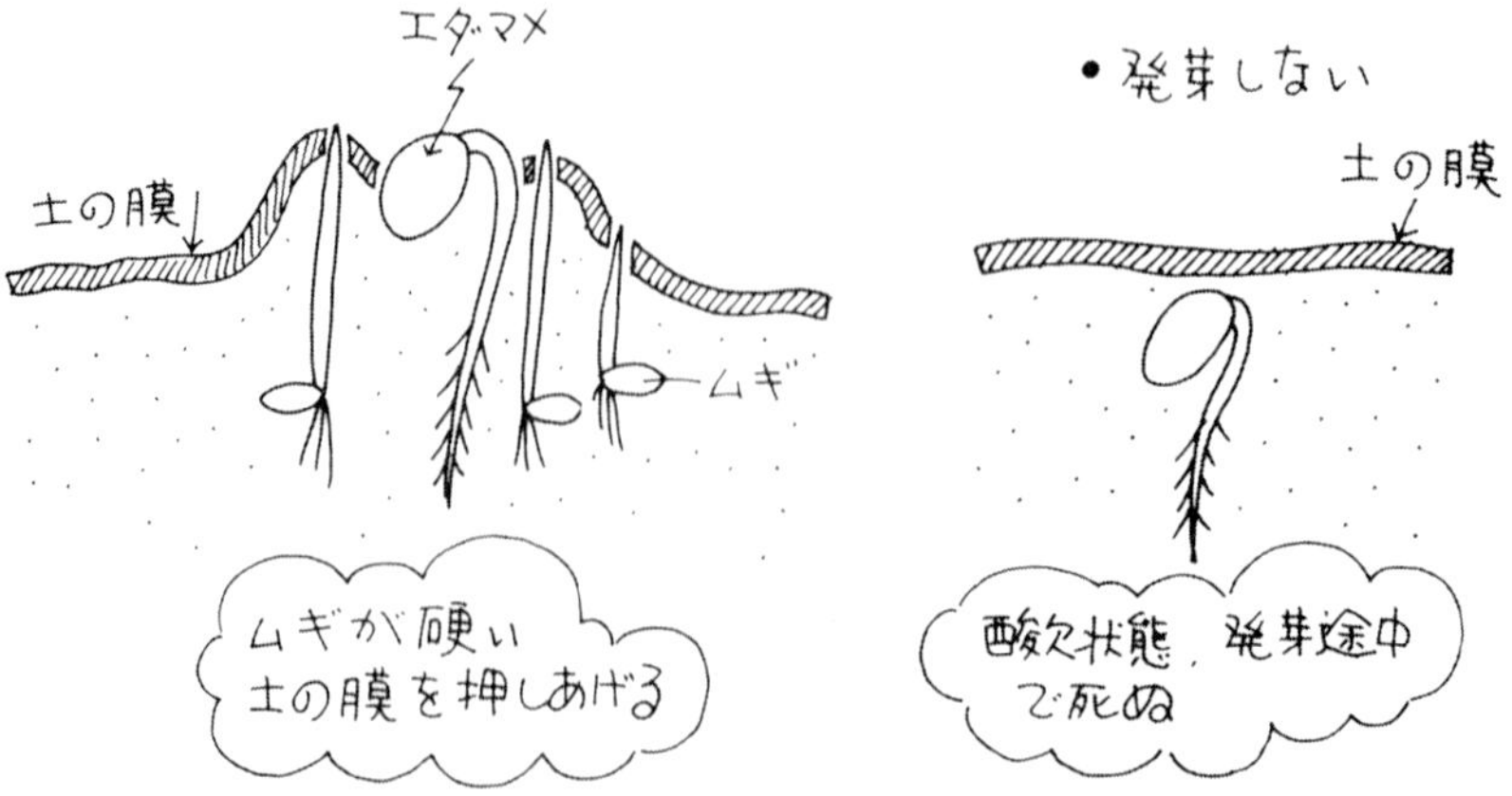

エダマメにオオムギを混播して発芽良好

ナスの接ぎ木

接ぎ木前の育て方で勝負がつく

よくある失敗、思いちがい

促成ナスは八月の高温時に接ぎ木するが、台木・接ぎ穂いずれも、生育がおくれて茎が細い。接ぎ木作業がむずかしいと思い、茎を太くし、軟らかい茎に育てようと、接ぎ木時までかん水して育苗した。

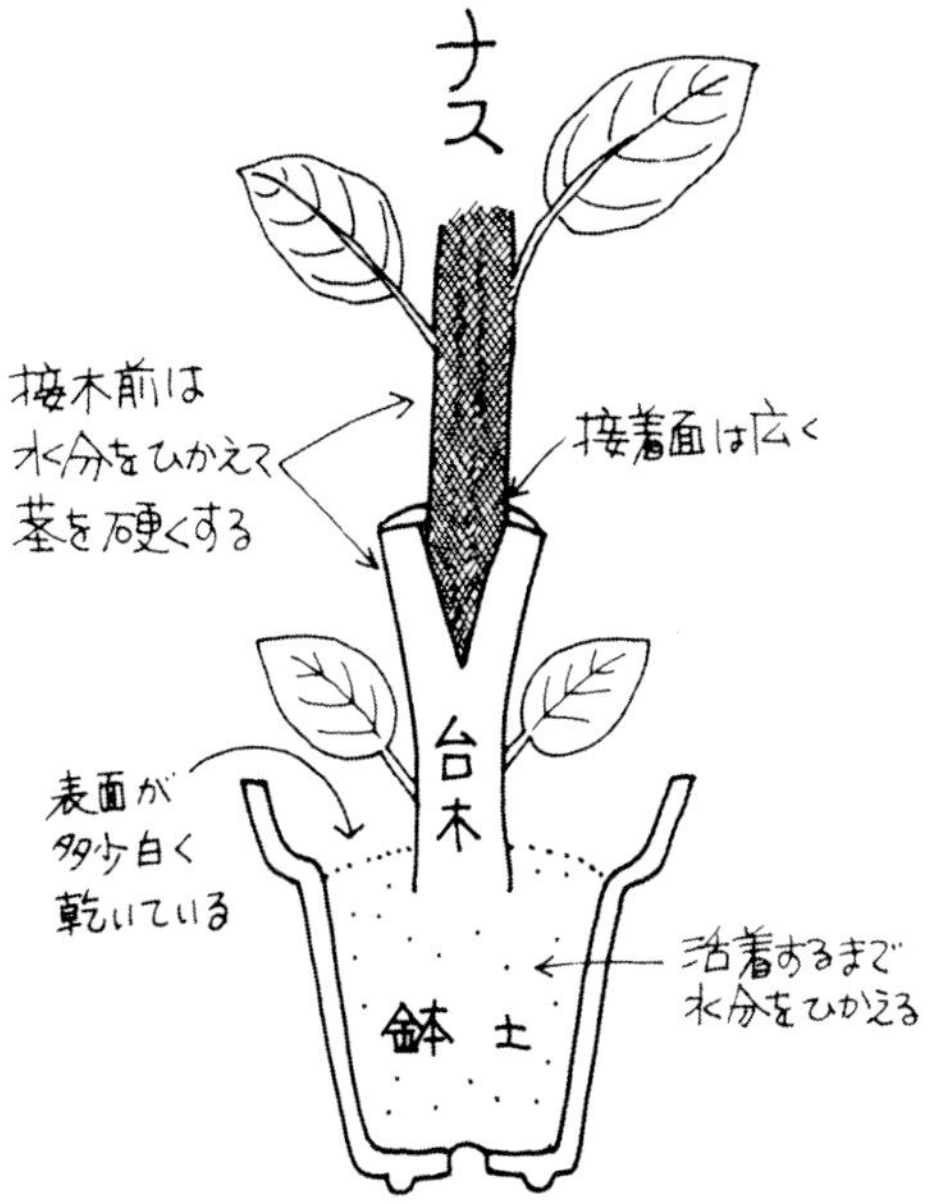
ナス
接木前は
水分をひかえて
茎を硬くする
接着面は広く
台木
表面が
多少白く
乾いている
活着するまで
水分をひかえる
鉢土

ナスの接ぎ木

ところが、接ぎ木後はしおれが激しいばかりでなく、活着が悪く、台木が腐敗するものも見られた。

なぜそうなったか

ナスの場合、接ぎ木が成功するか失敗するかは台木と接ぎ穂の素質によって大きく左右される。

接ぎ穂と台木のアカナス、トルバムビガー、アシストなどはともに接ぎ木前の水のやり方で活着率がちがう。とくに台木を軟らかく育てると、接ぎ木後、好条件下で管理しても活着しにくい。なぜ、そうなるのか、生理的な調査はされていないが、接ぎ穂と台木の双方の、茎の表皮構造のちがいも関係しているようだ。ナスは柔組織細胞層が厚い傾向があり、水分をひかえて硬化させるとしおれにくく、台木とのゆ合組織の発達がよいと考えられる。

どうすればよいか

接ぎ穂は本葉二枚ころに移植し、日当たりをよくして、充実させる。本葉四枚くらいまでは充分にかん水して生育をたすけるが、接ぎ木前七日くらいからは少しずつかん水をひかえる。昼間、下葉がしおれ、夕方から朝方にかけて回復する程度に乾かすが、乾きすぎるときは葉水で加減する。

一方、台木も接ぎ穂と同じように水管理を行ない、接ぎ木時は台木へのかん水をやめ、風にあたらないように遮光する。

ウリ類の接ぎ木

接ぎ木後の日よけはどの程度がよいか

よくある失敗、思いちがい

スイカのつる割病予防に、また低温や不良土壌でもよく育つようにと、挿し接ぎによる接ぎ木育苗を採用した。接ぎ木直後は活着をたすけるため日よけが必要だと聞いた。

床温は二八度前後、湿度はできるだけ高めに保つようにポリフィルムで密閉した。その上にこもとシルバーポリフィルムを用い、三日間、真暗に遮光した。ところが、台木も接ぎ穂もとろけるように腐敗して失敗した。

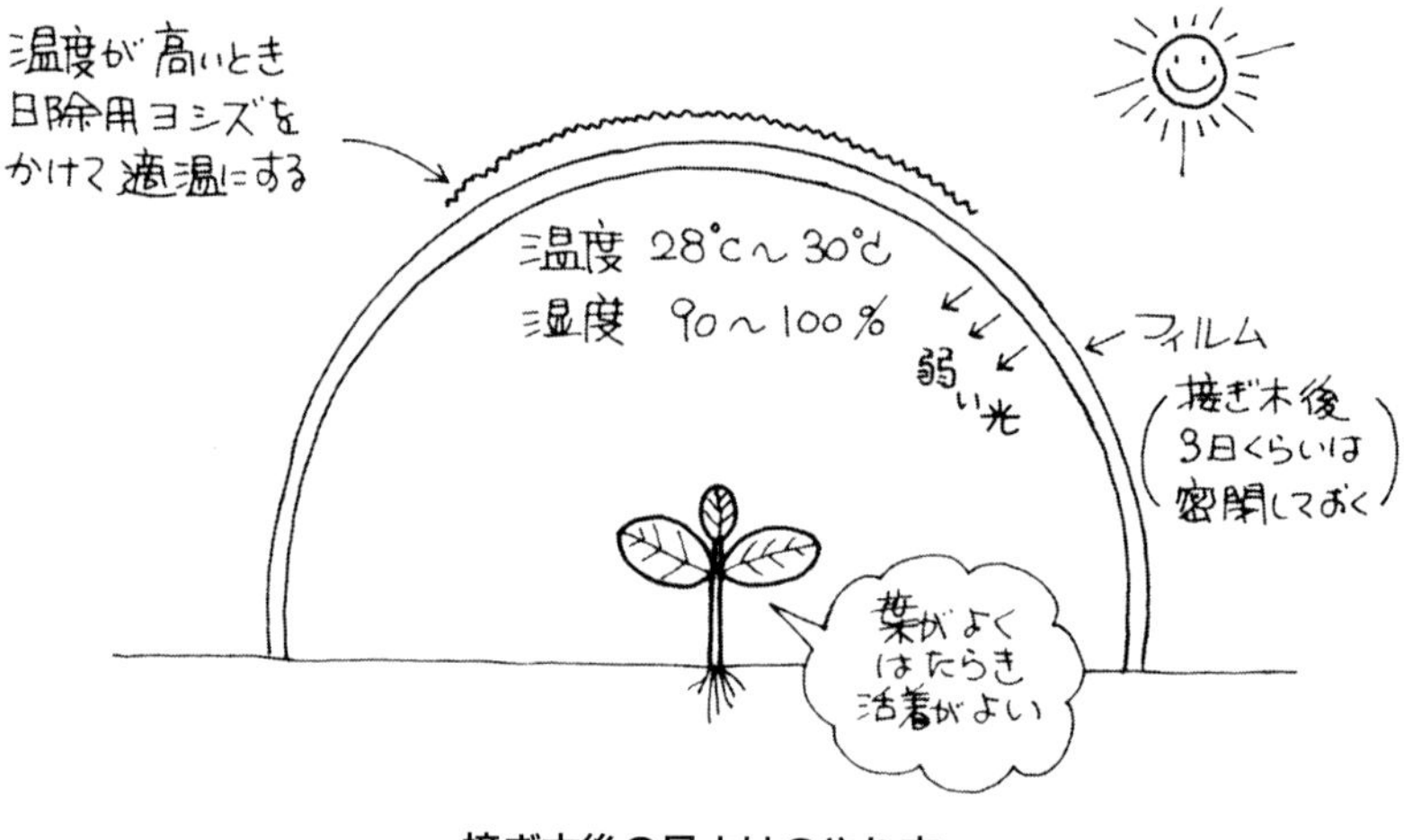

接ぎ木後の日よけのやり方

なぜそうなったか

挿し接ぎ、呼び接ぎいずれにしても、茎葉や根が盛んに活動しているときに、光線をさえぎって暗くすると、茎葉の生理機能が乱れ、組織がこわれて腐敗する。三日間も暗くするとほとんどがダメになる。

どうすればよいか

遮光は、接ぎ穂のしおれを防ぎ、葉のはたらきをたすけながら活着させるために行なうものだが、接ぎ木後一日程度でよく、二日目以降は光線の弱い朝、夕は日よけを除く。三～四日以降は通常の管理にもどすほうがよく活着する。

トンネルを密閉し湿度が充分に保たれておれば、多少光線をあててもしおれは

A：着果しやすい葉
B：過繁茂で着果しない葉

植付け適期の接ぎ木苗

おこらない。トンネルは少なくとも三日間くらいは密閉し、気温二八〜三〇度を目標に、ヨシズか寒冷紗で光線を加減する。日よけを除いたあと、すぐにトンネルを開閉して湿度を下げると接ぎ穂をしおれさせて失敗することが多い。

スイカのほかに、キュウリ、メロンなども同じことがいえよう。

ウリ類の接ぎ木

接合部が狭いと収穫期に急性萎凋

よくある失敗、思いちがい

白イボキュウリの抑制栽培でカボチャ台を利用し呼び接ぎを行なった。

呼び接ぎは作業がかんたんで活着しやすいと聞き、あまり注意もせずに行なったところ活着が悪い。残った株でも収穫はじめころから急に萎凋したり生育が鈍る株が見られた。

なぜそうなったか

キュウリと親和性のあるカボチャ台を利用しても、高温期に育苗する抑制栽培では急性萎凋や葉が日やけをおこすことが多い。その原因の多くは、台木・接ぎ穂双方の切りこみが浅く、その接着面が少ないことによる。また、接ぎ木後五日前後、つまり両方の形成層が活発に発達する時期の床内の湿度や温度が低く、胚軸が硬くなり、ゆ合組織の発育が妨げられて活着が一部分にかぎられることもある。

こうした苗は、ある一定の大きさに生長するまでは吸収と蒸散の均衡がとれていても、水分の要求量がふえる果実の肥大期には、バランスがくずれてしおれる。また南側の強い日ざしがあたる部分では日やけをおこす。

接ぎ木部のゆ合の悪い株は、生育がおくれぎみで、頂芽部は活気が見られない。また、維管束が結合していない接ぎ穂の旧胚軸の基部には、頂芽からのホルモン物質が集まるので発根することが多い。よく接合した茎は、濃緑色で根数が多く見られる特徴がある。

どうすればよいか

接ぎ木をするときは床内の温度（二六〜二八度）と湿度を高くして、ゆ合組織（形成層）の発育をうながすほか、台木と接ぎ穂の切り込みは、ともに胚軸の半分くらいまで深めにする。また、活着をたすけようと、定植時まで接ぎ木クリップで固定していることがあるが、その効果はうすい。おそくとも接ぎ穂の断根時までに除きたい。

生育中、しおれの症状が見られると、株元に土寄せして、接ぎ穂から発根させればしおれを防止できる。なお、つる割病が心配される圃場では、抗菌微生物（M－二一九六）を接種したニラやネギを、キュウリの株元に一〜二本混植するとつる割病が予防できる（接種しないニラ、ネギでも相当効果があるという。栃木農試の研究より)。

また、しおれはじめたころ、蒸散抑制剤(アビオンC)の一〇〇倍液を葉面散布すると回復が早い。

なお、低温期に育苗する作型では、湿度のほか、接ぎ木後の温度不足も活着不良の一因となる場合が多い。生育適温の高い白イボ系品種ではとくに高めに保つよ

活着不良　　　ゆ合部が広く活着良好

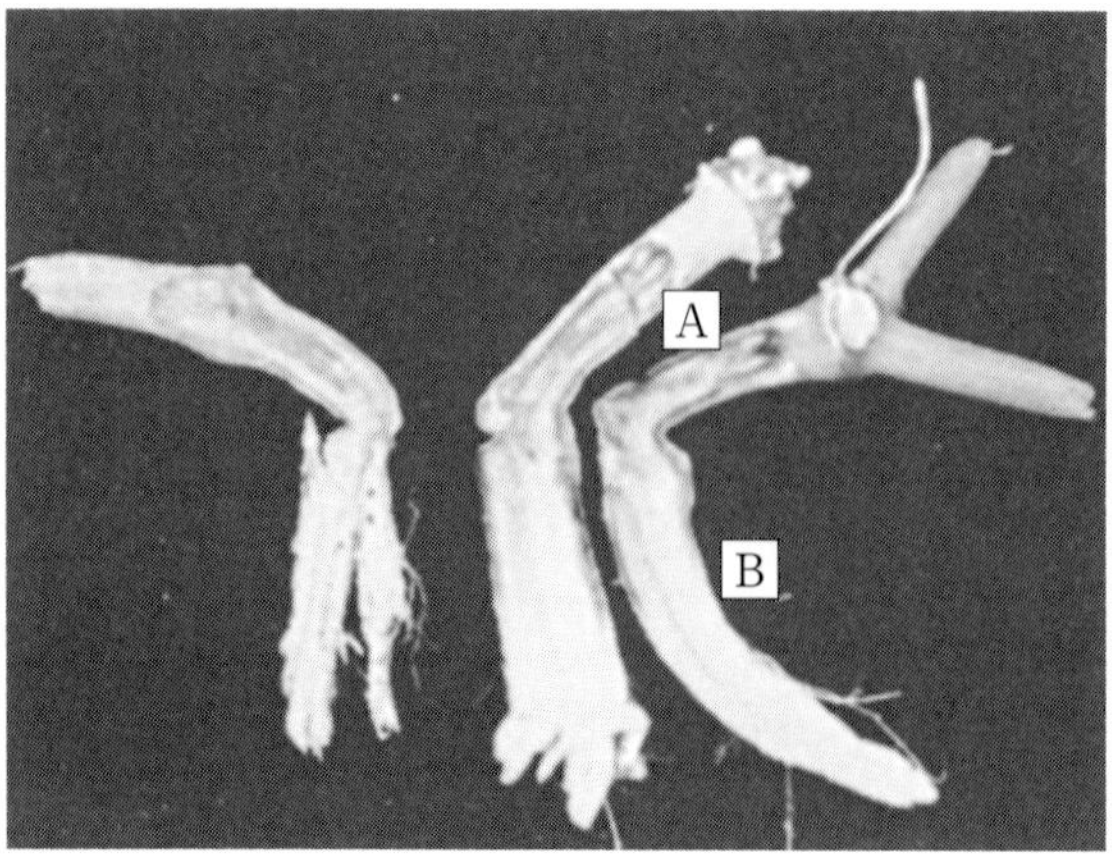

A：穂木　B：台木

接ぎ木のよしあし

一口ヒント

苗にさわって徒長を防ぐ

苗にさわったり、振動刺激を与えると、徒長せずガッチリした苗になる。植物の一部にふれたり振動を与えると、体内で内生エチレンが発生する。この内生エチレンは細胞の生長を抑えるので、節間や葉の伸びが抑えられる。一方、花芽分化をたすけ、花芽の発育をうながす作用もある。苗が徒長しやすい高温時の育苗で、とり入れるとよい。

高温期に育苗する抑制トマトでは、第一果房の着生節位が下がり花数が多くなるので収量もふえる。また節間が短く、充実した苗ができる。

抑制キュウリでも主枝や側枝の雌花数がふえ、充実した苗で植えいたみが軽いなどの効果がある。

抑制トマトでは本葉一枚ころから、朝と昼の二回、三〇秒くらい、頂芽付近を中心に茎葉を布片やほうきで軽くふれたり、扇風機を利用して、そよ風を三〇秒くらい、送風して茎葉を振動させるとよい。

作業開始後七日ほどして効果(頂芽付近の葉が軽くカールする)があらわれ、節間長や葉長が短いしっかりした苗姿と

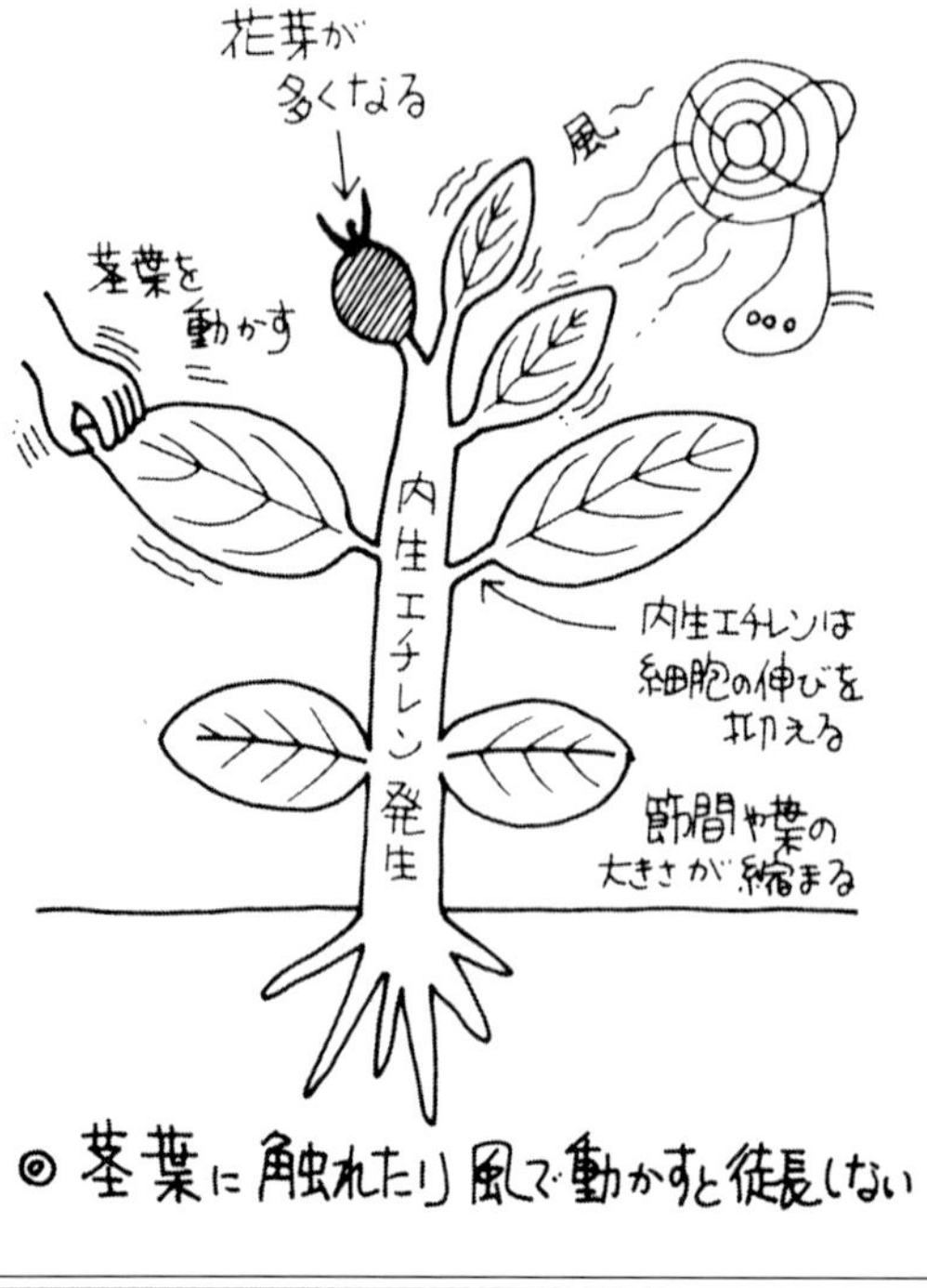

うに。キュウリのほかに、春作のハウスメロンやスイカにもよく似た現象が見られる。

メロンの接ぎ木

強勢台木は発酵果がでやすい

よくある失敗、思いちがい

ハウスメロン(プリンス)の早出しをねらい、土壌中の苦土やカリなどが多い土壌で、低温に強いカボチャ台(新土佐)を使った接ぎ木栽培を行なった。生育後半の草勢を保つよう、施肥量をふやし、活着後の発育を急がせるようにかん水を多くした。ところが、結果前の生育がおう盛で、着果が悪い。その対策としてかん水をひかえたところ、そのときに肥大途中の幼果だった果実のほとんどが、発酵果となって販売できなかった。

なる。なお、抑制栽培以外の作型では定植前七~一〇日間連続して行なうとよい。

キュウリでもトマトと同じやり方で本葉一~二枚からか、定植前七日間くらい実行すると効果的である。

そのほかハウスメロン、カリフラワー、キャベツ、レタスなど広く応用できる。

苗の徒長を防ぐのに特肥「エポック」一、〇〇〇倍液を播種覆土後にかん注、発芽後は一〇日ごとに平方メートル当たり一〇〇ccを葉面散布すると節間がつまり、第一花房の着生節位を下げて、花数がふえる。また立枯れがなく、春先から高温期の育苗によい。

無処理の苗　本葉2枚から4枚まで刺激した苗

接触刺激の効果

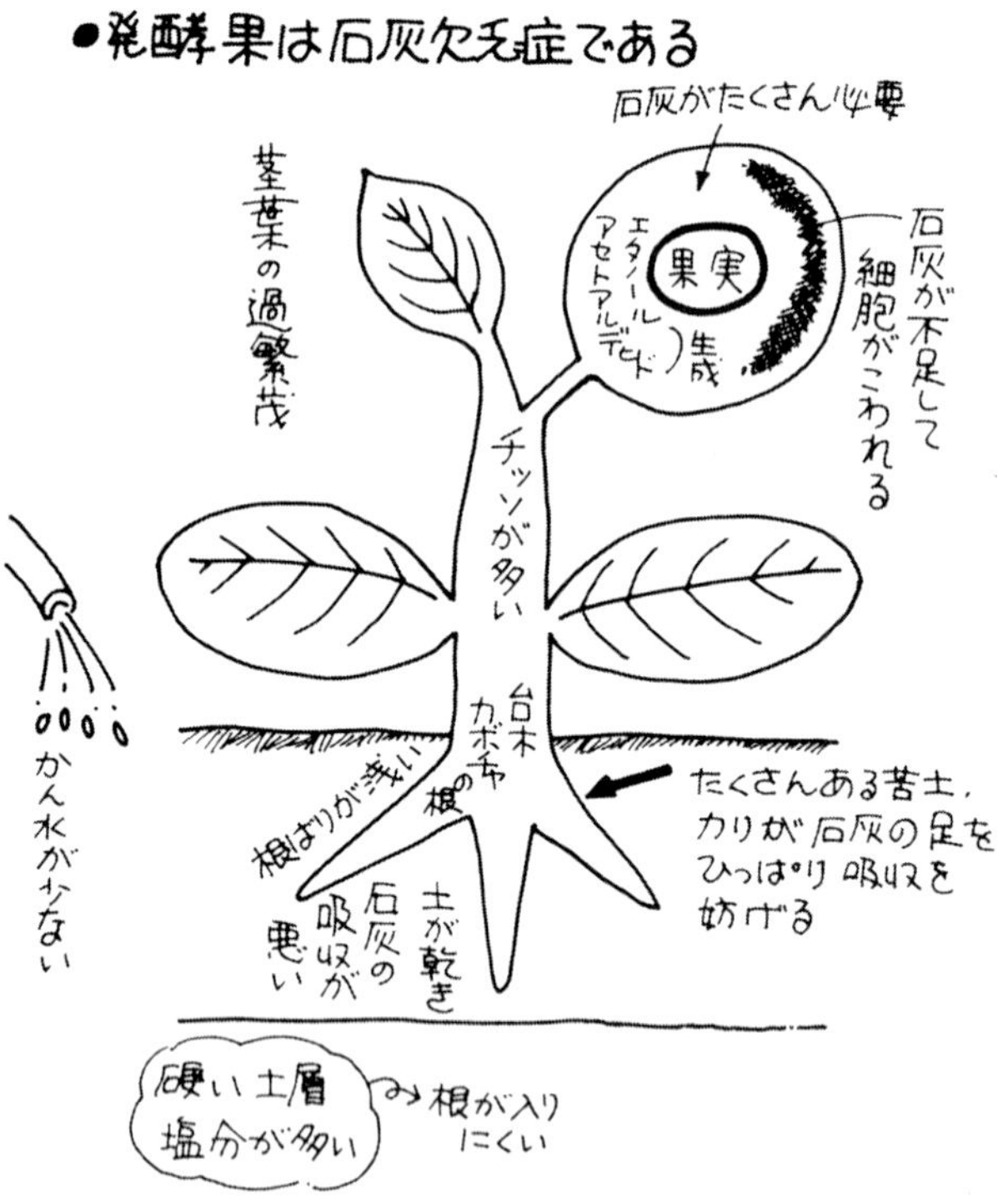
●発酵果は石灰欠乏症である
石灰がたくさん必要
果実
エタノール
アセトアルデヒド
石灰が不足して細胞がこわれる
茎葉の過繁茂
チッソが多い
台木カボチャの根
たくさんある苦土、カリが石灰の足をひっぱり吸収を妨げる
根ばりが浅い
石灰の吸収が悪い
土が乾き
かん水が少ない
硬い土層
塩分が多い
根が入りにくい

石灰欠乏＝発酵果のしくみ

なぜそうなったか

発酵果は石灰欠乏症でおこる。その原因は、低温、日照不足、多肥、着果不良、土壌水分の過多、接ぎ木栽培などが考えられ、これらが相互にからんで発生する。

土壌中に石灰が含まれていても、苦土やカリ、塩素の多い土壌では石灰との競合がおこりやすい。また、吸肥力の強いカボチャ台に、かん水を多くすると、窒素やカリの吸収がますます多くなり、石灰の吸収が妨げられる。そのうえ着果後、かん水をひかえると土壌が乾き、ハウス内の湿度が下がる。いきおい、根の吸水作用や茎葉の蒸散作用が衰えて石灰の吸収が少なくなる。吸収量が少ないうえに体内での移動も悪い。石灰を多く必要とする幼果では不足すると果肉組織がこわれる。果実内ではアセトアルデヒドができ、独特な刺激を感じる。エタノールができ、糖度が低下する。

とくにハウスメロンの連作地や干拓地土壌でカリ、苦土の多い圃場では石灰の吸収が阻害されやすい。また、野菜がよく利用できる土壌水分が少なく乾きやすい強粘質土でも発酵果が多い。

どうすればよいか

発酵果の予防には、まず極端な早出しをさけ、気象条件に適したむりのない作型をきめる。発酵果の少ない品種と草勢があまり強くない台木を選び、施肥量も土壌診断にしたがい、窒素の多用をつつしみ、かん水をひかえて生育初期の過繁茂を防ぐ。基本整枝を徹底し、着果しやすい株づくりが基本になる。

耕土は深くし、高ウネとして根ばりをよくし、石灰や水分の吸収をうながす土壌改良資材を肥大中期から一～二回かん注するほか、苦土を含まない石灰資材を用い、より深く施す。

開花時は高めに保温し受精をたすけ、肥大期は乾燥しないようにかん水する。

苗の植付け方

野菜の根の伸び方やはたらきぐあいは、発芽時の主根の伸び方で決まる。まっすぐに伸びる根を折り曲げると伸びが止まり、根ばりが悪い。稚苗の移植はていねいに作業したい。苗の植え方に失敗すると、苗の栄養分が不足し、根が老化したり、水分が足りずに根がいたみ、株の寿命が短くなったりしてしまう。水かけもそのときの温度、鉢の大きさ、床土の水もち、そして育ちぐあいを見て手間隙かけて行ないたい。

たとえば、高温を好む野菜の早植えや温度不足、水分過多は障害を招くし、冷涼な気候を好む野菜を日中暑いときに植えると、欠株の原因になる。菜類を深く植えて株元が湿りすぎると、根や茎がいたみ病気で枯れる。

花のつき方が決まっているトマトなどは同じ向きにそろえて植えると、あとの手入れや収穫に好都合である。

ニンニク

ニンニクの割れ球が多い

よくある失敗、思いちがい

温暖な地の利を生かして早く出荷したいと、九月初旬植えのマルチ栽培を試みた。元肥に堆肥を多用して、年内の発育を進め、太い茎に生長するところまでは順調だった。しかし春先、一株から小さな球をつけた茎が数本伸びて分かれ、商品価値が失われた。それでも大きな球を収穫しようと、茎葉が枯れてから収穫したら、球が割れていた。

なぜそうなったか

生長点では新しい葉が次々に生長するが、低温にあうと花芽ができてしまう。さらに、花芽（花房）を持つ花茎（とう）ができたあと、花茎を取り囲むように側芽ができ、小さなりん片の、球が分かれた株になる。これは、同じ栽培期間中に二回花芽ができるめずらしい現象である。

窒素が多い堆肥をたくさん投入すると生育後期まで肥効がつづき、雨で土に水分が吸収されたときに、割れ球がおこる。また、収穫がおそくなると球全体は大きくなるが、外皮（保護葉）が裂けて割れ球になる。

どうすればよいか

二次生長を防ぐには、年内から二月ころまでに生育を急がせすぎないように、植

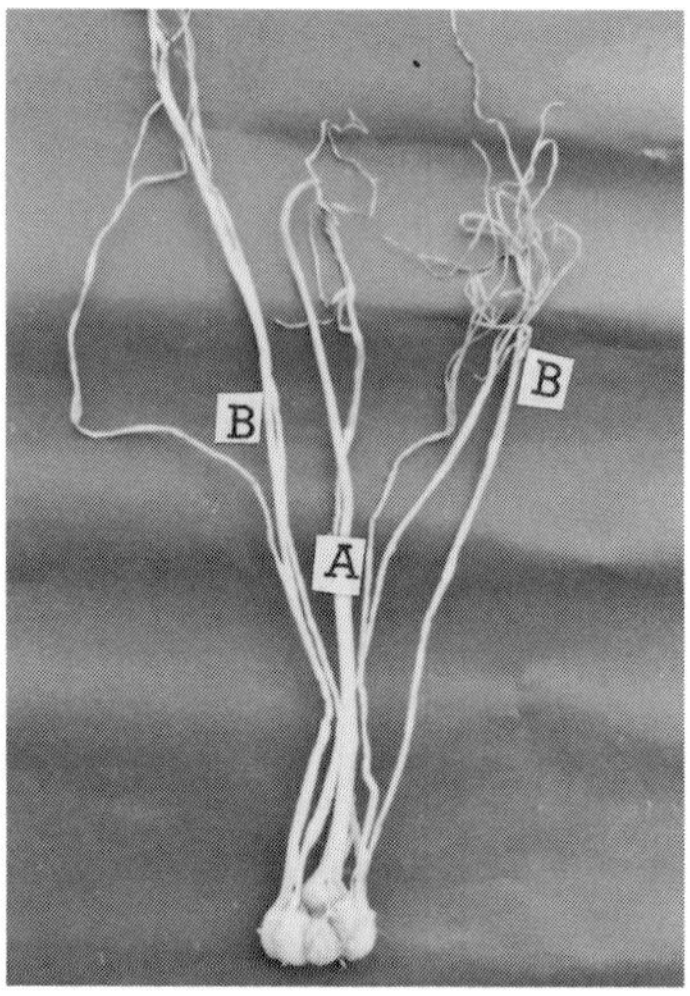

収穫時の割れ球（二次生長した株）
A：種球から出た茎に花茎
B：Aのもとにできた側芽が生長してりん片ができるが、このりん片の生長点に新しい花茎ができ、生長して球が割れている

割れ球は多肥、多湿で生育がすすみすぎたときに多い
A：割れ球ばかり
B：裸地栽培で生育がおくれて割れ球ができない
この畑は毎年堆肥が施用された肥沃な畑

付け適期を守る。暖地では九月下旬から十月上中旬、マルチ栽培は十月中旬が適期。種球の選び方にも注意したい。

筆者は、中国からの導入種を利用する場合の調査をしてみた。その結果、二次生長株を選別して除外した種球を栽培すると、二次生長株を大幅に減らす効果がある。種球を自家採種する場合、ウイルス罹患株とともに取り除いておくと効果的。もしくは、市販品種でウイルスフリー種の平戸、対馬、白獅子、ししまるなどを使えば、無難である。

割れ球防止は、肥沃地では施肥をひかえ元肥重点とし、追肥は窒素とカリを全施肥料の一～二割、花芽（花房）ができる一～二月に行なう。窒素の使用過多とおそい追肥は禁物である。窒素分の多い堆肥利用はひかえたい。土つくりとして、施す場合は、前作物栽培時に利用するとよい。

収穫は下葉が三～四枚枯れはじめるころ、抽苔はじめ後二五～三〇日ころを収穫の目安にする。なお、収穫後も茎葉部の栄養分が球に流れて球（りん片）が太り、外皮が裂けるので注意する。

メロンなど果菜類

定植がおくれ、苗が老化したときには

よくある失敗、思いちがい

ハウスメロンの半促成栽培を計画したが、本圃の準備がおくれ、育苗日数が長くなり、徒長してきた。徒長を防ぐためにかん水をひかえ、低温管理にしたため、つる先が細い老化苗になった。早く植えるほうがよいと判断して対処したが、活着

やその後の生育が悪く、株の衰弱が早い。

なぜそうなったか

育苗が伸びると、かぎられた鉢土では肥切れをおこし、作物体内は栄養失調状態となる。老化しやすいハウスメロンの根はますます発根力や吸収力が弱まり、植えいたみをおこしやすい。また、苗時代にできつつある花の素質にも悪影響をおよぼす。とくに床土の質が悪く、しかも小鉢で、鉢土が少ないときにこの傾向が著しい。

どうすればよいか

老化苗はそのまま植えずに、いったん、草勢を回復させるように、特肥「地楽園」三、〇〇〇倍液と液肥五〇〇倍液にどぶ漬けして根のまわりに土壌微生物を多くして根や茎葉の回復が早まるようにしたり、液肥の追肥や葉面散布を行なったりする。

また、鉢が小さく、鉢土が少ないときはひとまわり大きめの鉢へ、植えかえるとよい。

苗の生育につれ、鉢の間隔を広めて、日当たりをよくして、茎葉のはたらきをたすける。植える四～五日前からは床温を二五度くらいに高く保ち、特肥「地楽園」三、〇〇〇倍液または「エポック」一、〇〇〇倍液を根鉢にかん注して新根の発生をたすける。根鉢の外側に白い根が見えるころに植えると活着が早い。

植穴には肥土を利用し、また、窒素とリン酸の根付け肥を施すと回復が早い。

根のはたらきが弱いときに、植付け後に追肥がよく行なわれるが、その後過繁茂になるので注意したい。

老化苗はだいたい根ばりが少なく、着果しやすい生育であり、茎葉が伸びる前に、

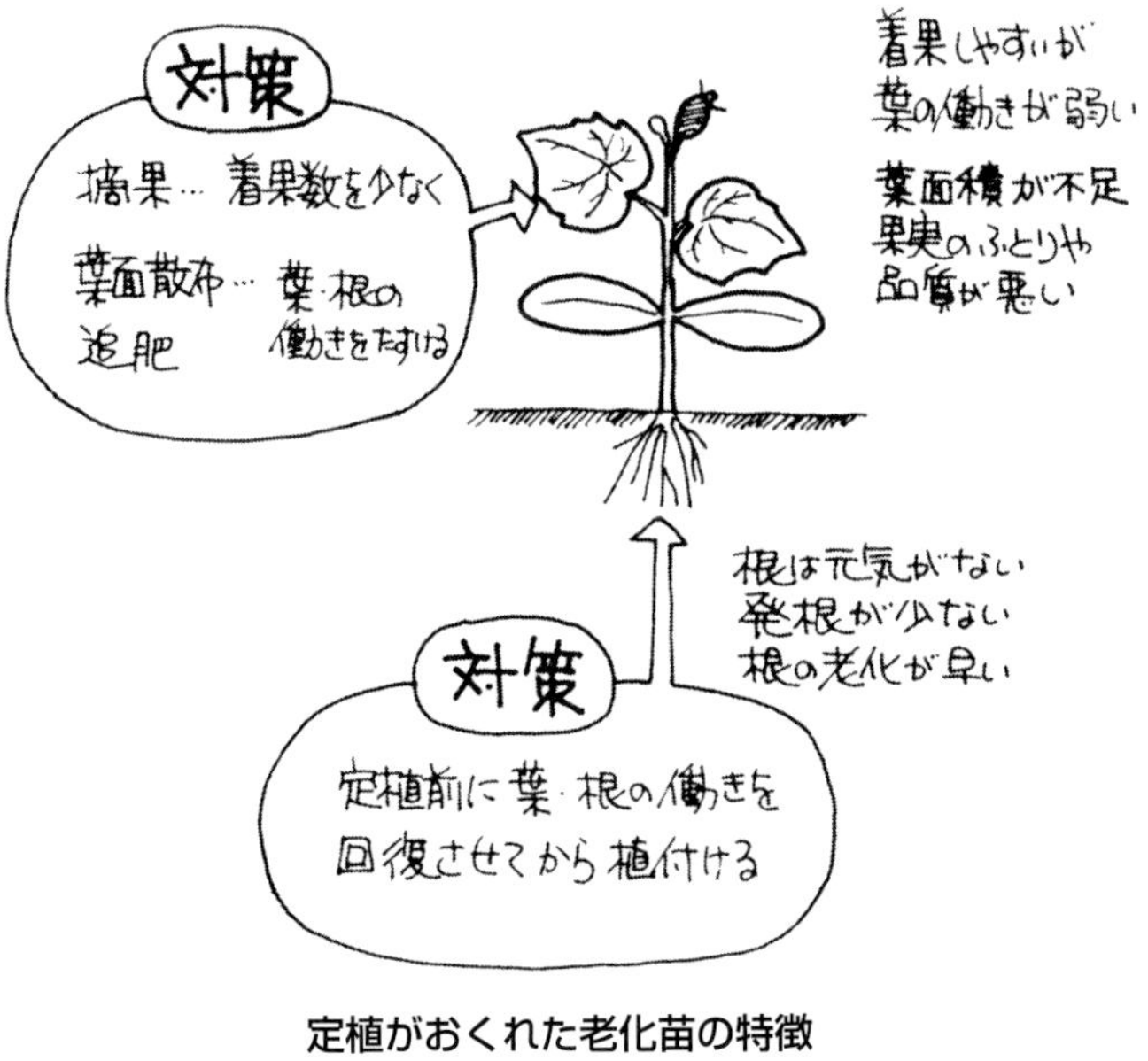

定植がおくれた老化苗の特徴

開花、結実するので、生育後半、果実が肥大しはじめると株の負担が重く、株づかれが早くなる。生育を見ながら摘果して、根づくりと草勢の強化に努める。

　ハウスメロンだけでなく、果菜、葉菜いずれも老化苗は多くの障害をおこし、適期定植が栽培のスタートである。定植が天候に支配されないように本圃の準備、とくにハウス骨組みの建込み、元肥施用や作畦などの作業は、植付け二カ月前からはじめる。とくに無加温栽培では地温を確保するようマルチとトンネルを早めに行ない、保温しておく。

ジャガイモ・キャベツ・イチゴなど

暑い昼間の植付けは欠株を多くする

よくある失敗、思いちがい

　秋ジャガイモは生育期間が短く、植付け適期がかぎられる。早く植えないと多収穫がのぞめないと、作業を急いだ。土壌水分が多いと発芽が早くなるだろうと思い、雨のあと、土壌が湿った状態のときに、しかも、暑い昼間に作業を進めた。しかし、欠株が多く、収穫量が少なかった。

なぜそうなったか

　ジャガイモは、茎の基部から発生するストロン（茎の一部）の先端が肥大し、でんぷんがたくわえられていもができる。いもをたくさん収穫するには、ストロンを出す茎を多く確保しなければならない。

　温暖地での秋作用の種いもは、五月に掘りとったもので九月に植えるまでの日数が短く、一株の茎数が少ない。とうぜん、いも数や重量が多くならない。

　したがって、秋作で多収穫するには、株数を多く植え、収穫株数をふやす必要がある。

　生育初期の欠株は、種いもの腐敗と青枯病による。一五〜二〇度の冷涼な気候を好むジャガイモを日中、気温や地温の高い時間に、しかも、土壌水分の多いときに植えると、種いものストレスが多く、発芽するまでに腐敗してしまう。水分の多い土壌では酸素が不足して根のはたらきが鈍り、いたみやすい。その傷口から、高温で活動がさかんな青枯病菌が侵入する。

秋ジャガイモの早植え　日中の暑いときに植えると青枯病が多い。排水の悪い畑で著しい

どうすればよいか

秋作は地温の低い早朝か、夕方、気温が下がってから植え付ける。日中はぜったい禁物である。とくに連作地で青枯病の多い圃場では、植付けがおくれても、土壌が乾いてから植えるほうが無難である。

ジャガイモ以外で生育適温の低いイチゴ、キャベツ、カリフラワー、芽キャベツ、コールラビーなども、移植する時間は涼しいときに行ない、地温を上げないよう、日よけする工夫が必要である。活着をたすけると、炭疽病や小苗立枯病も少なくてすむ。

逆に高温を好むオクラ、ピーマン、メロン、スイートコーンでは、地温の低い春先にあわてて露地に植えると育ちが悪く、何度も植えかえるはめに。適期植えとマルチをするなど簡単な保温が肝心。

キュウリなど野菜全般

降雨時の植付けは絶対禁物

よくある失敗、思いちがい

気温が高くなってきた四月下旬、かん水の手間がはぶけるからと、雨ふりにキュウリを植え付けた。ところが、初期生育が悪く、追肥して早く回復させようとするが、その効果が乏しい。最後まで草勢が弱く、ベト病やウドンコ病が多く発生し、収量が少なかった。

なぜそうなったか

気温が上昇してきたといっても、四月下旬では、降雨時は冷えこみ地温も低くなっている。高温を好むキュウリにとっては、まったく不都合である。

天気の悪い日の植付けは禁物

また、雨で土壌中の空気（酸素）が押し出され、そのうえ植付け作業で土壌が固くしまってしまう。とうぜんのことながら、キュウリの根は呼吸や吸水作用が弱まり、発根が思うようにいかず、植えいたみが激しくあらわれる。根ばりが悪く、着果して草勢が弱まると、ベト病やウドンコ病などにかかりやすくなる。

逆に草勢を強めようと窒素肥料を中心に追肥すると、あとになってから茎葉が繁りすぎることが多い。

どうすればよいか

春先の定植は、晴天日の暖かい日中に作業を進め、浅く植える。地温を下げるかん水は少なめにし、根鉢を地床がなじむ程度にする。とくに雨ふりや直後の土壌水分が多いときの作業は四季をとわず禁物である。

元肥の施用やウネづくり、支柱立ては早めに準備しておく。トンネルマルチ栽培でも同じで乾燥時は植穴にかん水したあと、マルチして、一八度以上の地温と水分を保つようにする。

もし、不良天候に植えたときは、植付け時のショックを早く回復させ根の生長をたすける以外に方法はない。硬くしまった土をほぐすように、株元ちかくを中耕するほか、土をぼう軟にする特肥「エポック」か「地楽園」の希釈液または高分子系土壌改良剤（キッポPXスーパー・EB

一口ヒント

メロン、イチゴは株元が乾くように浅植えで

ハウスメロンは水気に弱い。株元が低く、いつも湿っていると、多湿を好む疫病やつる枯れ病が発生しやすい。株元が乾きやすいように、やや高めに浅植えする。

イチゴの苗床でも同じで、低いと疫病が多く、欠株がふえる。とくに水田に苗床をつくるときは注意したい。

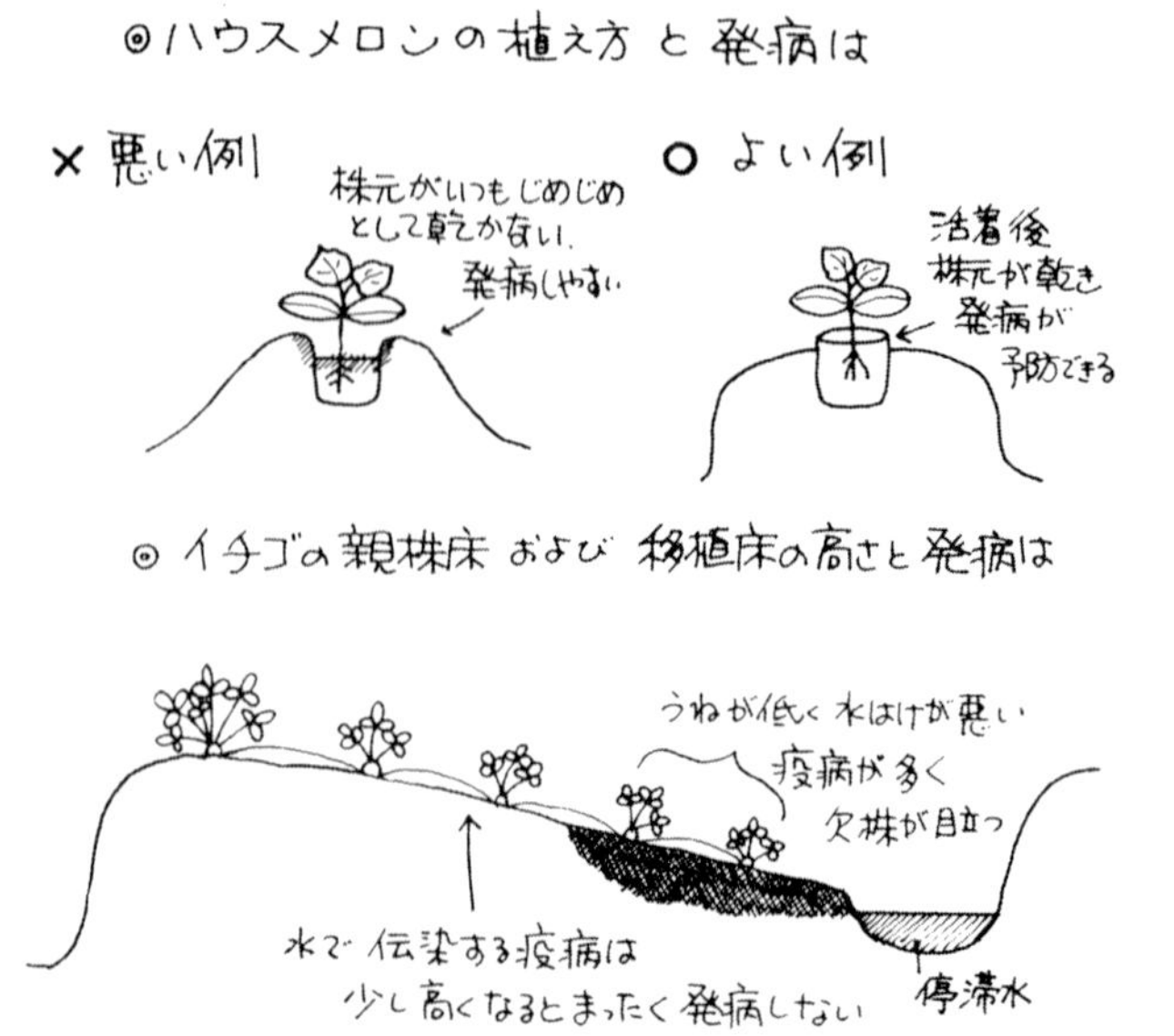
◎ハウスメロンの植え方と発病は
×悪い例
株元がいつもじめじめとして乾かない。
発病しやすい
○よい例
活着後株元が乾き発病が予防できる
◎イチゴの親株床および移植床の高さと発病は
うねが低く水はけが悪い
疫病が多く欠株が目立つ
水で伝染する疫病は少し高くなるとまったく発病しない
停滞水

ーaなど）の希釈液を土壌かん注する。また地温一八度を保つようプラスチックフィルムでマルチする。気温の低い日はキャップやトンネルをかけたり、不織布のベタがけで保温する。追肥も窒素とリン酸の根付け肥を施し、液肥の葉面散布を行なう。

　なお、加温できるハウス栽培やトンネル栽培で温度条件がめぐまれていると思い、曇天や降雨時に強引に作業を進めることがある。しかし、たとえ温度が保たれても満足する結果にはならない。

　キュウリのほかにオクラ、スイートコーン、トマト、ナス、ピーマン、スイカなども同じように注意する。とくに粘土の多い埴土や埴壌土では、降雨時の土いじりは病害や生育障害の原因になる。

ハクサイ・レタス・キャベツなど

紙筒鉢をそのまま植えるとどうなるか

よくある失敗、思いちがい

　水田の三毛作として春植タマネギの前作に冬どりハクサイを計画し、紙筒鉢で育苗した。紙でできた鉢は腐りやすいし、また、植付け時に根鉢をくずしてしまうと活着が悪くなると思い、紙筒鉢を除かずに植え付けた。ところが初期生育がおくれて、半結球が多く見られた。

なぜそうなったか

　紙筒鉢は防水加工がなされ、一定期間のうちは腐りにくい。土壌中にあっても意外と腐敗しないので、そのまま植えると、根鉢と地床の土壌が接する部分は鉢底だけになる。根鉢への水分補給が少ないため、根鉢は乾く。もともとハクサイの根はせん細で乾燥に弱いので、根はいたみ、発根しにくい。

　また、ハクサイの根ばりは、浅く、横へ広がる性質があるが、紙筒鉢をつけたままでは、根の伸長には不都合である。とくに気温が下がる秋季や細かく砕土できない強粘質土では、以上の現象が強くあらわれる。初期生育のおくれは致命傷になり、結球しない。

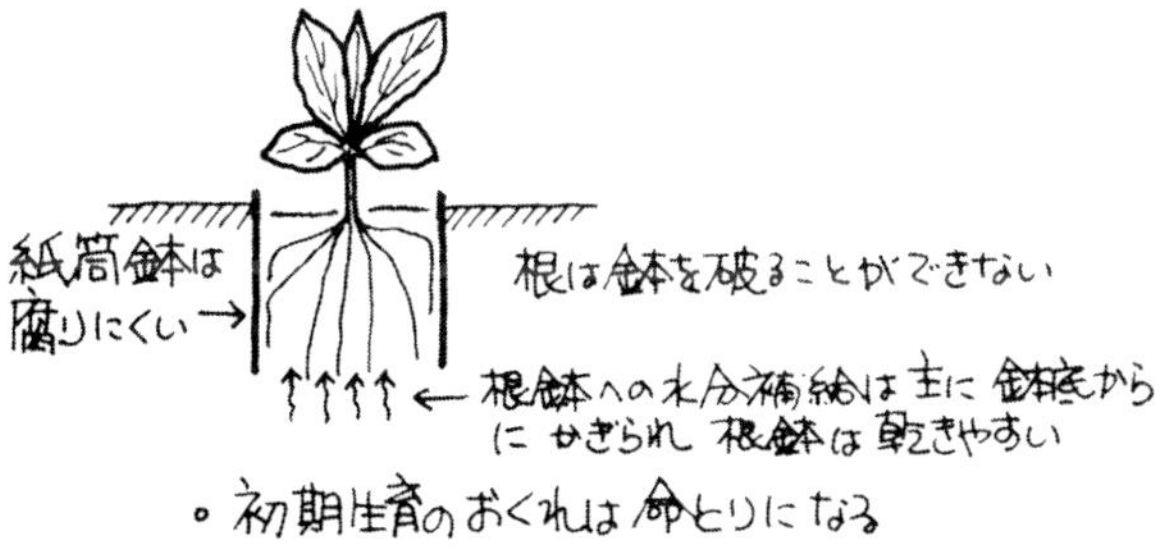
紙筒鉢は腐りにくい→
根は鉢を破ることができない
根鉢への水分補給は主に鉢底からにかぎられ根鉢は乾きやすい
○初期生育のおくれは命とりになる
紙筒鉢をつけたままでは活着が悪い

育苗が長くなり、そのわりに鉢が小さかったり鉢土が少なかったりするときは根がとぐろをまくように伸びる。このような苗は肥切れし、カンザシ苗にちかい。発根力も弱く、また定植後、根鉢の中心部が乾きやすいため根ばりが悪くなる。

とくに床土の組成が悪いとこの傾向が著しい。腐植が多くぼう軟な床土ならある程度根鉢ができても問題は少ないが、速成床土で腐植が少ない場合には問題になる。

どうすればよいか

めんどうでも紙筒鉢をとって植え付ける。育苗日数が長くなり、根鉢が固くできているときは、少し乱暴のようでも、根鉢をくずしたほうが活着や生育の回復が早い。

もし、知らずに紙筒鉢のまま植えこんだときは、植付け直後であれば、めんどうでも一度掘り出し、紙筒鉢を破って植えなおすほうがよい。植付け後時間を経過していれば、根鉢の底から根が伸び、活着しおわるまでは根鉢中心にかん水して乾燥を防ぐ以外に手だては見あたらない。

以上のようなことはレタスやキャベツ、カリフラワー、あるいは果菜類にも見られる。とくに、生育日数がわずか四〇日あまりの夏秋レタスの場合は、冬どりハクサイ以上に植付け後の生育が、結球や形質に強く影響するので、紙筒鉢をとって活着をうながしたい。

キュウリ・イチゴなど

鉢に根がまわった苗はそのまま植えてはダメ

よくある失敗、思いちがい

キュウリの根は早く老化し、再生力が弱い。根が切れるとその後の生育が悪いので、根はいためてはならないと参考書に記載されていた。

鉢育苗で育苗日数が長くなって、根は鉢のまわりを伸び、硬く根鉢ができた。根鉢がくずれると活着がおくれると思い、そのまま植えたら、しおれは少ないが、初期生育が悪い。また株の衰弱も早いようである。

なぜそうなったか

根鉢が固くできた苗を植えると、しおれは少ないものの、その後の発育が悪くなるのは、鉢育苗の泣きどころである。

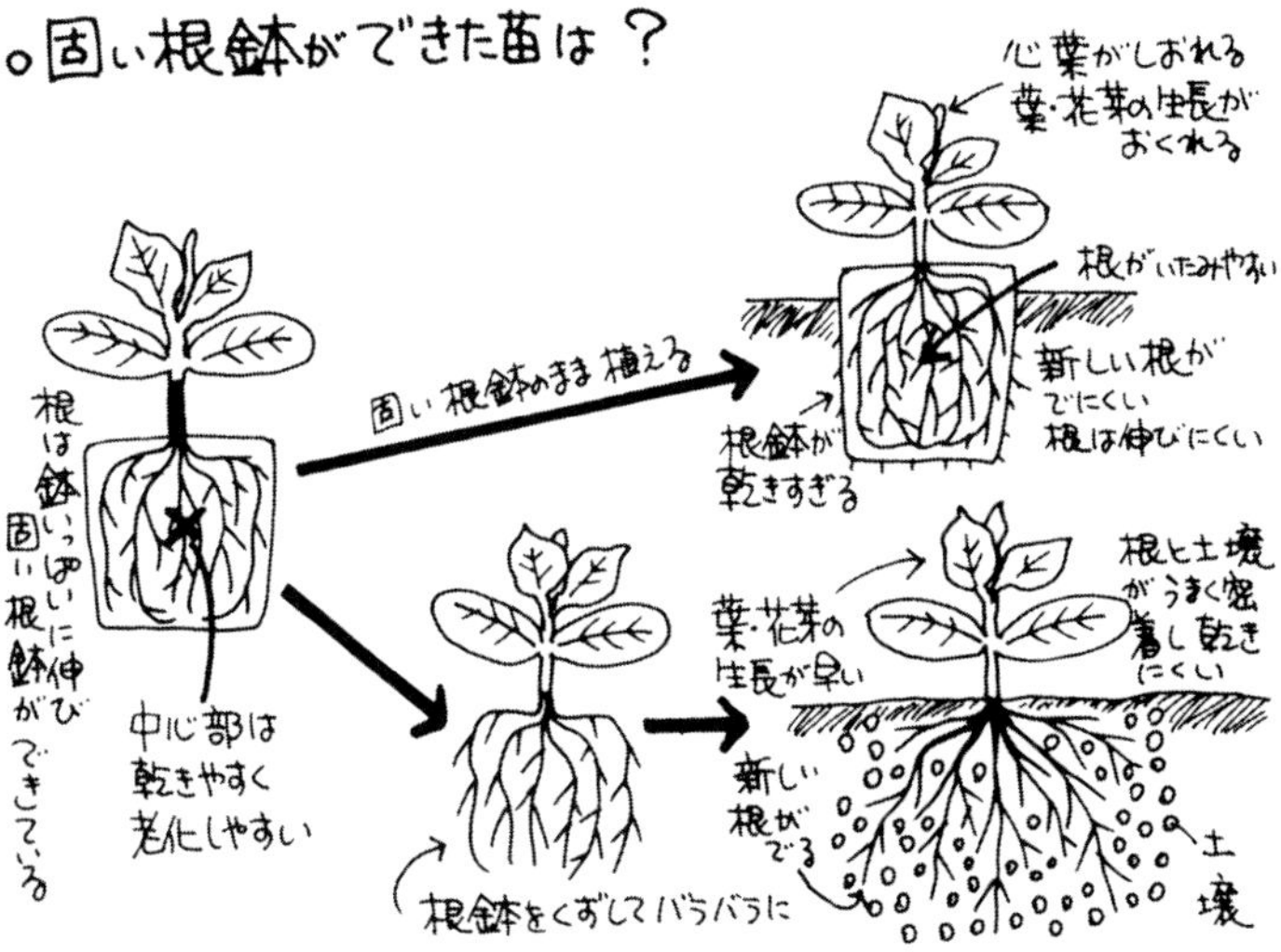
固い根鉢ができた苗は？
心葉がしおれる
葉・花芽の生長がおくれる
根がいたみやすい
固い根鉢のまま植える
新しい根がでにくい
根は伸びにくい
根鉢が乾きすぎる
根は鉢いっぱいに伸び固い根鉢ができている
中心部は乾きやすく老化しやすい
葉・花芽の生長が早い
根と土壌がうまく密着し乾きにくい
新しい根がでる
根鉢をくずしてバラバラに
土壌

どうすればよいか

硬く根鉢ができた苗は、かるく握り根鉢をくずすか、床土の一部をおとし、根をほぐして、ばらばらにするほうが、根鉢中心部への水がよく浸透して根のいたみが少ないうえに根と土との密着がうまくいき、活着とその後の生育がよい。

キュウリ以外でも同じことがいえ、とくに促成イチゴのように砂が多く、腐植の少ない土を使う鉢土では、土がしまりやすい。本圃が強粘質土などで、鉢土と性質が著しくちがうときには、活着するまでは根鉢が乾き、根をいためる。目だったしおれは見えにくいが、花芽や新葉の発育を妨げるので、キュウリと同じ方法で手だてする。なお、定植前には窒素とリン酸の根付け肥を施すか、発根をうながし、根のはたらきをたすける特肥「エポック」か「地楽園」の希釈液にどぶ漬けするとよい。

レタスなど野菜全般

押しこみ移植は根ばりを悪くする

よくある失敗、思いちがい

レタスの苗は細かい根が多く、かんたんに活着し、多少乱雑に扱っても影響が少ない。一方、小さいペーパーポットへの移植作業はやりにくい。そこで、作業能率を高めようと思い、稚苗の根際を持ち、指先で押しこむように移植した。

ところが、移植後の生育が劣り、また定植後の発育がおくれ株の生育に不ぞろいが目だつ。雨の害もでやすい。

なぜそうなったか

冷涼な気候を好むレタスを夏場に栽培するとき、圃場条件やちょっとした作業のやり方で株のストレスが大きくちがってくる。発根しやすいレタスでも、よく伸びる主根を折りまげるようでは、著しく根ばりを悪くする。根が曲折していると、生長点で生成される発根ホルモンや葉からの同化養分の流れが、にぶるためであろう。

どうすればよいか

移植は稚苗の幼根がまっすぐに伸びる

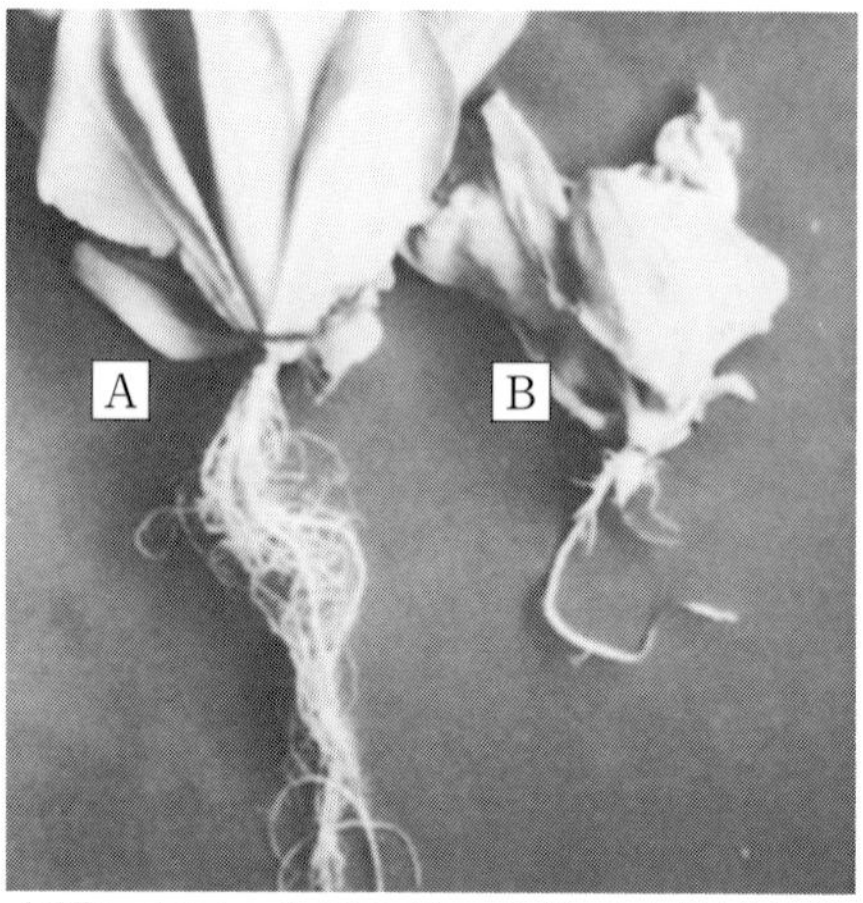
A
B

水耕レタス　生育の早い水耕でも粗雑な移植は主根がいたみ生育がおくれる（B）

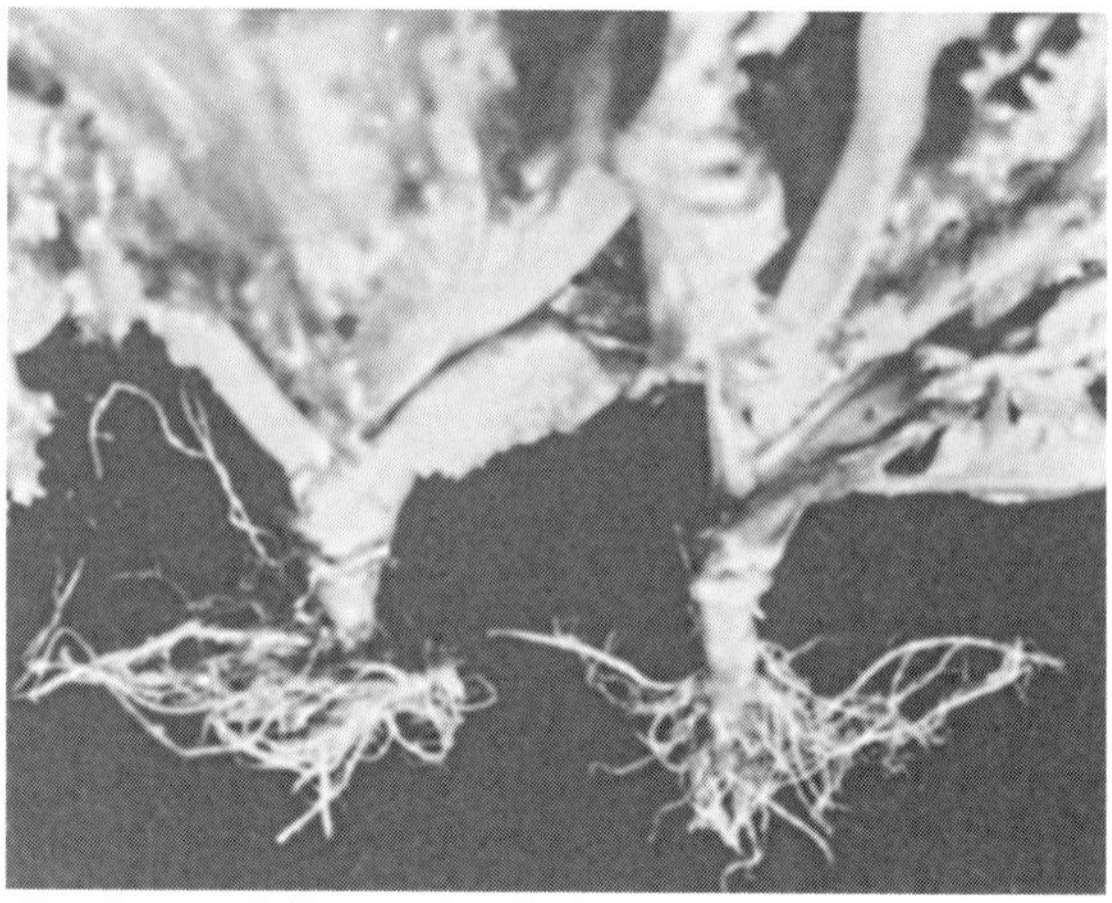

ポットへの移植がおくれ指先で押しこんだレタスは本圃での根ばりが浅い。育ちが悪く湿害や病害に弱い

ようにして根の発育をたすける。とくに生育日数の短い栽培型では、移植などによるわずか数日の生育停止でも命とりになりかねない。

　移植作業は、あらかじめ細竹か指先で植穴をあけてから行なう。根ぎわを持って押しこむような移植は絶対に行なってはならない。また、障害を軽くし、育苗日数を短縮するよう、育苗鉢への直まきできるセル育苗の導入や省力的なコーティング種子利用も解決方法の一つである。

　なお、レタス以外のキャベツ、カリフラワー、ハクサイ、あるいはキュウリ、メロンなども同じことがいえる。とくにメロンでは幼苗の主根が曲りくねっていると、根量が減少し、定植後の根ばりが悪くなる。土壌条件が悪いときほどそうなのだ。

　タマネギでも、根をまるめたり横にして植えると生育が悪い。根をまっすぐ下に伸ばして植える機械植えは、低温期の生長がよく、定植期間が延長できる。

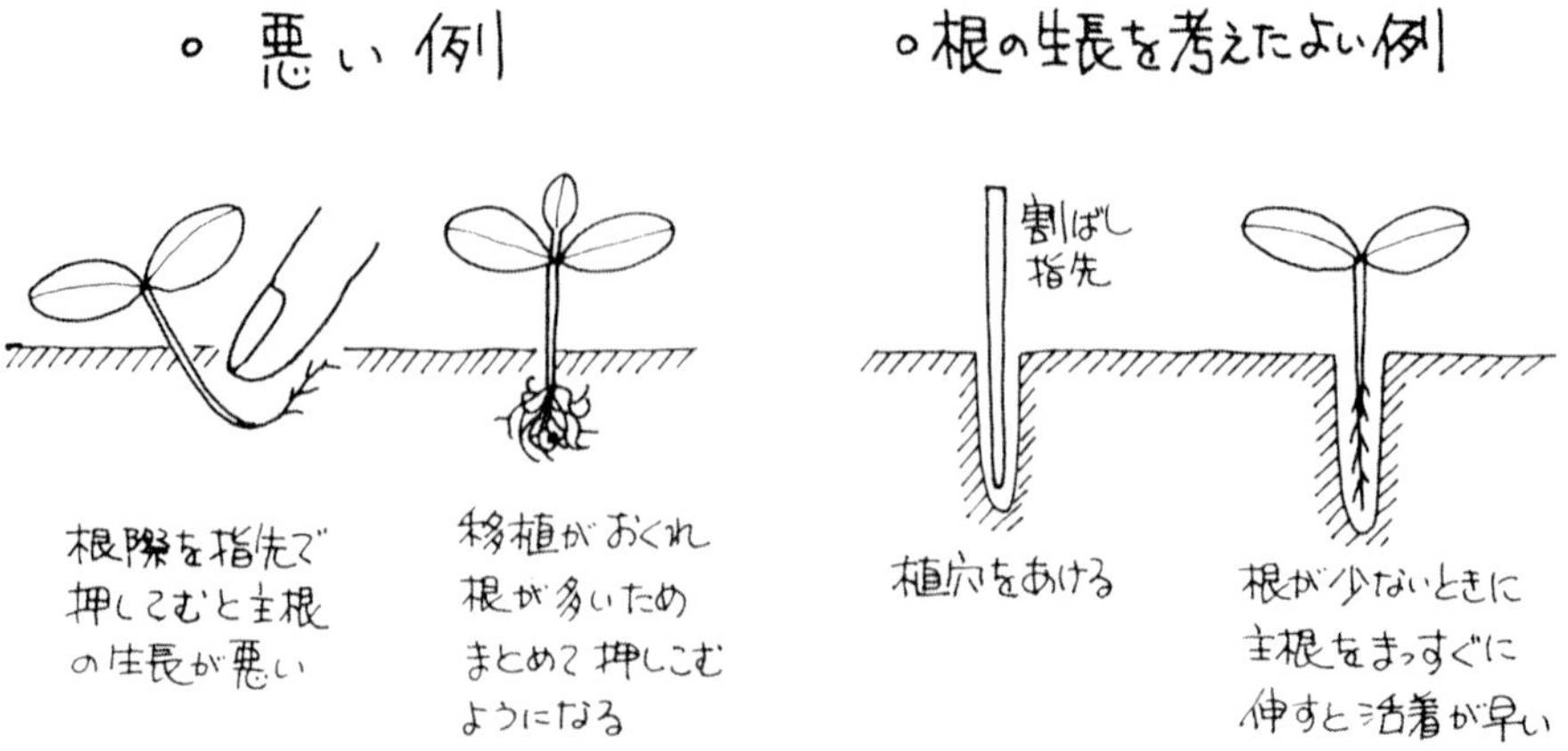
○悪い例
○根の生長を考えたよい例
割ばし
指先
根際を指先で押しこむと主根の生長が悪い
移植がおくれ根が多いためまとめて押しこむようになる
植穴をあける
根が少ないときに主根をまっすぐに伸すと活着が早い

幼苗の移植方法は

トマトなど果菜類

植える深さで生育に差がつく

根が下に伸びた機械植えは新根が次々と伸びてくる。植えいたみがない

横にしたり、まるめた根は新根の発生が悪い。砕土が粗く、乾くと植えいたみがひどく冬場の生育が悪い

タマネギの植え方と新根の生長のちがい

よくある失敗、思いちがい

トマトは木ボケしやすく、それを防ぐには土壌水分を加減しなければならないと聞いた。とくに鉢育苗は活着が早く、発育がよいので、植付け後のかん水をひかえようと思った。そこで、やや深植えして根鉢の乾きを防ぐようにしたが、草勢がおう盛になり失敗した。

なぜそうなったか

トマトの生育は温度や湿度、日射量、肥効、水分などが密接に関係するが、主に土壌水分とのかかわりが深い。

定植後の肥料養分の吸収は水分のたすけをかりて行なわれるので、うまく生育させるには、土壌水分を加減して、養分吸収を調節しなければならない。

植付け後の根鉢やそのまわりは、日中、茎葉から蒸散作用で失われるので乾きやすい。一方、日没後は根鉢のまわりから補給され、もとどおりに回復する。このような水の動きは鉢土の種類や根鉢のまわりの土塊の大きさ、あるいは植付けの深さによって変わってくる。

根鉢の上端が見えないように深植えすると、植床の土壌水分の影響をじかにうけ、根の生育や肥料養分の吸収を調節することができにくい。いきおい、発育が活発となって草できするのである。

どうすればよいか

根鉢が一～二センチ抜き出ているように浅植えすることである。根鉢と土壌が接する部分が少ないうえに、露出した鉢土からの蒸発が多く、根鉢は乾きやすく、水分調節がやりやすい。

トマトは、もともと発根力や養水分の吸収力が強く、とくに若苗ほど著しく草できしやすい。ちかごろ、鉢土を節約し省力化をはかるため、小鉢利用やソイルブロック育苗による若苗定植が多いが、苗の大きさによって植付け方に注意する。

地下水位の高い圃場や肥沃な土壌では浅植えとしたり、また、鉢底をとった鉢植栽培で生育調節も行なえる。若苗では浅植えで活着後のかん水をひかえたり、三～五日植穴においてから本植えするか、苗床の管理を延長する感覚が必要であろう。

ナス、キュウリ、メロン、イチゴなどほかの果菜でもまったく同じように考えてよい。また、植付けが生育調節だけでなく病害との関係でも考えられる。カリフラワーやブロッコリー、キャベツ、芽キャベツなどを高温期で雨量の多い時期に、深植えすると葉腋部から病菌が侵入し、発病することが多い。

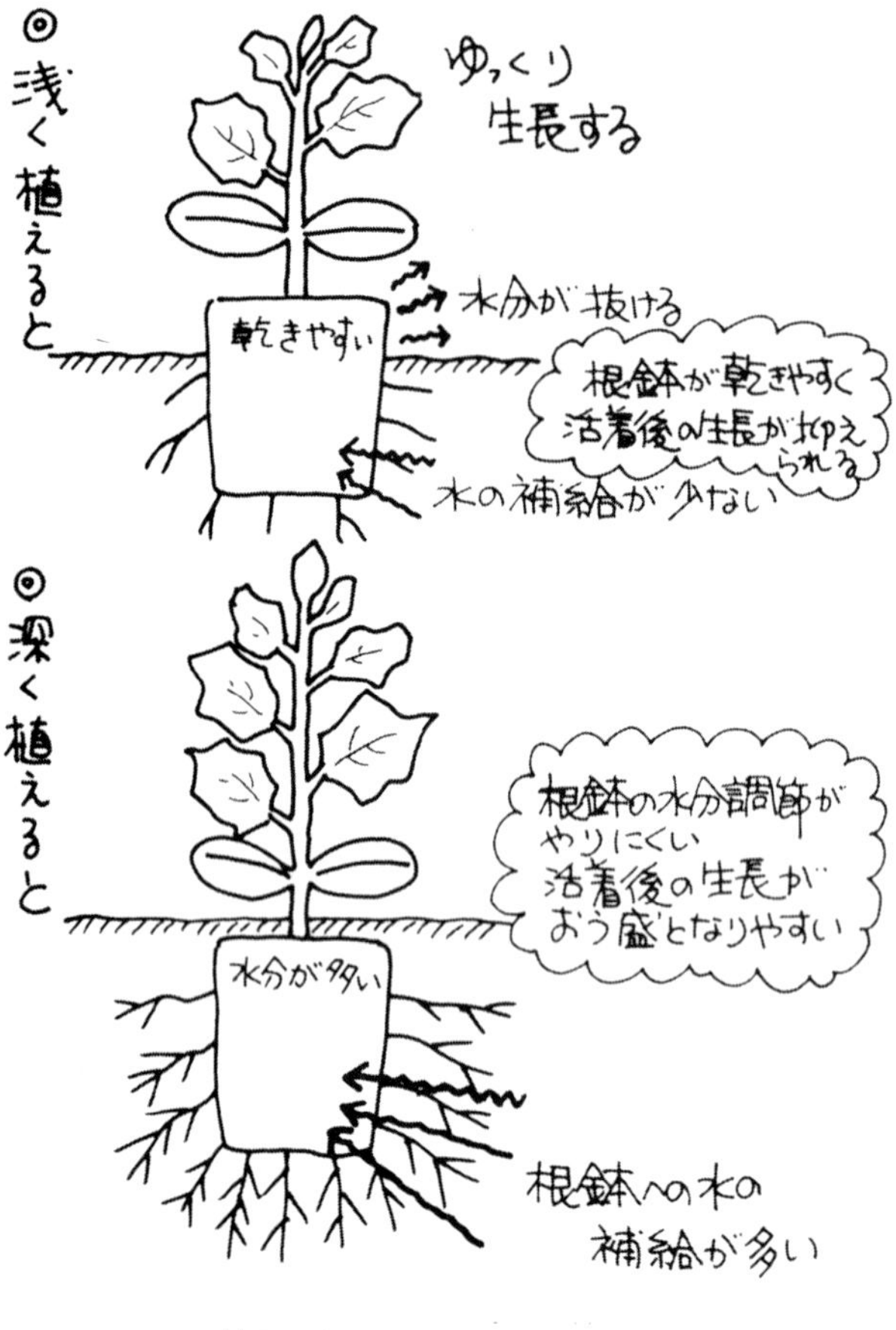
◎浅く植えると
ゆっくり生長する
水分が抜ける
乾きやすい
根鉢が乾きやすく活着後の生長が抑えられる
水の補給が少ない
◎深く植えると
根鉢の水分調節がやりにくい 活着後の生長がおう盛となりやすい
水分が多い
根鉢への水の補給が多い
植える深さで生育に差がつく

一口ヒント

イチゴの活着をたすけるには

イチゴの根は乾燥に弱い。植付け後の生育は活着のよしあしで決まり、根鉢の乾きぐあいがポイントになる。

鉢育苗や地床育苗の苗は、外観的なしおれが少なく、活着したような錯覚をおこす。心葉が濃くて、生気がなく、朝、葉縁から水滴が見られない株は、根鉢が乾き、活着がうまく進んでいない証拠である。これでは新葉の展開や花芽の育ちが悪く、収穫が著しくおくれてしまい、花芽つくりの苦労が水の泡になる。

植付け準備はおくれても、定植7日前に終える。降雨時はシートで雨よけして土のしまりを防ぐ。植穴にはたっぷりかん水し、植付け後は根鉢から新根が伸びるまで、葉水とホースで根鉢重点にかん水する。

能率本意のチューブかん水だけで、ことをすませようとすると失敗する。

野菜全般の根の発育と活着をたすけるには

根のまわりに土壌微生物をふやし、根の発育とはたらきをよくするように、土壌微生物を含む特肥「エポック」または「リーワン」を使用する。それらの資材は、播種床や本畑では植付け前に使うこと。同時に糖蜜資材を併用すると、さらに効果は高くなる。

根鉢の中心を横断（悪い例）
中心部に褐変した根が見られる。育苗初期に根にストレスがあったのか？

イチゴ苗の根鉢（良い例）
活力のある白い根でできた根鉢
鉢の中心部も同じ状態で定植後、新しい根が出て、活着がよい

畑の耕し方

野菜つくりでは、根が広く深く伸び、その機能が最後まで続くように手助けすることが大事。そのためにも、畑はていねいに耕したい。作土が浅く大きな土塊がごろごろしていては、乾きやすく、土壌微生物の活動が悪いうえに、肥料の分解がおくれてしまう。水不足では、野菜が育ちにくいし、株の衰弱が早く、生理障害を引き起こす。

粉のような単粒構造の土は、水分が多いときに耕すのがよい。下層の排水が悪い場所では、作土の下層は粗く土塊が残るように、表層は細かくするなど工夫する。

生育中に行なう中耕、土寄せ、土入れがおそいと、広く伸びた根を裁断してしまい、根の傷口から病気になったり、葉枯れを引きおこしたりする危険がある。

不耕起栽培をする場合は、土壌微生物の力が頼り。土壌微生物資材を多用し、窒素肥料と完熟堆肥、糖蜜、米ぬか、おからなど土壌微生物の餌を忘れないように。

メロンなど

浅く耕したところに苦土欠（葉枯れ）が多発

よくある失敗、思いちがい

メロンをカボチャ台に接ぎ木すると、多少、土壌条件が悪くても、生育に支障はおこりにくいと聞いた。さっそく接ぎ木栽培を採用し、水田転換畑でハウス栽培に取りくんだ。

植付け適期がせまったことから、土壌が乾かないうちに耕起し、しかも、ハウスの出入口ちかくの枕地《まくらじ》は、耕うん作業が不便で浅く耕してウネ立てした。ところが、果実の肥大盛期ころ、急に葉枯れ（苦土欠乏症）がおこり、果実の品質が低下した。

なぜそうなったか

苦土は葉緑素の構成成分の一つで、葉のはたらきに関係する要素である。苦土の吸収は、果実の肥大が進み、種子が充実するころから増加する。作物体内の苦土は移動しにくく、不足するとおもに果実にちかい葉から果実へ移行するため、果実付近の葉に欠乏症状が多く見られる。

苦土の欠乏は土壌中の含量が少ないときと、たくさん含有されていても、なんらかの原因で吸収されずに発生することがある。ほとんどが後者のタイプであり、土壌が酸性だったり、窒素やカリが多かったり、葉面積のわりに着果が多すぎたり、土壌条件が悪く根のはたらきが弱まった

生育中期にはいって、耕土が浅いところに苦土欠乏症（葉枯れ）が発生

りしたときに発生する。とくに接ぎ木よりも自根に多く秋作に目だつ。

この場合は、発生場所が耕土の浅いところに集中していることから、根の機能低下によると考えてよい。

どうすればよいか

苦土欠乏症の予防には、根ばりを多くし、収穫期まで根のはたらきを保つような土壌管理が必要である。栽培の基本になる耕うん整地は、ていねいに時間をかけて行なう。ハウスの枕地をふくめて圃場全体を同じ深さに耕やす。耕起時の土壌水分にも注意する。また、耕土の浅いところでは心土破砕や高ウネとする。とくに、強粘質土では圃場整備後は深耕と有機物の多用などで物理性をよくしたい。また、排水が悪く、発生が予想されるときは、根のはたらきを強める特肥「エポック」、「地楽園」、または過酸化水素（M・O・X）などを施すと防止できる。

イチゴあとのメロンなど

不耕起は土壌条件で成否が分かれる

よくある失敗、思いちがい

火山灰土のハウスメロン先進地を見学したときに、イチゴあとに不耕起でメロンを栽培していると聞いた。耕うん作業がはぶけマルチフィルムも再利用できるので、さっそく実行した。砂壌土の水田で促成イチゴあとのウネをそっくり利用して、ハウスメロンを作付けした。

しかし、初期生育はよいものの、着果後、肥大盛期にはいって、葉色が淡く急に萎凋した。果実はネットの盛り上がりや肉質が悪く、糖度が低い。

なぜそうなったか

砂壌土や砂質土は、かん水をくり返していると固くしまってくる。とくに腐植の少ない土壌で耕やさずそのままの状態で栽培すると、土壌中の孔隙が少ない。

根の酸素要求量が多くなる生育後半に土壌がしまり、空気量が少ない状態では根の老化が進みやすい。茎葉からの蒸散と根からの吸水のバランスがくずれ萎凋をおこす。

どうすればよいか

前作のイチゴを栽培したウネを再び利用するメロン栽培は、よほど土壌条件にめぐまれないとむずかしい。とくに、品質型品種ではそうである。

なお、不耕起で栽培するときは、有用な土壌微生物のはたらきで土壌を団粒化し、土をふかふか、軟らかくする。土壌微生物をふやすには、特肥「エポック」を利用する。

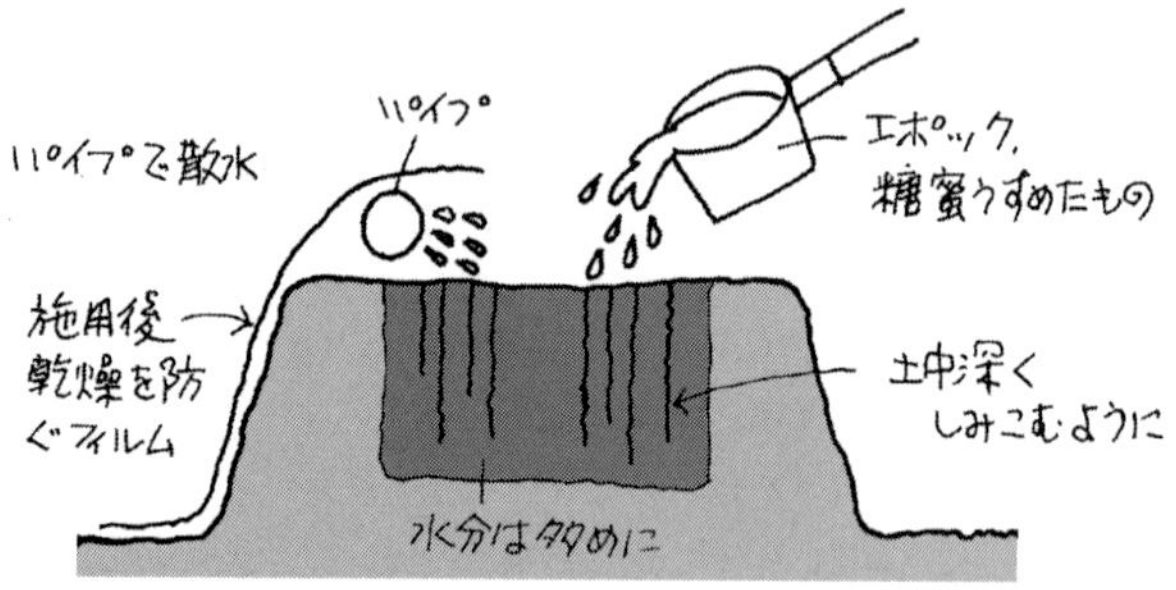

パイプで散水
パイプ
エポック、糖蜜うすめたもの
施用後乾燥を防ぐフィルム
土中深くしみこむように
水分は多めに

「エポック」は五〇〇倍液を一平方メートル当たり五リットルかん注するが、残肥量が多い場合は糖蜜を一平方メートル当たり一〇cc併用して植付け三〇日前に植え溝にかん注するのが好ましい。土が乾いているときは散水して土深く浸透させるのがポイントだ。「エポック」は生育が鈍化したときでも活用すると土が軟らかくなるほか、野菜の根や茎葉の発育が改善できる。培土量の少ないプランターやコンテナー栽培で活用できる。

トマトなど野菜全般

降雨後の耕うんは根ばりを悪くする

よくある失敗、思いちがい

抑制トマトの植付けは台風シーズンで天候に左右されやすい。植付けがおくれ、苗が徒長してきたので、耕うんを急いだ。雨のあと、晴れ間を利用し、多少土壌水分が多い状態であったが、むりして作業を進めた。深く耕すほど土をこねまわすので、浅く耕起したが土塊が大きい。トマトは初期生育が悪く、株づかれが早く、収量が少ない。

なぜそうなったか

トマトの生育は、定植後の土壌水分に

支配され、土壌水分が多いと、初期生育が進みやすい。

重粘土では多湿時に耕起すると、土塊が大きくなる。土塊が大きいと、根鉢との密着が悪く、根鉢は乾きやすく、活着が悪くなるほか肥料分の吸収が妨げられる。耕土が浅いうえに大きな土塊では根は伸びにくく土塊の表面にへばりついて生長する。根の老化が早く、生育中期までは大きな影響は見えないが、果実をたくさんつける生育中後期になると急に株づかれがおこる。

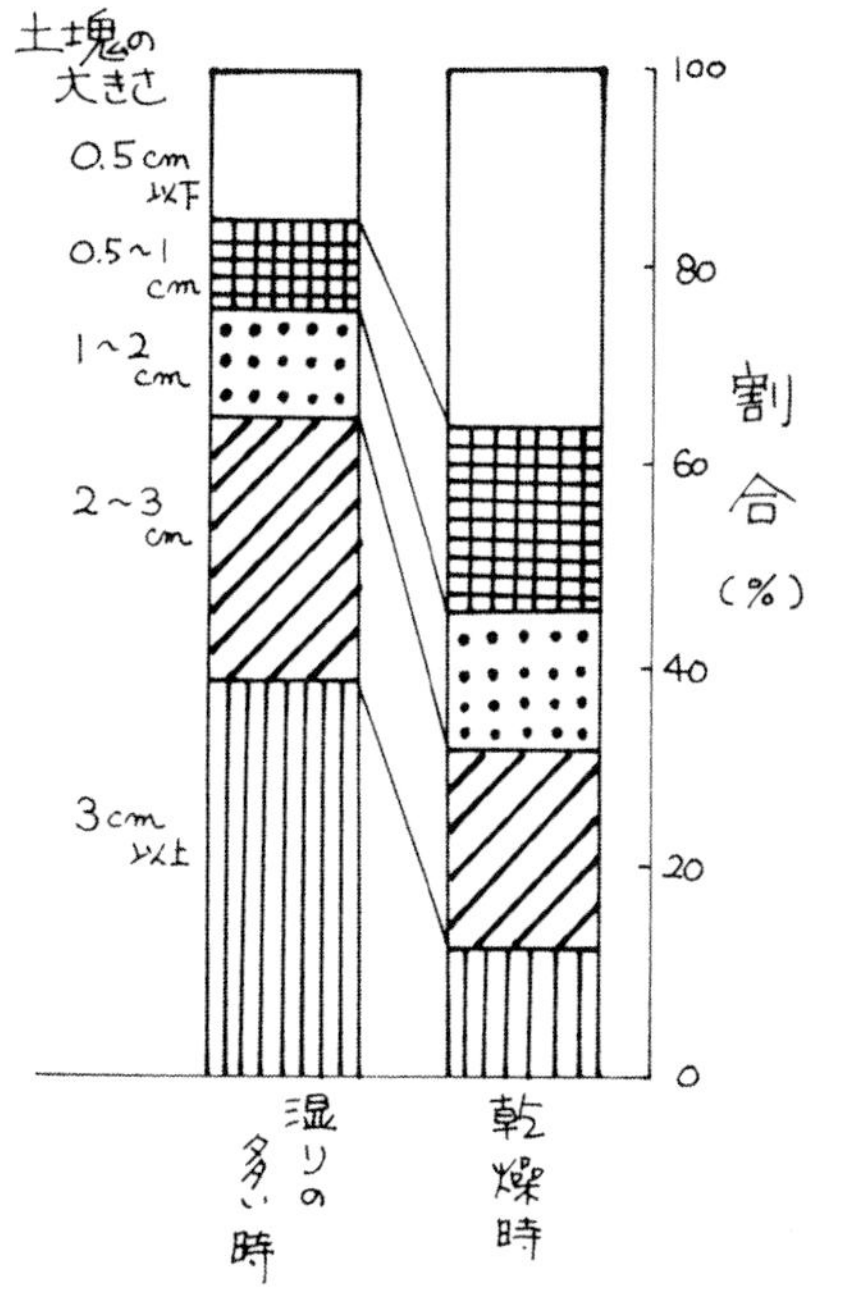

土塊の大きさ
0.5cm以下
0.5~1cm
1~2cm
2~3cm
3cm以上
割合（%）
100
80
60
40
20
0
湿りの多い時
乾燥時

乾いたときに耕すと細かく砕土できる。湿りの多いときは大きな土塊が多く、野菜の生育を悪くする

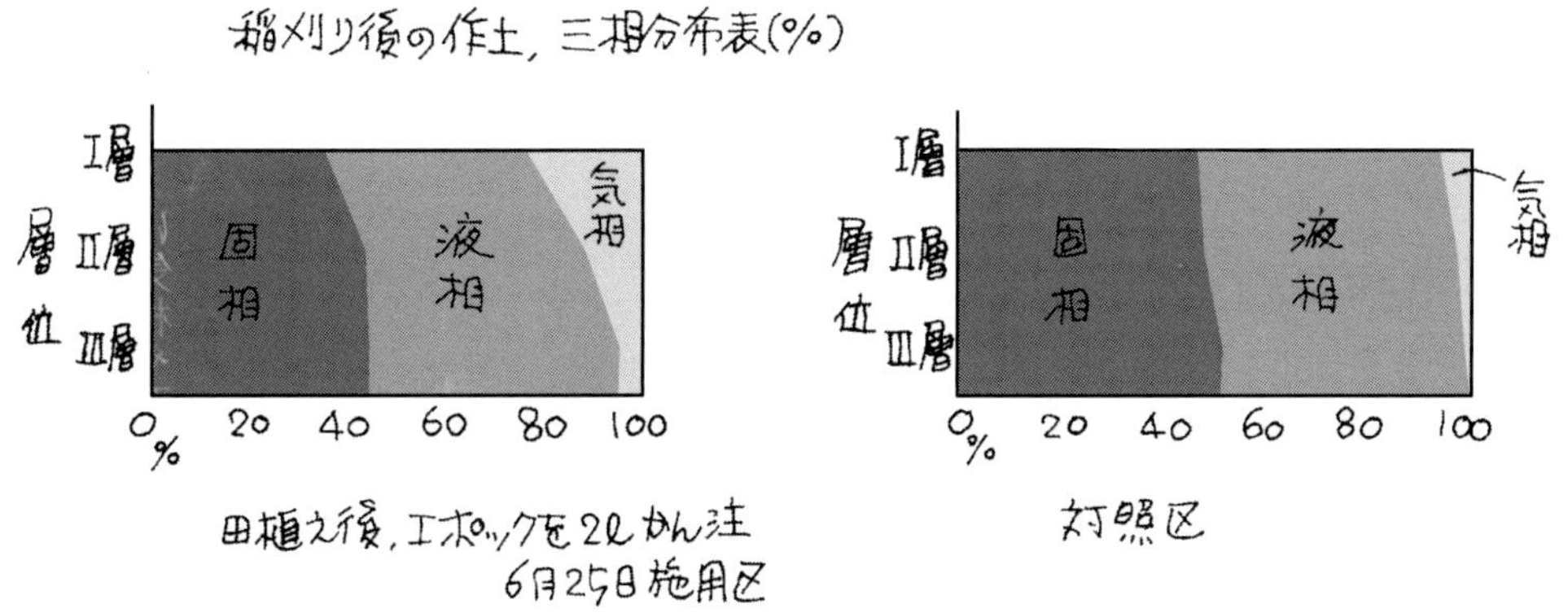

稲刈り後の作土，三相分布表(%)
層位
I層
II層
III層
固相
液相
気相
0%
20
40
60
80
100
田植え後，エポックを2lかん注
6月25日施用区
対照区

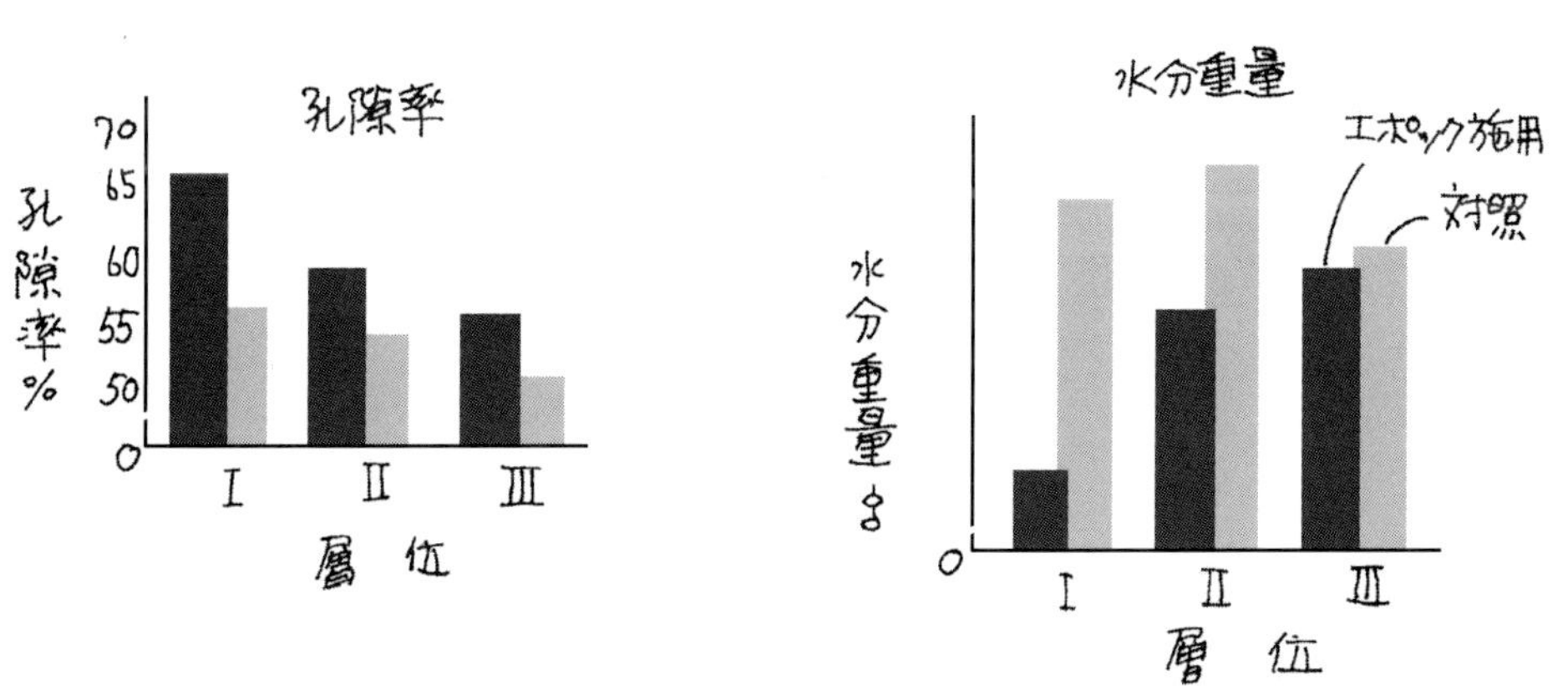

孔隙率
孔隙率%
70
65
60
55
50
0
I
II
III
層位
水分重量
水分重量g
エポック施用
対照
0
I
II
III
層位

どうすればよいか

粘土分の多い埴土では、耕起時の土壌水分によって砕土が大きくちがってくる。それで、整地、植床の準備は栽培の基本技術として、予定圃場はいつでも作業ができるように、排水施設を整備しておく。気象情報を利用し、前もって防水シートを覆うなどして乾燥時に作業する。

整地は作付け準備直前に行なう。あまり早く行なうと、そのあと雨がふると乾きにくく次の作業ができない。

耕起方法もロータリー耕よりも反転耕やクランク耕を採用し、表面が乾いたときに耕すと、よく砕土できる。多少植付けがおくれても乾燥時に耕すほうがよく、後半にはその劣勢を回復できる。

強粘質土以外の土壌でも、土壌水分の多いときの作業は好ましくない。

露地のタマネギ、キャベツ、苗床、いずれも同じである。水稲跡に野菜をつくる場合、水稲栽培時に特肥「エポック」を一〇アール当たり二リットルを流す。すると、稲刈り後の土は図のように気相や孔隙率がふえ、水分が少なく、乾きが早くなるので、うまく砕土ができ野菜の根ばりや生育がよい。

キュウリ・イチゴ・トマト

連作ハウスの耕うんは土が湿っているときに

よくある失敗、思いちがい

粘土の多い埴土や埴壌土で、ハウスキュウリを連作している。乾いたときに耕すと、植付け作業がやりやすく、根鉢と植床がよくなじみ活着が早いと考え、細かく粉々に砕土した。かん水すると地表面が湿り、土壌水分が保たれていると思っていた。ところが、キュウリは生長点付近がしおれて、生育が悪い。

なぜそうなったか

埴土または埴壌土で、腐植が少ない場合は単粒構造になりやすい。細かく砕土されると水をはじく撥水作用のため、地表面だけは湿るものの、土中への水のしみこみが少なく、ひどく乾燥する。

また、連作して肥料塩類が多い土壌では、土壌中の肥料濃度が濃くなるため根の水分吸収が妨げられる。こうして生理的な萎凋（株全体または上位葉がしおれ、生気がない）をおこしたり、濃度障害による生育のおくれがでる。

どうすればよいか

連作してきたハウスで、単粒化した土壌では、土壌水分が多いとき、たとえば粒径一センチ以上の土壌ができる程度の水分を持つころに、荒く耕す。水分がよくとおると、土壌中の肥料濃度がうすまって根いたみが予防できる。

腐植は土（粘土）と土（粘土）を結びつ

け、団粒化をたすけるので、稲わらなどの粗材有機物を腐熟させて多用する。粘土の多い土壌ではぜひ施すようにする。土壌表面に固い土膜ができたときや、粉状の細かい土でかん水しても水をはじき土中に浸透しない場合は、特肥「エポック」一、〇〇〇倍液を施すとよい。

イチゴやトマト、ナスでも同様。

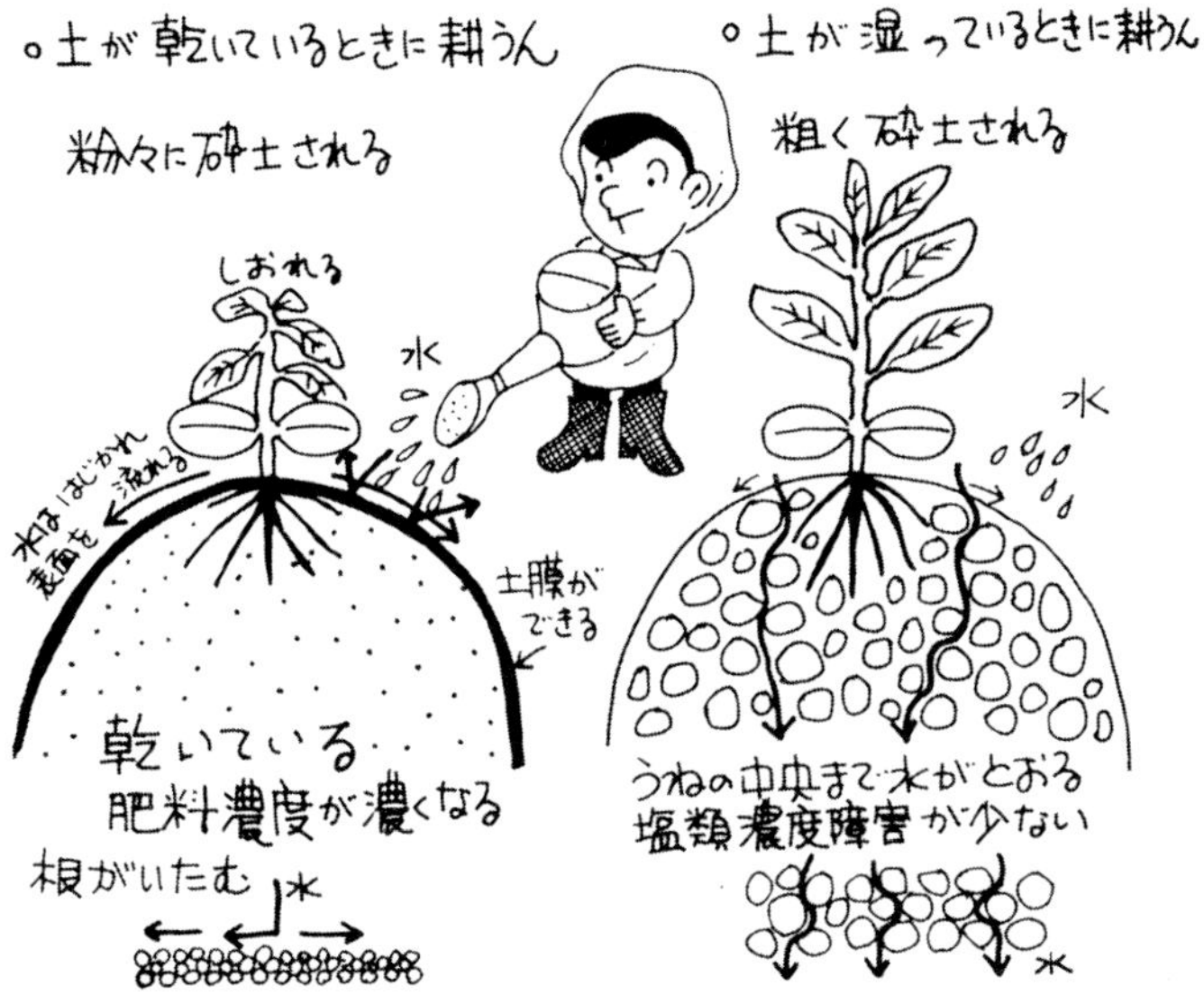

○土が乾いているときに耕うん
粉々に砕土される
しおれる
水
水はじかれ表面を流れる
土膜ができる
乾いている
肥料濃度が濃くなる
根がいたむ
水
○土が湿っているときに耕うん
粗く砕土される
水
うねの中央まで水がとおる
塩類濃度障害が少ない
水

土の湿りぐあいと耕うん

野菜全般

圃場整備田の深耕、効果があるとはかぎらない

よくある失敗、思いちがい

圃場整備後の水田を転換畑にして野菜栽培を計画した。重機で地ならしや床しめがなされたので、耕土が浅く排水が悪い。暗きょを施工したが、野菜の生育が悪いので、対策として硬い土層をくずすように指導された。そこで深さ二五センチくらいに深耕した。ところが、硫化物の多い酸性土壌が作土に混じり、うまくいかない。

なぜそうなったか

硬い耕盤がある転換畑で、野菜栽培を行なうには、耕盤をくずして透水をよくすることが先決である。深耕は、暗きょのはたらきをたすけ、下層土が乾く。強粘質土では土がちぢみ、亀裂ができて大きな土塊ができる。しかし、下層が酸性土壌の場合、その土が反転し露出すると硫化物が酸化して強い酸性反応を示す。また、有効態のリン酸が少ないことなどから、野菜の根は発育が妨げられ逆効果になる。

どうすればよいか

深耕作業前には土壌調査を行ない、下層土のpHや含有成分などをよく調べて対策をたてる。作土下の土壌が悪く、有機物の補給ができにくいときは、一気に深耕しないで、毎年少しずつ深くするのが無難である。また、土壌診断に応じて中和石灰量を算出して石灰資材をほどこし、元肥には窒素やリン酸を三割あまり多くする。一般的に下層土は腐植が少ないので、深耕後は思いきって、モミガラ、大豆残稈、庭

心土破砕前（1997/5/21）
作土10〜12cm
耕盤上に滞水している

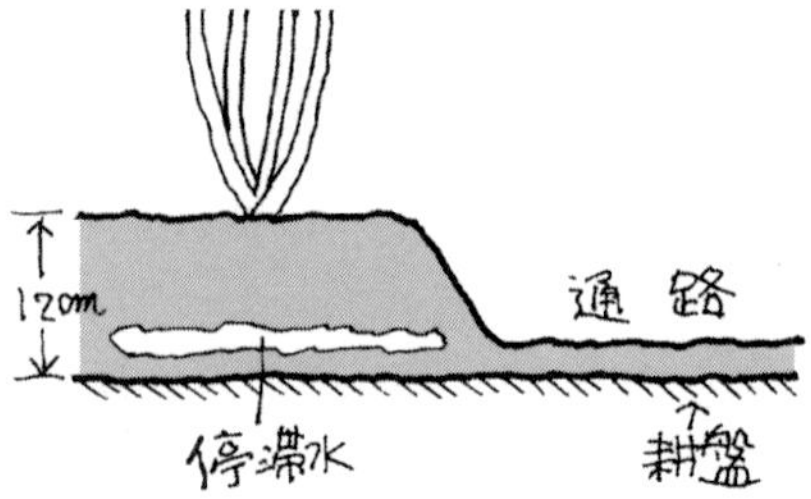

心土破砕後の排水効果（1997/7/10）

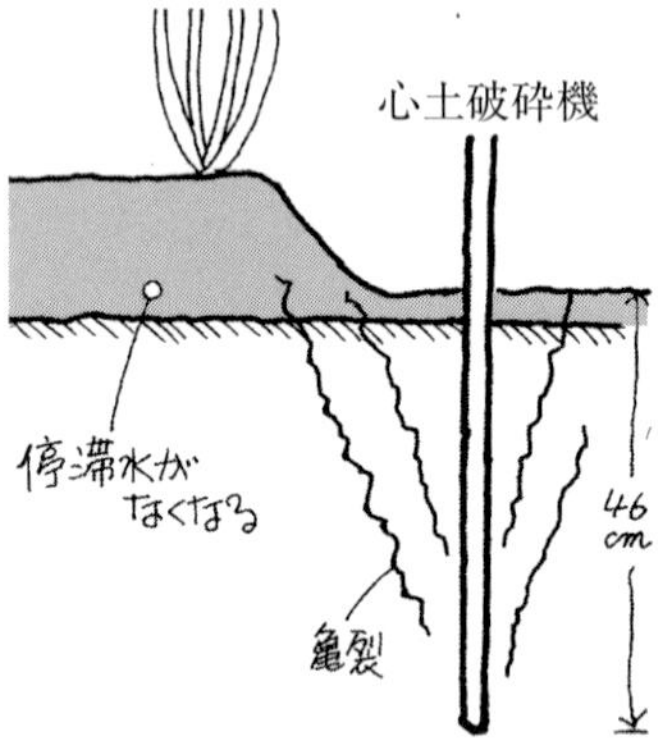

園樹のせん定クズなどの粗材有機物を投入する。また、野菜栽培前にソルゴーやトウモロコシなどイネ科作物を栽培し、それをすき込むようにしたい。

深耕すると不透水層がこわれて排水がよくなり、乾きやすいので生育初期のかん水に注意する。また、排水とともに土壌中の石灰や苦土をはじめ、塩基（肥料要素）が流失するほか、腐植の消耗が多いので対応を考えておく。

なお、切土や埋めもどしなど圃場整備後は耕土の深さ、排水などが不ぞろいで生育に障害が多く、満足した成果はえられにくい。本格的な野菜栽培は、一作おくれても深耕や土つくり、地下水位の安定をはかり取りくみたい。

また、深耕して悪くなるような圃場では、作付け前はもちろん、栽培中でも圧縮空気を土中に噴射して耕盤をこわし、下層土に亀裂をつくる心土破砕機を利用すると、深耕と同じ効果が上がる。

野菜全般

排水不良畑での深耕は逆効果

よくある失敗、思いちがい

強粘質土水田の転換畑で、キャベツ栽培を計画した。

作土が浅いうえ、下層土の排水が悪い。深耕で透水をよくし、根ばりを深くしようと考え、スクリュー式の深耕ロータリーを用いて耕やした。

しかし、雨のあとの排水が悪く、また、かん水後も長く水分を保ち、過湿ぎみなために、株の草勢が早く衰えた。

なぜそうなったか

下層土の排水の悪い強粘質土水田で、作土が細かく砕土され、土塊の大きさがそろうような耕やし方をすると、耕盤部がねりつけられる問題がのこる。

とくに下層への亀裂ができていないところでは、水もちがよい反面、降雨時は水槽のように水びたしの状態が長くつづき根をいためる。深耕が逆効果になる。

トレンチャーによる深耕もよく行なわれるが、この場合もまったく同じことがいえる。

どうすればよいか

深耕は野菜の根づくりに好ましいものの、土壌の種類や作土下の排水状態によって、深耕に使用する機種や耕起方法を変える必要がある。

火山灰土で排水のよい畑地では、深耕ロータリーの効果が発揮されるだろうが、強粘質土や鉱害復旧田で下層に山土を入れた水はけの悪い圃場ではうまくはいかない。そんな場合は暗きょを施し、地中排水をよくする。下にすき間ができ、大きな土塊ができるようなプラウによる反転耕、また、プラウ耕で鋤あとが塗りつぶされないように、狭い所ではショベルか三本鍬で深く起こして水の通りをよくする。このような土壌構造になると、根ばりが深くなり、その機能が長く維持でき、草勢の衰弱を防ぐことができる。タマネギやキャベツなどの露地野菜だけでなく、施設野菜にも利用できる。

ソラマメ・タマネギなど

雨前の土寄せで発病がふえる

よくある失敗、思いちがい

水田裏作に青果用のソラマメを栽培している。倒伏を防ぐための土寄せ作業がおくれ、早く行なうように指導をうけた。草丈が四〇センチくらいに伸びた四月中旬に、作業能率を高めようと思い、カルチを利用して土寄せを行なった。この時期は春先の「なたね梅雨」で、作業後雨がつづいた。その後四月下旬から五月上旬にかけて、株元から腐敗する軟腐病が発生し欠株が多くなった。

❓なぜそうなったか

土寄せは茎葉の倒伏防止効果が高く、ぜひ実行せねばならないが、その作業時期が問題である。適期をのがし、本格的に茎が伸びはじめてからの作業は好ましくない。

ソラマメの根は浅く、横へ広がる性質がある。土寄せがおくれるほど、せっかく伸びた根がいたみやすい。また、生育後半に乾燥に弱いソラマメは、断根による株のストレスが大きく株づかれを早める。

カルチを用いて土寄せ作業を行なうと、茎葉は跳ね上げられた土塊で傷ができる。その傷口から病原菌（細菌）が侵入して発病したと思われる。とくに多湿を好む細菌は、降雨時ほど盛んに活動し、一方、茎葉の傷口は乾きにくく、感染の機会がふえる。

どうすればよいか

土寄せ作業は十二月と三月の二回に分け、茎が伸びはじめる前までには終わりたい。また、機械を利用するときは茎葉や株元をいためないように注意して行なう。とくに天候がよくないときは作業を中止するのが得策である。どうしても作業しなければならないときは、鍬を用い、ていねいに株元に土寄せして傷をつけないようにする。

なお、これとよく似た作業に、タマネギの除けつ作業がある。曇天や降雨時に行なうと、除けつでできた傷口から細菌が侵入して、残した茎に軟腐病が発生して欠株となる。排水の悪い圃場ほどよく見られることである。

二～三回株元から刈りとる葉ネギ栽培時の欠株原因も同じこと。野菜を傷つけるような作業後は、農薬散布のほかに、特肥「エポック」一、〇〇〇倍液を一五日ごとに葉面散布する。

雨前の土寄せで発病がふえる

サトイモ・ジャガイモ・ショウガなど

おそい土寄せは葉枯れを招く

よくある失敗、思いちがい

サトイモは土寄せしないといもの肥大が悪くなると研修会で聞いた。梅雨あけ後の七月上旬、メヒシバやイヌビユなどの雑草が生えてきたので、除草しながら土寄せを行なった。ところが、乾燥する八月に入ってから、葉枯れが目だち、いもの肥大が悪く、減収した。

なぜそうなったか

サトイモの根は地表ちかくを横に伸びる浅根性であり、また太い多肉質で木化しやすく、一度、切断されると新しい根はできにくいという特徴がある。

普通栽培では梅雨あけころまでに多くの根が伸び、子芋や孫芋をつくる前準備をする。この時期に除草や土寄せ作業を行なってせっかく伸びた根を切ってしまうと、株の受けるショックはきわめて大きく、生育が停止する。蒸散量が増加する八月以降には、根からの吸水と茎葉からの蒸散のバランスがくずれ、おもに外葉の葉縁から枯れこむ。葉枯れ現象がおこると、同化養分の流れが少なくなり悪影響を与える。

土寄せは根ばりを深くし、いも数をふやし、肥大をたすけて商品価値をよくする効果があり、大切な作業である。しかし、作業方法をまちがえると逆の結果となる。

どうすればよいか

土寄せは発芽はじめと本葉四〜五枚ころまでに終わる。雑草防除はサトイモに利用できる除草剤トレファノサイド粒剤2・5を、植付け後土壌表面に散粒する。また土寄せ後は厚めに敷きわらするか、黒ポリフィルムをマルチするとよい。一度発生した雑草はひきぬくよりも、地際から刈りこむか、サトイモの株元に折りまげるように茎葉を倒し、その上から雑草が見えないように土寄せして埋めこんでしまうとよい。

どうしても土寄せ作業ができず、おくれてしまったときは、サトイモの根を切らない程度にかるく土寄せして、敷きわらする。また、乾燥時は努めてかん水する。

そのほか、乾燥期の葉枯れ防止には圃場の選び方に注意する。作土が深く、腐植の多い火山灰土・砂質壌土や、下層土から毛管水がじわじわとのぼってくるような圃場に栽培するとよい。野菜が利用する有効水分（圃場容水量）の少ない埴土では、堆肥を多く施し、かん水に努める。

このように土寄せ作業がその後の生育や品質に影響するのは、サトイモにかぎらず、ジャガイモやショウガも同じである。とくにショウガの土寄せがおくれると、七〜九月ころになって葉枯れをおこしたり、ショウガの肥大が悪い。また根茎腐敗病が多発する。とくに排水の悪い圃場や雨が多い年に激発して思わぬ被害をうけるので、サトイモ以上に適期作業が重要で、おくれたらむしろ行なわないほうがよい。

ジャガイモも出蕾はじめまでに土寄せが終わらないといもの肥大が悪く、外観をそこない商品価値を失う。

また、ニンジンのかたの緑化を防ぐ土寄せも、おくれるとまったく同じことがいえる。

おそい土寄せは乾燥時の葉枯れが多く、親芋や子芋の太りも悪くなる

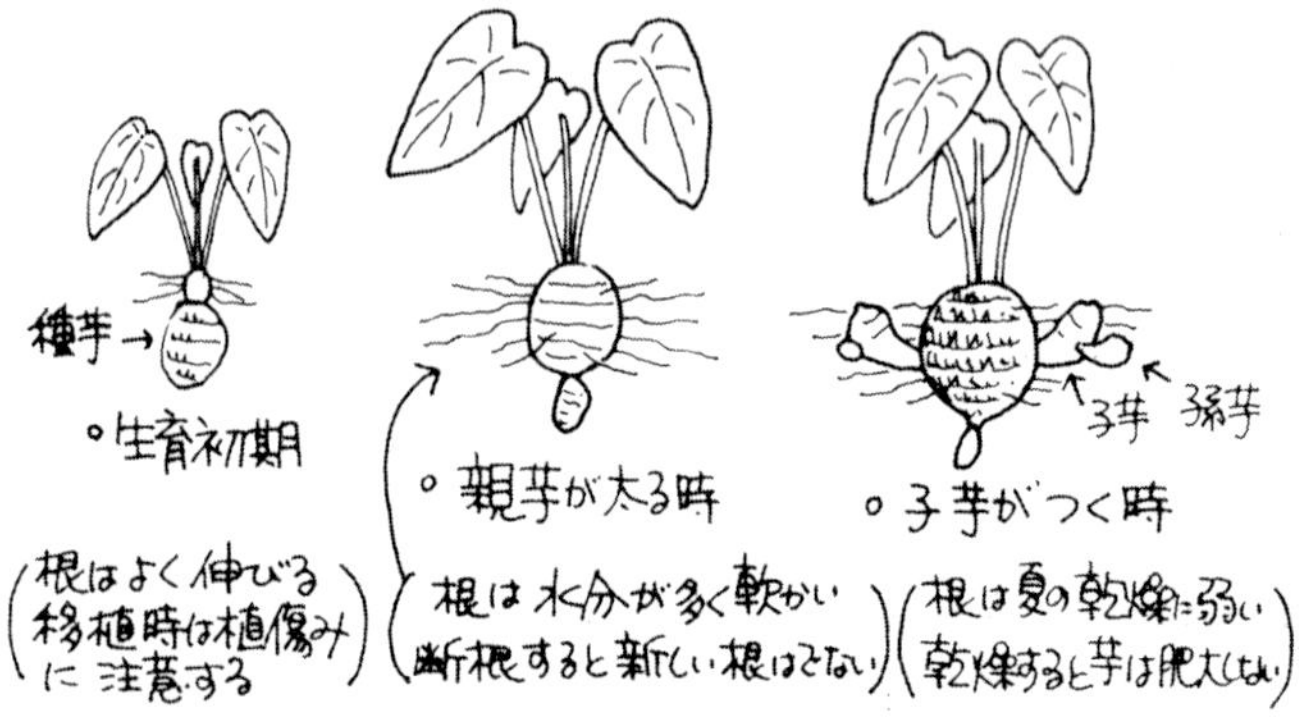

種芋→
○生育初期
(根はよく伸びる 移植時は植傷みに注意する)
○親芋が太る時
(根は水分が多く軟かい 断根すると新しい根はでない)
○子芋がつく時
子芋
孫芋
(根は夏の乾燥に弱い 乾燥すると芋は肥大しない)

サトイモの根

施肥

施肥量や肥料の種類で、野菜の生育、草勢、収穫時の収量や品質が決まる。肥料の肥効が早いかゆっくりか、含まれる肥料に含まれる成分はどんなものかなどの特性を知り、季節や野菜によって使い分ける必要がある。まちがった施肥をすると、茎葉ばかりが伸びて肝心の果実ができないし、病害虫が多くなる。また、一度に多量に施肥すると根（根毛）をいためて、葉枯れ、ガスなどの障害が出てしまう。

さらに、生育時期で肥料養分の吸収がちがうことにも注意したい。たとえば、収穫期になれば、たくさん収穫するほど野菜がたくわえている栄養分は持ち出されてしまう。追肥はそれを補うもので、野菜の生長点の動き、葉色や根の変化、樹液の糖度検査などから早く見つけ、発育相の転換期が施肥のポイントだ。

タマネギ・結球野菜

多肥栽培、長日刺激が鈍く結球しない

よくある失敗、思いちがい

タマネギは多肥作物で、生育後半に肥切れすると減収する。セットによる冬どり栽培でも同じと考え、施肥量を多くして多収穫をねらった。窒素の元肥量を一〇アール当たり二五キロとし、また技術書には、肥大はじめころに追肥すると増収すると記載されていたので、追肥（窒素量一キロ／一〇アール）した。ところが、玉が肥大途中で止まった青立株ばかりになった。

なぜそうなったか

タマネギは、葉が長日刺激をうけ、体内のオーキシンやジベレリンなどの生長ホルモンのはたらきが鈍くなると、窒素の吸収が少なくなり糖分をたくわえて肥大する。窒素が多いとこの生理が乱れる。

生育後半に気温が上昇し、日長時間が長くなる秋まき栽培でも、窒素が多いと肥大がおくれる。セットによる冬どり栽培は秋まきとはまったく逆の生育条件下である。生育日数が短いうえに、日ごとに気温が下がり、日長時間も短くなっていく。長日刺激の感じ方が少ないので、秋まき栽培以上に作物体内に含まれる窒素の影響を強くうけ、窒素が多いと、玉の肥大が進まず青立株となる。

どうすればよいか

セット栽培は、生育期間が三カ月間と短いうえ、マルチ栽培で肥料養分の流亡が少ないことから、施肥量は普通栽培の五〇～

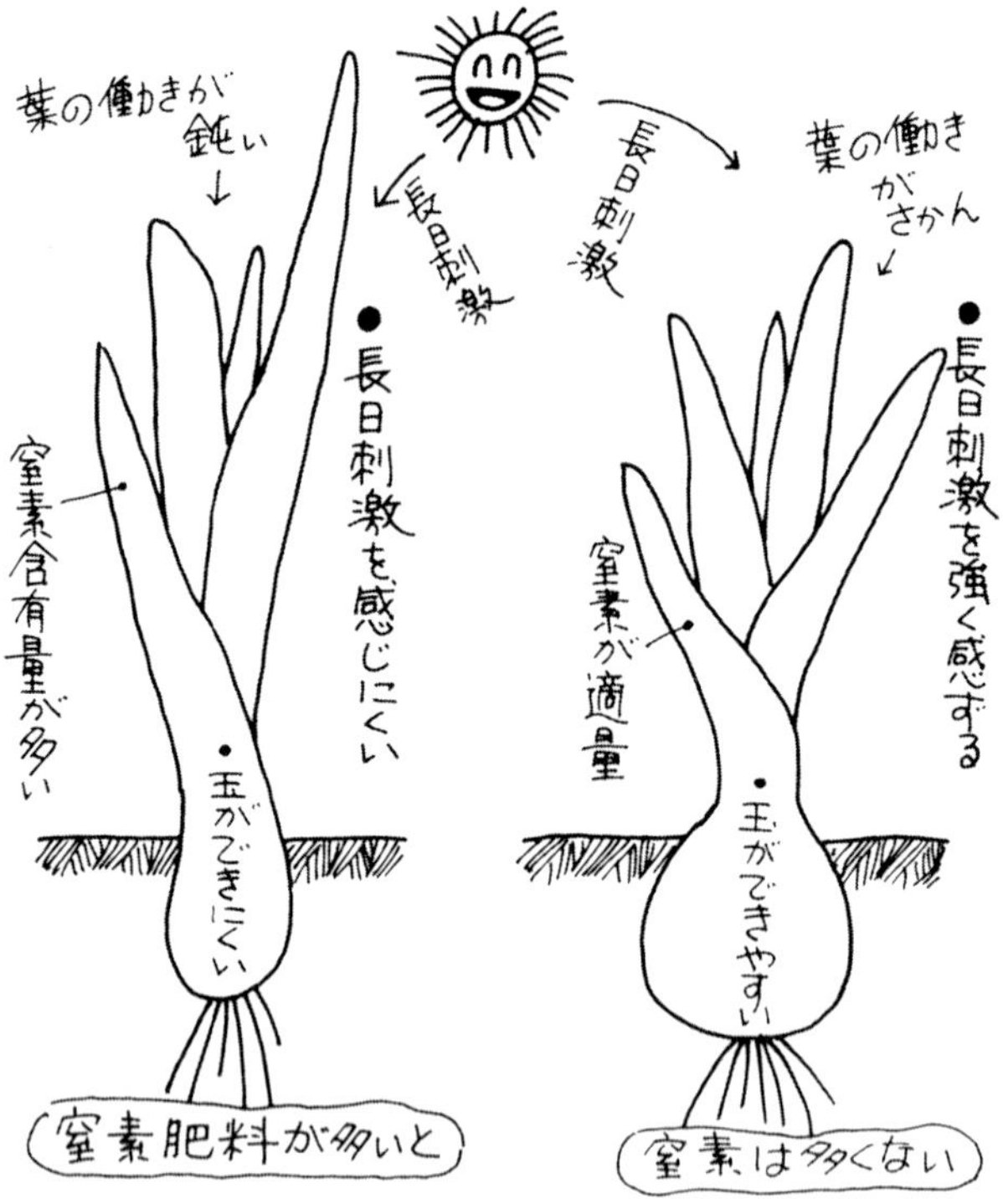
葉の働きが鈍い
長日刺激
●長日刺激を感じにくい
窒素含有量が多い
●玉ができにくい
窒素肥料が多いと
長日刺激
葉の働きがさかん
●長日刺激を強く感ずる
窒素が適量
●玉ができやすい
窒素は多くない

窒素肥料のやり方でタマネギの体質が変わる

六〇%にとめるのが得策である。野菜あとで残肥量の多い圃場では一〇アール当たり五～八キロでもよい。また、追肥は肥もちの悪い土壌以外ははなはだ危険であり、見聞きする失敗例のほとんどが追肥が原因である。どうしても不足するときは葉面散布にとどめたい。

また、元肥に使用する窒素肥料は、速効性で葉のはたらきをたすける硝酸態を含むものが好ましい。

このように窒素が多いと結球がおくれるのは、春どり早出し栽培や寒冷地の春まき栽培でも同様である。また、レタス、ハクサイ、キャベツなど結球葉物でも同じで、とくに早出しをねらう秋まきの早生キャベツでこの傾向が強い。カリフラワーでも花芽分化がおくれ、収穫がずれる。

雨よけホウレンソウ

濃度障害による欠株をどう防ぐか

よくある失敗、思いちがい

砂質壌土の山間地で夏まきホウレンソウを雨よけハウスで三年ほど栽培している。ホウレンソウは酸性に弱い野菜であると技術書に書いてあったので、毎年、石灰を一〇アール当たり一〇〇キロあまり、施してきたところ、土壌はpH七・五ちかくになった。元肥を窒素一五キロ相当施して播種したら、発芽が悪く、また発芽後の立枯れが多く、欠株が目だった。

なぜそうなったか

雨よけ栽培による夏まきホウレンソウでは病害などによる欠株防止が栽培のポイントである。

立枯病はリゾクトニア菌やピシウム菌などの病原菌によるが、土壌条件や温度などで大きく変わる。pHが高く、アルカリ化（pH七・五以上）が進み、そのうえ連作で土壌に残る肥料分が多くなり、電導度（EC）が一・〇me／cm以上に高まってくると、根はストレスをおこし、立枯れが多くなる。粘土分や腐植の少ない土壌ほどこの傾向が多く見られる。

とくに雨よけハウスでは、肥料分がとけこんだ水が、毛管現象で地表面に上昇してくる。水分がぬけたあとは肥料塩だけが残り、高濃度で根は弱る。

どうすればよいか

連作圃場は作付け前に湛水除塩を行なうか、一～二カ月間の休閑期を利用して自然の雨にさらす。また、できれば圃場を輪番制で変えるのがよい。

いずれにしても、作付け予定地は事前の土壌調査を行ない、pH六・五～七・〇、電導度（EC）〇・五me／cmを目標に施肥量を決め、中和石灰量も必要以上はつつしみたい。なお、有機物は多く用いたいが、完熟堆肥を利用する。

また、温度を生育適温に近づけるためにハウス内を遮光し温度上昇を防ぐ。被覆資材は熱をさえぎり、ある程度光を通すものがよい。四〇％くらいをしゃ光する白不織布、アルミフィルム、アルミ蒸着ポリネット、タフベルなどを外ばりに利用する。あるいは経費の安い石灰乳液（水溶性塗料添加）を塩ビフィルムの外側に吹きつける。なお、被覆フィルムはおそくとも、種まきの七日前にはかけ終わり、できるだけ地温を下げておくと、発芽がよく立枯れを予防できる。発芽不良や立枯れなど障害の多い夏まき栽培で、慣行法とはちがう技術で障害を軽減し、品質、日もちを改善する栽培方法も有効だ。一〇アール当たり五リットルの「エポック」を一、〇〇〇倍液にして播種前に作土全体にしみこませ、さらに播種後と発芽後一〇日ごとに一〇アール当たり三リットルの「エポック」を一、〇〇〇倍液にして土壌にかん注する。発芽後は乾燥しないように、収穫七日前ころまで天候を見はからい充分にかん水する。なお、前作の茎葉など残渣はていねいに取り除く。

メロンなど野菜全般

肥土（ボカシ）で活着良好、障害知らず

よくある失敗、思いちがい

ハウスメロンを強粘質土で栽培すると、砕土が悪く活着がおくれる。

その対策として、先進地で行なわれている植穴への肥土（ボカシ）を利用した。肥料分が多い肥土がより効果が高いと思い、化成肥料が多めに配合された肥土を用いたが、生育不良になった。

なぜそうなったか

肥土の肥料分が多いため、肥やけをおこ

したのである。肥土の利用が悪いのではなく、肥土のつくり方や施し方が問題である。

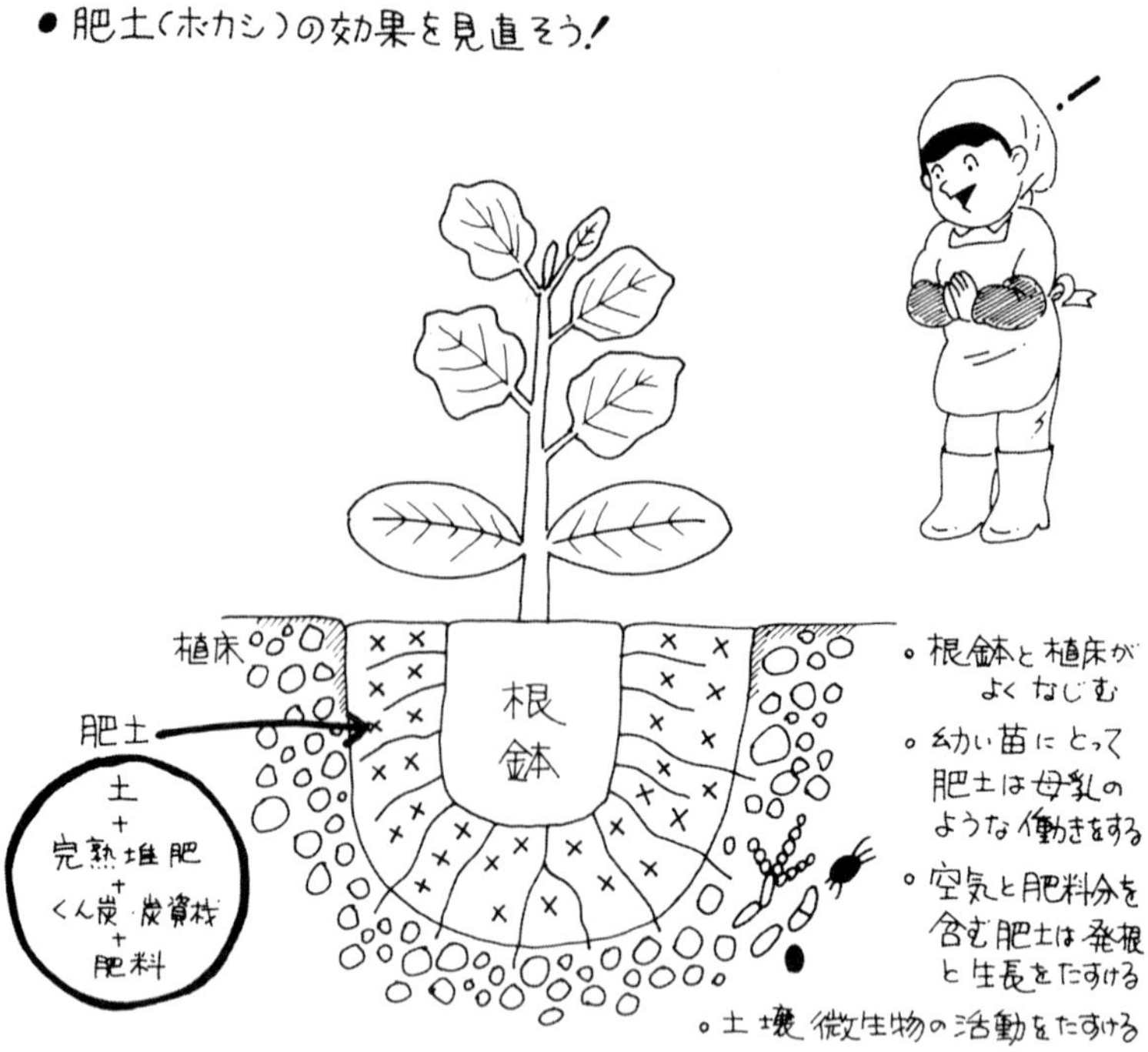
●肥土（ホカシ）の効果を見直そう！
植床
肥土
根鉢
土＋完熟堆肥＋くん炭・炭資材＋肥料
。根鉢と植床がよくなじむ
。幼い苗にとって肥土は母乳のような働きをする
。空気と肥料分を含む肥土は発根と生長をたすける
。土壌微生物の活動をたすける

どうすればよいか

砕土しにくい強粘質土では、根鉢と地床との密着が悪いうえ、ほかの土壌にくらべて肥効のあらわれ方がおそい。とくに低温期に植える早出し栽培ほど著しい。

このような場合に、肥土利用は有利である。適度の水分と肥料分を含み、生育初期の根付け肥のはたらきをする。強粘質土にかぎらず、火山灰土や砂質土でもその利用は好ましい。とくに素質の悪い速成床土が多い昨今ではその効果は大きい。

肥土は床土と同じく病害虫の心配がなく、腐熟した堆肥をたっぷり含み、ぼう軟で、通気性がよく、適度に水を保つものがよい。また、窒素とリン酸が多く含まれ窒素は多すぎず（ECで〇・三me／cmくらい）、幼根がすぐ利用できるようなものがよい。

速成でつくるときは、腐熟堆肥をその倍量の土に混ぜ、肥料は一立方メートル当たり、成分量で窒素とカリを一〇〇グラム、リン酸を四〇〇グラム入れる。これは果菜の床土にも利用できる。窒素の多い堆肥は失敗が多く、さけたほうがよい。堆肥を使用するときは一年あまり、雨にさらし完熟したものを利用する。そのほか、腐葉土や腐植酸系土壌改良資材（ハイフミン特号など）を重量比で〇・三％くらい混合する。そのほかモミガラくん炭や竹炭、雑木の炭粉末、市販の炭資材（ハイプロN）などを混用するとよい。とくに植物の共生菌として注目されるVA菌根菌や「えひめAI」に含まれる微生物、土壌微生物資材「エポック」、特肥「地楽園」に含まれる複数の土壌微生物は、腐熟堆肥やくん炭あるいは炭粉末資材を住みかとし、根のはたらきやリン酸の吸収をたすける効果がある。ぜひ、肥土に活用したい。

ナス・トマト・キュウリなど

緩効性肥料の多用で苦土欠発生

よくある失敗、思いちがい

夏秋ナス栽培は生育期間が長いので、肥効を長く持続するためと、追肥の労力を少なくするために緩効性の窒素肥料を使った。全量を元肥として施用したが、梅雨あけ後ころから苦土欠乏症が多く発生した。

水稲栽培時、土壌微生物資材（エポック）2ℓ /10a施用

稲刈り後の作土層。団粒構造にすき間や気相が多い

対照区の作土。水分が多くすき間・気相が少なく、下には還元土が多い

なぜそうなったか

窒素、リン酸、カリを含む緩効性肥料では、ふつう窒素だけの肥効が少しずつあらわれるよう処理されている。その結果、一度に多量に施肥すると、カリ成分が多くとけ出す。

カリと苦土とはたがいに吸収を抑える作用があり、カリが多いと苦土の吸収が妨げられる。

とくに苦土が少ない花崗岩に由来する砂質壌土や、酸性土壌の多い火山灰土ではこの現象が著しい。

どうすればよいか

土壌の種類を考え、苦土欠乏症の多い土壌では全量元肥だけにとらわれずに元肥に七～八割、残りを追肥とするように施肥法を改善する。とくに夏秋作に苦土欠乏症が多いのは、梅雨期を経過し根のはたらきが弱まるためで、圃場は高ウネにして排水をよくしたり、特肥「エポック」

をかん注して根ばりと活力をよくする。

促成栽培でも同じであり、高度化成肥料でも一回の追肥量が多いと発生する。

ナスと同じく、トマト、キュウリでも同じことがいえる。

トマト・キュウリなど野菜全般

窒素と苦土石灰の同時施用はガス障害の危険

よくある失敗、思いちがい

トマトやキュウリの育苗床土が不足し、速成床土を用いた。床土づくりについて参考書を見ながら、水田の土を使い、酸性を改良するために苦土石灰を用いた。化成肥料と同時に苦土石灰を土に混和したところ、鉢につめるときに変な臭いを感じたが、そのまま移植した。移植した翌日、茎葉は湯をかけたようにしおれて枯れた。

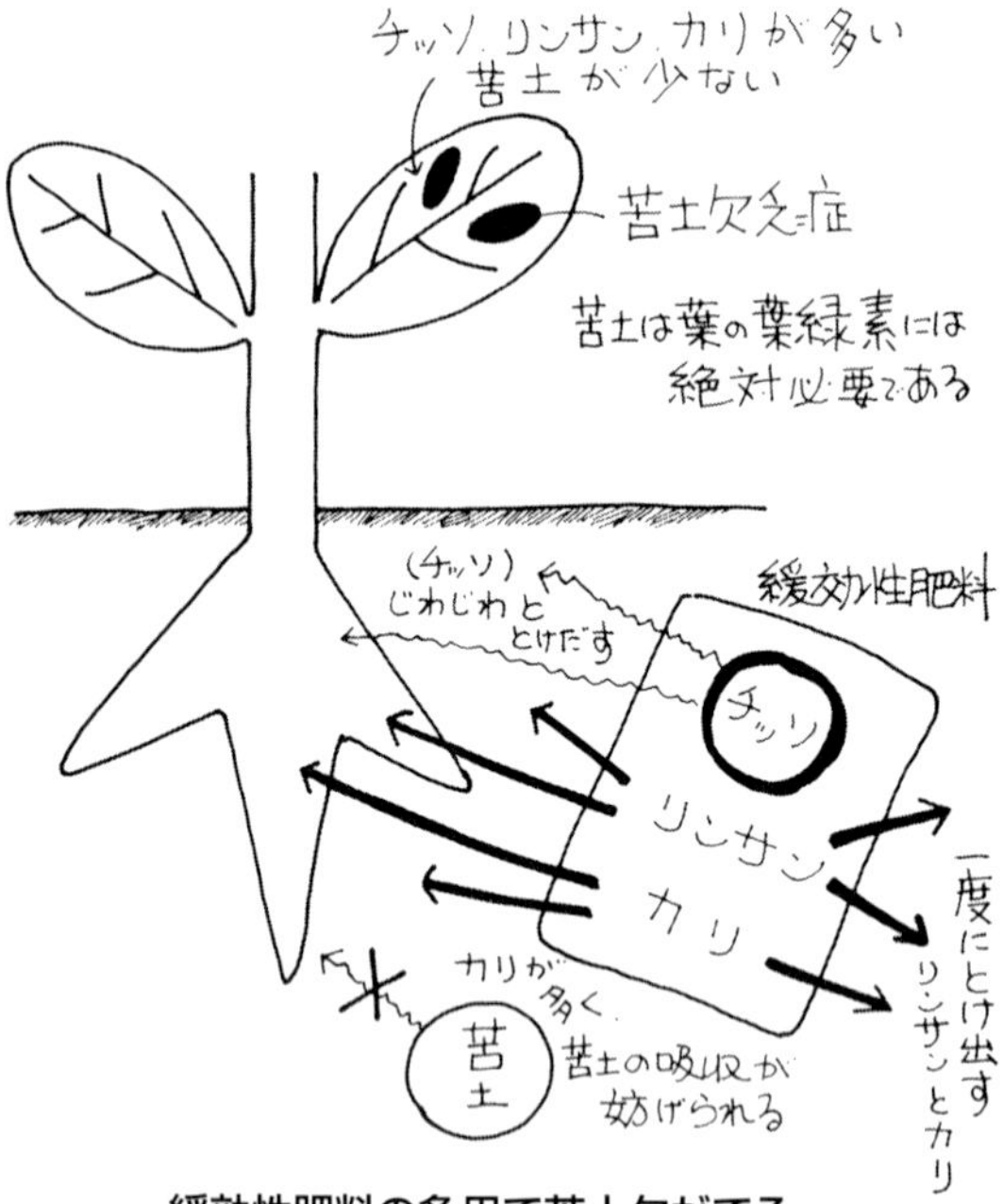

緩効性肥料の多用で苦土欠がでる

窒素肥料と苦土石灰の同時施用でガス障害

なぜそうなったか

これは、アンモニアガスによる障害である。

アルカリ性の強い苦土石灰と酸性にちかい化成肥料を同時に混合すると、両者間で化学反応をおこし、化成肥料に含まれる窒素は、アンモニアガスとなって空気中に揮発する。変な臭いというのはガスの臭いである。

どうすればよいか

速成床土の原土は中性の土壌を用いるが、石灰はあらかじめ原土に混和しておく。その余裕がないときは、反応がおだやかな炭酸石灰や硫酸石灰、カキ殻粉末などを利用する。

意外に無関心だが、本圃でも同じことがいえる。生石灰、消石灰、苦土石灰などは化成肥料や硫安、尿素などを施肥する一カ月前に施用しなければならない。

なお、まちがって混用したときは、そのまま放置するか、切かえしをくり返してアンモニアガスが抜ける（臭いがなくなる）のを待って使用する。

促成ナスなど果菜類

有機質肥料はガス障害がでにくいといえるか

よくある失敗、思いちがい

例年、十二月ころから三月にかけて、促成ナスにガス障害が多い。ある人から、化学肥料よりも動物質または有機質肥料のほうが遅効性で分解がゆっくり進み、ガスの発生が少ないと聞いた。ハウス内で使用してもガス障害はおこらないだろうという。そこで追肥にたくさん施肥しても、大丈夫だろうと考えて行なったが、ガス障害で葉は黄変して次々と落ちてしまった。

なぜそうなったか

化学肥料でも有機質でも窒素肥料は土壌中の微生物で分解され、一部はガスとなって空気中に揮散する。魚粕などの動物質や植物質の有機質肥料でも化学肥料と同じく、一度に多用すると多量のアンモニアガスや亜硝酸ガスが発生する。

とくに、ハウスの換気が少ない十二月から被害が目だってくる。下葉から中間葉が熱湯をかけたようになり、あとで白く枯れるのはアンモニアガスによる。下葉の

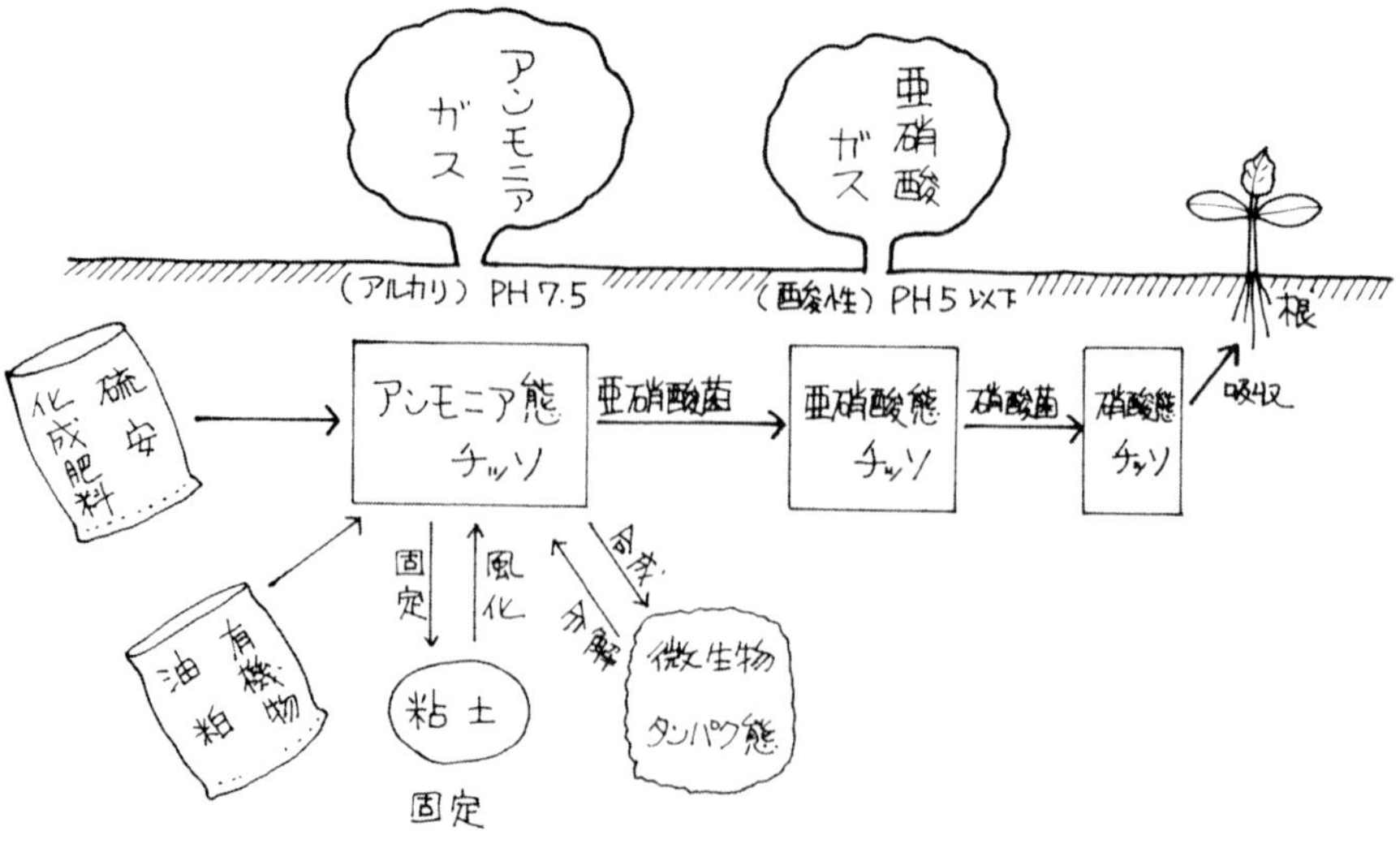

土の中の窒素分解とガスの発生（嶋田）

葉裏が変色し、てかてかと光るように組織がこわれて、落葉するのは亜硝酸ガスによる。

どうすればよいか

有機質肥料は元肥として植付け二カ月前に施し、追肥は硝酸態窒素を含む肥料を中心に一回の施肥量をひかえ、十一月までに終える。施肥は土をかける穴肥がよく、十一月から三月ころにかけて行なうときは液体肥料を主にし、油粕などは一度発酵させたあとに利用する。

なお、ガス発生は予測できる。カーテンについた水滴がぬるぬるした感じなのはアンモニアガスが多く、ピリッと舌先に感ずるときは亜硝酸ガスが多いとみてよい。このような場合はすぐ換気する。十一月以降は朝一〇〜一五分くらい換気して新しい空気に入れかえるとガス害は予防できる。このとき、冷たい外気を直接作物にあてないように工夫する。

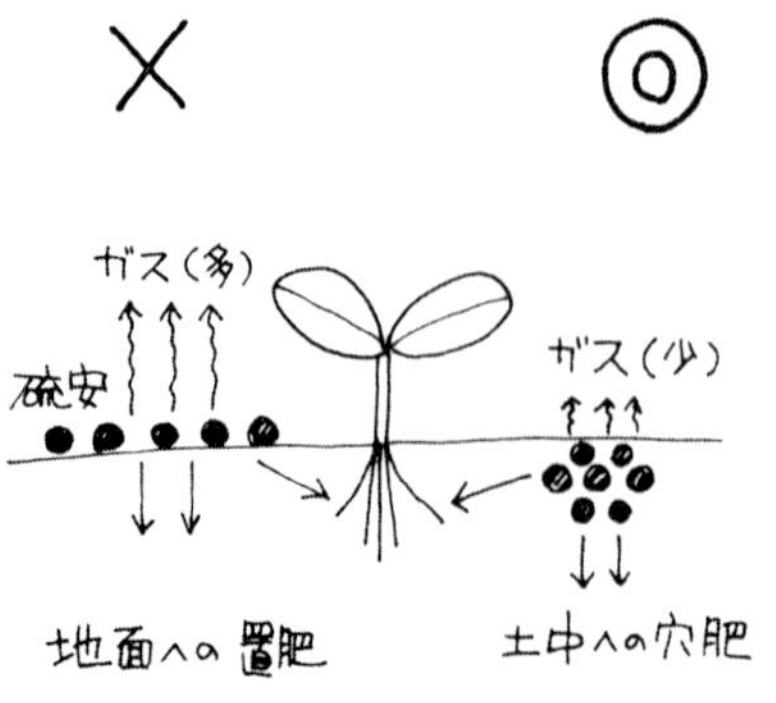

◎ 肥料のやり方とガスの発生程度

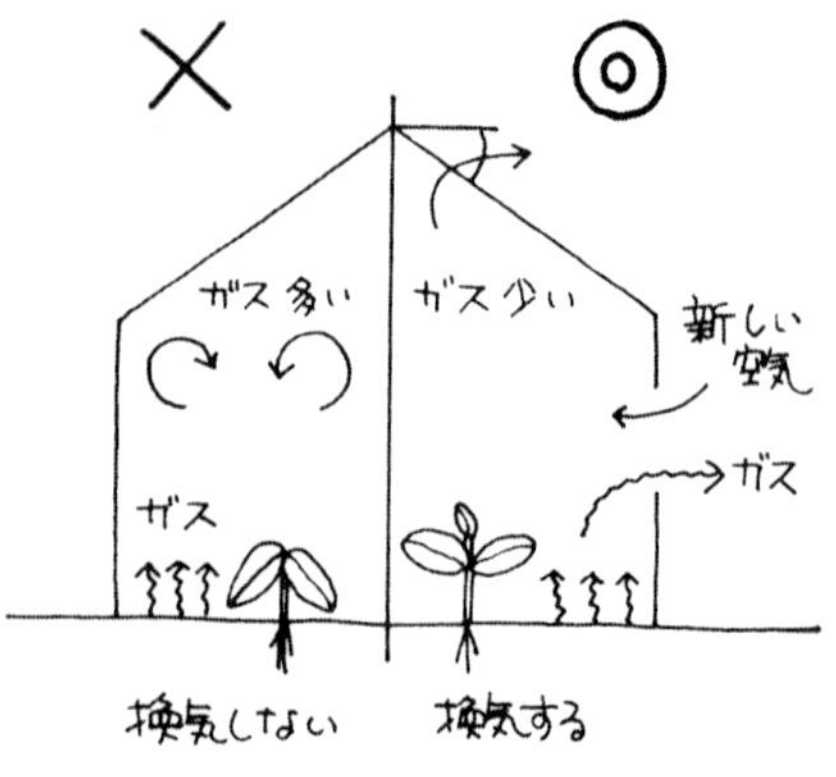

◎ ハウスの換気とガス障害

ガス障害発生で被害をうけた葉は回復せず落葉し、約半月後の草勢が弱まる。新葉の展開を早めるために、液肥の葉面散布を三日間隔で行なうしか手段がない。

　このような障害はトンネルマルチ栽培でも発生するので、元肥は作付け一五日前に施しておく。

　ナス、キュウリは亜硝酸ガスに弱く、ピーマン、トマト、イチゴ、メロンなどはアンモニアガスの被害が多い。

キュウリなどハウス野菜

生育中に石灰質肥料を使うのは危険

よくある失敗、思いちがい

　促成キュウリで日射量の少ない一～二月に曇天がつづき、上位葉から中間位葉に苦土欠乏症が発生した。

　土壌中の苦土が欠乏している、苦土石灰を施すと症状がかるくなると助言され、さっそく、通路やウネの一部に苦土石灰を散布した。ところが、半日後には葉緑や葉脈間が白変して枯死した。

なぜそうなったか

　典型的なアンモニアガス障害である。ウネの一部や通路には、化学肥料などが追肥される。多くの窒素がとけこんでいる土壌に、強いアルカリ性である苦土石灰を施すと、土壌はアルカリ化し、窒素はアンモニアガスに変わりハウス内に充満して茎葉をいためる。生育中に苦土石灰を使用するのはまちがっている。

　キュウリの苦土欠乏症は土壌中の苦土が少ないときや、多く含まれていても土壌反応が酸性で利用できないとき、また、カリや石灰・窒素が多く、拮抗作用で吸収できないとき、土壌が乾きすぎたり、多湿や低地温で根のはたらきが弱まったときに発生する。とくに一～二月に日照りが少ないと苦土の吸収が妨げられ、一時的に葉内の苦土含量が少なくなり欠乏症がでる。

トマト　苦土欠乏症

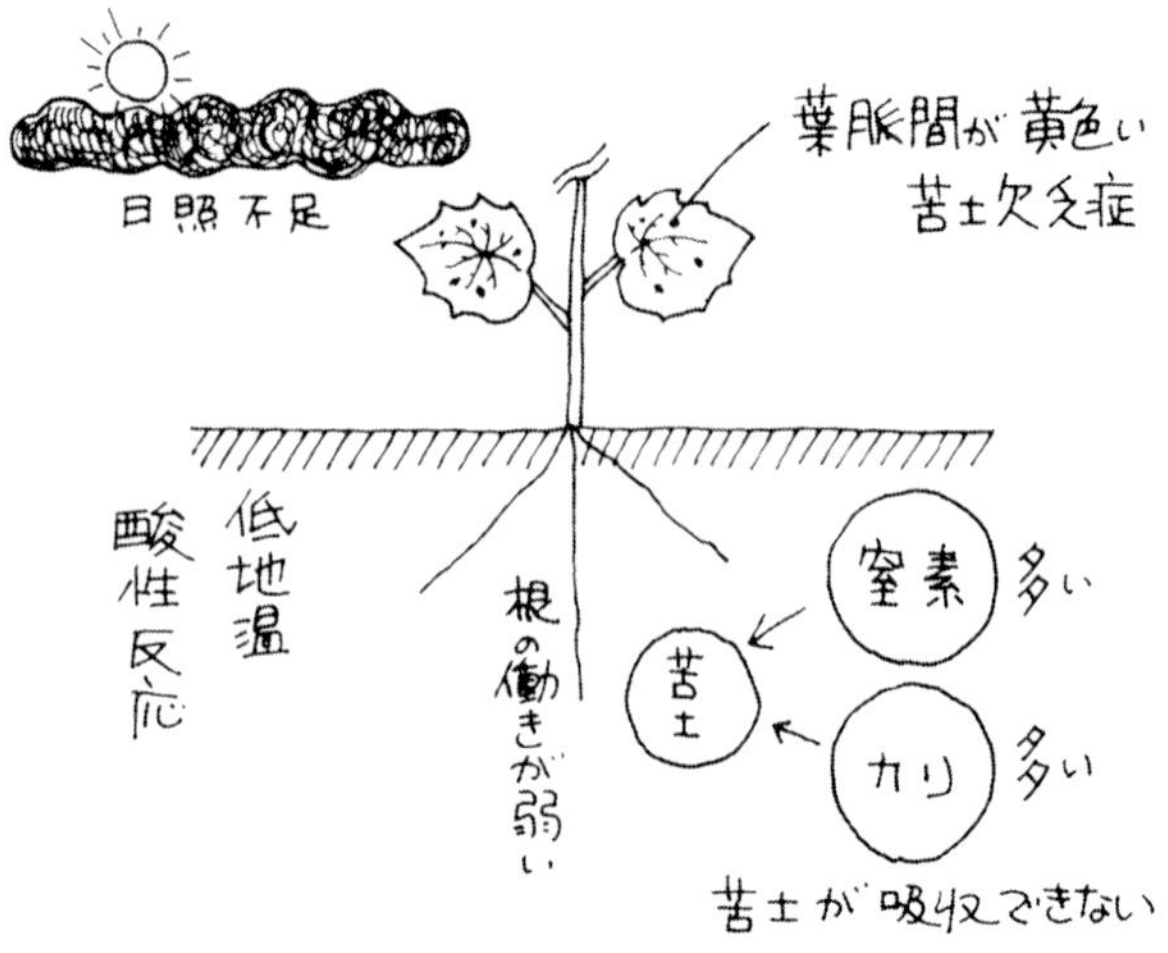

苦土欠がでやすい条件

どうすればよいか

整地時に苦土石灰が施用され、苦土が多く含まれているにもかかわらず、ほかの条件によって根の吸収力が低下しておきた一時的な欠乏症である。したがって、苦土を土に施用しても効果はなく、発生の原因を確認したうえで対策をたてないと、とり返しのつかない失敗を招く。

一時的な場合は〇・五％の硫酸苦土の葉面散布を三～四回行なうとよい。とくに日射量が少ない一～三月ころは茎葉の光合成作用を盛んにする特肥、酵素を含む「天酵源」五、〇〇〇～八、〇〇〇倍液と微量要素入り複合液肥を混ぜて一〇日ごとに葉面散布する。また特肥「エポック」か「地楽園」希釈液を一〇～一五日ごとに土壌かん注して根のはたらきをうながすと予防できる。

レタス・タマネギなど野菜全般

アルカリ土壌に石灰施用は必要ないか

よくある失敗、思いちがい

干拓地土壌ではpHが比較的高いことから、pHを矯正する必要がないと思い、石灰質資材を使用しないで野菜を栽培した。ところが、レタスやタマネギなどの生育が悪い。トマト、ハクサイ、キャベツなどに石灰欠乏症が発生し、タマネギは貯蔵中の腐敗が多い。

なぜそうなったか

干拓地土壌はその成り立ちから、一時的にアルカリ反応を示す。しかし、排水が進み、土が空気にふれると土に含まれる硫化物が変化し酸性を示すようになる。細かい砂が堆積した場所ほど酸性化が著しく、酸性に弱いレタスやタマネギでは生育が妨げられる。

海水には苦土をはじめ多くの要素が含まれるため、当然のことながら干拓地土壌には、苦土・石灰・塩素・カリが多く含有される。しかし、石灰はあってもたくさん含まれる苦土・カリなどとの拮抗作用から石灰の吸収が妨げられる。また、下層には塩分が多いため、野菜の根は浅くなる。浅いと土壌水分の影響、とくに乾燥の影

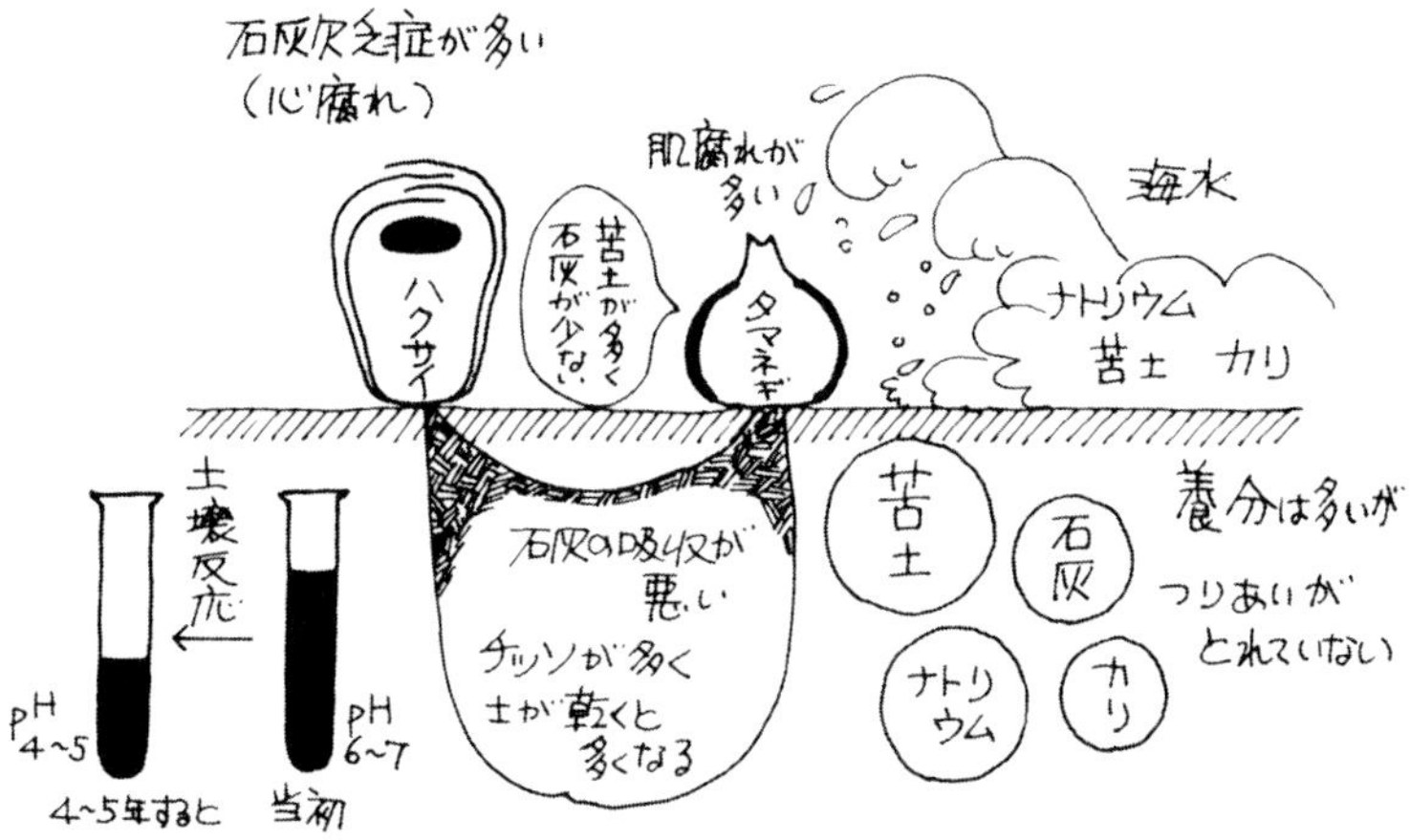

干拓地土壌と野菜の障害

響をうけやすく、石灰の吸収が悪くなる。こうしたことからハクサイ、キャベツでは心腐れ症、トマトでは尻腐れ果が多く、タマネギでは腐敗しやすくなる。

どうすればよいか

干拓地土壌ではいずれにしても石灰資材は必要である。pHが高い場合は、土壌反応を変えないカキ殻粉末や硫酸石灰がよい。酸性化した土壌では苦土を含まない石灰、炭カルがよい。なお、硫酸石灰は除塩効果もえられ、欠乏症予防としても好ましい。

なお、石灰資材の効果を高めるには、水もちをよくする有機物を施用する。また、下層の除塩をうながしたり、水もちのよいマルチ栽培を採用したりするほか、天候に応じた水管理に細かい注意が必要である。

硫化物に含まれる硫黄を餌にする土壌微生物を含む特肥「エポック」を前作の水稲栽培時やハクサイ、タマネギ栽培時に土壌かん注するとよい。

タマネギ

おそい追肥は腐敗をふやす

よくある失敗、思いちがい

タマネギの収量を多くしようと思い、施肥量を三〇キロと多めにした。また生育後半の肥効を高めるように、窒素の追肥量を多くし、そのうえ、止肥の時期を一旬おく

一口ヒント

苦土肥料は前作に施しておく

苦土の少ない土壌では、前作栽培時に苦土を施すと、整地時に施すよりも肥効が高い。ハクサイ、ダイコン、トマト、ナスなど苦土欠乏症のでやすい野菜ではその前作に、苦土石灰を施す。

らせて三月中旬とした。その結果、茎葉だけが繁茂し、収穫前に軟腐病が多い。貯蔵中の腐敗もふえて、販売収量が少ない。

なぜそうなったか

貯蔵中の腐敗は、収穫直後のタマネギに含まれる糖分や水分の多少でほぼきまる。糖分と深くかかわりあうのは、窒素などの肥料要素である。窒素が多すぎると糖分がへり、病害にかかりやすい体となる。そのうえ、通風が悪くなるので、春先にベト病や軟腐病の発生が多く、貯蔵初期の心腐れとなる。

収穫したタマネギは、糖度が低く、主成分である硫化化合物（独特な辛味や香気の成分）が少ない。また、土壌中の窒素が多いと、ほかの養分との競合がおこり、吸収されたばかりの窒素が多い反面、石灰やカリの含量が少ない。とくに細胞膜の主成分として重要な石灰が少ないと病菌に侵されやすい。また、窒素や石灰と関係する苦土が、石灰にくらべてきわめて多い（石灰／苦土比が一・五以上）土壌では、窒素の施肥量がふえると、ますますカリや石灰の吸収が少なく腐りやすい。

● 窒素がおそくまできくと腐敗しやすい体質に変わる！
窒素が多い
葉のはたらきが弱まり同化養分が少なくなる
栄養分のバランスがくずれている
甘みが少ない
（吸収されたばかりの窒素が多い、カリ、石灰が少ない）
病菌への抵抗力が弱い
土中の窒素が多く、おそくまで吸収される

どうすればよいか

玉の肥大はじめころの葉中に含まれる

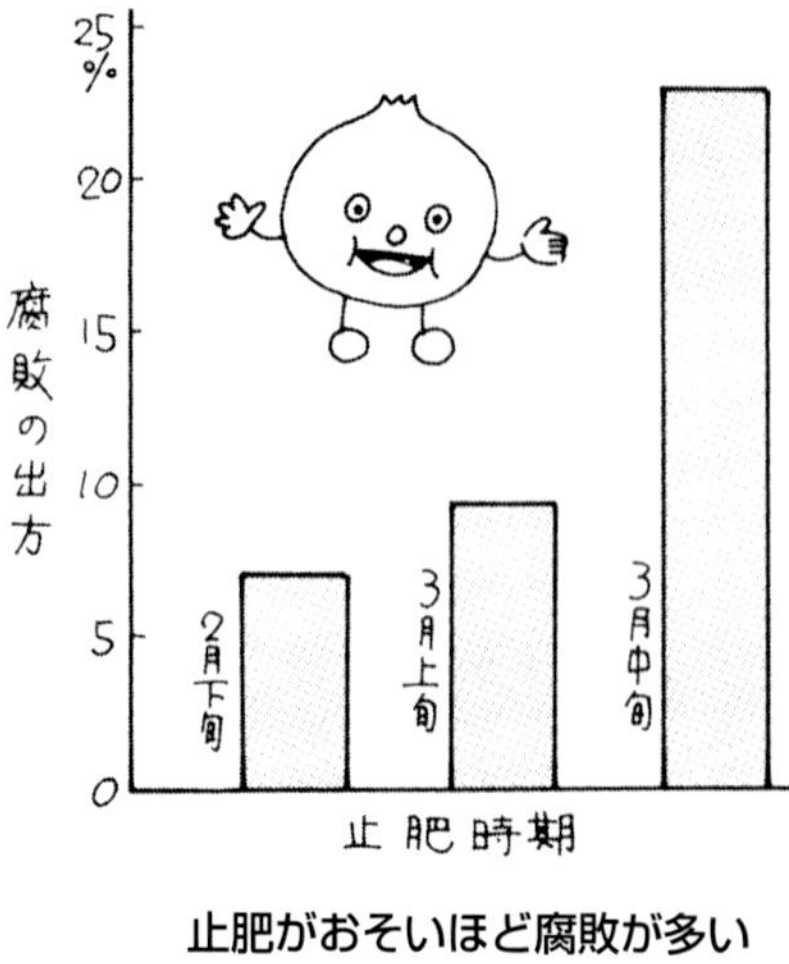

25%
20
15
10
5
0
腐敗の出方
2月下旬
3月上旬
3月中旬
止肥時期

止肥がおそいほど腐敗が多い

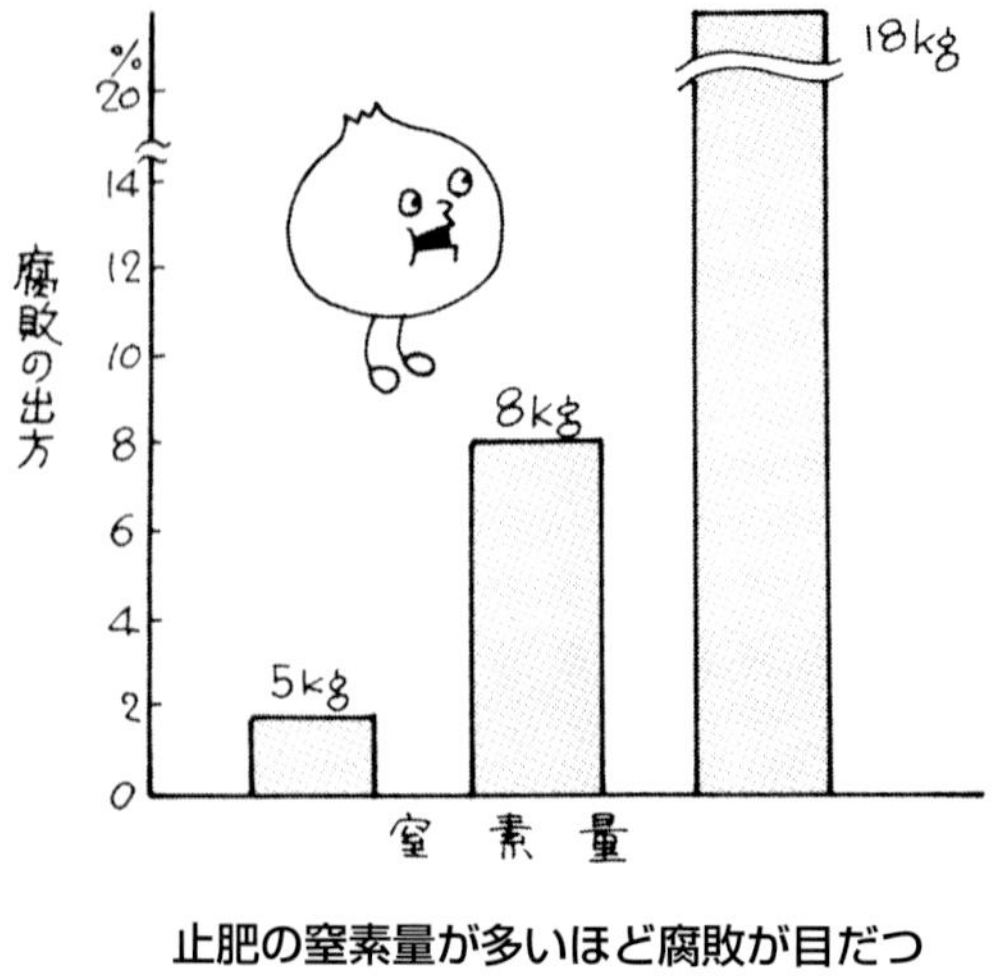

%
20
14
12
10
8
6
4
2
0
腐敗の出方
5kg
8kg
18kg
窒素量

止肥の窒素量が多いほど腐敗が目だつ

窒素は、三％くらいが適当である。玉の肥大時に肥切れすると、草勢を弱め発病を多くして、玉の肥大と糖分の蓄積が少なく腐敗が多い。

したがって、止肥の時期は外葉が伸びはじめるころ、おおよそ収穫前六〇日を目安とするが、埴土ではやや早めに、保肥力の強い強粘質土では、五月下旬収穫の品種の場合三月中旬ではおそく、二月中旬が適期である。砂壌土では収穫前五〇日くらいとなろう。

経営規模が大きいと、収穫労力を分散させるために熟期のちがう複数の品種を栽培することが多いが、その場合追肥をいっしょに行なう例が多い。これでは品種の特性が生かされず、腐敗しにくい品種でも腐敗を招いたりする。

施用量は土壌中の養分状態のぐあいで決めるが、とくに、連作地や堆肥を利用する圃場では極力ひかえめにする。

生育後期に肥効が効きすぎる場合は、特肥「天酵源」三、〇〇〇倍液と「エポック」一、〇〇〇倍液の葉面散布を一〇日ごとに三回あまり行なう。こうすることで、余分な窒素を効率よく、タンパク質などの貯蔵養分にかえて病気に強く、腐りにくいタマネギに仕向ける。ニンニクやラッキョウも同じことがいえる。

イチゴ

分化直後の窒素多用で異常花がふえる

よくある失敗、思いちがい

一日も早く収穫を急ぐ促成イチゴでは、頂花房の分化と花芽の発育を早める必要がある。分化後の追肥は花芽の発育に効果が高いと、研修会や先進地視察のときに聞いた。頂花房の分化を確認したので、さっそく窒素肥料を多めに追肥した。ところが、ガクが大きくなり、乱形果になる異状花がたくさん見られた。さらに圃場全体を見ると、株によって出蕾、開花の不ぞろいが目だつようである。

なぜそうなったか

イチゴの花芽の発育は、外側の花器、すなわち外側のガクから内側のガクへ、さらに花べん、おしべ、めしべと内側にうつってできていく。ガクが多く大きく生長するのは花芽分化直後で、このころに窒素栄

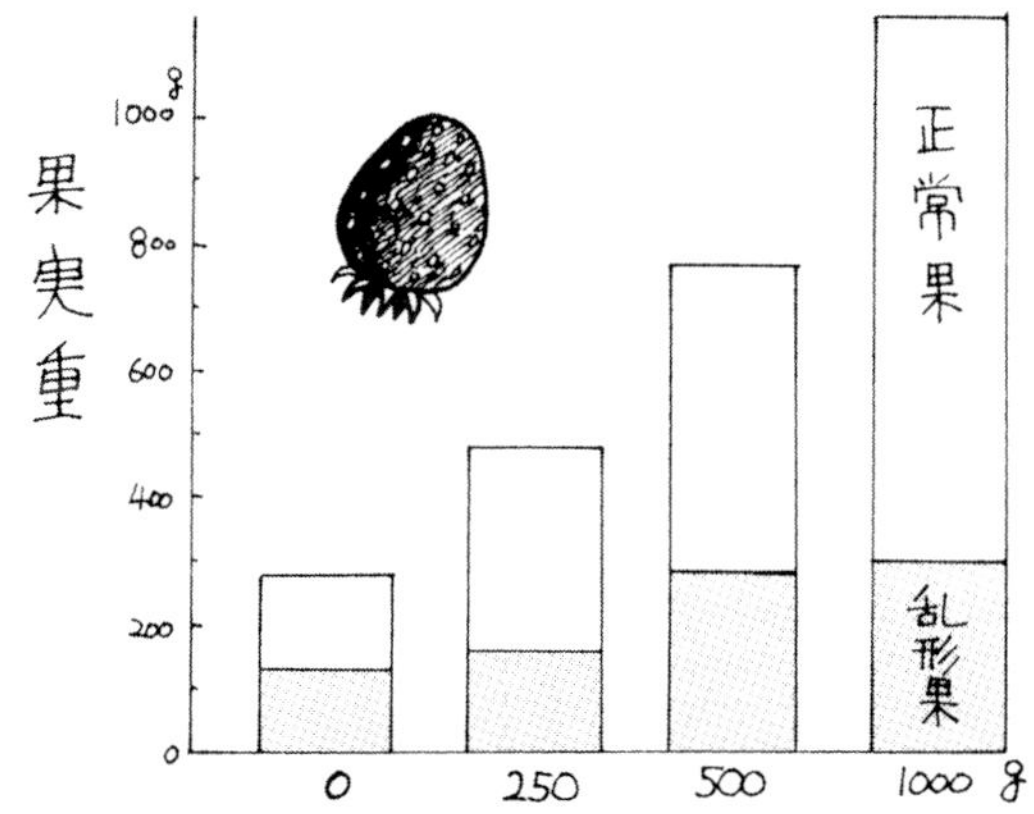

窒素を多くするほど収量はふえるが乱形果も多い
（元野茶試・久留米支場）

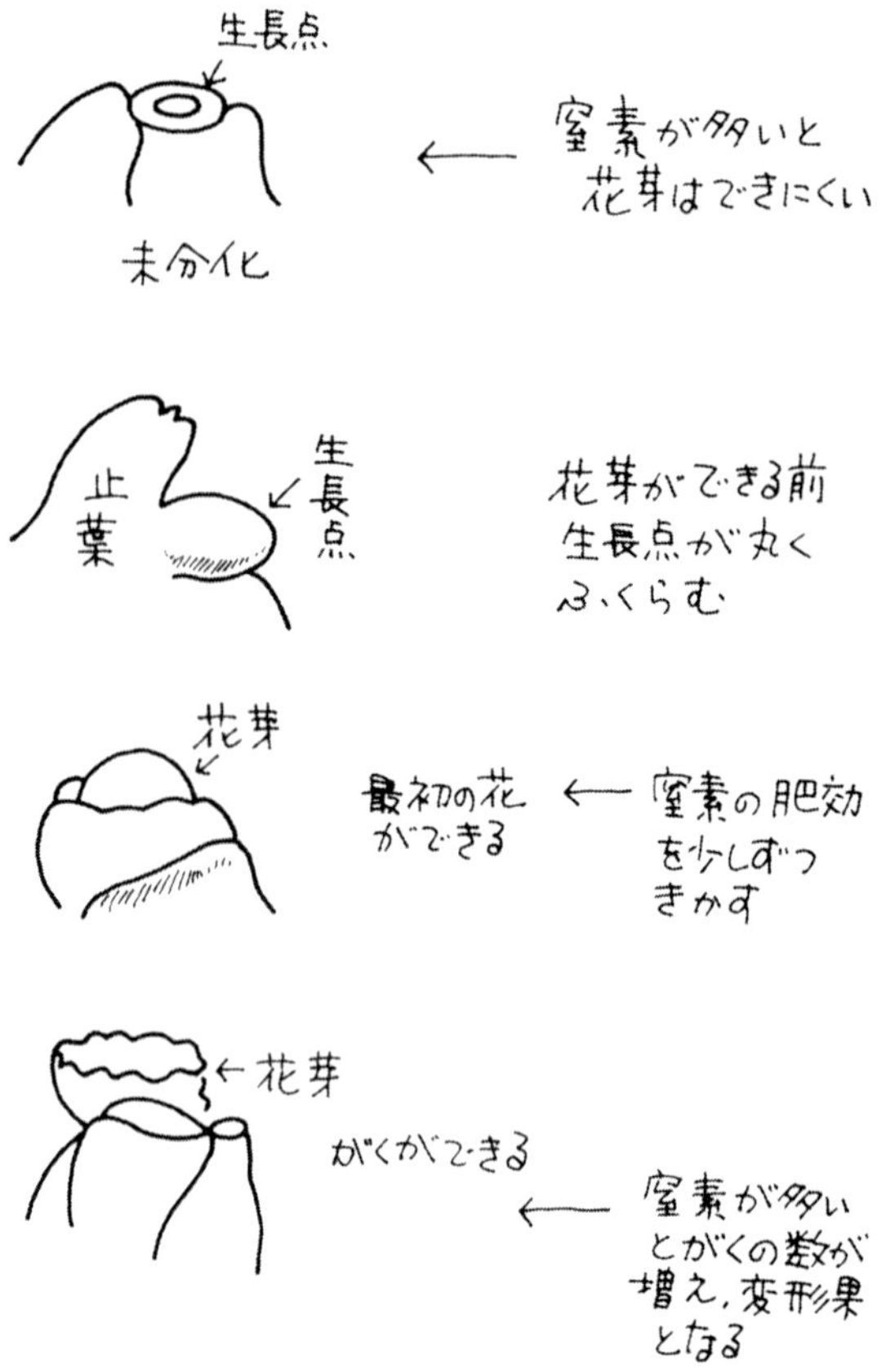
生長点
窒素が多いと
花芽はできにくい
未分化
止葉
生長点
花芽ができる前
生長点が丸く
ふくらむ
花芽
最初の花
ができる
窒素の肥効
を少しずつ
きかす
花芽
がくができる
窒素が多い
とがくの数が
増え、変形果
となる

イチゴの花芽のでき方

養分が多いと、ガクが異常に大きい異常花になる。品種によっては、ガクが大きくなりすぎてうまく受粉できず奇形果となることもある。

　しかも花芽分化後の追肥はよく効く。促成栽培では花芽分化を早めるために窒素をひかえ、飢餓にちかい状態におくので窒素の追肥効果が顕著にあらわれる。これが効きすぎるとガクが大きくなりすぎる。なお、追肥当時まだ花芽が分化していない株では出蕾、開花がおくれ全体として不ぞろいになる。

どうすればよいか

　追肥効果を高めるには、花芽分化の確認が重要である。一〜二株の顕鏡調査で判断されることが多いが、少なくとも五株を調査して実状を知る必要がある。

　花芽分化が七〜八割確認されたなら、全施肥量の約三分の一ずつを三日間隔で施すと失敗が少ない。施肥量は一〇アール当たり五〇〇〜一、〇〇〇グラムで土壌や育苗法によって変わってくる。

　花芽分化と花芽の発育をそろえるには、株の発育をそろえるのが基本。すなわち、親株養成とそろっていて充実した子苗つくりがポイント。

スイートコーン

窒素の効きすぎは穂の形を悪くする

よくある失敗、思いちがい

　スイートコーンの早出し栽培を行なっているが、毎年、雌穂が小さく、形質があまりよくない。人に相談したら、雌穂が生長するときに肥料が不足すると品質が

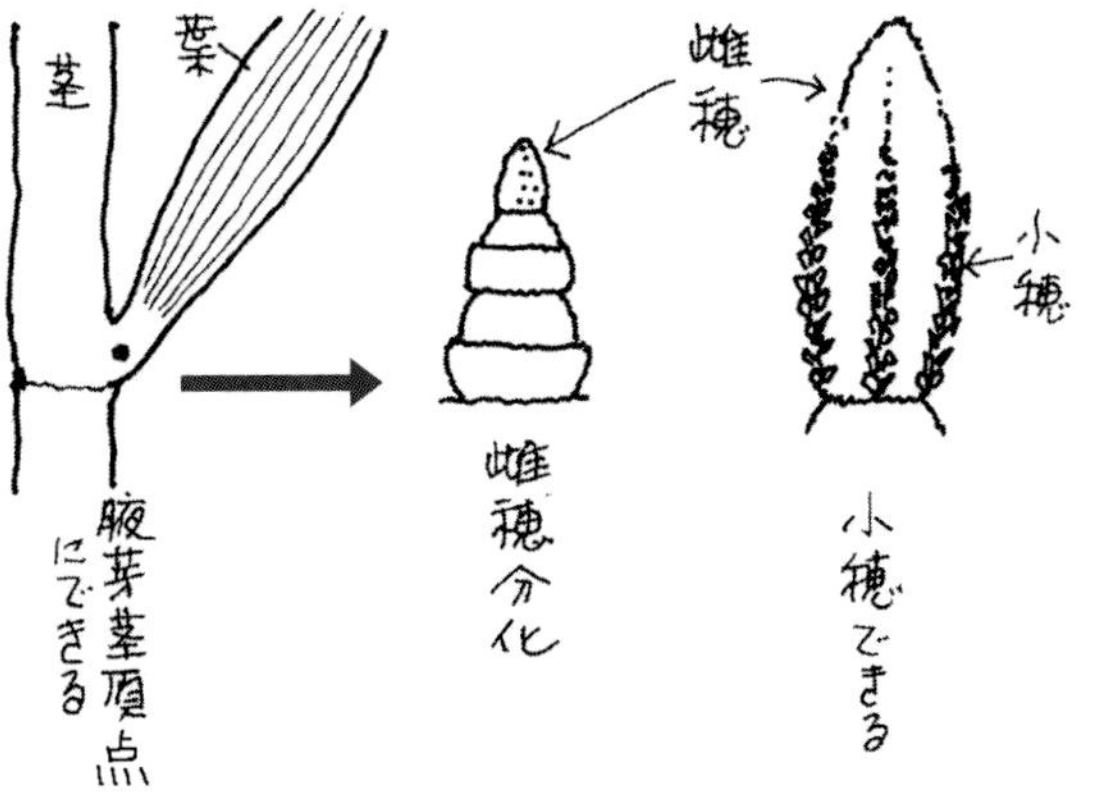
茎
葉
腋芽茎頂点にできる
雌穂
雌穂分化
小穂
小穂できる

幼穂ができはじめ（町田）

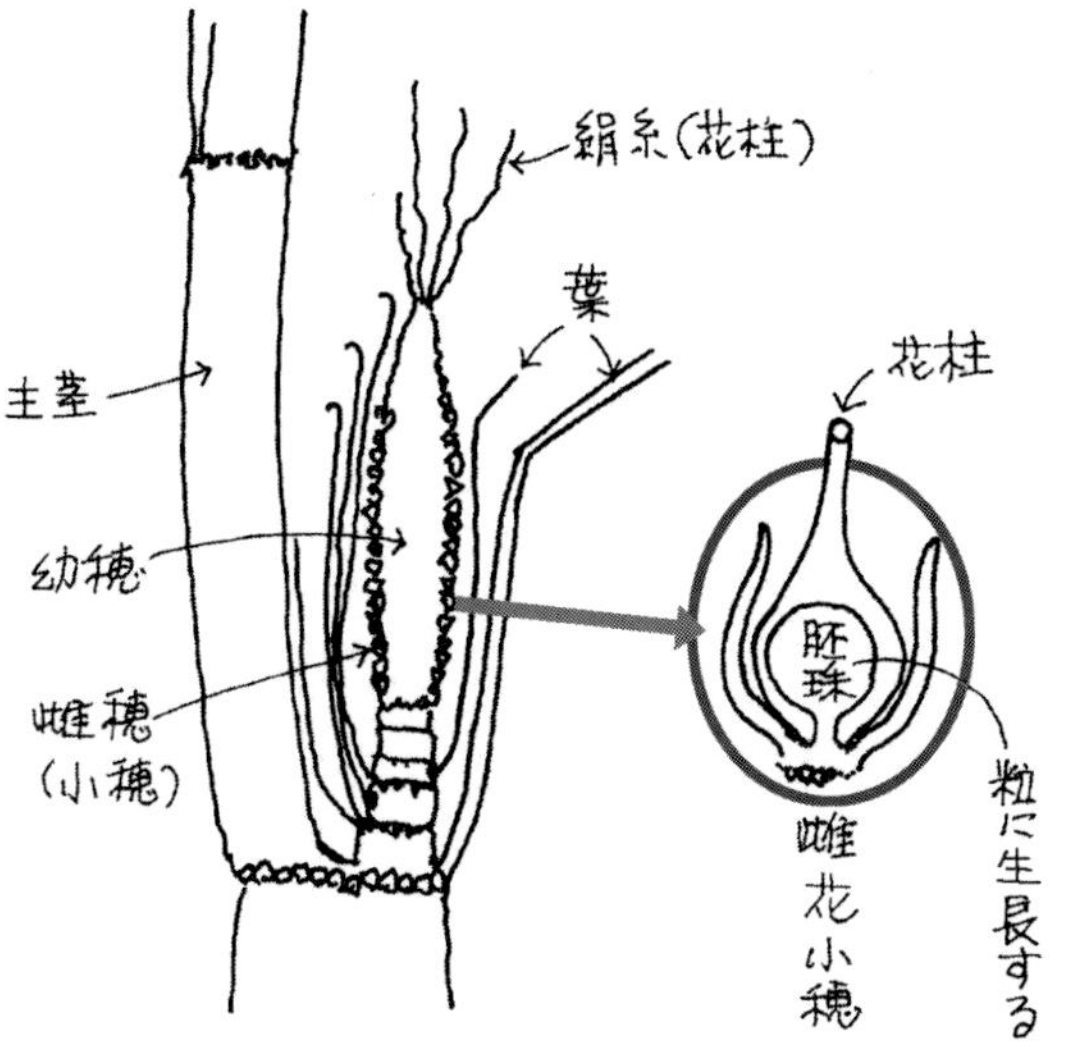
絹糸（花柱）
葉
主茎
幼穂
雌穂（小穂）
花柱
胚珠
粒に生長する
雌花小穂

開花時の幼穂（ウェザーワックスから）

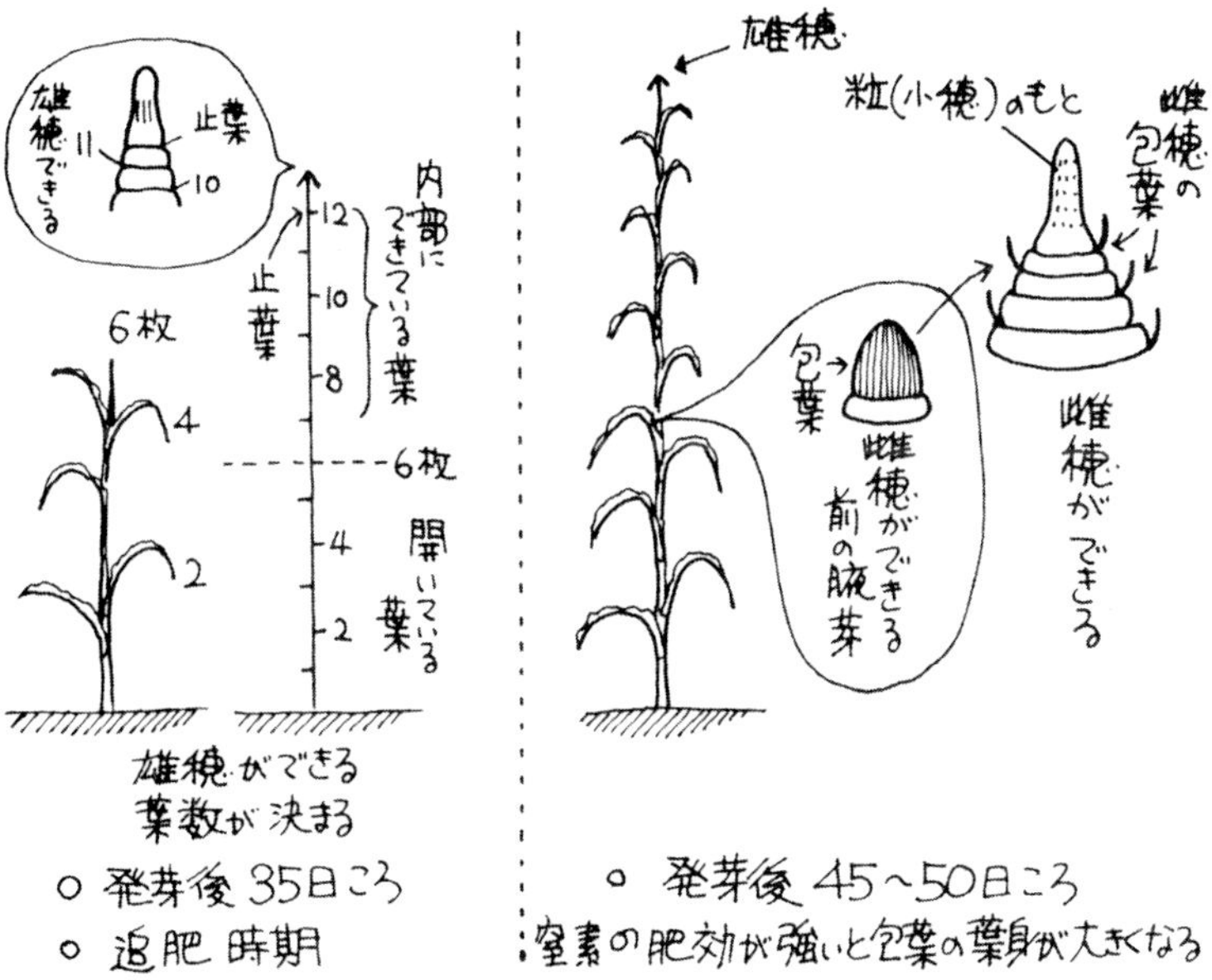
雄穂できる
止葉
11
10
6枚
4
2
12
10
8
6枚
4
2
止葉
内部にできている葉
開いている葉
雄穂ができる葉数が決まる
○ 発芽後35日ころ
○ 追肥 時期
雄穂
粒（小穂）のもと
雌穂の包葉
包葉
雌穂ができる前の腋芽
雌穂ができる
○ 発芽後45〜50日ころ
窒素の肥効が強いと包葉の葉身が大きくなる

悪くなるから、雌穂ができるころに追肥するとよいと聞いた。さっそく窒素肥料を多めに追肥したところ、雌穂の葉身が異常に大きく伸び、形の悪いものになった。

なぜそうなったか

スイートコーンの雌穂は、稈の下から五〜六節以上の各節より発生する分けつ茎のうち、節間がつまった分けつの先端に分化し発育する。

初期の肥効が高すぎると、草勢が強く過繁茂となって倒伏しやすい。一方、肥料養分の吸収は生育後期までつづくので、窒素の追肥効果が高い。窒素の吸収は、幼穂ができるころから目だって増加し、この時期の窒素肥効は粒数をふやし、雌穂を大きくする。

　幼穂が分化するのは極早生で展開葉四～五枚、中晩生種は五～六枚でこの時期が追肥適期である。この追肥量が多すぎると雌穂を包む包葉の先端の葉身が著しく発達し大きくなる。

A：雌穂、包葉の葉身が大きく、うまく受粉できず、不稔粒ばかり（雌穂が分化するころに窒素が効きすぎた）
B：正常な雌穂

どうすればよいか

葉身の大きさは品種によってちがい、大きい品種では伸びすぎに注意したい。施肥量は作型、土壌条件で変わるが一〇アール当たり窒素は四～六キロ以内であろう。

　窒素が効きすぎと予想される場合は特肥「天酵源」五、〇〇〇倍液と「エポック」一、〇〇〇倍液を混合して一〇日ごとに二回ほど葉面散布すると、倒伏を防ぎ雌穂の品質がよくなる。

一口ヒント

養液栽培の培養液に特肥「エポック」を追加

　養液栽培の培養液に、二万倍になるように特肥「エポック」をとかし、その後は培養液を補充するときに「エポック」も同時に加えて、一定濃度に保つ。そうすることによって、栽培中の培養液を更新する必要がなくなり、液管理が省力化し、経費が節減できる。さらに、廃液による河川の水質汚濁も回避できる。イチゴ、キュウリ、トマト、ナス、ネギ、軟弱野菜の溶液栽培に適する。

　新設時は問題ないが、既設の古い水槽、栽培床、配管パイプ内に付着した固形物が、微生物のはたらきではげ落ちて、目詰まりすることがある。特肥を添加したあと、一～二カ月あまりは注意する。

ウネづくり

極端にいえば、ウネを見ただけで野菜の育ちぐあいがわかる。ウネの方向、形、高さ、ウネ面のならし方、通路のとり方などは野菜の生育に大きな影響を及ぼす。地温、土壌水分の保ちぐあい、排水の状態はウネによって決まるところも大きく、根の機能が低下すると生理障害や病害の発生を多くする。

気をつけたいことの一つが、ウネ面のでこぼこ。ポリフィルムのマルチ作業がやりにくいし、マルチ面に水たまりができ、病気がでると余分な作業がふえる。また露地では除草剤の効果にむらができてしまう。ウネ立てがむずかしい作土の浅い畑は、通路を広くしてウネを高く盛り上げるとよい。

ニンニク

冬場の葉先枯れは石灰欠乏症か、病害か

よくある失敗、思いちがい

無農薬のニンニクを、中山間地の水田転作圃場で、マルチ栽培していた。一〜二月ころ、葉先が茶褐色に枯れたので、石灰欠乏症だろうと思いカルシウム剤の葉面散布をしたが、三月中旬ころから下葉から枯れてしまった。この症状は春腐れ病だと勘ちがいし、薬剤散布を行なったが効果はなく、五月に入るとサビ病が発生して、球の肥大が悪く、腐敗が目だつ。

通路が広く、高ウネで排水がよく、罹病株が少ない

マルチ栽培でもウネが低く、マルチフィルム上に土砂があり、発生源となる

なぜそうなったか

冬場に多く見られた葉先の枯れは、白色疫病の初期症状。カルシウム欠乏ではないので、カルシウム剤を散布しても効果はない。

白色疫病は二～三月に降雨が多い年や、排水の悪い圃場では多発しやすい。水の流れで伝染したり、病原菌が土砂とともに下葉に跳ね上がり発病してしまい、気温が上がる四月中旬から激しく蔓延しやすい。

どうすればよいか

白色疫病の予防には、圃場の排水をよくし、通路を広めにとり、高ウネで地面を平らにし、水たまりをつくらないことが有効である。また、ポリフィルムでマルチして土砂の跳ね上がりを防ぐだけでほぼ予防でき、農薬を使用しなくてすむ。

マルチをしても、フィルム上に土があったり、水たまりができてしまっては効果は半減するし、連作する場合は罹病した茎葉や球などの残渣が残っていたらそこから感染してしまう。残渣は圃場外に持ち出し、すき込みは禁物。

なお、白色疫病はタマネギやワケギ、ネギにも発病するので、注意したい。

タマネギ・ハクサイなど

秋冬野菜はウネの方向でこんなに差がつく

よくある失敗、思いちがい

十二月どりのセットタマネギや冬どりハクサイ栽培で、圃場の区画からウネ立ての方向を東西ウネとした。気温が下がる十月ころから、生育にちがいが見られた。ハクサイは南側の生育が進み、よく結球して大玉となったが、北側はしまりが悪く球重がかるい。また、タマネギも北側は生育や茎葉の倒伏が一〇日ほどおくれるばかりか青立株が目だった。

なぜそうなったか

十月から翌春四月ころまでの生育は、地温の影響を大きくうける。

地温は土壌の色や土壌水分、マルチフィルムの種類などでちがうが、日射をうける角度にも影響され、東西方向では南面よりの地温が一～三度高くなる。地温が高いと根のはたらきや生長がよく、また土壌微生物の活動をたすけるため肥効も高まる。ハクサイは結球葉数が多いと、球重が重くなる。タマネギでは、球ができるための長日刺激を強く感じ、しかも地温が高いので肥大しやすく、茎葉の倒伏が早い。一方、北側は地温が低く、球が肥大しにくく、青立株が多くなる。

以上の現象は秋まきの早出しタマネギや早生キャベツあるいは冬春レタスなどにもみられる。

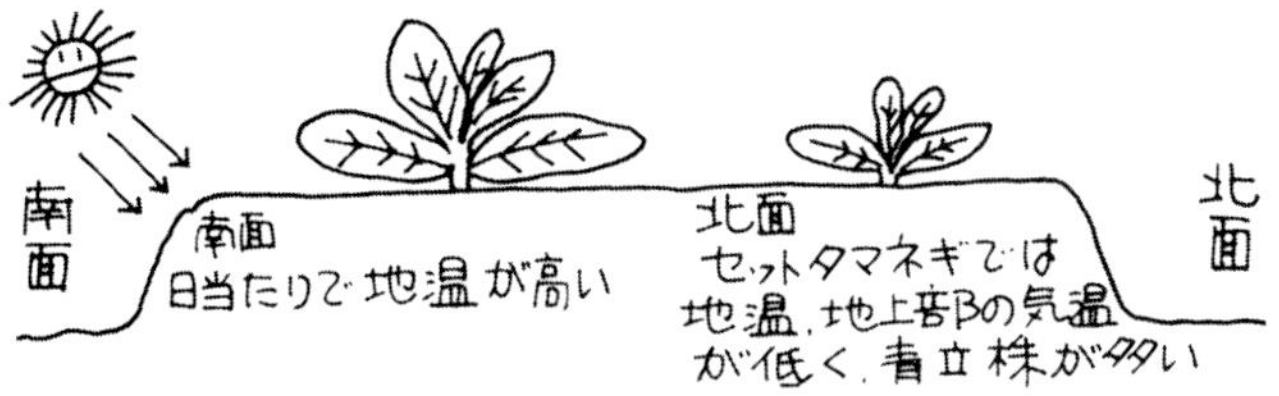
南面
南面
日当たりで地温が高い
北面
セットタマネギでは
地温、地上部の気温
が低く、青立株が多い
北面

東西方向のウネは地温や生育がちがう

どうすればよいか

秋から春先にかけて栽培する野菜ではウネの方向に注意し、南北方向で株の生育をそろえる。とくに収穫株数の多少が収量を左右するセットタマネギでは南北方向がのぞましい。やむをえないときは狭ウネの二条植えにし、株間も広めにする。

冬春レタスの東西ウネの四条植えは南側は生育がよく、大玉となるが、中央部や北側になると玉の肥大が悪く不ぞろいとなりやすいので、三条植えで株ぞろいをよくする。そのほか春作の早掘りや冬作ジャガイモ、冬場の軟弱野菜では、南北ウネより東西ウネの生育がよく、収穫が早まる。

トンネルやハウス栽培では露地以上にウネの方向が問題になる。促成イチゴの二条植えでは、温度が高い南面は果の肥大や着色がよい。北側は熟期がおくれるだけでなく、着色不良果が発生しやすい。キュウリやトマトでは北側は生育がおくれ気味で、日射量の少ない時期はキュウリではくびれ果、トマトのすじ腐れ果などの生理障害が目だつ。南北方向がのぞましいが、東西ウネでは北側の株間を広めにする。

なお、ウネの方向と関連して、畑の傾斜ぐあいも問題になる。やや傾斜する南面ほど冬場は温度的に有利である。日当たりが山林や建物にさえぎられる圃場は注意したい。

無加温ハウスは広幅ウネで

よくある失敗、思いちがい

無加温ハウスでメロンの一月植えを行なっているが、開花結実期の気象条件が悪いので着果がむずかしく、つるボケをおこしやすい。つるボケを防ぐように、元肥の施用量をひかえ、さらに土壌水分を調節しやすいようにと思い、ウネ幅の狭い小ウネをつくり定植した。しかし、植付け後の根ばりだけでなく、生育がおくれてしまった。

なぜそうなったか

ウネの型や大きさ、高さは野菜の生育に大きな影響を与える。幅の狭い小ウネは、広幅ウネにくらべて地温の変化が大きい。とくに、夜間は地表面からの熱が多く逃げるほか、日中、熱のたくわえ方も少なく、冷えこみやすい。日照りの少ない冬場ほどこの傾向が強い。

また、保温用のトンネルも小ウネほど小さくなり、トンネル内の温度が保ちにくい。メロンは高温を好み、夜温もさることながら、昼間の温度がつるの生長に大きく影響する。

一方、土壌水分も変化しやすい。小ウネは乾きやすく、土壌水分の調節には好都合だが、かん水ごとに地温が下がる。

このような変化が、根の生長やはたらきぐあい、土壌微生物の活動に悪影響を与え、発育がおくれがちになる。

どうすればよいか

一～二月の低温期に、無加温で栽培するには、保温力がまさり土壌水分の動きが少ない広幅ウネが有

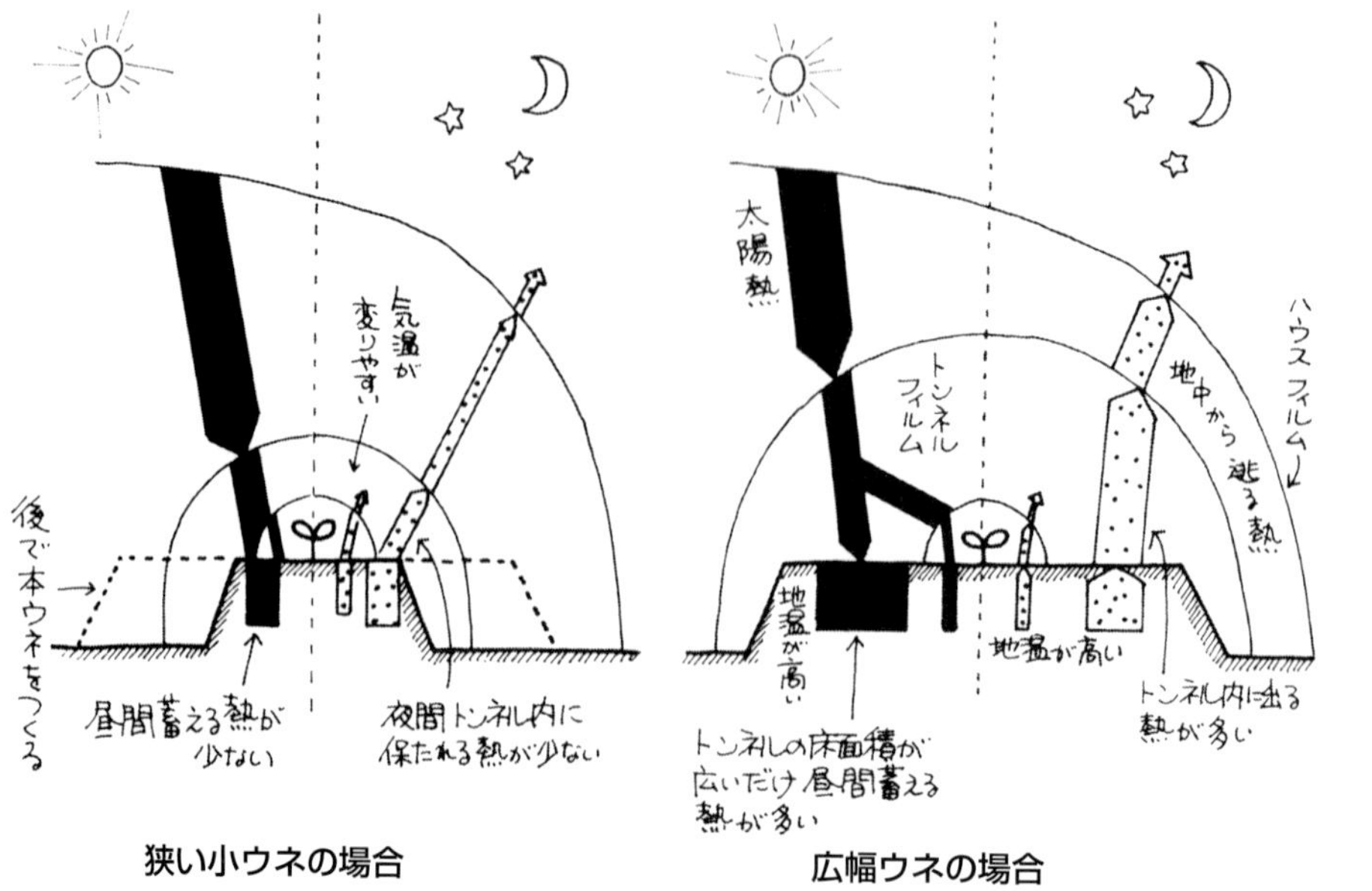

狭い小ウネの場合　　広幅ウネの場合

利である。

このことは生育適温の高いスイカやカボチャ、トウガンなどでも同じである。

低温期の無加温栽培では、ハウス建て、ビニール被覆、作畦作業を急ぎ、とくにウネづくりは植付けの二週間前に終える。マルチやトンネルを早めにかけて、できるかぎり地温を高めるようにしたい。またハウス内の地温は昼間の光線の入りぐあいできまるので、晴天時は保温用資材を除いて、受光量を多くし、熱をたくわえるようにする。

スイカなどウリ類

耕土が浅い畑でのウネづくりは

よくある失敗、思いちがい

粘土含量の多い埴土で、耕土が一五センチあまりの畑にスイカのトンネル栽培を計画した。ウネづくりは低いほど作業がやりやすい。また、スイカの根ばりは浅く、ハウス栽培では地温を保つよう低ウネにされているので、高くする必要がないだろうと思い、低ウネにした。ところが、生育初期は問題がなかったが、生育後半にはいってからは、株の衰弱が早く、二〜三番果の肥大や品質が悪かった。

なぜそうなったか

スイカの収穫期には、茎葉の重さにくらべて果実の重さが四倍量にもなり、それだけ株の負担が大きい。その負担に耐えら

ウネの低い（B）はウネ面の排水がおくれ、白色疫病が多い。高ウネ（A）は発病していない

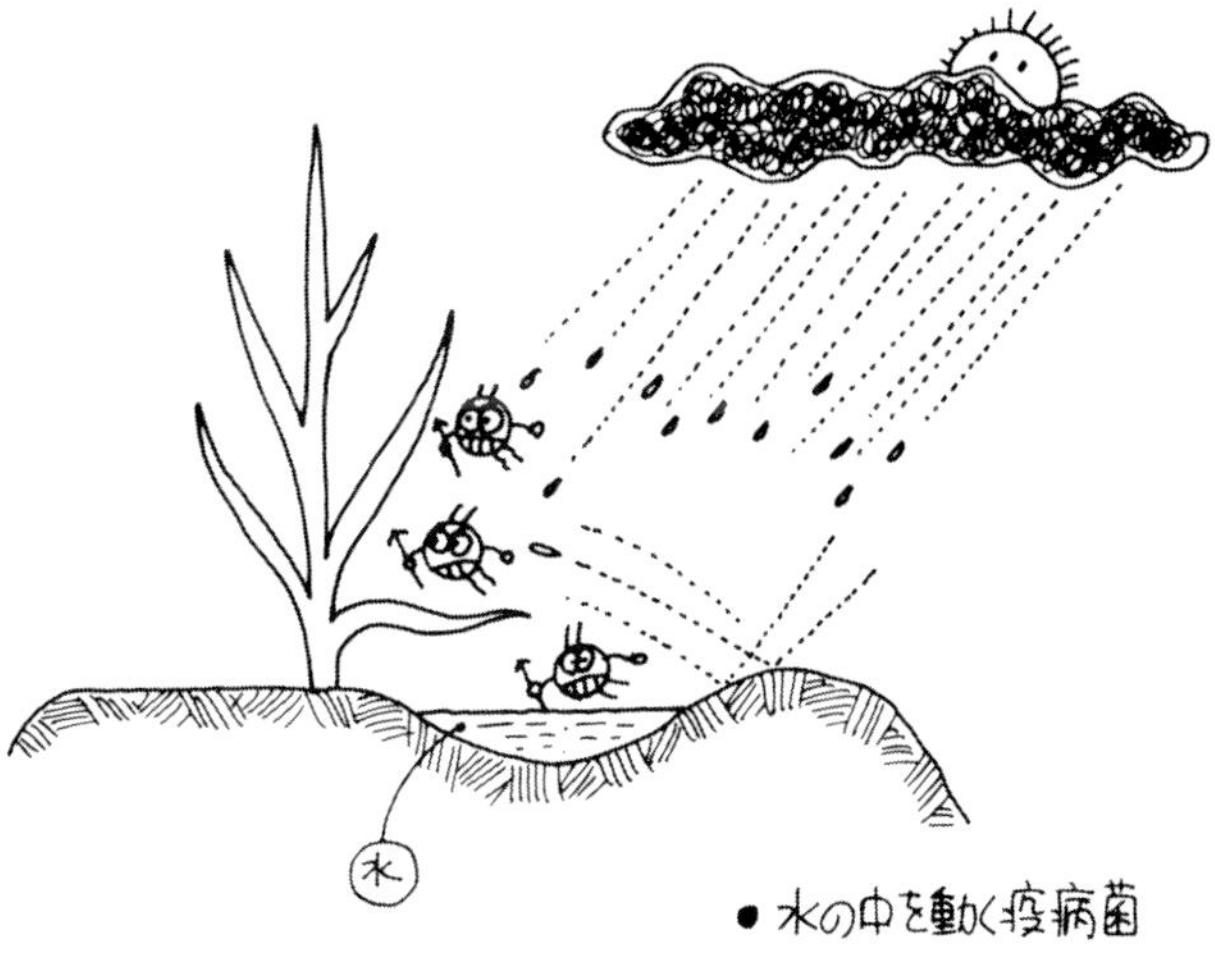

ウネの高さは水はけだけでなく病害の出方を変える

れる根づくりが必要だ。ウネが低いうえに耕土が浅い条件では、根が深く入ることができない。根が表層に多いと生育中後期に高地温や土壌水分の変化すなわち、乾燥したり、湿りすぎたりの影響をうけやすく、根のはたらきが早く弱る。

どうすればよいか

スイカなどウリ類の根は、浅く入る性質が強く地表面ちかくに多い。しかし、耕土の深い洪積層の火山灰土や地下水位の深い畑など土壌条件にめぐまれていればかなり深く入る。生育末期まで草勢を維持するには、できるだけ深く入るようにしなければならない。耕土の浅い畑ほどウネづくりが重要で、高くもりあげて根ばりを多くしたい。

下層土の除塩が進まない干拓地でも同じことである。表面排水がよくても、思いきり高いウネにすべきだろう。

水田転換畑や水田を利用する場合に、

一口ヒント

ウネの高さで白色疫病の出方がちがう

水で伝染するタマネギの白色疫病は、ウネ面にくぼみができたり、通路の排水が悪いと発病が多い。ウネづくりがカギで、ウネを高くすれば発病を予防できる。

タマネギのほか、ニンニク、ネギ、ニラ、スイカやカボチャ、ハウスメロンの疫病、また、ハクサイ、ダイコンの黒斑細菌病も水はけがよいと予防できる。

冬場は低ウネのほうが地温を確保しやすいが……

十二月植え、無加温の半促成カボチャではまず、地温確保が先決条件。低ウネは高ウネにくらべて土壌表面からの放熱が少なく、地温が高い。しかし、根ばりが浅く、根量が少ない。果実が成りこんだ春先、日ざしが強く、気温が上がってくると、吸水と蒸散のバランスがくずれて、吸収された水分は蒸散量の多い成葉に集中し、若いつる先は少なくなり、葉枯れをおこす。とくに水分の要求が多い果実や開花直前の雌花のあるつる先ほど著しい。この現象はイチゴのチップバーン（心枯れ）と共通している。

作土を深くし、根が深くはるようにし、曇雨天続き後、快晴となった一〇時すぎから二時ころまで、葉面散水をくり返し、茎葉の湿りを保つ。発生が予測される前に、蒸散抑制剤を、つる先を中心に葉面散布すると予防できる。

特肥「エポック」「地楽園」の希釈液を土壌かん注して、根の発育とはたらきをうながすのも一策。

地下水位の高い圃場は、暗きょをいれ地中排水をよくする。排水できると強粘質土では下層土に大きな土塊ができ、亀裂があれば根が入りやすくなる。畑でも硬い耕盤をくずすよう心土破砕を行なうとよい。

また、根が深く入るように、粗材有機物を多く利用して保水性を強めるほか、元肥とともに一部は、ウネの中央部に溝施用する。追肥も表面施用でなく、土寄せ時にウネの下に施して根を呼びよせるようにしたい。

マルチがけ

敷きわらやポリフィルムのマルチは、野菜の株元まわりの気温、地温、土壌水分などを調整する役割がある。それによって、土壌微生物の活動や肥料の分解をうながし、肥料養分が雨水で流亡するのを防ぎ、根や茎葉の生長をうながし、発育相を変えるはたらきもある。ひいては、病害虫や雑草の発生の仕方まで強く影響するからあなどれない。注意が必要なのは水かけ。

マルチに使う資材は、稲わら、麦わら、刈草など手近に入手できるものから、さまざまな種類のポリエチレンフィルムまであるので、使用目的で使い分ける。

早出し栽培では、地温を保つために透明か白色のポリエチレンフィルムを使えば、反射熱や光で野菜の生理作用を変えられる。害虫予防にはシルバーや白黒フィルムを、雑草防除には黒や緑など着色フィルムを使うとよい。

タマネギ

トンネル栽培に古フィルムを掛けたら

よくある失敗、思いちがい

タマネギの超極早生品種を導入し、トンネルマルチ栽培を採用したが、資材費を節約しようと前年に使用した穴あきのトンネルフィルムも再使用した。すると発育や球太りが悪く、収穫が五～七日あまりおくれてしまった。

なぜそうなったか

超極早生品種の球は、短日で温度が高いほど収穫が早まるので、冬から春先にかけて温暖な地域やトンネル栽培が有利となる。

新品のマルチ用フィルムは光線の通りがよく、温度が上がりやすいので発育や球の肥大が早くなる。汚れて透光性が悪くなった古いフィルムでは地温は上がりにくく、球の肥大が遅れてしまうので、超極早生品種の特徴が発揮できない。

気温が上がる四～五月に収穫するトンネル栽培なら、換気労力を省くためにも穴あきフィルムが適しているが、十二月から保温して二月上旬から収穫できる品種では、穴あきフィルムでは温度が上がりにくく、超極早生品種の特徴があらわれにくい。

どうすればよいか

品物が少なく、高い市況時に出荷する

新球をねらう超極早生品種の場合は、トンネル内の気温や地温を上げることが重要だ。そのためには、透光性のよい新品のフィルムを絶対に使用すべきである。

気温の低い三月上旬ころまでは、トンネルフィルムの開閉作業は少ないので、換気の手間を省くよりも、保温効果をねらって穴のないフィルムを使うのがよい。この場合心配される葉やけは湿度があるとおこらないので安心を。冬どりレタスなど十二～三月ころに栽培する野菜にも同じことがいえる。

タマネギ・レタスなど

冬どり野菜は黒マルチか銀色マルチか

よくある失敗、思いちがい

水田転換畑を利用し、品薄どきの販売をねらってセットによるタマネギの冬どり栽培をはじめた。この栽培ではマルチが必要だという話を聞き、値段が安く、春どりでも利用できる黒ポリフィルムを利用した。しかし、欠株が発生し、生育初期に日やけが見られる。青立株が多く減収した。

なぜそうなったか

早生タマネギの玉が肥大するには、一時間以上の日長時間と一〇度以上の温度が必要である。玉が肥大するにはまず、葉が長日刺激を強くうけなければならない。その刺激のうけ方は、葉の温度が高いほど敏感である。強くうけるほど肥大開始後の日長時間が短く低温下でもよく肥大するようになる。タマネギの葉の温度は、地面からの輻射熱で変わる。黒ポリフィルムでは太陽熱をよく吸収し、光を反射しないので葉温が高くならない。その結果、九月ころの長日刺激の感じ方が鈍く、玉が肥大しない青立株になりやすい。一方、地温は高くなり土壌水分が多いとセットは

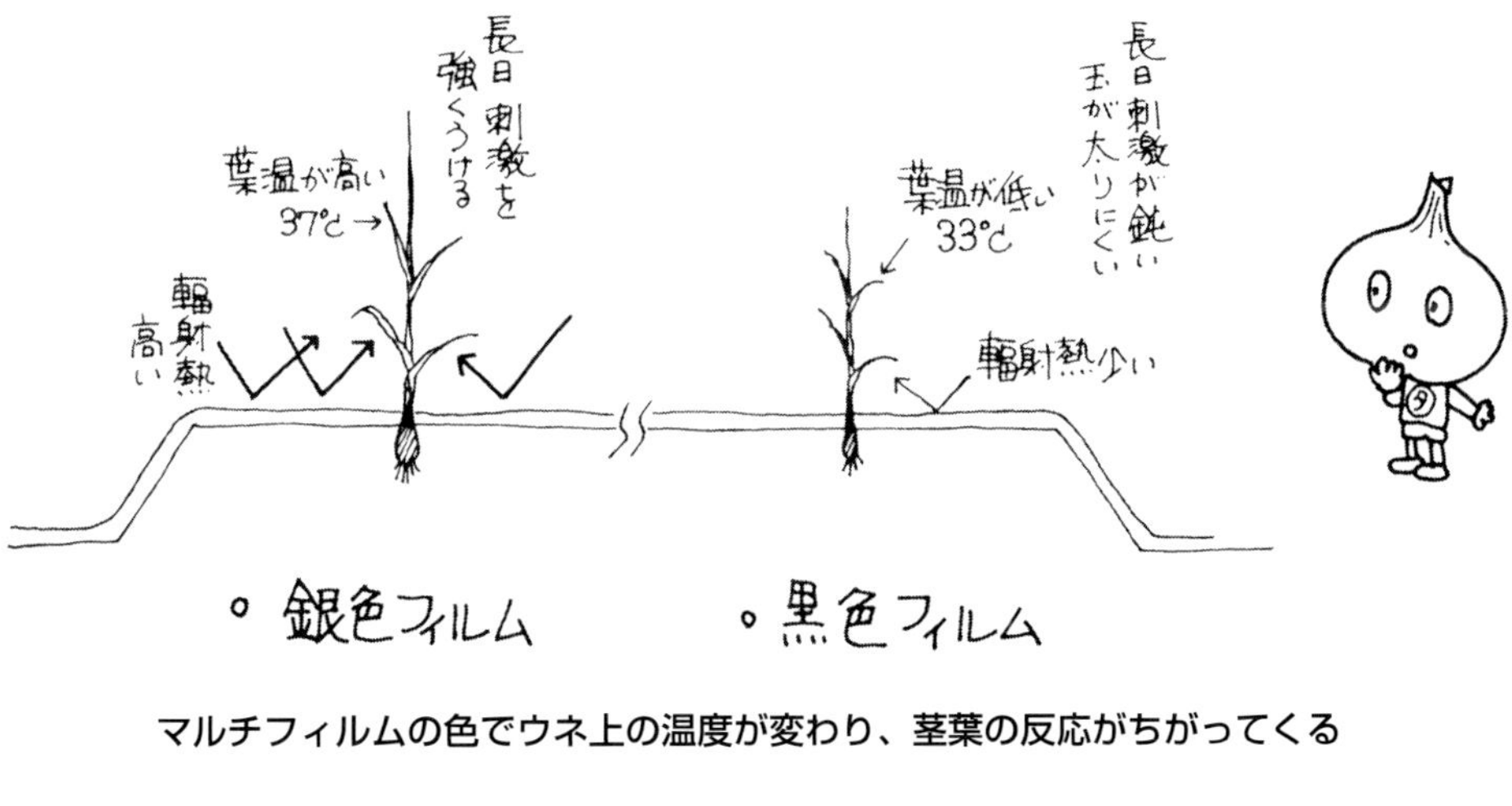

マルチフィルムの色でウネ上の温度が変わり、茎葉の反応がちがってくる

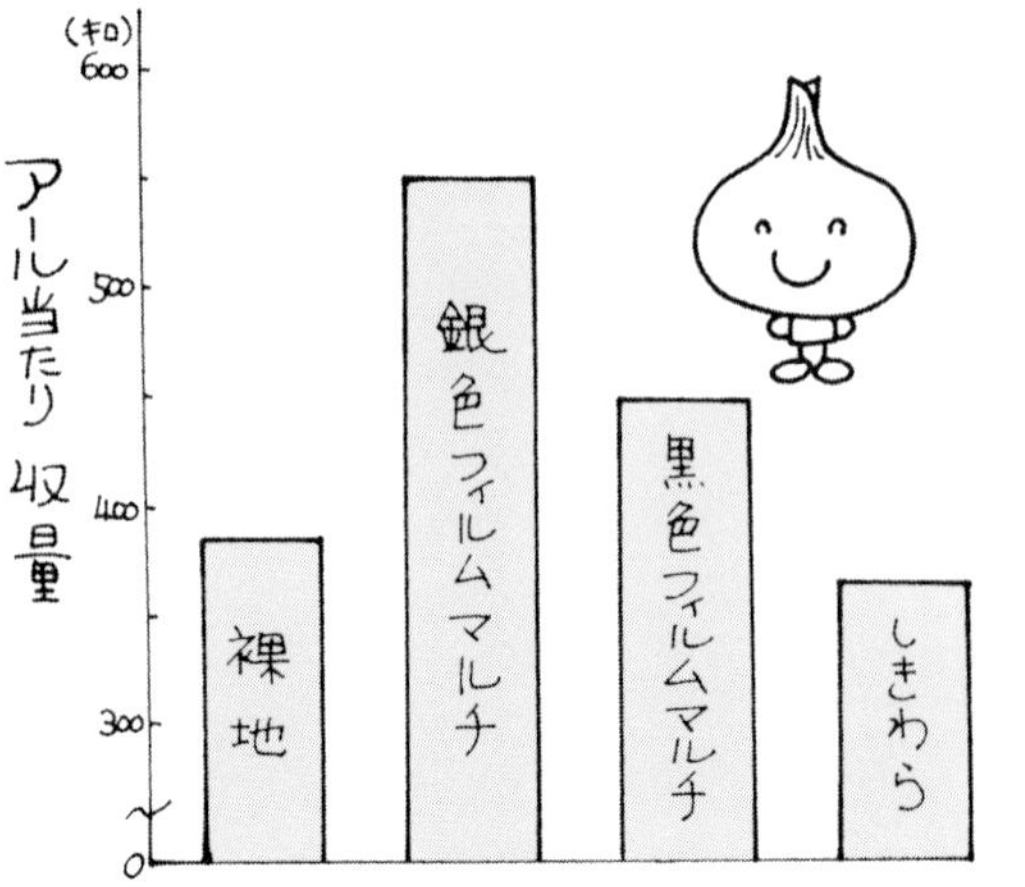

マルチフィルムのちがいで収穫株数や玉の大きさが変わってくる

腐敗し欠株を多くする。

どうすればよいか

銀色ポリフィルムは光を反射し、輻射熱が高く、葉温は黒ポリフィルムより五度あまり高くなる。長日刺激を充分にうけ、十月以降日長時間が短く、しかも気温が低下しても玉はよく肥大する。また植付け直後の欠株が少ないことから多収穫が期待できる。

銀色ポリフィルムは黒ポリフィルムより一〇アール当たりの購入費は高くつくが、約二〇%以上の増収が期待でき、資材費以上の収益が上がる。穴あきが使用しやすくおすすめだ。

レタスにも似かよったことがいえる。夏秋レタスでの黒ポリフィルムはマルチ面が高温となり葉やけをおこす。白黒ダブルフィルムは価格は高いが地上部の気温や地温の上昇が防止でき、レタスの生育をたすけて栽培を安定させる。

資材の選択にあたって、野菜の身になって考えず目先の経済性だけにとらわれると、栽培そのものが成りたたないことがある。

ウリ類・レタスなど

株元までマルチをかけるとどうなるか

よくある失敗、思いちがい

高温を求めるハウスメロンを無加温ハウスに二月植えする場合、温度が高いか低いかが初期生育を大きく変えるので、できるだけ地温を高くするように工夫しているという話を聞いた。

植付け直後の地温を保ち、乾燥を防ぐように、黒色ポリフィルムを用い、植え穴を小さくし、さらに株元を包むようにした。ところが、つる枯れ病が多発し防除が大変だった。

なぜそうなったか

高温を好むハウスメロンでは、低温期の保温がポイントとなり、マルチの効果が高い。

マルチフィルムは多くの種類が市販されているが、原料や着色ぐあいで太陽熱の吸収度合や地温への影響がちがう。

黒色ポリフィルムは熱をよく吸収するので、フィルムの温度は高い。しかし、光線を通さないのでマルチ下の地温は低く、フィルムの温度と地温との温度差が大きくなる。

そのため、地表面から蒸散した水分はフィルムの下面に付着して水滴（露）となる。その程度は、光線を多く通し、地温が高くなってフィルムの温度とのちがいが少ない白色や透明フィルムでは少なく、黒色フィルムでは水滴が多い。

黒色フィルムを用い、メロンの株元を包むようにすると、フィルムについた水滴が原因で株元が過湿となる。その結果、多湿を好むつる枯れ病菌が繁殖する。二〇度前後が病菌の発育適温であり、春先や秋に発病が多い。

保温効果を高めようと株元までマルチした。地際が多湿となり、つる枯れ病が発生

どうすればよいか

病原菌の性質から、活着後の株元や地面を乾燥させることが、つる枯れ病と疫病の唯一の防除手段である。マルチ栽培ではフィルムの種類をとわず、植え穴は直径一二〜一五センチくらいにやや広く開けるほうが好ましい。

ハウスメロンのほか、つる枯れ病にかかりやすい雑種系キュウリ、スイカでも同じ

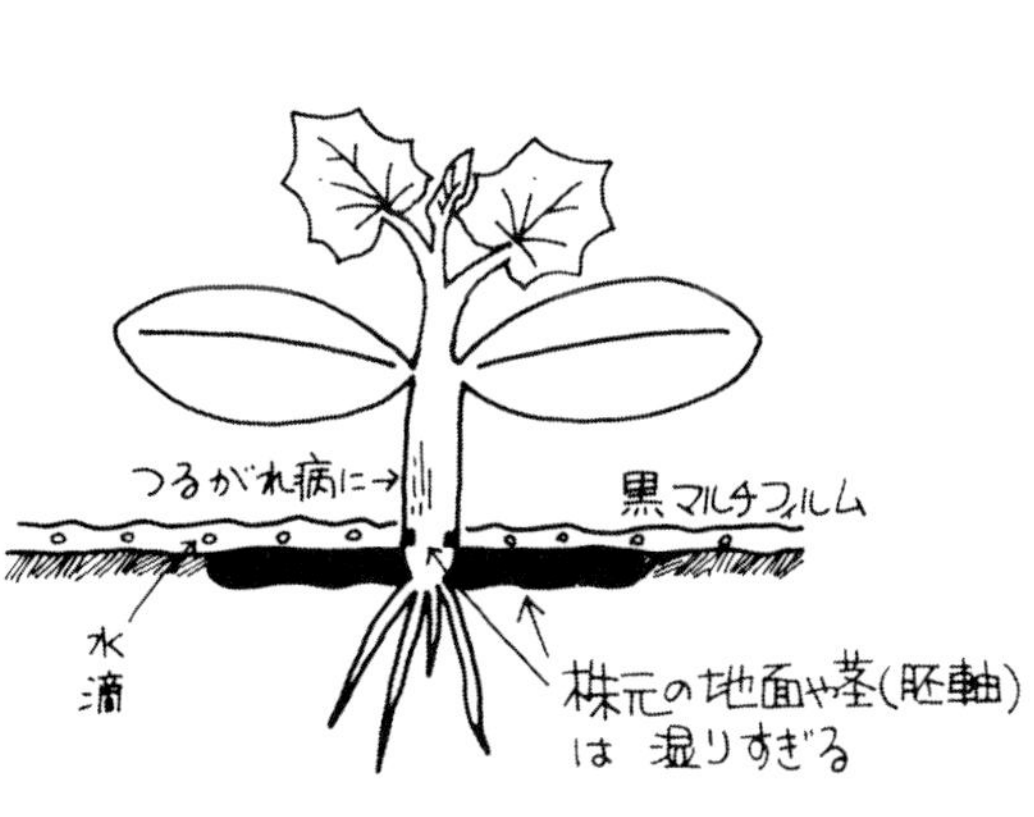

ことがいえる。また、冬春レタス栽培では黒色フィルムが多く利用されるが、株元が過湿となって灰色カビ病が多発しやすくなる。植穴は大きめにし、換気に注意して予防する。

野菜全般

マルチの押さえに土は危険

よくある失敗、思いちがい

早出しタマネギはマルチが欠かせない。マルチ作業は火山灰土や砕土しやすい畑では機械化できるが、水稲あとでは砕土が粗く、とくに強粘質土ではフィルムの押さえがうまくやりにくい。そこで土を利用し、フィルムの上に点々と置き土した。ところが雨が多い二～三月ころに、置き土した場所を中心に早くから病気がでて防除に困った。

なぜそうなったか

土をフィルム面におくと、疫病菌や細菌などの病原菌が土壌にはいっていた場合には、病菌が雨水とともに跳ね上がって、発病する危険を多くする。とくに二～三月は注意したい。

どうすればよいか

フィルムの固定は、わら縄や稲わら数本をひねりながら、長さ三〇センチくらい、深さ五センチあまりに竹べらか、ドライバーを利用して押しこむとよい。わら縄などは吸水しやすく、土壌とよく密着する

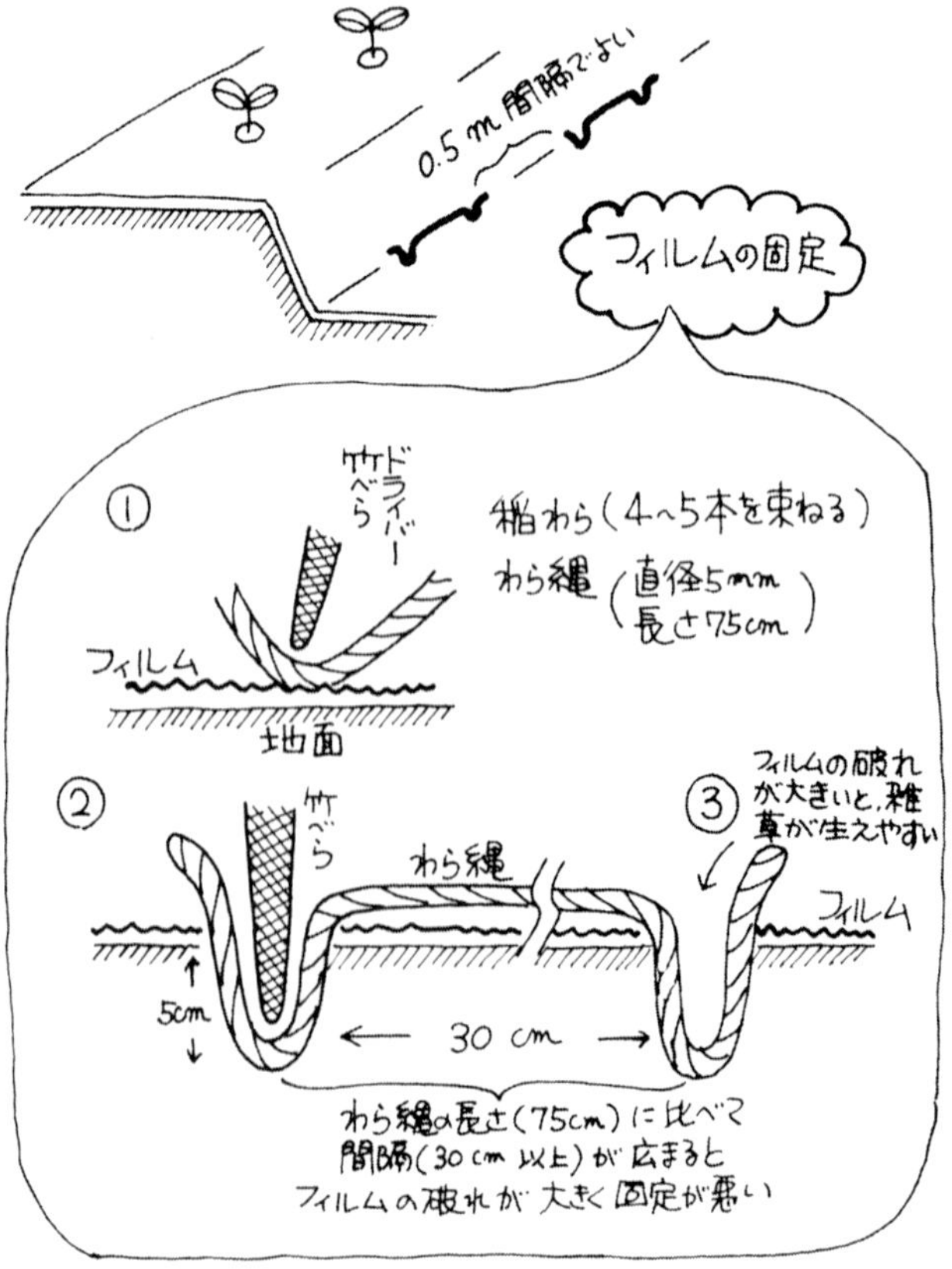

ポリマルチの押さえ方

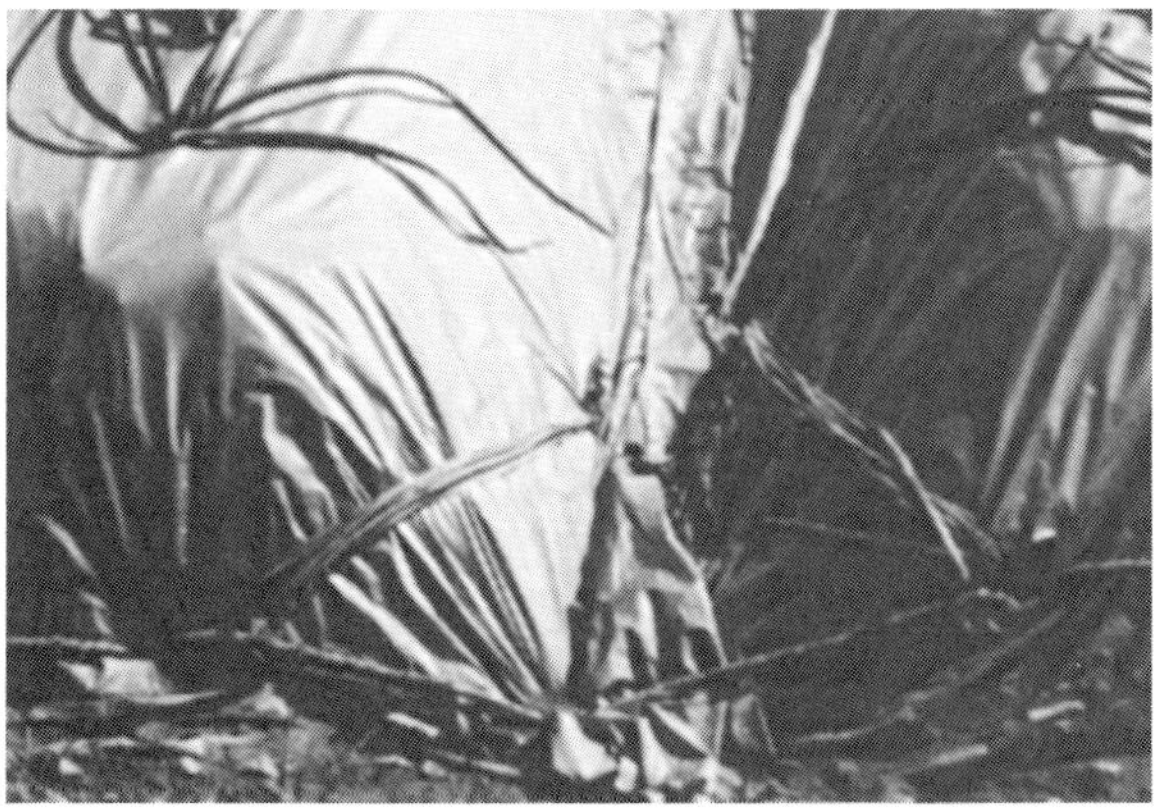

稲わらで固定、5カ月あまり大丈夫

穴なしのチューブに水を入れてマルチフィルムの上におくと風に吹きとばされない

ので五カ月あまりは固定できる。腐りにくい合成樹脂製のひもがよく利用されるが、土とよくなじまないのでその効果がない。

フィルム面の押さえには太縄をウネ方向に直角にわたし二メートル間隔に押えるとよい。また、幅二〇センチくらいのポリ袋に水を入れておくのもよい。水は満杯にするとコロコロして固定しないうえ、凍ると袋がやぶれるので少なめにする。そのほか、吐出孔のないかん水チューブを利用し半分くらいに水を入れ、条間に長くおくと、ある程度重量があるためよく押えることができる。かん水チューブやポリ袋利用は温暖な日は昼間、太陽熱を吸収し保温にも役立つ。さらに、使用後のあとかたづけが排水だけですみ、かんたんである。なお、フィルムの固定は作業のやり方でもちがってくる。作畦直後、土塊が粗いとあとで土がしまり、地面とフィルムとのすき間が大きく不安定になる。かるくちん圧したり、かん水後にマルチするとよく安定する。使用するフィルムの幅はやや広めにし、つぎ目を広くするとよい。

以上の方法はタマネギだけでなく、レタス、ハクサイなどにも利用できる。

レタスなど

マルチの連続利用は土壌条件を考えて

よくある失敗、思いちがい

技術研修のためレタスの先進産地を訪れた際、マルチフィルムを二作連続して利用し、省力と資材費の節約を実現していた。さっそく砂質土の畑で試してみたが、二作めの育ちが悪い。

なぜそうなったか

レタスにかぎらずマルチフィルムの二作連続がうまくいくかどうかは土壌条件で大きくちがう。

生育を悪くしている原因が、土壌中の肥料分が多いとか、土壌が酸性化しているとか、変わったことが見られなければ、次のことが考えられる。

砂質土や砂壌土は土壌がしまりやすい。とくにたびたびかん水をくり返すとこの傾向が強い。土壌中のすき間が少なくなり、根ばりやその機能を妨げる。とくに腐植の少ない土壌で、気温が高く降雨量の多い作型では、根のストレスがおこりやすい。また、排水の悪い圃場では湿害や病害がでやすい。

どうすればよいか

マルチフィルムの二作連続使用は、土層が深く、腐植含量の多いしまりにくい火山灰土のような土壌ではうまくいく。しかし、しまりやすい砂質壌土では、不耕起による土壌条件の悪化がともない、資材費や労力の節約より生育障害や減収による収入減のほうが大きい。

このことはレタスだけにかぎらず、ほかの野菜に変えても同じである。たとえば、早出しの促成イチゴあとに不耕起で植穴をあけ、ハウスメロンを植えると、初期生育は目だった障害は見られないが、結実から果実の肥大期にかけて、土壌中の空気が少ないため根のはたらきが鈍る。そのうえ、根ばりも少ないこともあって急に萎凋する。また、茎葉のはたらきも衰え、玉伸びや糖分の蓄積、ネットの盛り上がりなどが妨げられる。

根のはたらきの弱い野菜はもちろん、生育適期をはずれた作型では、めんどうでも、ていねいに耕起し、ウネ立てする必要があろう。

先進地などの新しい技術をとり入れるときは、新技術が成り立っている土壌や気象条件、さらに栽培時期などを比較検討することを忘れてはならない。

一口ヒント

無加温ハウスマルチは古ビニールで

ポリフィルムは近赤外線波長をよくとおし、熱を逃しやすく、地温が低くなりやすい。むしろ、古ビニール（前年のハウスに使ったフィルム）を使うとよい。

郵便はがき

おそれいりますが切手をはってお出し下さい

1078668

(受取人)

東京都港区
赤坂郵便局
私書箱第十五号

農文協
http://www.ruralnet.or.jp/
読者カード係 行

◎ このカードは当会の今後の刊行計画及び、新刊等の案内に役だたせていただきたいと思います。　　はじめての方は○印を（　　）

ご住所	（〒　　－　　） TEL： FAX：
お名前	男・女　　歳
E-mail：	
ご職業	公務員・会社員・自営業・自由業・主婦・農漁業・教職員（大学・短大・高校・中学・小学・他）研究生・学生・団体職員・その他（　　）
お勤め先・学校名	日頃ご覧の新聞・雑誌名

※この葉書にお書きいただいた個人情報は、新刊案内や見本誌送付、ご注文品の配送、確認等の連絡のために使用し、その目的以外での利用はいたしません。

● ご感想をインターネット等で紹介させていただく場合がございます。ご了承下さい。

● 送料無料・農文協以外の書籍も注文できる会員制通販書店「田舎の本屋さん」入会募集中！
案内進呈します。　希望□

■毎月抽選で10名様に見本誌を1冊進呈■（ご希望の雑誌名ひとつに○を）

①現代農業　②季刊 地 域　③うかたま

お客様コード □□□□□□□□□□

17.12

お買上げの本

■ ご購入いただいた書店（　　　　　　　　　　　　書 店）

●本書についてご感想など

●今後の出版物についてのご希望など

この本をお求めの動機	広告を見て（紙・誌名）	書店で見て	書評を見て（紙・誌名）	インターネットを見て	知人・先生のすすめで	図書館で見て

◇ 新規注文書 ◇　　郵送ご希望の場合、送料をご負担いただきます。

購入希望の図書がありましたら、下記へご記入下さい。お支払いはCVS・郵便振替でお願いします。

（書名）	（定価）￥	（部数）　部
（書名）	（定価）￥	（部数）　部

一口ヒント

敷きわらの上手なやり方

雨の多い季節の敷きわらは、ウネの方向に直角に、わらの元を中に穂先を通路側に屋根型にすると、ウネ内への雨水の流れこみが少なくてよい。なお、ウネ型は中高に。

気温の低い春先に植えた夏野菜の畑で、植付け直後から株元に厚く敷きわらすると、地温が上がりにくく、活着や初期生育がおくれる。マルチするなら樹脂フィルムを使いたい。

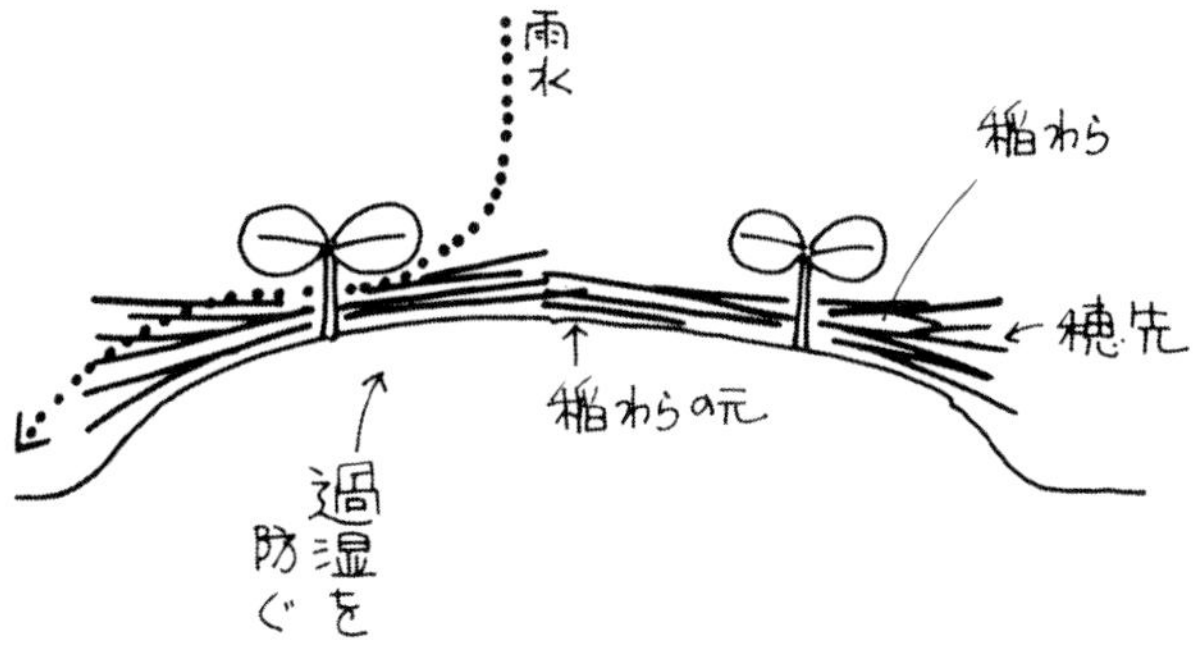

効果が高いモミガラくん炭のマルチ

黒いモミガラくん炭は、太陽熱を吸収し、地温を高め、土壌微生物の活動をたすける。露地野菜では株間や条間に厚さ五ミリあまりに散布すると冬から春先にかけて生育を早める。また土砂の跳ね上がり防止にも有効。

ただし、株際まで極端に厚くマルチすると春先に温度が上がりすぎたくん炭に、ふれた葉鞘茎がやけどをおこす。同様な事例がハウス内でも果菜類やアスパラガスなどに見られる。

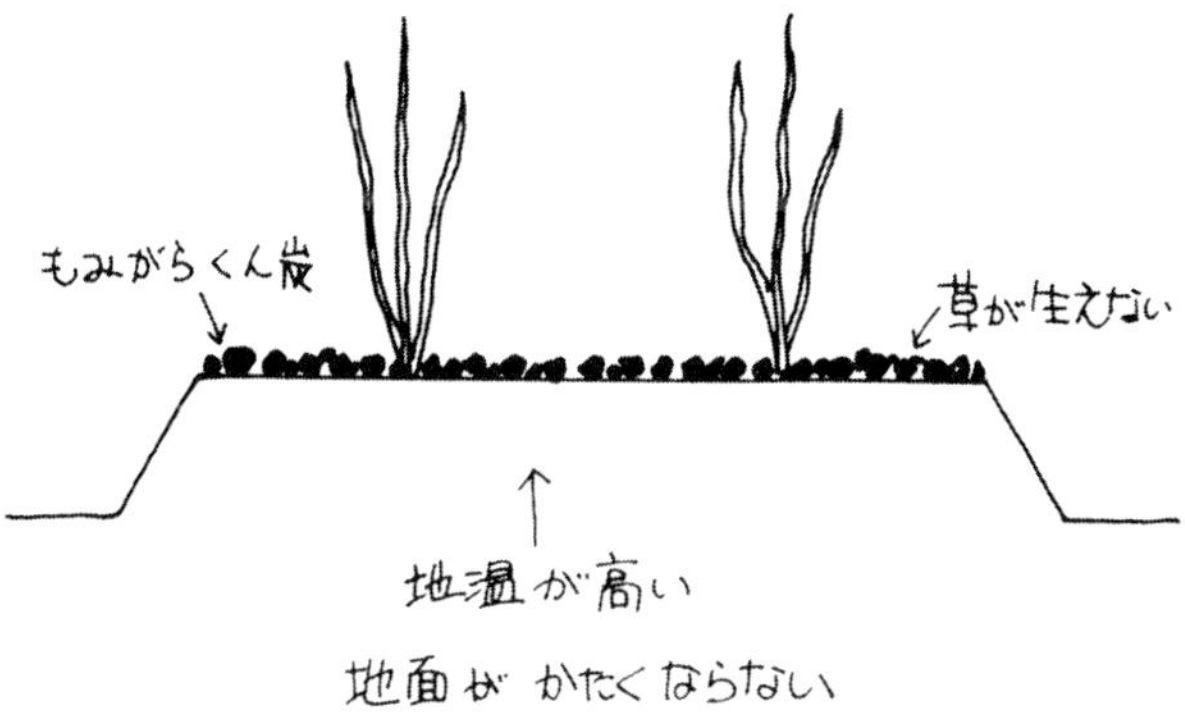

水のかけ方（本畑）

水は、野菜の光合成、硝酸同化還元作用などの代謝作用をはじめとして生長に必要で、昼夜問わず根毛から吸収されている。さらに、肥料の分解吸収に深く関係する土壌微生物の生活条件にも水は不可欠なので、水かけは重要な作業だ。

しかし、野菜の種類や発育時期で水の要求度合いがちがうし、土壌のちがい、地下水位や排水、畑まわりの排水路、ウネの高さなど、条件のちがいは枚挙に暇がない。

野菜は温度に敏感で、一日の中での気温の推移をも考慮しないと思わぬ失敗を招く。

水やりのタイミングは、水分計を見ながらするのが確実だ。水分計に頼れないときは、土の湿りぐあいを手で判断する。土を手でつかみ、手を開いたときに形が崩れない程度がちょうどいい水分量といえる。また、畑全体を見て、生長点の新葉、茎葉のいきいきした感じ、葉縁から滲出液がでているかどうかも重要な判断指標とする。

イチゴなど

定植後の根鉢の乾きで心枯症（石灰欠乏）

よくある失敗、思いちがい

市況がよい年内の収益を高めようと、促成イチゴの苗つくりにポット育苗を採用した。

窒素の肥効や水分調節がうまくでき、花芽分化も早く充実した苗ができた。根量が多く、根鉢も固くでき、しかも断根していないので植えいたみがないと安心してかん水をつづけた。

ところが、新葉の展開や出蕾が株によってちがい、新葉の伸びが悪い株ほど心枯れ（チップバーン）が多い。

なぜそうなったか

心葉の枯れは石灰欠乏症で、土壌や根鉢が乾燥し、水と石灰の吸収が妨げられたときにおこる。作物体内の石灰は動きにくく、水といっしょに動く養分である。蒸散作用の盛んな成葉に多く流れ込み、心葉への分配が少なくなって細胞の組織に必要な成分が不足するので、葉先の組織がこわれて枯れる。

植付け後の根鉢内の水分は茎葉からの蒸散によって失われていくが、根鉢をとりまくまわりの土壌からそのつど補給される。日中しおれても、夜間には補給されて朝には回復する。このような水分の動きは新根が伸び植床に完全に根づくまでつづき、その間は植床の水分が保たれていても、根量の多い根鉢は非常に乾きやすい。

細根が多く固く根づまりした苗や、水ぎれのよい山砂やモミガラを混合した鉢土を利用したポット苗は、極端な浅植えにしたときに心枯れが著しい。また、本圃の砕土が粗く、根鉢とのなじみが悪いときにも多く見かけられる。とくに圃場容水量（イチゴが利用できる水分量）が少ない強粘質土では、ほかの土壌以上にこの現象が見られる。

かん水チューブの配置（イチゴ）状況
チューブの上にマルチフィルムでマルチする

どうすればよいか

苗には充分水分を含ませたうえ、植穴は植付け前にたっぷりかん水する。植付け後は省力的なかん水ではなく、根鉢中心に手まめにかん水する。チューブかん水だけでは、生育が不ぞろいになりやすい。植床の水分が多いときは、葉水だけでも植えいたみ防止に役立つ。

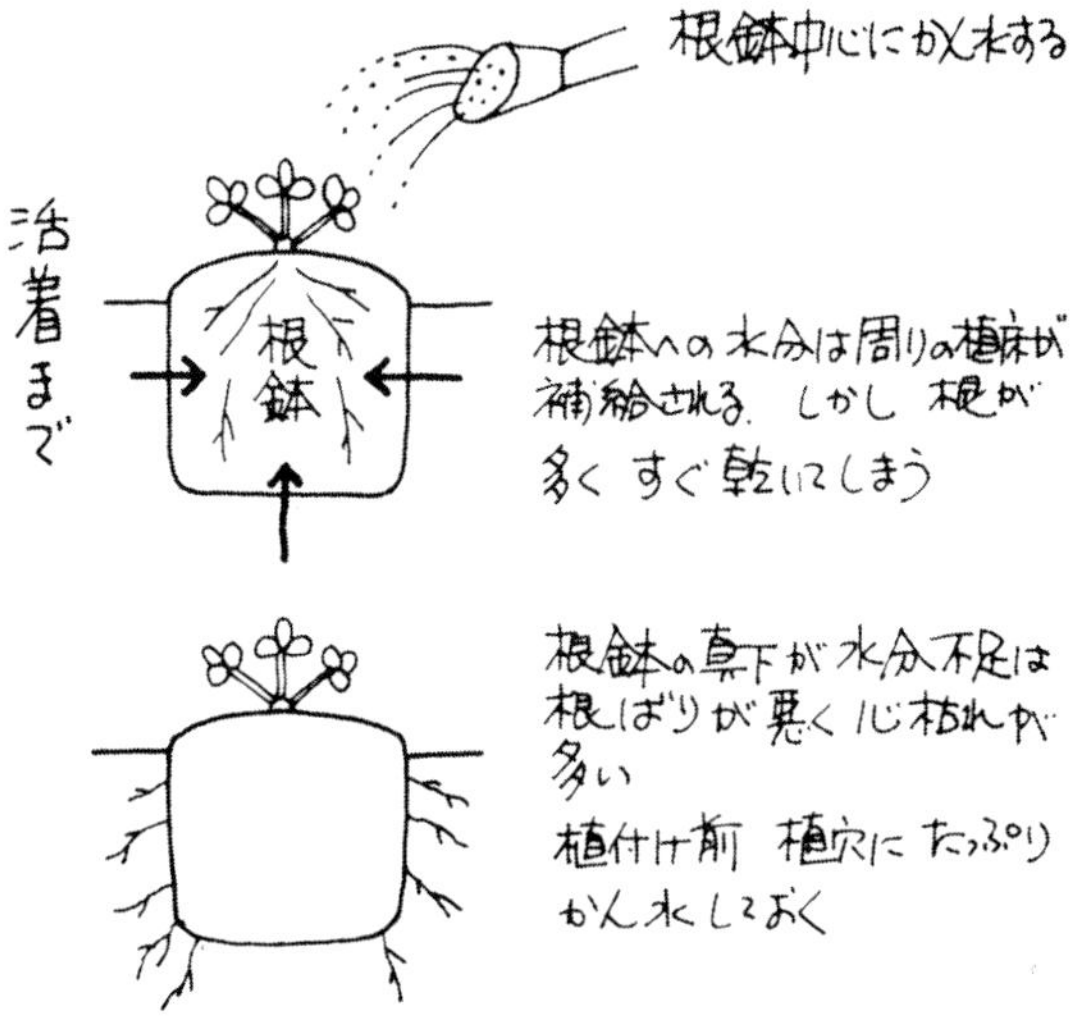

イチゴ以外では根鉢の乾きで心枯れはおこらないが、養液育苗（モミガラくん炭、ロックウール）のメロン、キュウリ、トマトなどでは、根をいためてほかの障害を誘発することが多いので注意する。

また、これによく似た現象が葉ネギに見られる。収穫後の日もちをよくしようと収穫二～三週間前から行なう水切り時に多い、葉先枯れも土壌水分の不足によると考えられる。保水性を高め、ふかふか土壌に変えるように整地時に完熟堆肥を多用したり、土壌微生物を含み根の活力を高める特肥「エポック」を施すのも葉先枯れ防止の一助となる。

チューブかん水だけでは生育が不ぞろいになる

よくある失敗、思いちがい

農道と排水路に接する水田転換畑を利用し、パイプハウスでハウスメロンを栽培している。かん水の省力化をはかるため、吐出水量が変わらず、均一にかん水できるチューブ方式を行なった。しかし、株の生育は農道ちかくは、つるの伸びが悪い。また排水溝側は乾きぎみになるために生育は不ぞろいになる。また雨のあとは側壁部ちかくは、裂果が多く、商品化率が悪い。

なぜそうなったか

かん水チューブからの吐出水量が均一であっても、土壌水分はウネのつくり方や砕土のしかた、下層土の発達程度（水みちのできぐあい）、地下水位の高さ、ハウス外からの雨水のしみこみぐあいなどで変わる。とくに地下水位の動きは無視できない。

平坦部の転換畑の地下水位を見ると、農道側が高く、排水路側にむかって傾斜しているのが普通である。水管理にあたって、地表面については関心が高いが、地下水位の高さやその動きには意外と関心が少ない。

地下水位のちがう圃場で、かん水量をそろえてウネ面からかん水した場合、地下水位の低い排水のよい場所では不足し、一方、高い所では過湿ぎみになる。

どうすればよいか

土壌水分を均一にするには、まず地下水位を一定にして安定させるよう暗きょが必要である。またハウス内への雨水の浸入は、耕盤上を横へ移動するためで、地下から雨が降るようなものである。雨のときは側壁部が多湿になり、裂果を誘発する。

> **一口ヒント**
>
> **イチゴ高設栽培、根域加温と栽培床の乾燥**
>
> 低温期の温風での根域加温は、イチゴの吸水機能を高めることができる。しかし透水性のよい不織布からは、水分の蒸発がふえて培地が乾きすぎ、心枯れ症やガク枯れ果が多発し、緑縁の枯れなどを誘発する心配がある。そのため、絶えず心葉の動きと緑縁から出る浸出水（葉水）のでかたを観察し、出ていないときは水分不足のシグナルだと判断したい。
>
> また、成りこみが多いときの加温時は給液量を加減する。

一口ヒント（108ページ）のような方法で、雨水の浸入を防ぎたい。

チューブかん水だけではむらができるので、土壌の湿りぐあいを見ながら、ホースかん水で手なおしを行なう。とくに生育

ハウス地の土層断面

寧波市鎮海区駱駝鎮（1996年10月11日調査）

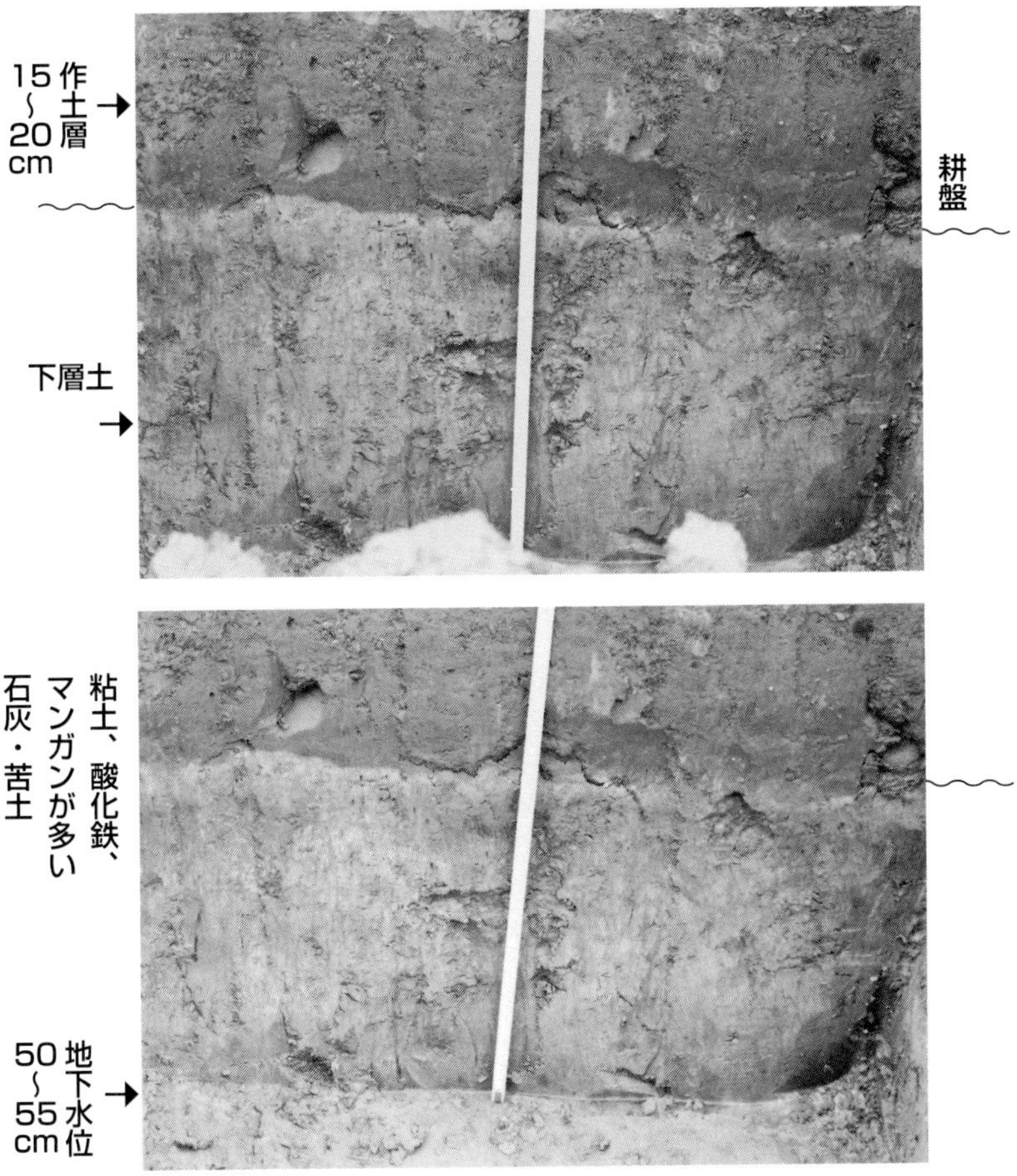

15〜20cm 作土層
耕盤
下層土
粘土、酸化鉄、マンガンが多い
石灰・苦土
50〜55cm 地下水位

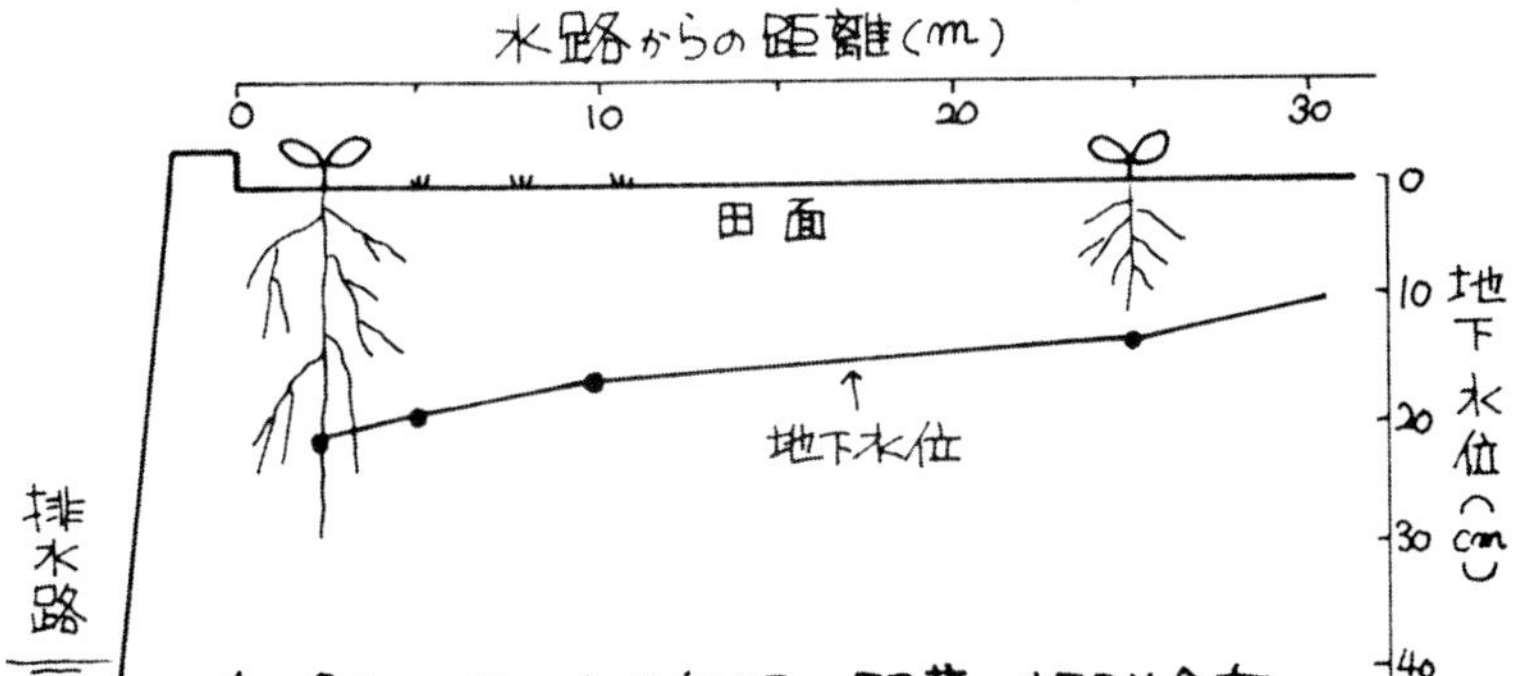

水路からの距離（m）
0
10
20
30
田面
地下水位
排水路
0
10
20
30
40
地下水位（cm）

●転換畑の地下水位勾配と野菜の根群分布

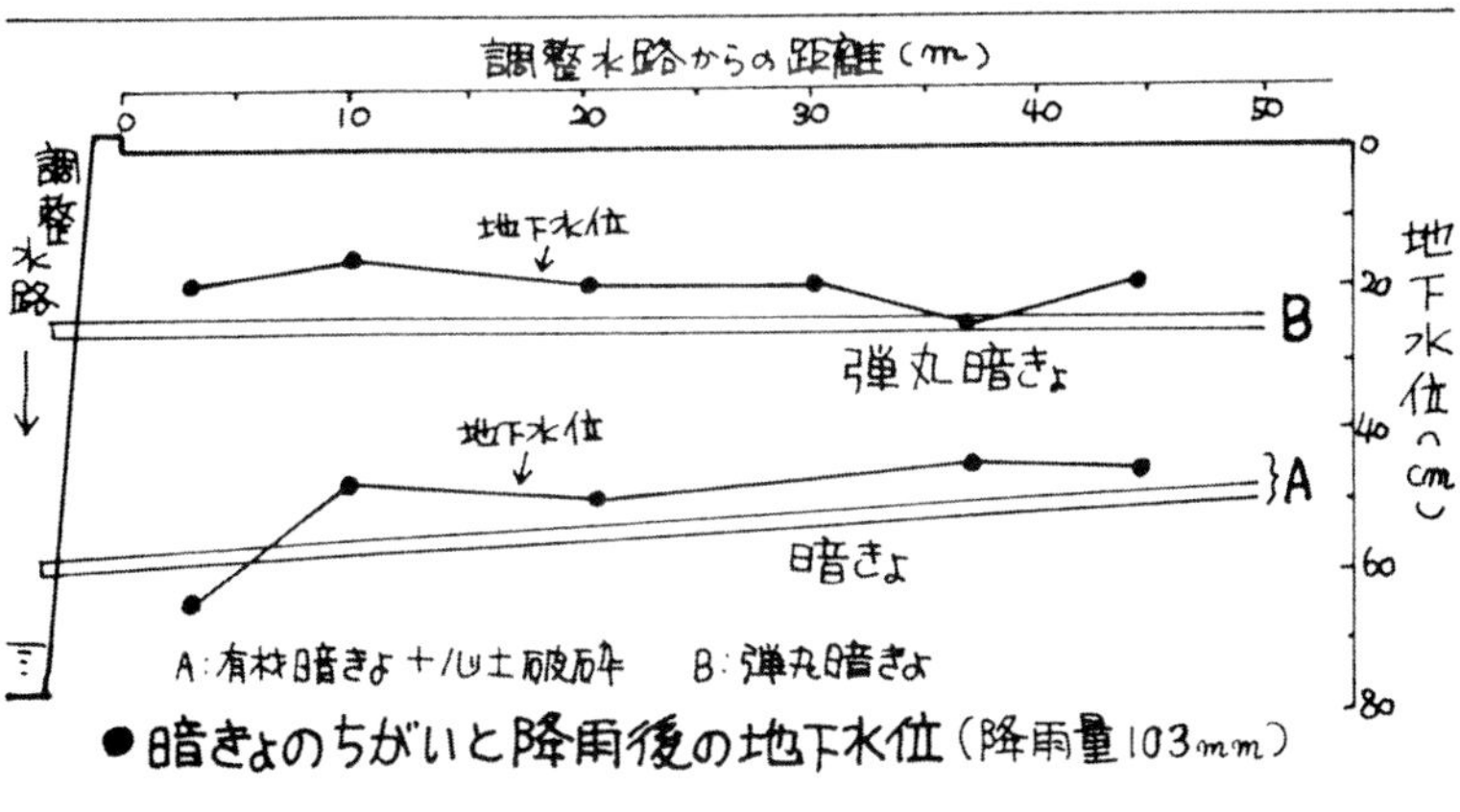

調整水路からの距離（m）
0
10
20
30
40
50
調整水路
地下水位
B
弾丸暗きょ
地下水位
A
暗きょ
A：有材暗きょ＋心土破砕　B：弾丸暗きょ
0
20
40
60
80
地下水位（cm）

●暗きょのちがいと降雨後の地下水位（降雨量103mm）

一口ヒント

ハウス内への雨水浸水防止法

ハウス内へ雨水がしみこむようでは生育調節がむずかしい。浸水を防ぐには、パイプを埋める部分の幅二〇センチを耕さない。ハウス外の排水溝に古フィルムをマルチする。その上に側壁フィルムをたらす。

　また、側壁部ちかくの内側に、防水合板（幅四五センチ）を埋めこむ。合成樹脂製、発泡スチロール板でもよい。ハウス内の地温保持効果も高い。地熱交換施設ほど有効。

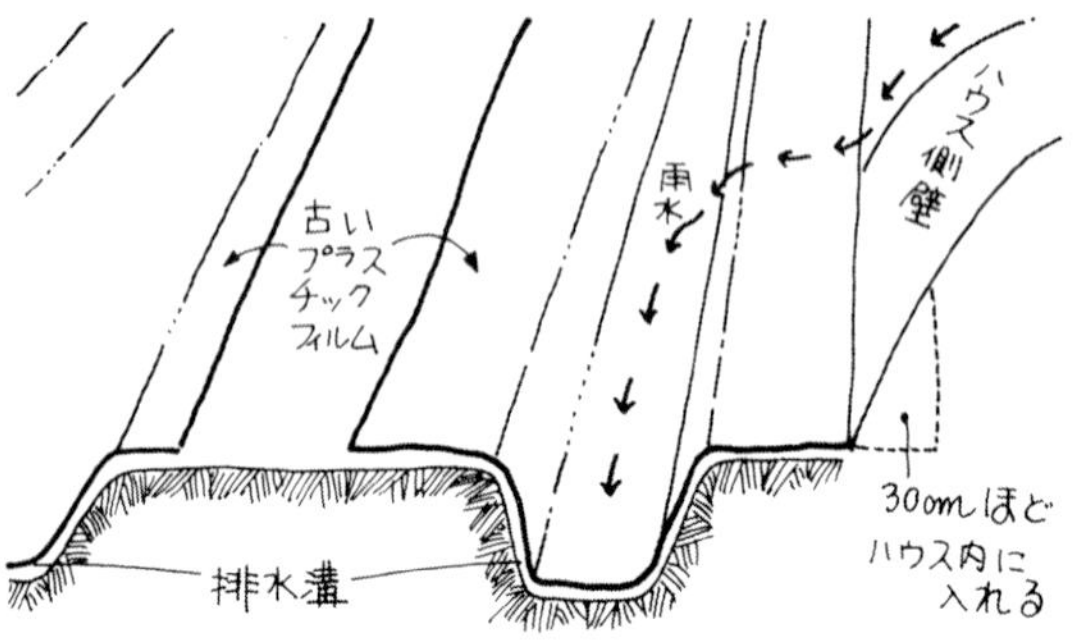

ハウス外の排水溝をマルチして浸水防止

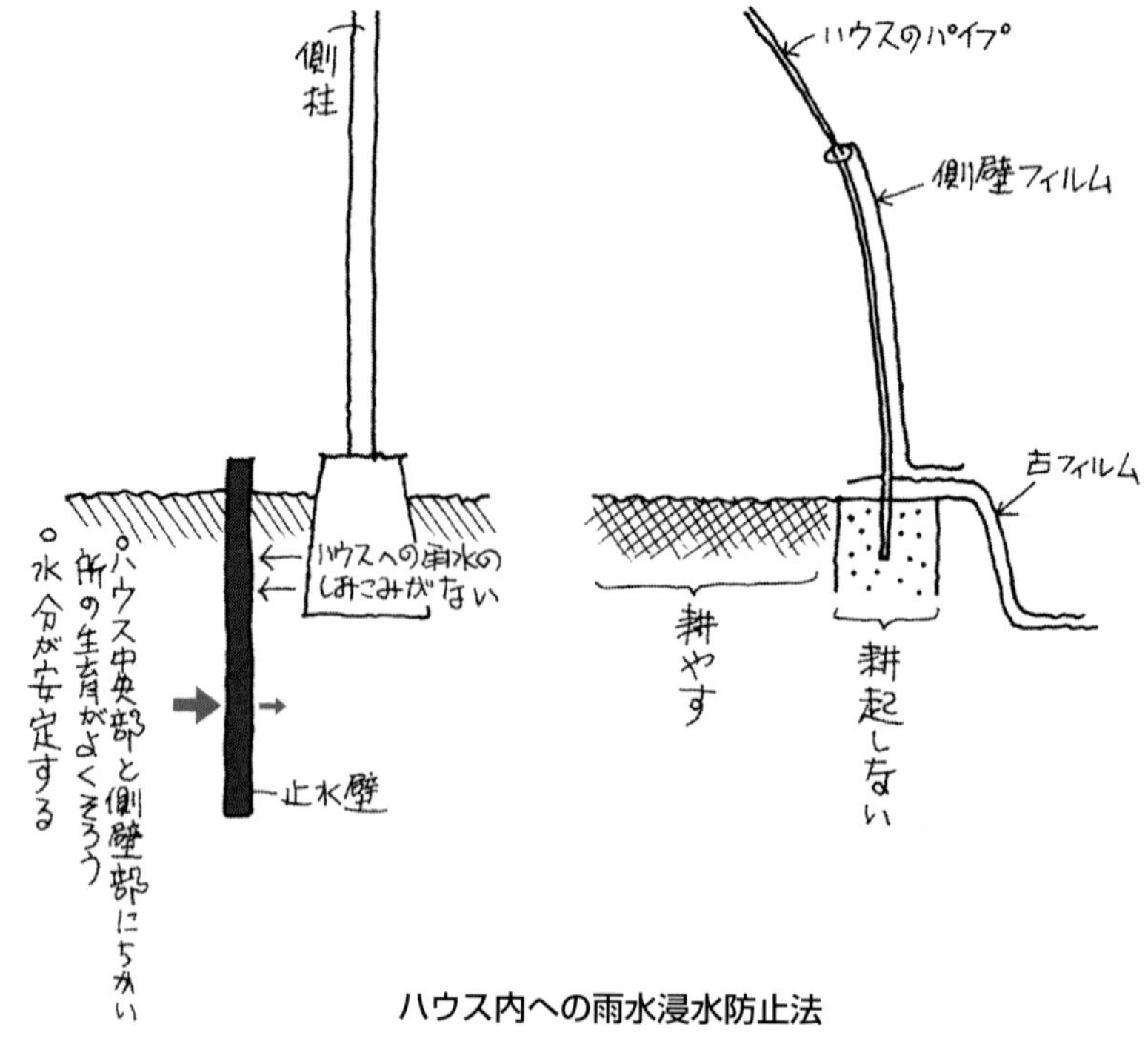

ハウス内への雨水浸水防止法

初期は注意したい。
このようにハウス内の水分むらは、間口の狭いハウスではおこりやすく、イチゴなどほかの野菜でも考慮したい。

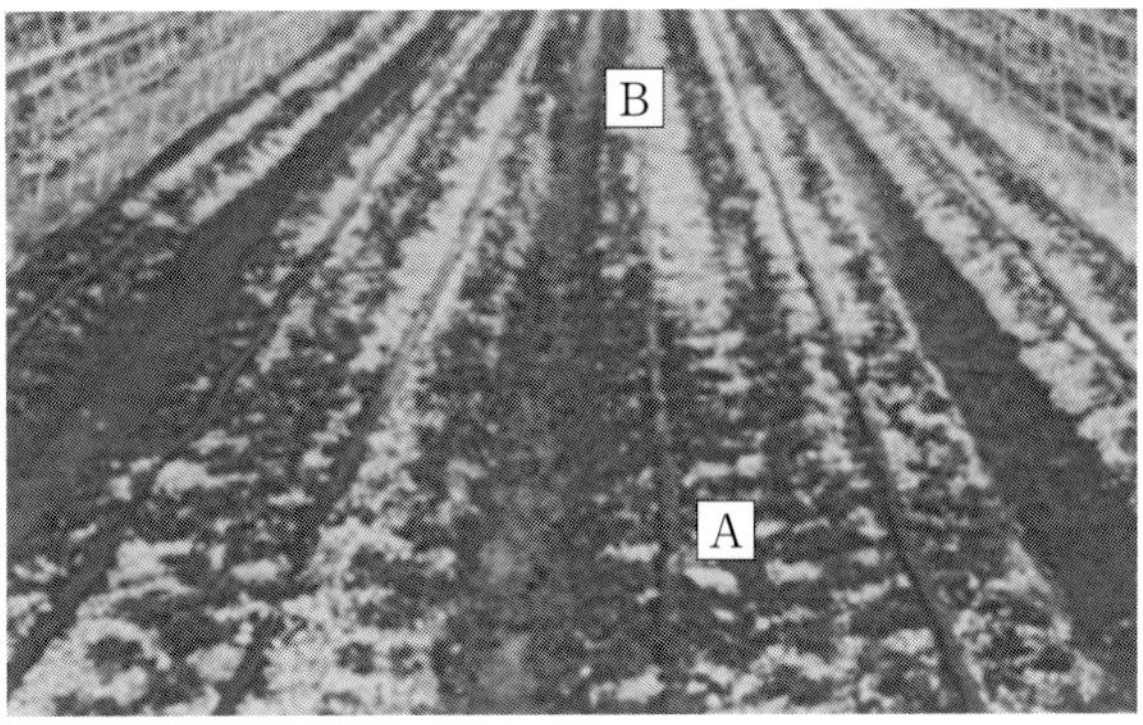

1枚の圃場でも場所によって地下水位がちがう
黒い部分（A）は地下水位が高く多湿で、（B）は乾きぎみである。圃場の状態によってかん水チューブの配り方を変える

促成ナス

多かん水で石ナスばかり

よくある失敗、思いちがい

高温期にスタートする促成ナス栽培は、十月から翌年六月まで収穫するが、市場情報を見ると、例年、十~十二月の市況がよく、収入が意外と多い。

年内の収量をふやすために発育を急がせようと思い、植付け後のかん水を多くして肥効をうながした。ところが、栄養過剰の生育で一~三月は石ナスが多く、販売収量がふえなかった。

なぜそうなったか

気温の高い九月植えでは生育初期の株づくりがポイントである。九月は気温や地温が高いので、生育調節は土壌水分でもって加減する以外に方法はない。

植付け後一カ月間の水管理は、根を深く誘導し、冬場の草勢を保つような根づくりのためのものである。また成りぐせをつけ、過繁茂と石ナスの発生を防ぐためのものである。

かん水を多くすると根の養水分の吸収が活発となり、茎葉の発育が進む。しかし、根ばりは浅くなって地温や土壌水分の変化をうけやすく、草勢を維持するのがむずかしく失敗が多い。

どうすればよいか

かん水の方法は土壌の種類や下層土の構造、地下水位、ウネの形と高さ、土塊の大きさなどで変わってくる。

高ウネで植穴にたっぷりかん水したあとに定植するが、根鉢から新しい根が出て植床に伸びるまでは根鉢を重点にかん水して、乾きによる根のいたみを防ぐ。

かん水の目安は、日中茎葉がしおれても、夕方から夜中九時ころまでに回復するくらいとする。翌朝になっても回復しないようなら水分が不足ぎみと判断してかん水する。このような水のやり方は第一番果が着果し、本格的に肥大しはじめるまでを目標とする。

なお、地下水位の高いところや耕土の浅い圃場では水分調節がむずかしいので、暗きょを施し高いウネにして水分調節がやりやすいようにする。

一口ヒント

ハウス内の水滴を外に出すには

保温用カーテンについた水滴をハウス外に誘導するには、側壁部に高さ50cmに誘導フィルムをはり、カーテンフィルムのすそに入れる。水滴が内側に入らないのでぬからない。

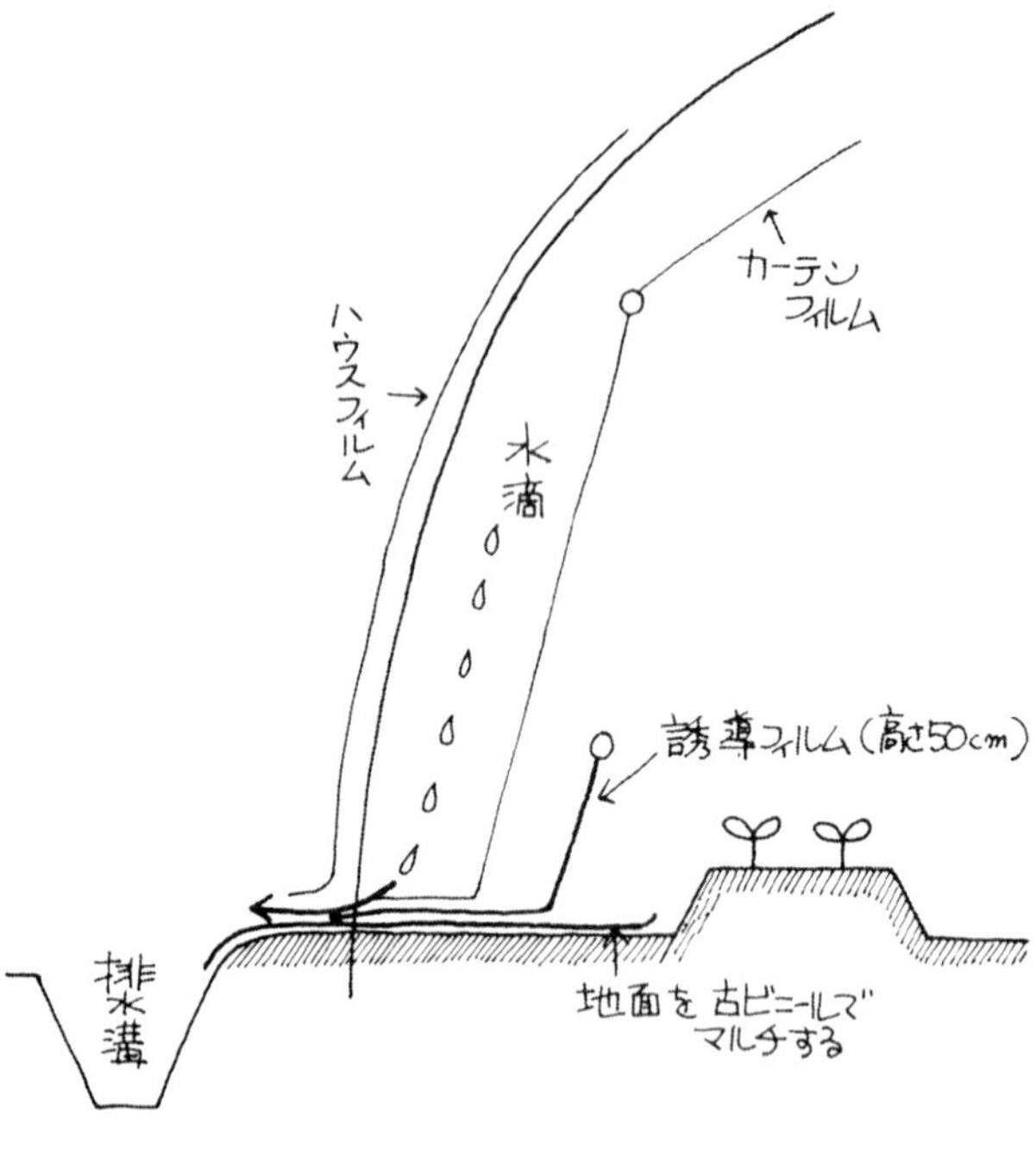

カーテンフィルム
ハウスフィルム
水滴
誘導フィルム(高さ50cm)
排水溝
地面を古ビニールでマルチする

夏まきホウレンソウ

高温時の多湿は立枯れを招く

よくある失敗、思いちがい

雨よけハウスでの夏まきホウレンソウは、発芽や株立ちが少ないと収量が上がらない。種まき後、土壌水分が少なく、乾くと発芽が悪いという話を聞き、夏まき栽培ではかん水がポイントと思った。種まき後、土壌水分を多く保つようにと努めてかん水したが、ハウスの外側にちかい場所ほど発芽後の欠株が多く、減収した。

なぜそうなったか

リゾクトニア菌やピシュウム菌が未熟な有機物や残渣を餌に増殖し、ホウレンソウを侵すと発芽後の立枯れがおこるが、根のストレスも立枯れの一因になる。ホウレンソウの発芽や生育適温は一五～二〇度と低く二五度以上になると夏場は発芽がむずかしい。そのうえ、発芽後の幼植物時代の根は呼吸作用が盛んで、高温時ほど酸素の消費がふえる。とくに本葉二枚ころまではストレスに弱く、病気に対する抵抗力が低下して立枯れしやすい。

また、根のストレスは土壌微生物とのかかわりが強いので、うまく土つくりができずに有用な土壌微生物が少なく、活動が弱いような畑に立枯れが多い。

どうすればよいか

ホウレンソウの根の機能をうながすために有用な土壌微生物をいっきにふやすように、複数の土壌微生物を含む特肥「エポック」を活用する。残渣や雑草を除去し、播種前に特肥「エポック」一アール当たり五〇〇ccを水五〇〇リットルに溶かし作土全体にしみこむようにかん注し、地面が乾いたあとに播種する。発芽後本葉二枚ころに「エポック」一アール当たり一〇〇ccを水一〇〇リットルに溶かしてかん注し、土壌が乾かないようにかん水は収穫五〜七日前まで行なうのがポイント。元肥には土壌微生物の餌となる完熟した堆肥や鶏フン、米ぬか、糖蜜などを早めに施用する。

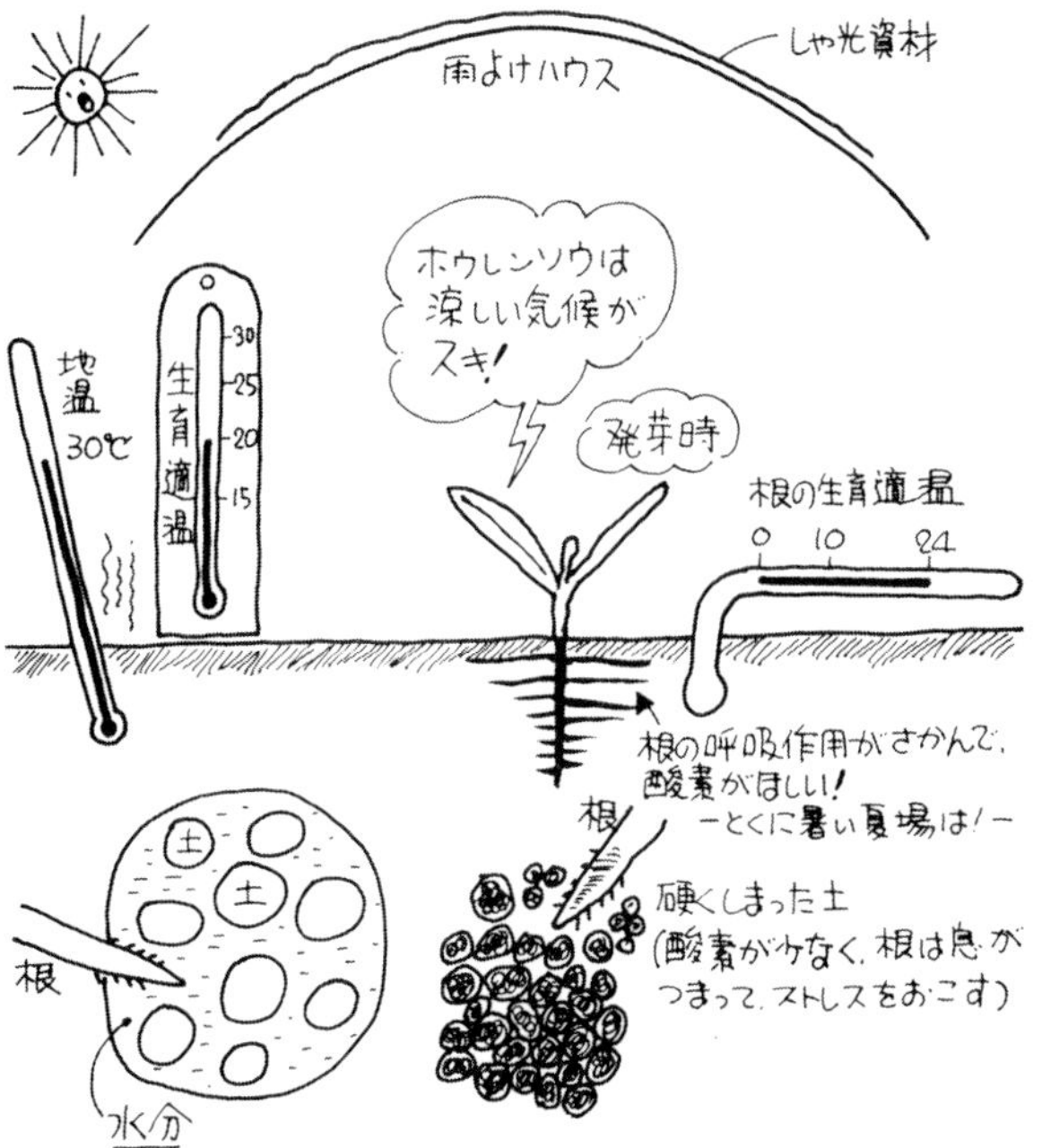

土の中に水分が多くても、土壌微生物と共生菌がたすけ合い、ホウレンソウの根のはたらきをよくする

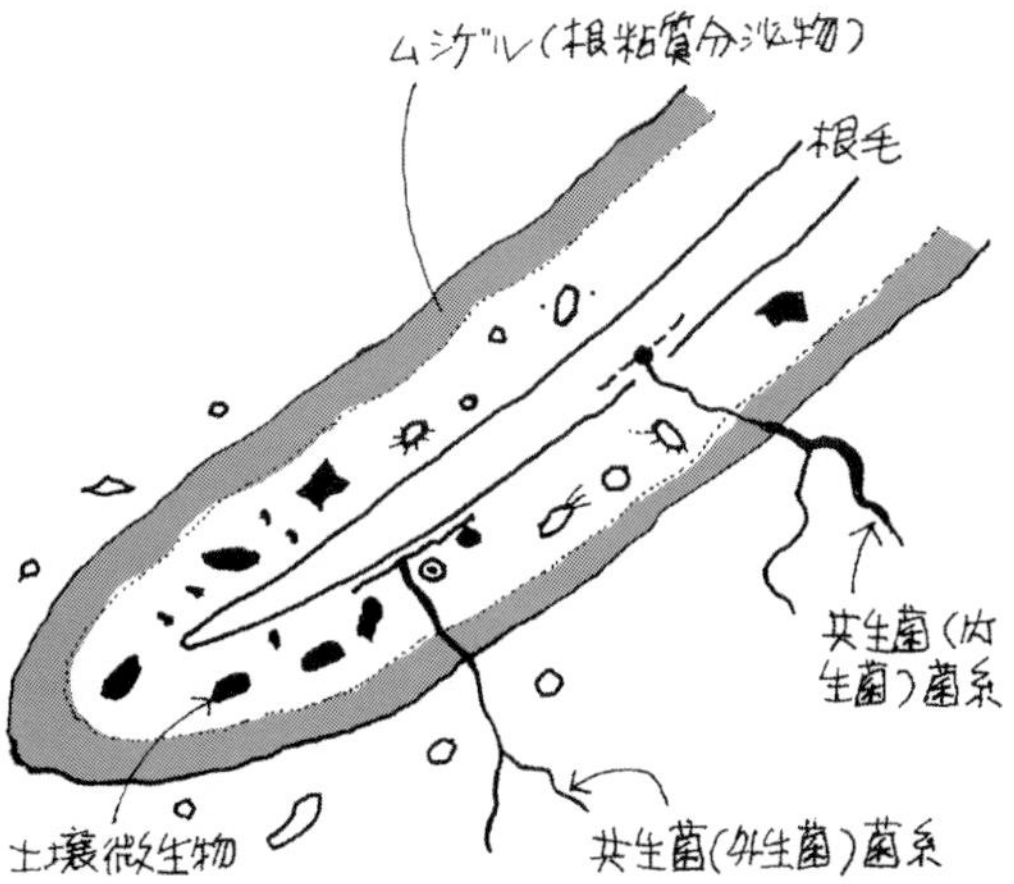

根毛周辺の微生物(共生菌)イメージ図

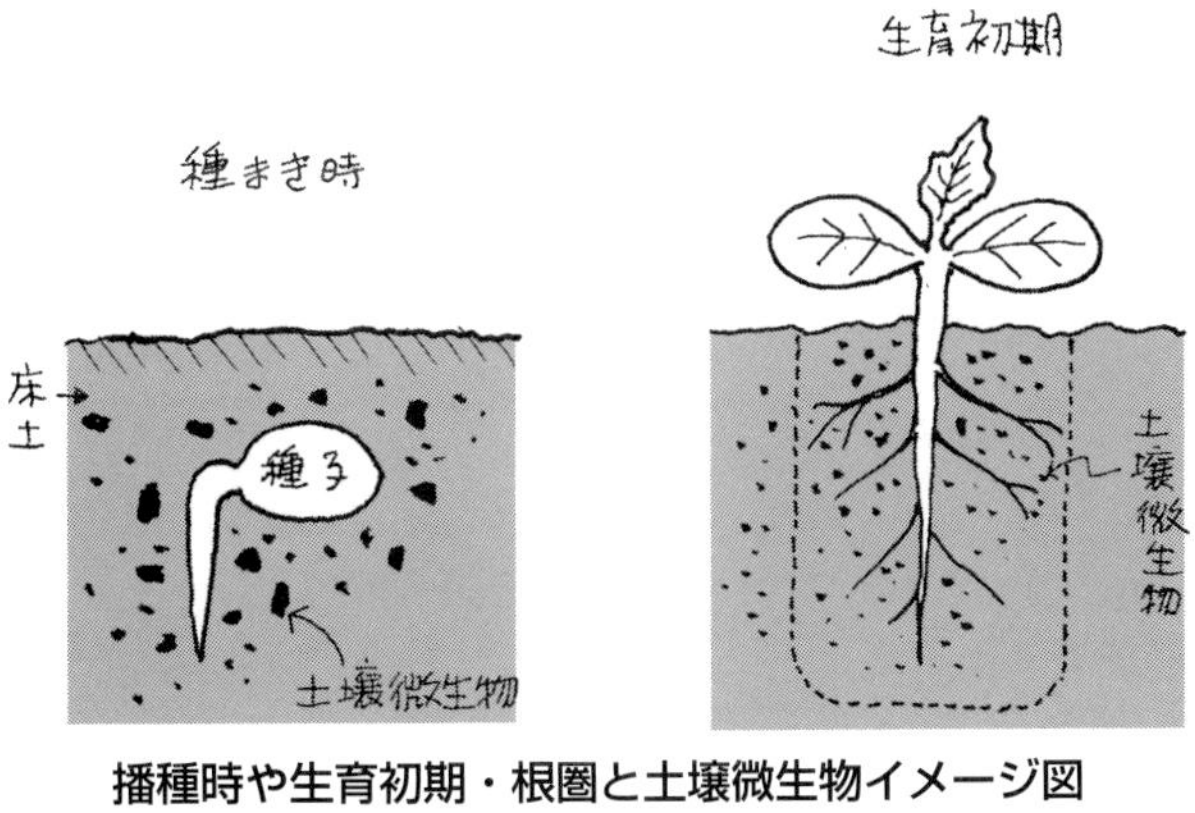

播種時や生育初期・根圏と土壌微生物イメージ図

夏野菜

暑い日中の多量かん水は禁物

よくある失敗、思いちがい

夏キュウリの栽培研修会のときに、キュウリは水分を多く要求する野菜で、水でつくれ、乾燥は禁物だと教えられた。

強粘質土の水田で夏キュウリをつくっているのだが、梅雨あけ後に乾燥が激しく、日中しおれはじめてきた。早く回復させようと思い、暑い日中にウネ間にかん水し、数時間湛水した。ところが、翌日からしおれが激しく枯れるものがでてきて、なかには疫病やつる割病にやられる株が見られた。

なぜそうなったか

たしかにキュウリは水分を多く必要とし、うすい液肥をかん水代わりに使って栽培するほどで、乾きやすい圃場では優品がとれない。特産地は適度の水分を保つ沖積土や腐植の多い土壌地帯で成り立つことからもわかる。

かん水の効果は大きいが、やり方をまちがえると逆の結果になりかねない。暑い日中は茎葉からの蒸散が多く、根の活動が盛んで、呼吸量も多い。そんなときに土壌が水びたし状態になると根は呼吸作用ができなくなり枯死する。

とくに、からからに乾燥したあと、一度に土壌水分が多くなると、この傾向が著しい。強粘質土ほど問題になる。

一口ヒント

雨のあとには畑の見まわりを

野菜つくりでは、畑やハウスの排水ぐあいをよくつかんでおくことがきわめて大切。とくに雨のあとは見まわりをして、水がどうたまっているか、排水がうまくいっているかどうか、観察したい。まくら地の水みちがふさがっていないか、暗きょがつまって流れが悪くなっていないかどうか、ハウス内への浸水はどうかなど注意したい。

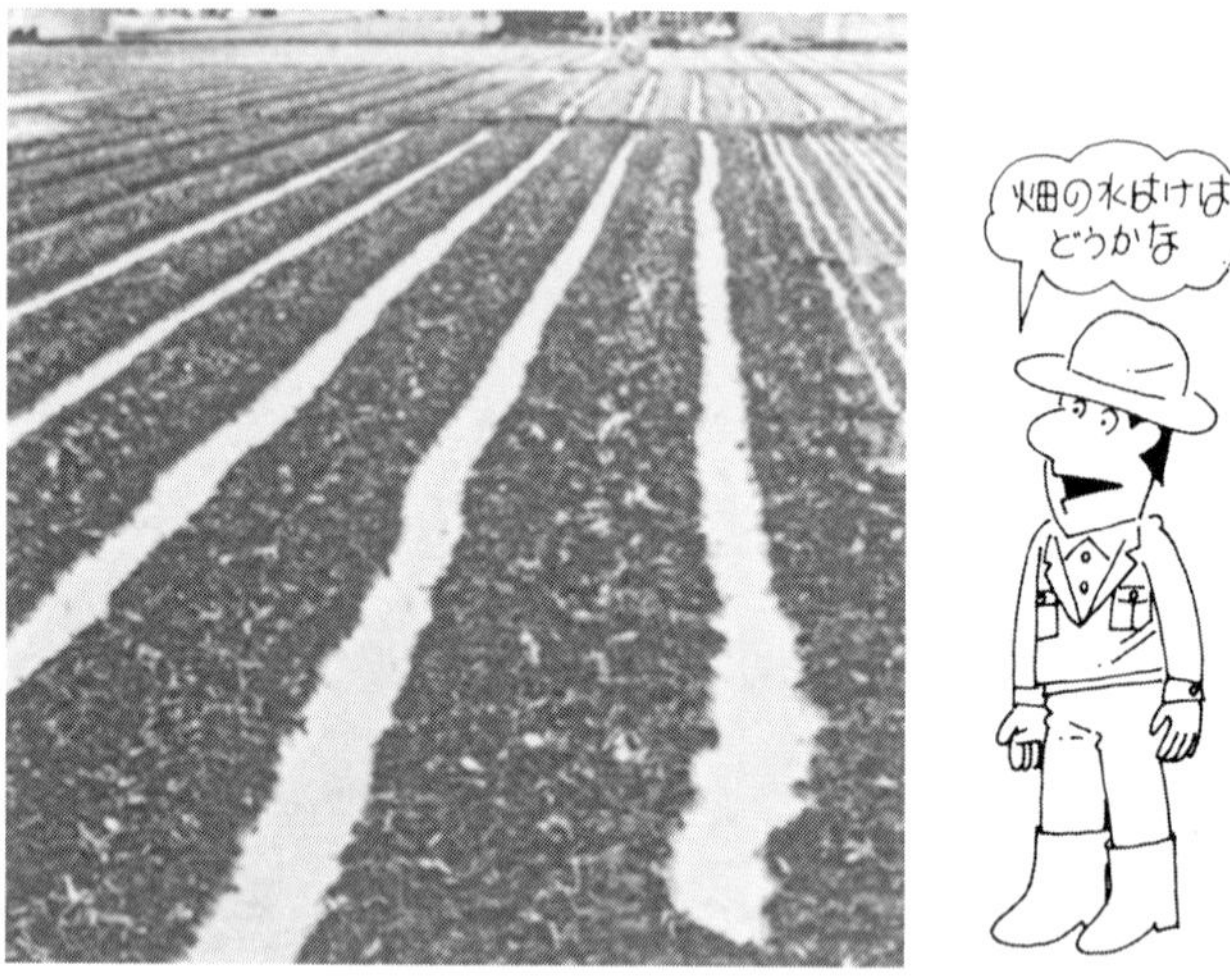

水に弱い野菜は雨後の見まわりは欠かせない

どうすればよいか

乾燥でしおれが激しいときは、少し葉水をする程度にとめ、気温や地温が下がる夕方から夜間にかん水する。一度に多く行なうのは禁物で、三段階に分けて、少しずつならしていくほうが、根のストレスが少ない。また、下層への透水の悪い圃場では多量にかん水するとウネ間に長時間滞水し、根が弱る。

根のはたらきが鈍ると、疫病やつる割病への抵抗力が弱まり、発病することが多い。

これに似たような現象は、アスパラガスやショウガ、トマト、ナス、ハウスメロン、ネギなどにもよくみられ、とくに乾燥が激しいとき、急に土壌水分を多くすると、かん水直後に発病が多くなる。ショウガやネギの軟腐病、トマト、ナスの青枯病、ハウスメロンの急性萎凋症などは典型的な例である。

ハウスキュウリ・メロン・アスパラガスなど

株元へのかん水は病気を呼ぶ

よくある失敗、思いちがい

キュウリのハウス栽培で根鉢が乾燥すると活着が悪い。また、ハウス内の湿度が高いほど葉のはたらきがよく、増収できるという話を聞いた。そこで、株元重点のかん水ができるように、人手でホースを用い、茎葉に水滴がかかるようにかん水をくり返した。ところが疫病やつる枯れ病、斑点細菌病が多く出て防除にてこずった。

なぜそうなったか

キュウリの葉のはたらきは、温度とともに空中湿度がおおいに関係する。湿度が低いときより高いほうが、葉の気孔が開き、炭酸ガスの取りこみが多く、葉のはたらきが盛んになる。最適湿度は八〇～八五%ぐらいとされている。しかし、とくに乾いているときは別にして、かん水ごとに茎葉をぬらすのはよくない。

ベト病、灰色カビ病、斑点細菌病、軟腐病などは多湿条件を好み、かん水をくり返すと発病の機会が多くなる。

また、株元へのかん水は病菌を含む土砂のはね返りを多くして発病を助長する。

どうすればよいか

かん水は生育調節には大切な作業であり、能率を上げるようチューブやパイプかん水を採用したい。しかし、砕土の悪い強粘質土壌では、チューブやパイプでは横への広がりが少なく、土壌水分にむらが多くなる。とくに根ばりの狭い生育初期は、株によって根鉢が乾いて、生育を不ぞろいにする。

そのため、植付け後活着するまでは、めんどうでもホースを用い乾きやすい根鉢重点に、茎葉にかからないよう念入りにかん水する。活着後は株元の地表面が乾くようにすると、病害は予防できる。

チューブやパイプかん水で水滴を飛散させない方法として図のように古い不織布やプラスチックフィルムをかけて、むらをなくすようにするとよい。

以上のことはハウスメロンなどほかの野菜でも同じで、アスパラガスでも株元の茎葉がかん水ごとに濡れるような散水方法では、茎枯れ病に悩まされる。

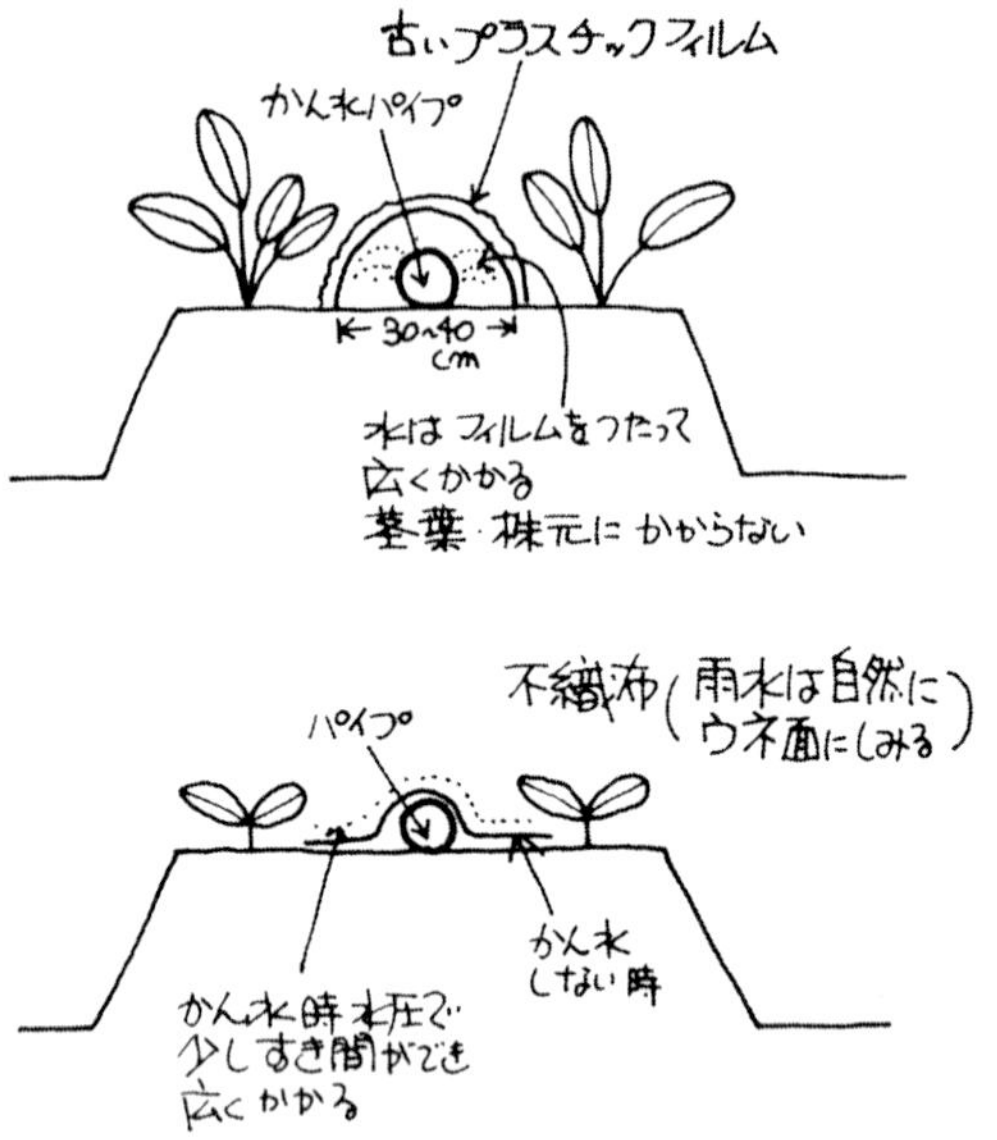
古いプラスチックフィルム
かん水パイプ
30〜40cm
水はフィルムをつたって広くかかる
茎葉・株元にかからない
不織布（雨水は自然にウネ面にしみる）
パイプ
かん水時水圧で少しすき間ができ広くかかる
かん水しない時
水や土を飛散させない工夫

一口 ヒント

ボカシなどの土壌微生物入り特殊肥料とかん水

水分を好む土壌微生物入り特殊肥料を施用すると、土壌微生物の呼吸作用や野菜の根、茎葉の機能が盛んになり、水分の消費がふえるので、かん水不足は禁物。短時間のかん水でも湿害を軽減できるので、多湿による湿害の心配はほとんどない。

温度管理

地温は、茎葉の光合成、呼吸作用などの代謝作用、根部の育ち方や機能に深く関係するだけでなく、土壌微生物の活動にもかかわる。温度管理を怠らないだけでなく、同化機能に関係する湿度や炭酸ガス濃度などを考慮した管理がポイントとなる。野菜は、環境要因の中でも温度にきわめて敏感に反応し、温度管理の不手際はごまかせない。

温度管理は常に野菜の観察がポイントになる。株全体で草姿、新葉の動きと葉色、葉面の波、葉緑などをチェック。湿度は八〇%が最適とされるが、数値だけでなく、人の肌に感じる湿りやメガネのくもりぐあいも参考にしたい。

ハウスやトンネル栽培ではとくに、気温が下がる秋から春先の保温と換気方法を誤ると生育の不ぞろい、葉枯れがおきてしまう。着果や収穫物の品質に強く影響するのでとくに注意したい。

イチゴ

急激な温度変化は命とり

よくある失敗、思いちがい

頂果房だけを収穫する促成栽培（宝交早生）では、温度管理がポイントだと聞き、暖房機と電照装置を設けた。暖房機を利用すると最低温度はかんたんに確保できると思い、またほかの農作業とかち合うことから、細かい温度管理をやらなかった。朝早くから換気し、夕方、ほかの作業が終わったあと保温してきた。ところが、頂花房の出蕾・開花が大幅におくれてしまった。

なぜそうなったか

イチゴの発育や分化後の花芽の発達は、日長時間・光線・土壌水分・肥効のほか温度が強く影響する。毎日行なっている温度管理で、設定温度は同じであってもハウスの開閉のやり方で大きくちがう。

すなわち、葉の活動が盛んである午前中に、朝早くから外気温にちかい温度にすると、葉のはたらきが本格化する前準備ができず、最も活動が盛んである午前中にうまくはたらいてくれない。また、午後おそく冷えこんでからフィルムを閉めるようなやり方では、加温機で最低温度は保ったとしても、葉のはたらきや同化養分の流れに、都合のよい温度で経過する時間が短い。これが毎日くり返されると茎葉や花芽の生長が妨げられるのがとうぜんである。

どうすればよいか

促成栽培では頂花房が発育する十～十一月ころの温度管理はきわめて重要である。ほかの作物と作業が競合し、そのほうを重視して温度管理が粗雑になっては、促成栽培を導入した意味がなくなる。

根本的には労力の配分など経営内容から改めなければ解決できないが、ただ暖房機に依存した温度管理技術は改善しなければならない。

イチゴの生理にあわせた温度管理、す

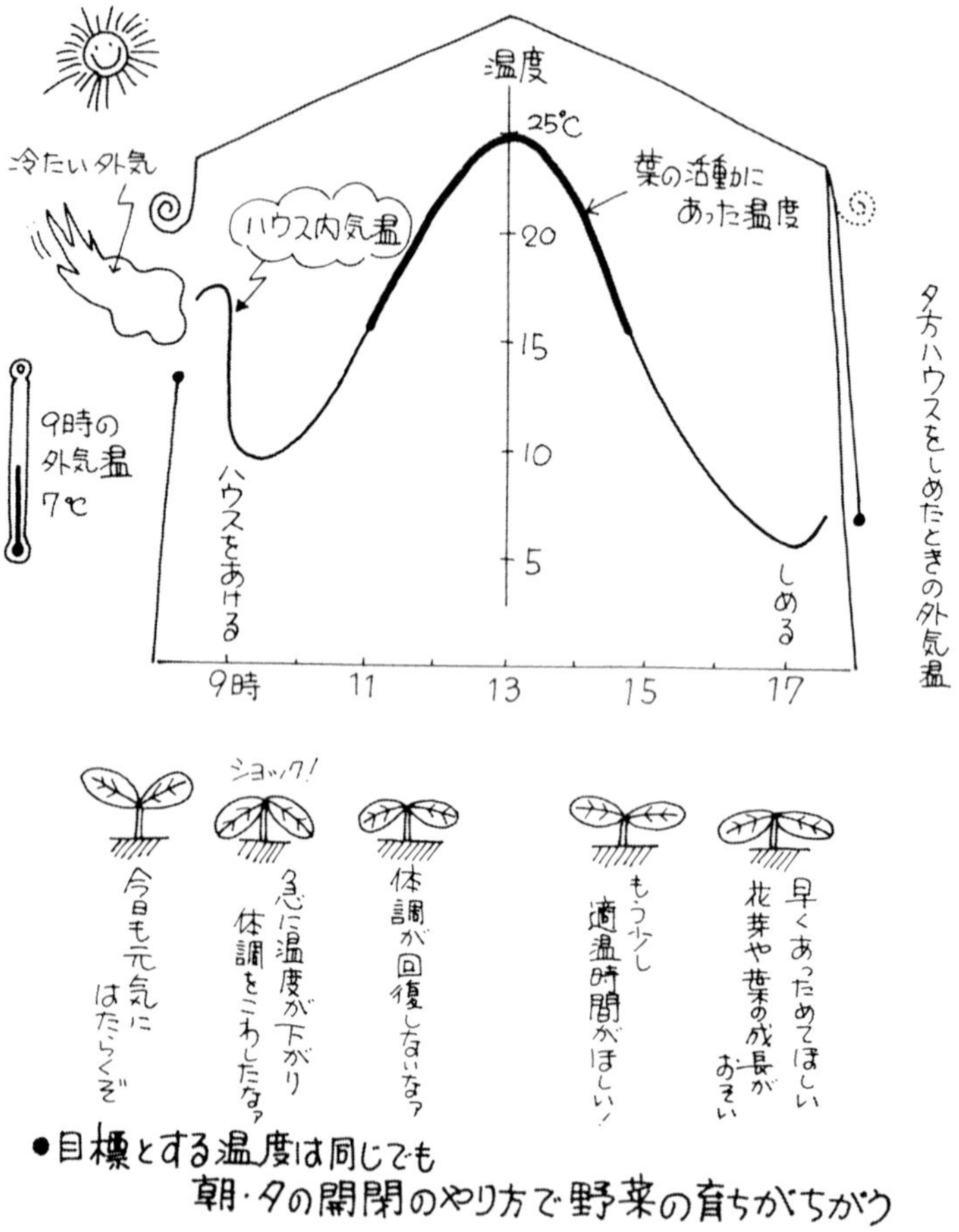

温度
25℃
20
15
10
5
冷たい外気
ハウス内気温
葉の活動にあった温度
9時の外気温 7℃
ハウスをあける
しめる
夕方ハウスをしめたときの外気温
5℃
9時
11
13
15
17
ショック！
今日も元気にはたらくぞ
急に温度が下がり体調をこわしたなァ
体調が回復しないなァ
もう少し適温時間がほしい！
早くあたためてほしい 花芽や葉の成長がおそい
●目標とする温度は同じでも朝・夕の開閉のやり方で野菜の育ちがちがう

一口ヒント

根や茎葉のはたらきぐあいと炭酸ガス利用や気流制御

葉緑素が多く、大きくて肉厚な葉は、柵状組織や海綿状組織が厚いので、細胞の体積がふえる。そのため、細胞間隔が大きく、炭酸ガスの取りこみが多い。

また、養水分の吸収機能の高い根は、光合成や蒸散作用が活発だ。そのため、物質代謝を盛んにすると思われる酵素や土壌微生物を含む特殊肥料（たとえば天酵源、エポックなど）を施用したときの炭酸ガス利用や、循環扇利用の気流制御などの効果が高いと思われる。とくに低温寡日照の冬場から春先の増収と品質改善が期待される。

なわち午前中は葉の活動をうながす一五度から最適の二〇～二五度まで、ハウス内の温度上昇と外気温、風向、天候を見ながら少しずつ換気する。午後から夕方にかけては、同化養分を根、花芽、果実などへ能率よく速く移行させ、また呼吸消耗を防ぐよう、二五度から少しずつ下げ最低温度を保つ。以上は宝交早生の例であるが、ほかの品種や作型が変わっても同じことで、急激な変化は絶対禁物である。

メロン・イチゴなど

先進地に学び換気を重視したが

✕ よくある失敗、思いちがい

強粘質土壌でパイプハウスを利用し、ハウスメロン（ネット型）を栽培している。

技術研修のため火山灰土（畑）の先進産地を見学したが、その産地では、果実の品質をよくするために土壌を乾かすような水管理を行なっている。ハウスもよく換気し、収穫前の裂果防止と糖度を高めるようにしているという。

見学後、さっそくかん水をひかえ、昼間の高温を防ぐよう努めて換気した。ところが、茎葉がしおれ、果実の糖度は低く、肉質が悪くなった。

? なぜそうなったか

メロンが利用できる土壌水分が多い火山灰土と、まったく逆に、有効な土壌水分が少なくしおれが早い強粘質土では、基本的に水分管理がちがう。

強粘質土では、ハウス内の湿度が低く、乾燥している状態で春先の乾いた風を茎葉にあてると蒸散作用が盛んになり植物体内の水分が減少する。必要以上に水分がぬけると茎葉は気孔を閉じ、光線や温度が充分であっても、炭酸ガスを取りこまないので、茎葉のはたらきは著しく衰え生気を失う。

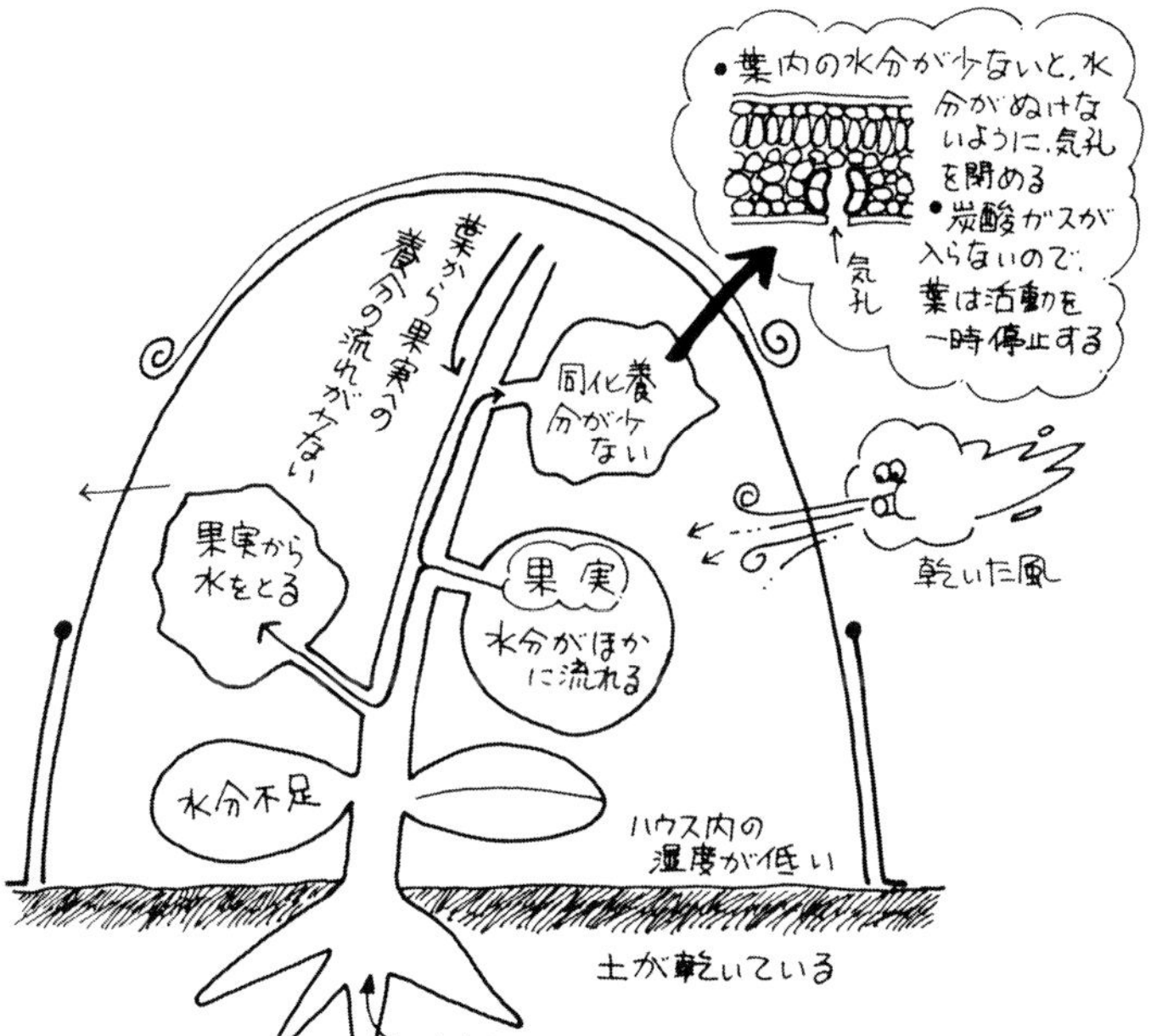

土やハウス内が乾いているときの強い風は葉のはたらきを鈍くする

一口ヒント

換気はどのハウスからはじめるか

トンネルやハウスの換気を家や農道にちかい入りやすい場所からはじめる人が多い。しかし、ハウスやトンネル内の気温は日当たりぐあいや風向きでちがう。朝の換気は日当たりのよいほうから、夕方は日陰となるほうから閉めるようにしたい。温度に敏感な野菜ほど注意する。

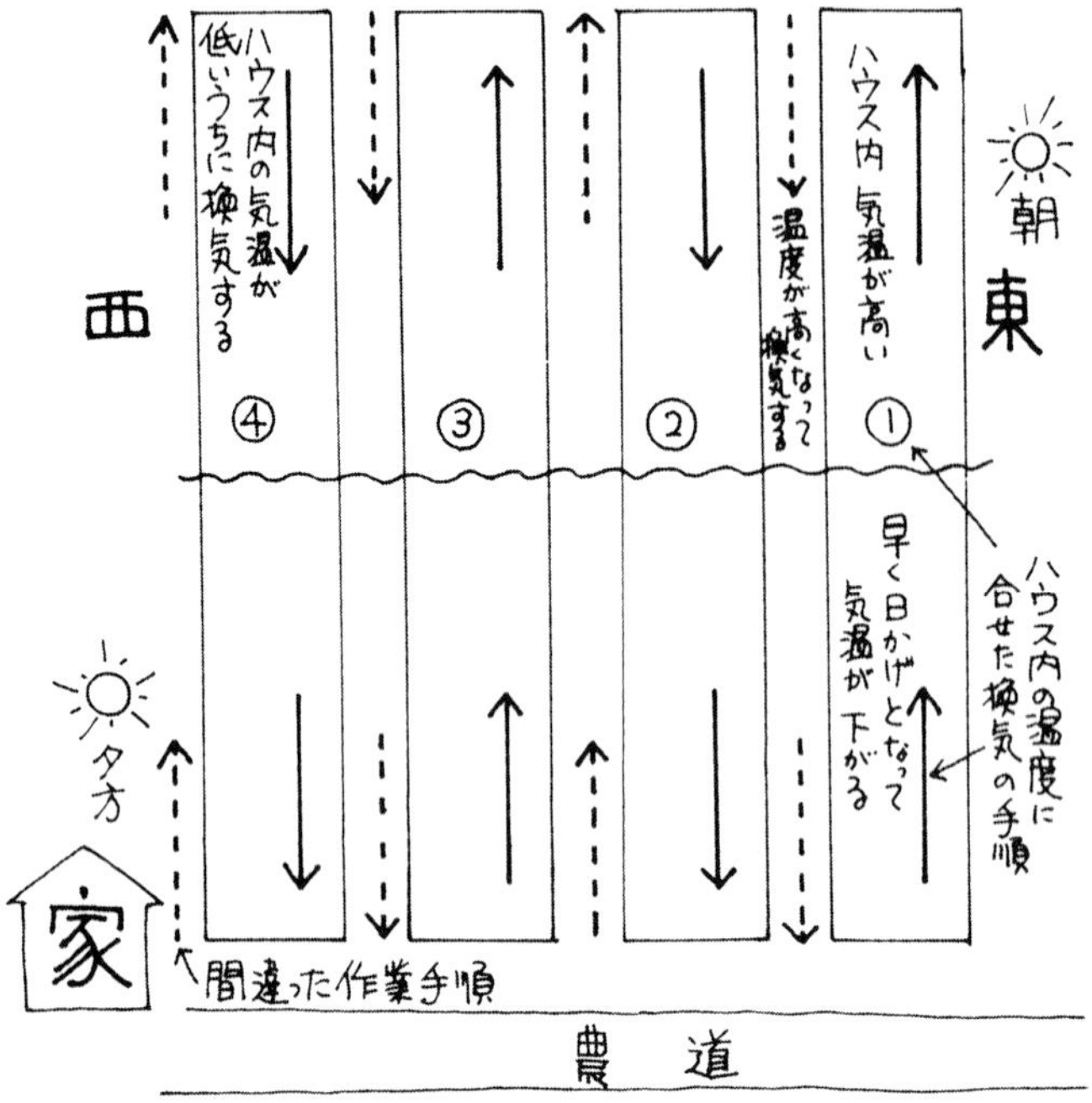
朝
東
西
夕方
家
ハウス内 気温が高い
温度が高くなって換気する
ハウス内の気温が低いうちに換気する
①
②
③
④
早く日かげとなって気温が下がる
ハウス内の温度に合せた換気の手順
間違った作業手順
農 道

ハウスの換気は外気が直接あたらないように

ハウス換気時のトンネルは外気が直接あたらないよう、ハウス中央側のすそをあげる。昼間冷たい外気があたらないので生育がよい。

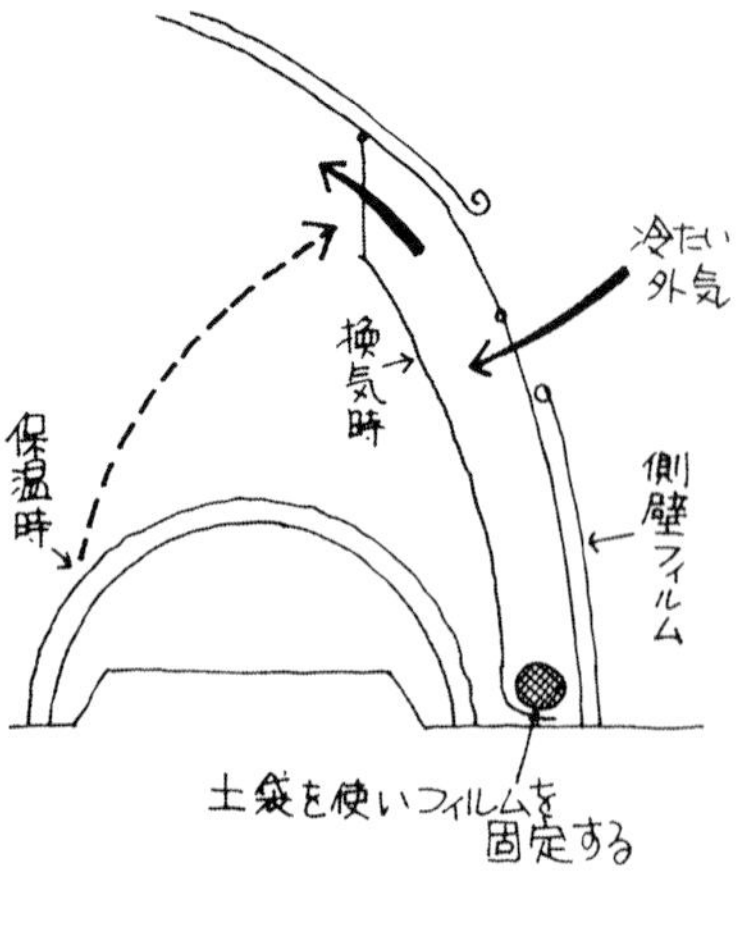
冷たい外気
換気時
保温時
側壁フィルム
土袋を使いフィルムを固定する

トンネルフィルムの片方をつりあげ外気に直接さらさないように

どうすればよいか

ハウス内の温度や湿度、水分管理は気象や土壌条件で大きくちがい、いたずらに先進産地の技術を採用すると思わぬ障害をおこす。

強粘質土では基本的には作土を深くし、根ばりを広め、有機物を施して土壌の水保ちをよくする。収穫期がちかづいても適宜かん水する。pF値で二・五ちかくでかん水するが、急激な変化は禁物である。ハウス内が乾くときは、通路に散水したり、敷きわらを多くして湿度を保ち、茎葉のはたらきを促進する。しおれが激しいときは、葉面に散水（薬剤散布時程度）して水分を補給する。一方、換気の方法も、茎葉に乾いた風があたらないように風下を開けるなど工夫する。とくに低温期の換気は寒気にふれないように注意する。

ナス・イチゴなど

病気を防ぐための換気重視で病気は減るか

よくある失敗、思いちがい

促成ナス栽培で換気が少なくなる十二月以降は例年、灰色カビ病が多く発生して悩まされる。研修会で灰色カビ病は湿度が高いと多発するので、換気して湿度を下げるのがよいと聞いた。そこで換気に努めたところ、外気にちかい湿度にある場所で、葉に褐色小斑点が発生した。症状が激しいと落葉する。病菌は検出されず、よく黒枯病やガス障害と誤認されやすい。

なぜそうなったか

ナスの葉はガス障害などがおこりやすい。

換気によってハウス内が乾くと、葉内の水分が気孔をとおして奪われ、気孔部を中心に褐変する。蒸散と吸水のバランスがくずれておこった障害と思われる。

発生は、換気で乾いた風に接した部分に多く見られ、とくに作土が浅く、乾きやすいところや、根ばりが少なく根の機能が低下したときに多い。ともに吸水が少ない点で共通している。

逆に下層土は大土塊ができ、根が深く

分布しているところでは発生しない。

どうすればよいか

ナスは「水肥でつくれ」のたとえのように、乾燥に弱い野菜であり、空中湿度が高いハウスほど葉のはたらきが盛んで、果実の肥大がよい。病害防除だけを重視し、

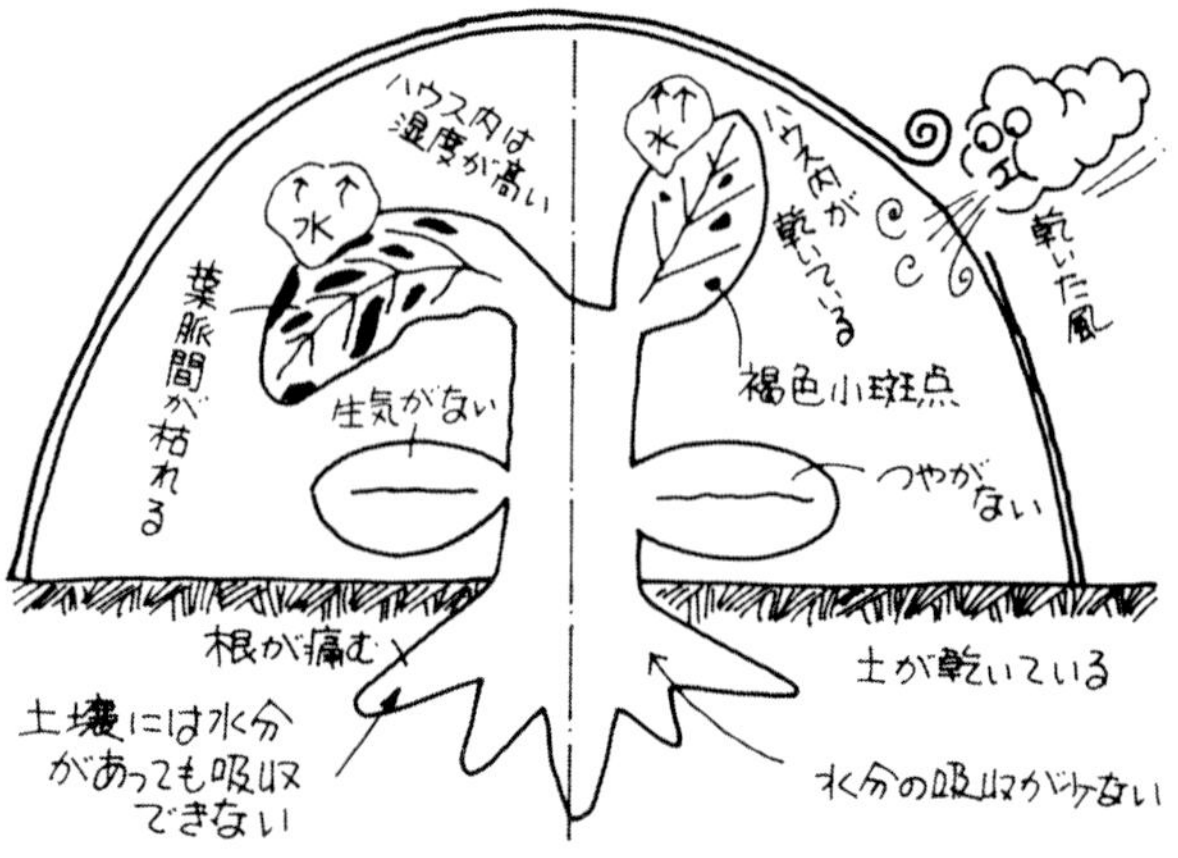

葉の枯れこみは根のはたらきぐあいとハウスの湿度による

一口ヒント

温度計は狂うこともある

野菜は、温度・光・水・土壌などの変化に敏感に反応し、ありのままの姿をあらわす。狂った温度計が生育適温を示していても、葉色が淡く、葉面が波うち、立ちあがったつる先を示すキュウリは温度不足の症状。温度計は常に点検し、植物体のある場所でよみとるほか、昼夜とわず野菜の観察が重要。

温度が低く障害をうけているつる先

生育は回復しているが（A)、植付け後の温度不足で本葉の生長が悪かった表面（B）には白いこぶがある

葉の生理を忘れた換気は禁物である。ハウス内が乾くときは通路に敷きわらを敷き乾燥を防ぐほか散水して湿度をおぎなう。まだ的確な数字が確認されていないがハウス内の湿度は八〇~八五%くらい、人肌に湿り気を感ずるか、メガネがくもるくらいを目やすに管理する。この程度なら灰色カビ病の心配は少ない。

むしろ灰色カビ病菌の胞子は空中湿度が高いと飛散しにくく、やたらと換気して湿度を下げることは胞子をばらまき、伝染するのを手つだうようなものである。このようなことはキュウリのベト病でも同じことで、頻繁に換気しすぎるとかえって発病を多くする。換気もほどほどにといえる。

ナスなど

過繁茂防止に低温管理は逆効果

よくある失敗、思いちがい

促成ナス栽培で生育の調整に失敗し、生育がおう盛になった。着果ホルモン剤でやっと着果するものの石ナスが多い。その対策として、夜温を下げれば茎葉の発育が抑えられると思い、夜温を一〇~八度と低めに管理した。ところが、上位葉は黒紫色になり、草勢が強まる一方で、石ナスがますますふえてきた。

低温による頂芽の曲がり

A：正常果　B：種子がなく空胴となる石ナス

❓なぜそうなったか

石ナスが多いときの温度管理がまったくまちがっている。最低夜温を八度くらいに低く管理しつづけると、昼間生産された同化養分は根や茎葉に多く分配され、果実への流れが妨げられて果実の肥大が悪い。また、つぼみへの流れも同じで、めしべや花粉が正常に育ちにくく、栄養不良となる。白花でめしべの短い短花柱花となる。このような花は、受粉や受精がうまくいかず、種子ができない。種子がないと同化養分を取りこむ力が弱く、落果するのが普通である。それをホルモン剤で着果させても、同化養分が不足して石ナスとなる。こうなると、同化養分の動きは一段と、茎葉や頂芽へとかたむき、草勢は強まり、強い側枝が伸びる。

どうすればよいか

夜温は一三度くらいに高めとし、花や果実への転流を多くするようにする。

昼間の温度は、光合成作用を盛んに行なう午前中は二八～三五度と高くして葉のはたらきをたすける。午後は二五～二八度とし、また夕方は二〇度に少しずつ下げて養分の流れを速くしながら、一方では呼吸消耗を少なくする。夜温も八～一三度とするが、果実の成りこみや茎葉の伸び、昼間の天候ぐあいで設定する。同化養分の生成が多い晴天日はやや高く一〇～一三度とし、曇雨天日は低めとする。

いずれにしても温度の急激な変化は絶対にさけなければならない。温度の急変による株のストレスは想像以上に大きく、もとどおり回復するには五～七日あまり必要になる。

ハウスの側壁にちかい株ほど全体に葉色が濃く、生長点付近が黒紫色になって石ナスが多いのは温度不足の症状である。夜間の冷えこみが原因であるので、側壁は保温資材（こもかシルバーフィルム）を多くしたり、カーテンフィルムのすき間をふさいだり、あるいは、フィルムのすそを固定するように注意する。

昼間の温度はもちろん夜温の観測が必要で、夜間ハウス内を見まわり、ハウスの中央部や側壁部の温度を記録する。また、数本の線香に火をつけ、煙で空気の流れを知るのも温度管理を改善する手がかりとなる。

温度管理のほかに、第一番果を確実に着果させ、茎葉の伸びに応じて、摘葉を多くしたり果実を大きくして収穫するのも、草できをなおす方法の一つである。品種改良で単為結果できる品種が登場しているので、受精しなくても着果肥大する品種利用も解決策。

野菜全般

光を重視して保温カーテンを早期開放した結果は？

よくある失敗、思いちがい

キュウリ栽培の研修会で、葉のはたらきには光が大切であると強調された。日射量の少ない一～三月、午前中の光が重要と思い、保温用のカーテンフィルムを、朝早くから開放した。ところが葉は活気がなく、つるの生長や果の肥大が悪く、光線管理を重くみた効果が見られなかった。

なぜそうなったか

茎葉のはたらきは光・炭酸ガス・温度・湿度・肥料・水分などが複雑に関係し、そのうち一つでも欠けると悪くなる。

低温で光線の少ない時期に、気温の低い日の出後間もない時間から保温用カーテンを開放すると、光の条件はみたされる。しかし、温度が問題になる。

ハウス内の温度と葉温は日の出とともに少しずつ上昇するが、この間は葉の活動が本格化する準備段階である。このときに急に冷えこんでくると、葉のはたらきが鈍る。いきおい、最も活動しなければならない午前中の光合成が低下する。このような状態を数日つづけると、葉はたれ下がり、活気がなくなる。

どうすればよいか

ハウス内の熱は、朝方天井フィルムをとおして外気に逃げるので、保温用カーテンとハウス周囲との空間は温度が低くなっている。したがって朝早く、カーテンを開けるとハウス内の温度は急に低下する。その証拠に霧が発生する。このショックは大きく、温度を重視した管理が必要になる。

茎葉が一番活動している午前中は、晴天であっても、生育適温に上昇するまでは保温用カーテンは開放してはならない。開放するときは少しずつ開けて、温度の変化をさけたい。

ハウスの被覆用はもちろん保温用カーテンのフィルムは、光をよくとおす資材を選ぶ。また、多層カーテンのフィルムのかけ方も、上層にシルバーフィルムや不織布を利用すると保温効果が高い。

午前中は二五～二八度に、午後は二三～二五度、夕方は一七度として葉のはたらきと同化養分の流れをよくする。

キュウリ以外のナス、メロン、スイカなど高温性の果菜も同様である。

果菜類

低温による心止まり現象

よくある失敗、思いちがい

トマトやスイカの発育適温は高いが、比較的低温にも強いので、苗の徒長を防ぐため低温で管理し、たびたび五度以下にした。

ハウスメロン、低温による子づるの心止まり

ところが、生長点がつぶれ、心止まりとなった。

なぜそうなったか

生育温度の高いトマトやスイカを低温下に放置すると、石灰やホウ素の吸収が阻害されて生長点は異常分裂をおこす。

先端が黄変し、葉が同じ節位から発生し、急に細くなって伸長が止まる。この心止まりは一時的なもので、新しく伸びる側枝は一部変形葉が見られるが、正常葉が展開してくる。

どうすればよいか

低温期には保温に注意する。また新しい正常葉が展開する側枝を伸ばすと大きな減収とはならない。

キュウリ、トマトの生育期に雪害でハウスがくずれ、その下で二〜三日低温下にあった株は、苗床と同じく心止まりや変形葉が見られる。果実も変形する。

メロンなど

開花時は高温管理で

よくある失敗、思いちがい

ハウスメロンを無加温ハウスで栽培し、ミツバチを放飼して受粉させている。ハウス内の気温が三〇度以上の高温になると、茎葉のはたらきを妨げ花粉の充実が悪いと思い、二五度くらいで換気した。普通とかわらない温度であるが、着果が悪く、ま

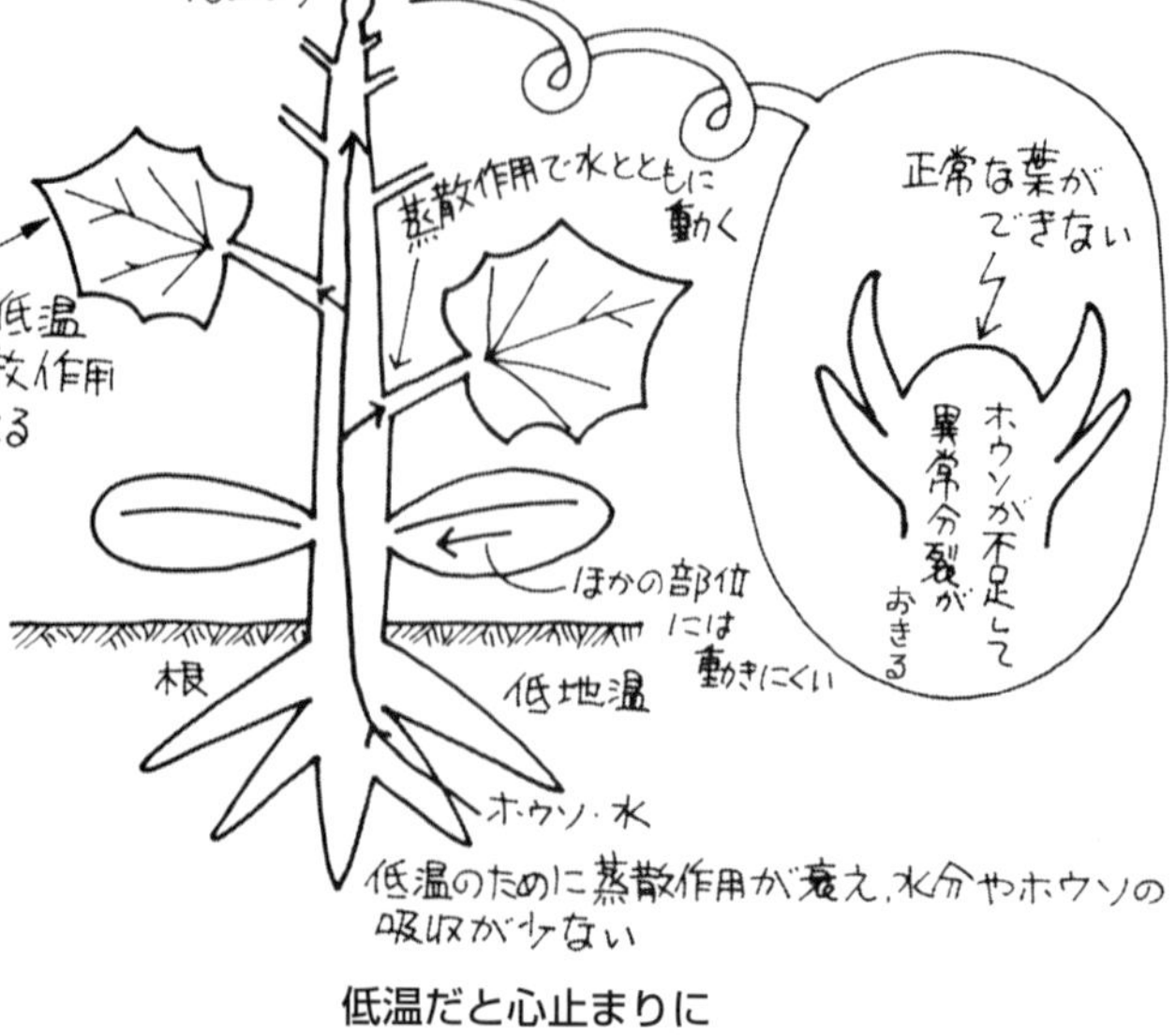

低温だと心止まりに

た、側壁や出入り口にちかい場所に着果してもかた落ちした奇形果が多く、販売収量が少ない。

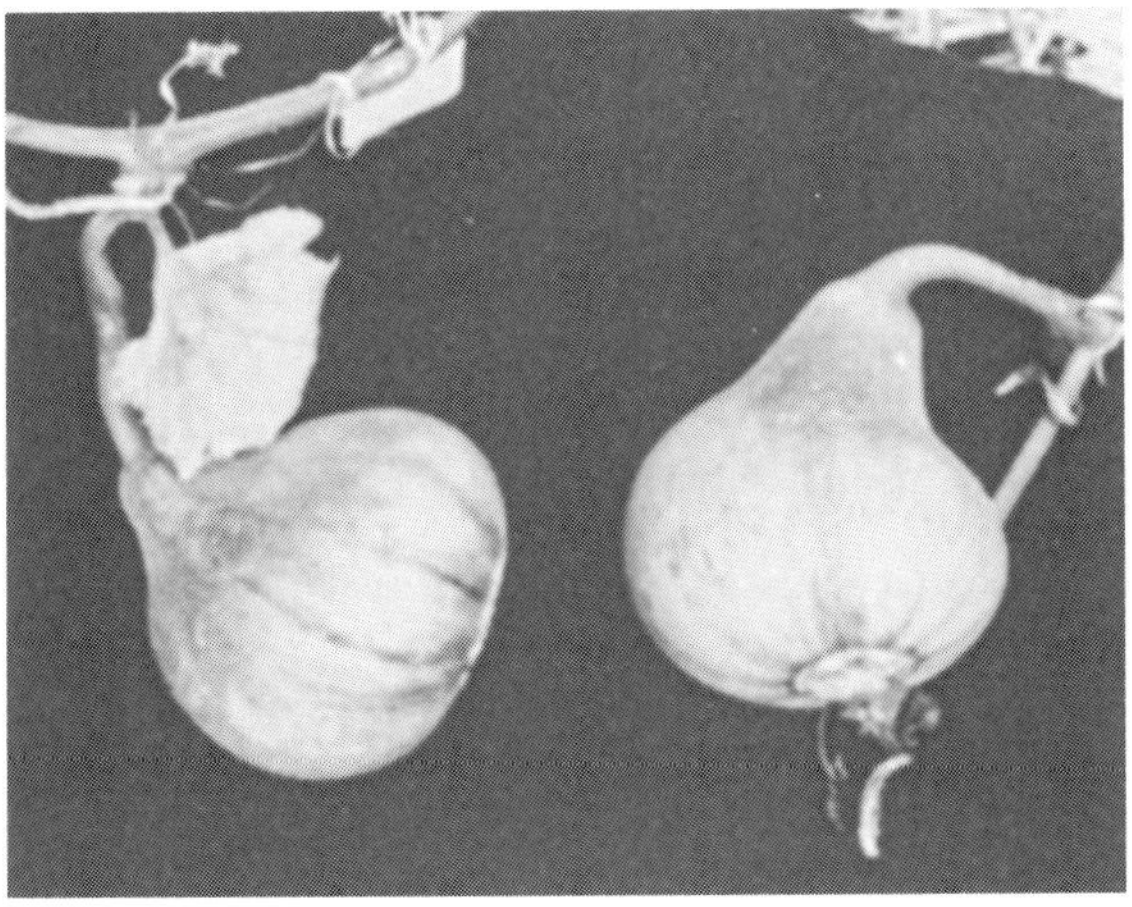

❓なぜそうなったか

キュウリや種なしスイカは種子がなくても着果するが、それ以外の果菜類は着果し肥大するには種子が必要で、種子ができないと落果する。一部分に種子ができると奇形果になる。

めしべの先端に受粉された花粉が発芽し、花粉管が胚珠まで伸び受精すると種子ができる。受精すると同化養分を引きよせるはたらきと、種子のまわりの細胞が生長するようなホルモン物質ができる。このホルモンを人工的に合成したのがホルモン剤で補助的に利用される。

花粉の充実が悪い場合、種子ができない。また健全な花粉でも一五度以下の低温下で発芽や花粉管の伸長が妨げられると受精できない。二〇度以上の温度が必要で、三〇度くらいの高温でよく発芽し、早く受精する。昼間二五度、夜間一五度以上の温度が保たれると、約二四時間で子房内全部の胚珠が受精し、種子ができる。

無加温のハウスでは午後から夜にかけて一五度以下に冷えこむことがある。その時発育中の花粉管は中途で停止するので、めしべの先端にちかい部分だけが受精して、それより深い部位は受精しない。

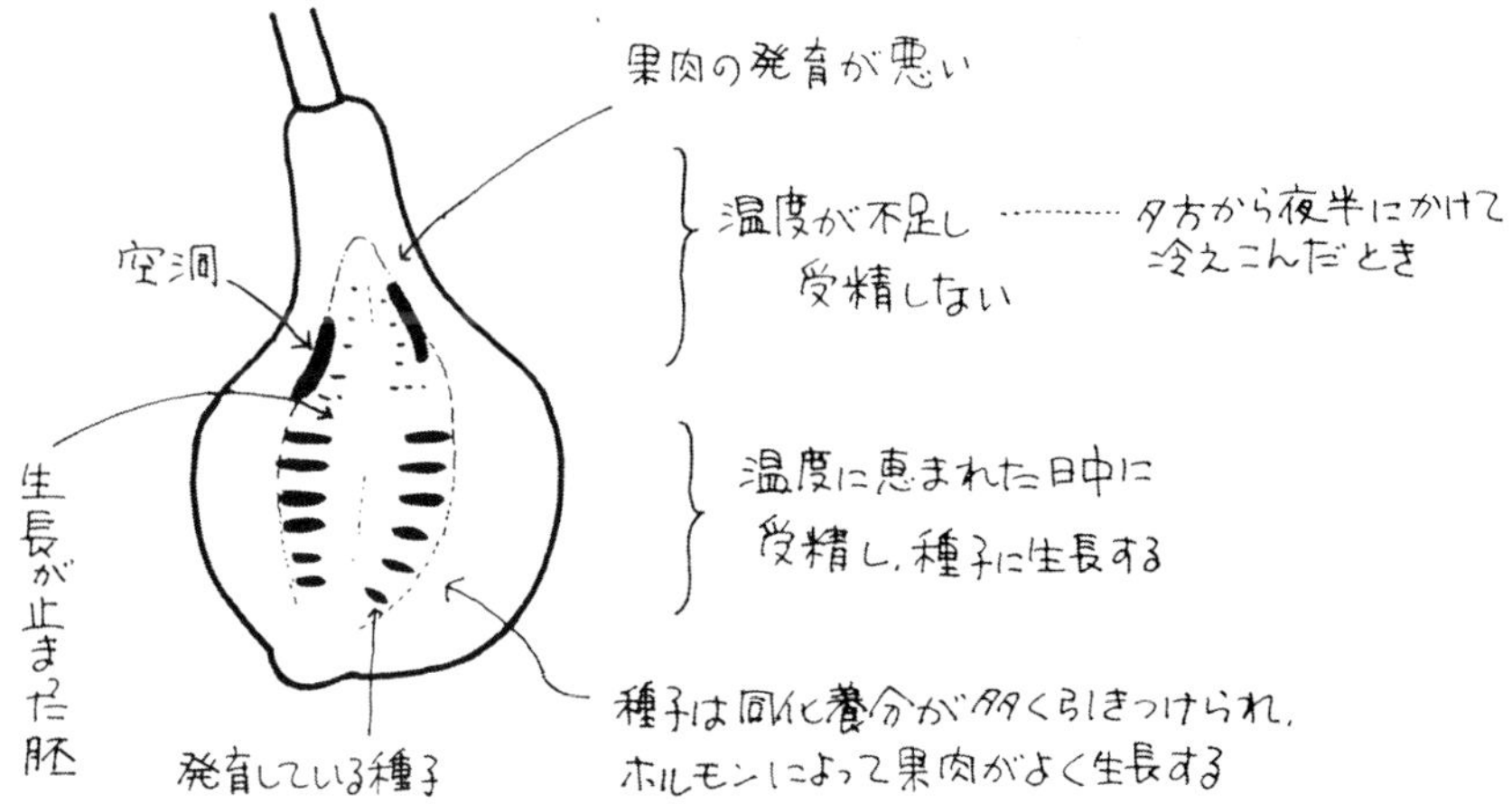
果肉の発育が悪い
温度が不足し
受精しない
夕方から夜半にかけて
冷えこんだとき
空洞
温度に恵まれた日中に
受精し、種子に生長する
生長が止また胚
発育している種子
種子は同化養分が多く引きつけられ、
ホルモンによって果肉がよく生長する

温度不足では受精しない

種子のある部分だけが肥大した「かた落ちの奇形果」は、午後、とくに夜間の温度が低いことが発生原因である。とくに、冷えこみやすい出入口や側壁側に多い。

どうすればよいか

開花結実時の夜温は一五度以上に保ち、昼間も三〇度くらいの高めに管理する。朝はできるだけおそく開放し、午後は早めに閉める。夜温が高いと花粉の充実がよく、たくさん放出できる。

一時的に冷えこんだときは、軽くてとり扱いやすい保温資材（長繊維不織布）を開花位置を中心にベタがけ式にかけて最低二〇度以上保温するとよい。そのほか、多少めんど

一口ヒント

トウモロコシでナス畑の防風

ナスの果実に風によるすれ傷ができると商品価値がなくなる。畑のまわりにトウモロコシやソルゴーの防風垣をつくると効果が高い。アブラムシなど害虫の飛びこみも少なくなる。

トウモロコシでナス畑の防風

日よけで夏ホウレンソウの日もちがよくなる

暑いときの収穫はしおれが早い。収穫一～二日前から日中だけシートなどで日よけすると、地温やホウレンソウの葉の温度上昇が少なく、収穫後の日もちがよい。ベビーリーフ、小ネギや漬菜など軟弱物にも利用できる。また、品質を保つには生育中に特肥「エポック」を施用すると茎葉の厚みがまし、収穫後のしおれや蒸れなどのいたみが少ない。ホウレンソウやコマツナなど軟弱葉物は収穫物を横に重ねておくよりも縦に並べ、布袋に入れて運ぶと茎葉のいたみが軽減できる。

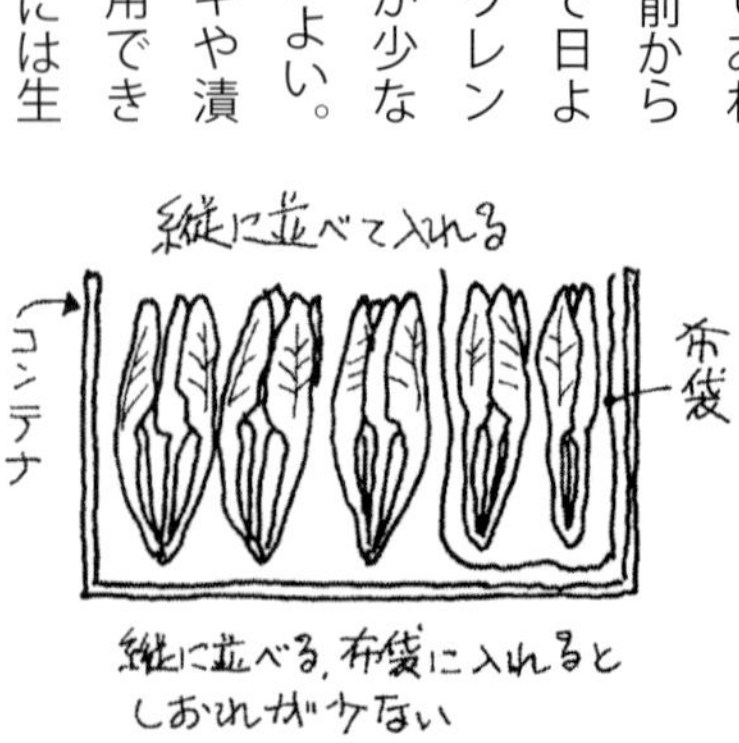
縦に並べて入れる
コンテナ
布袋
縦に並べる，布袋に入れると
しおれが少ない

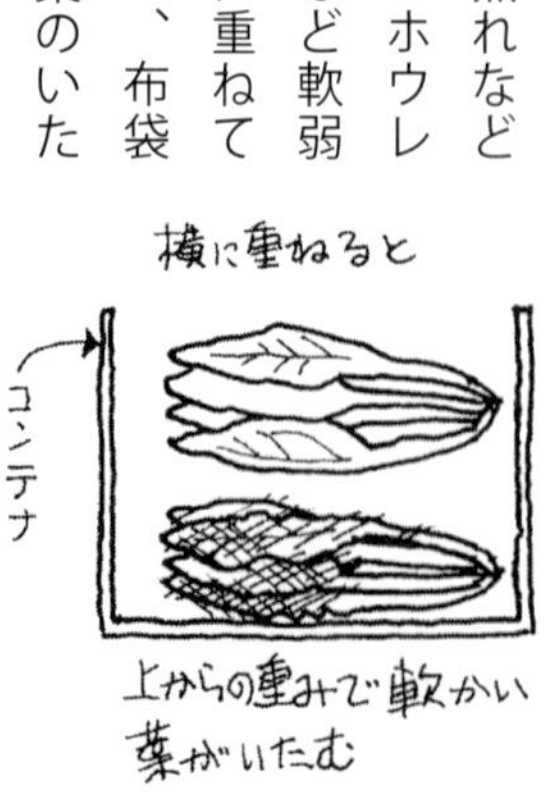
横に重ねると
コンテナ
上からの重みで軟かい
葉がいたむ

一口ヒント

効果が大きい不織布のベタがけ

細く長い繊維の不織布は、毛糸のジャケットと同じように保温層があり、夜間マルチや地面から発散する熱をさえぎるので保温がよい。光線もとおり、土壌に熱がたくわえられるため、ポリフィルムだけのトンネルよりも最低温度が三～五度高くなる。レタスの冬どりトンネル栽培では、大玉で玉しまりがよくなる。

これをベタがけすると凍傷や風の被害がみられず、凍傷や風でいたんだ傷口から細菌が侵入して発生する軟腐病もほとんど発生しない。

さらにトンネル内は夜間湿度が高くなるが、不織布が吸湿するので、株元の過湿が防止でき、灰色カビ病が極端に少ない。さらにアブラムシ、アオムシなどの害虫もさけられ、薬剤散布がはぶける。

冬レタス以外では、十一月から四月にかけて種まきするニンジン、ダイコン、ホウレンソウ、ツケナ、シュンギクなどの軟弱野菜にも利用できる。種まき直後から生育全期間にわたって被覆するとよい。

また、メロン、キュウリ、トマトなど果菜類で、植付け直後の保温はもちろん、一時的に冷えこむときの保温にも役立つ。

とくに促成イチゴでは冷えこみが激しく、着色不良果が発生しやすい側壁部ちかくでのベタがけは効果が大きい。ハウスメロンで低温期に開花する早出し栽培では、開花結実期に、着果節位を重点に、茎葉上にベタがけすると、結果と肥大促進に期待が大きい。

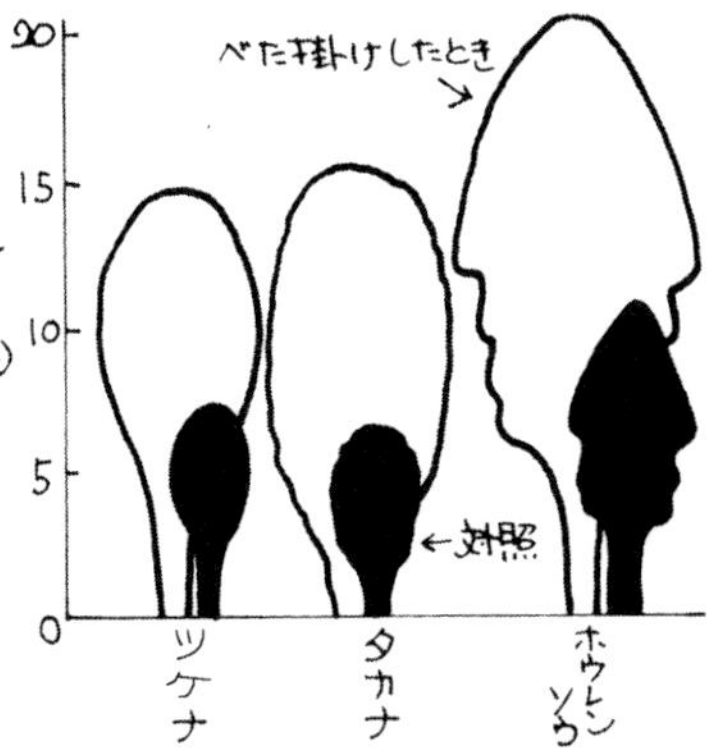

長繊維不織布のベタがけは生育がよい

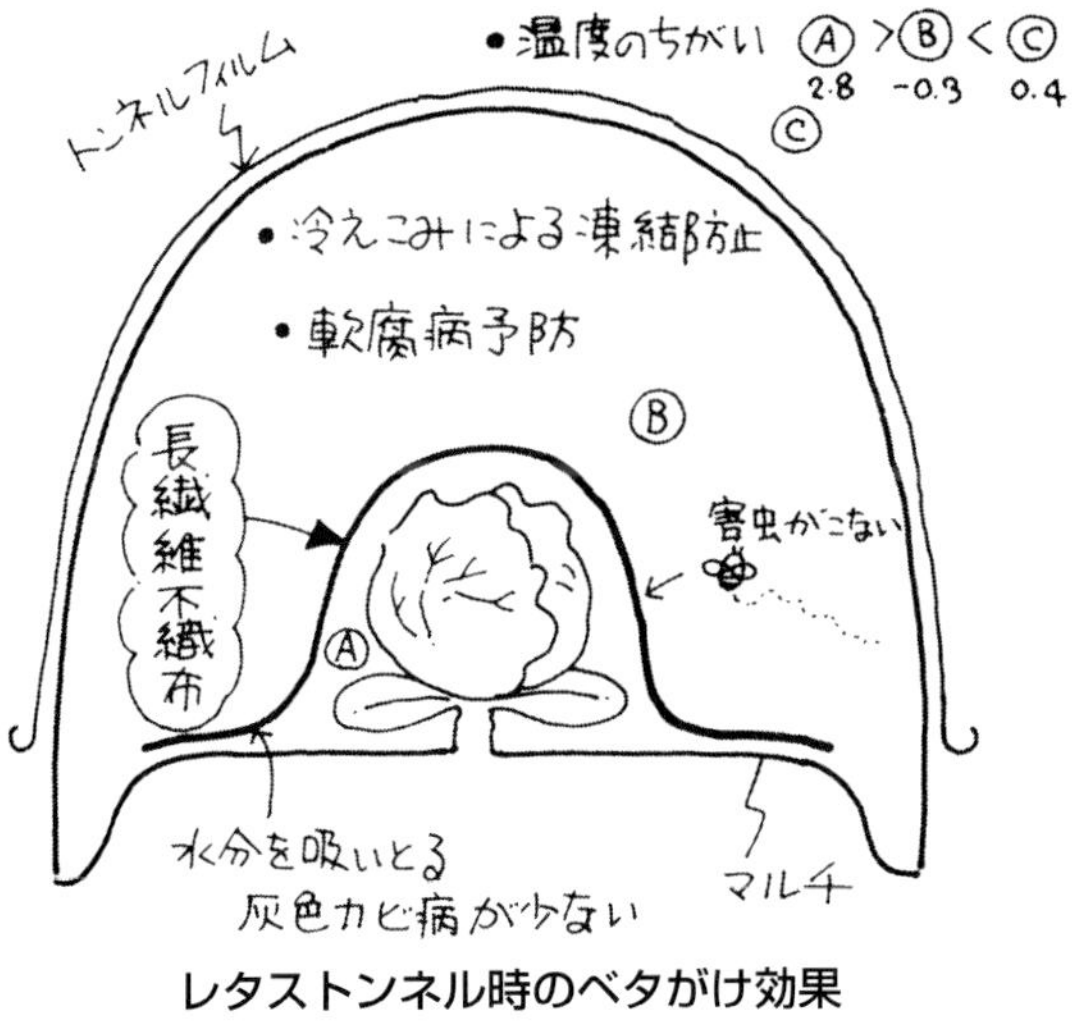

レタストンネル時のベタがけ効果

うであるが、保温性の高いプラスチックフィルム製の袋（収穫果より大きめ）を利用し、受粉後袋かけすると受精をたすけ、さらに果実への同化養分の流れをうながすため、果実の肥大がよく糖度も高まる。ネット型品種はネット発生はじめごろまでかけるとネットの盛上がりがよい。ノーネット型品種は収穫時までかけてよい。

メロンなど

水封マルチ、こんなときには逆効果

よくある失敗、思いちがい

無加温ハウスでは保温性の高い水封マルチを利用するとよい、と資料に記載されていた。さっそく、十二月から二月の低温期に植付けるハウスメロンの無加温栽培で使用したところ、思うように水温が高まらずにメロンの生育がおくれた。

なぜそうなったか

水封マルチはプラスチックフィルムでできたチューブ内に水をため、太陽熱であたためて、その熱を夜間放熱してトンネル内を保温しようとするものである。その効果は高いが、水温の上昇は昼間の日射量によってきまる。

厳寒期で晴天の少ない地方で、しかも、定植の早い栽培では水温が思うように上がりにくい。とくに無加温ハウスで、二重、三重に保温資材を被覆する栽培では、なかなか水封マルチまで光線がとどきにくい。

天候が悪く、日射量が少なく、冷えこむ日はかえって水温が低くなり、トンネル内の気温や地温を下げてしまう。

どうすればよいか

水封マルチは、土地の気象条件を充分に考慮しないと、その持ち味を生かすことができず、かえって逆効果になる。

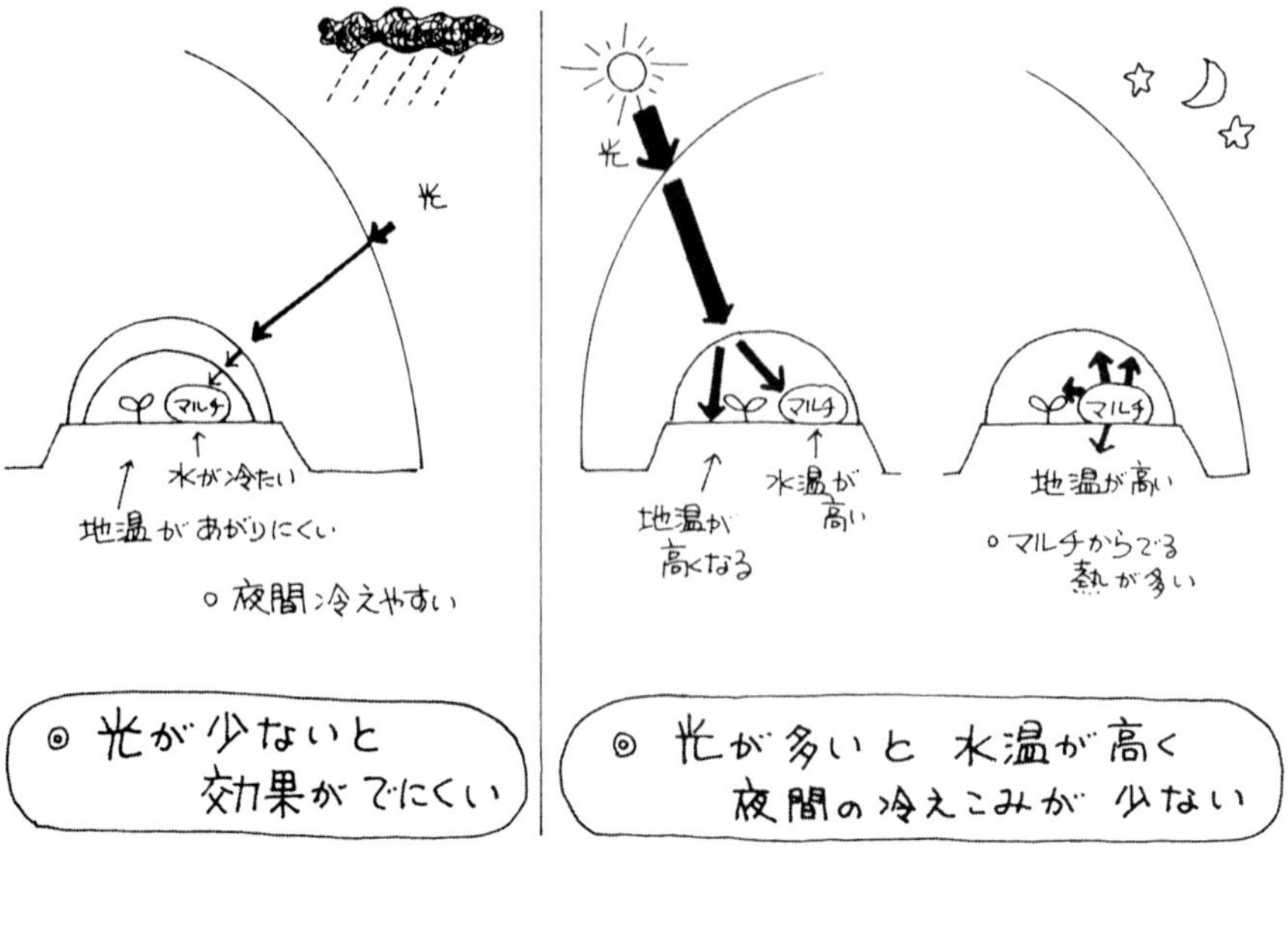
光
マルチ
水が冷たい
地温があがりにくい
◦夜間冷えやすい
◎光が少ないと
効果がでにくい
光
マルチ
地温が
高くなる
水温が
高い
マルチ
地温が高い
◦マルチからでる
熱が多い
◎光が多いと水温が高く
夜間の冷えこみが少ない

瀬戸内や南九州あるいは関東地方のように冬季に晴天日数の多い地域では特徴が発揮されるが、山陰型気象で曇天日の多い北九州や山陰、北陸では冬季には効果が得られにくく、むしろ春先の効果が期待できるであろう。

新しい資材を利用するときは、効果が発揮される条件はどのようなものかをつかまないと、思わぬ失敗をする。

地温は日当たりだけでなく、土壌微生物の呼吸熱でも高くなる。低温期の栽培では土壌微生物を多く含む「ボカシ」や特肥「エポック」「地楽園」を活用したり、腐熟堆肥を使うといい。土壌微生物をふやし、空気を取りこむのでふかふかの土壌に変え、地温を高めて、野菜の生育を助ける効果がある。

一口ヒント

低温期は地温の確保を最優先

低温期に栽培するハウスメロンで、植付け直前にウネ立てしマルチした場合、たとえ地温が一八度を保ったとしてもすぐに地温が低下して活着やその後の生育がよくない。定植予定地は少なくとも一〇日前には植付け準備を終え、植穴にかん水し、マルチした上にトンネルをかけて地温を充分にたくわえるようにする。

キュウリの抑制栽培後、十二月下旬から一月上旬に植える二作目の半促成栽培では、植付け後の気温、地温が低いと生育が悪い。前作の残渣整理や耕起、ウネ立てなどをしてからハウスを開放してやると作業しやすいが、地温は不足ぎみとなる。そこで、少ない太陽熱をより多く土壌にたくわえるように、ハウスは密閉して作業する。人は蒸し暑く、作業がやりづらいけれども地温は確保できる。活着がよく、初期生育が進み、収穫が早まる。また省エネ効果も高い。

このようにどの作業をするにしても、野菜への細かい気配りを忘れてはならない。

ハウス・トンネルの工夫

保温性のよいトンネルのかけ方

すき間が多く、冷えやすい両はしだけは二重にしたい。別にフィルムを用意し固定する。その上から全体にかけると作業がやりやすく、苗の育ちがよい。

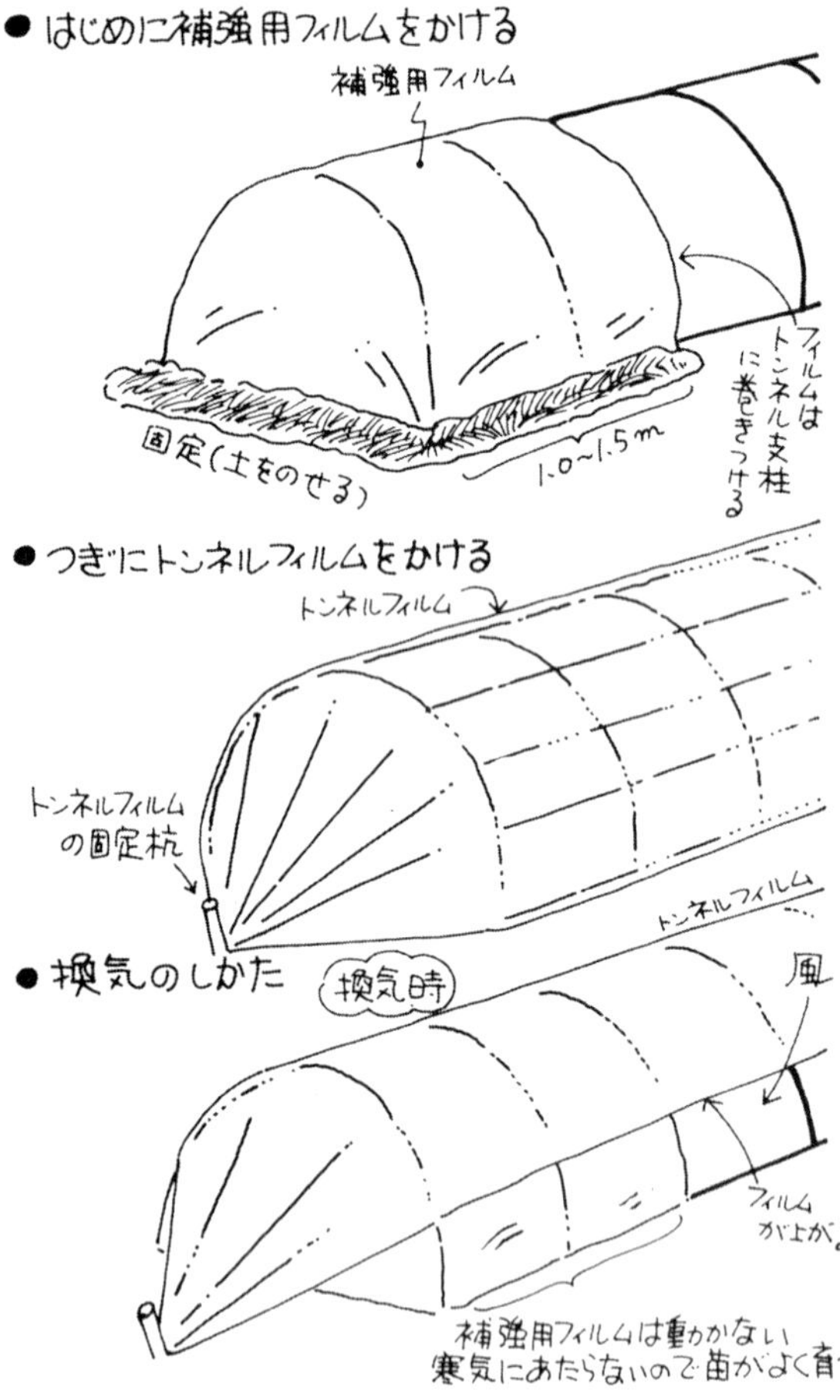

●はじめに補強用フィルムをかける
補強用フィルム
フィルムはトンネル支柱に巻きつける
固定(土をのせる)
1.0~1.5m
●つぎにトンネルフィルムをかける
トンネルフィルム
トンネルフィルムの固定杭
トンネルフィルム
●換気のしかた
換気時
風
フィルムが上がる
補強用フィルムは動かない
寒気にあたらないので苗がよく育つ

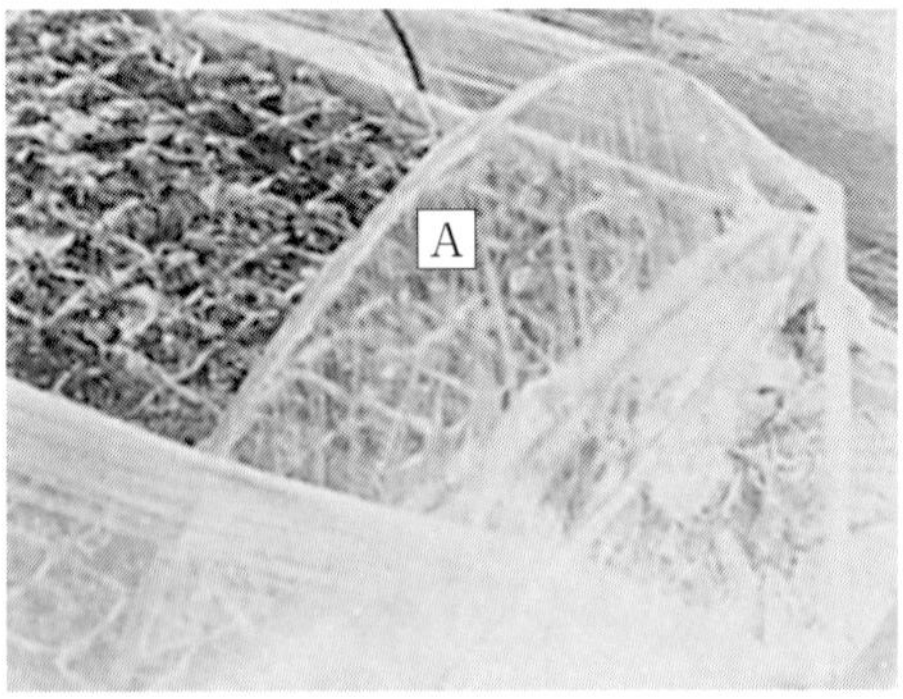

A

床の端はフィルムがあがり冷えやすい
別のフィルムAで遮へいする

ハウス側壁カーテンのすき間対策

側壁カーテンフィルムと天井部の多層カーテンフィルムとの間は、すき間ができやすい。側壁カーテンの上端を多層カーテンの支線へ二〇センチあまり伸ばし、合成樹脂ひもとフィルム、さらに支線をホッチキスで固定する。多層カーテンをその上に広げ、重ねるとすき間がなくなる。

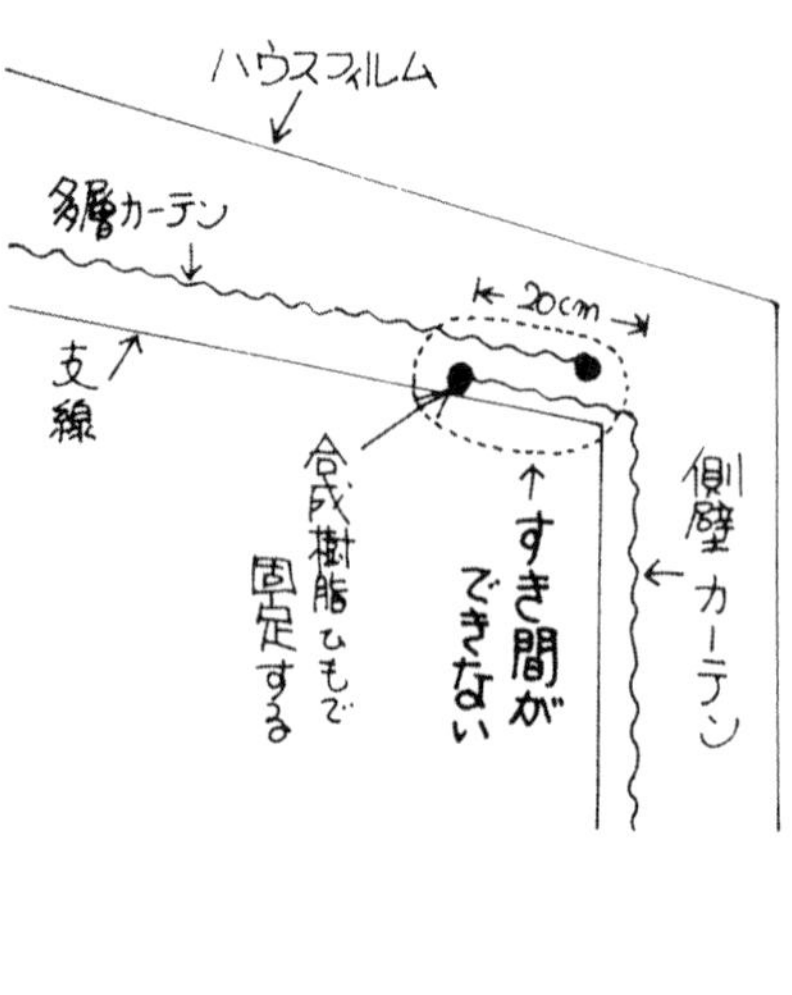

ハウスフィルム
多層カーテン
支線
20cm
合成樹脂ひもで固定する
すき間ができない
側壁カーテン

ハウス・トンネルの工夫

開閉しやすいハウス内のトンネルの止め方

ビニールハウス内のトンネルフィルムは開閉がやりにくい。そこでハウスのパイプにところどころ固定すると、開閉するときに塩ビフィルムが動かず作業がやりやすい。側壁部のすき間がなくなり保温効果も高い。

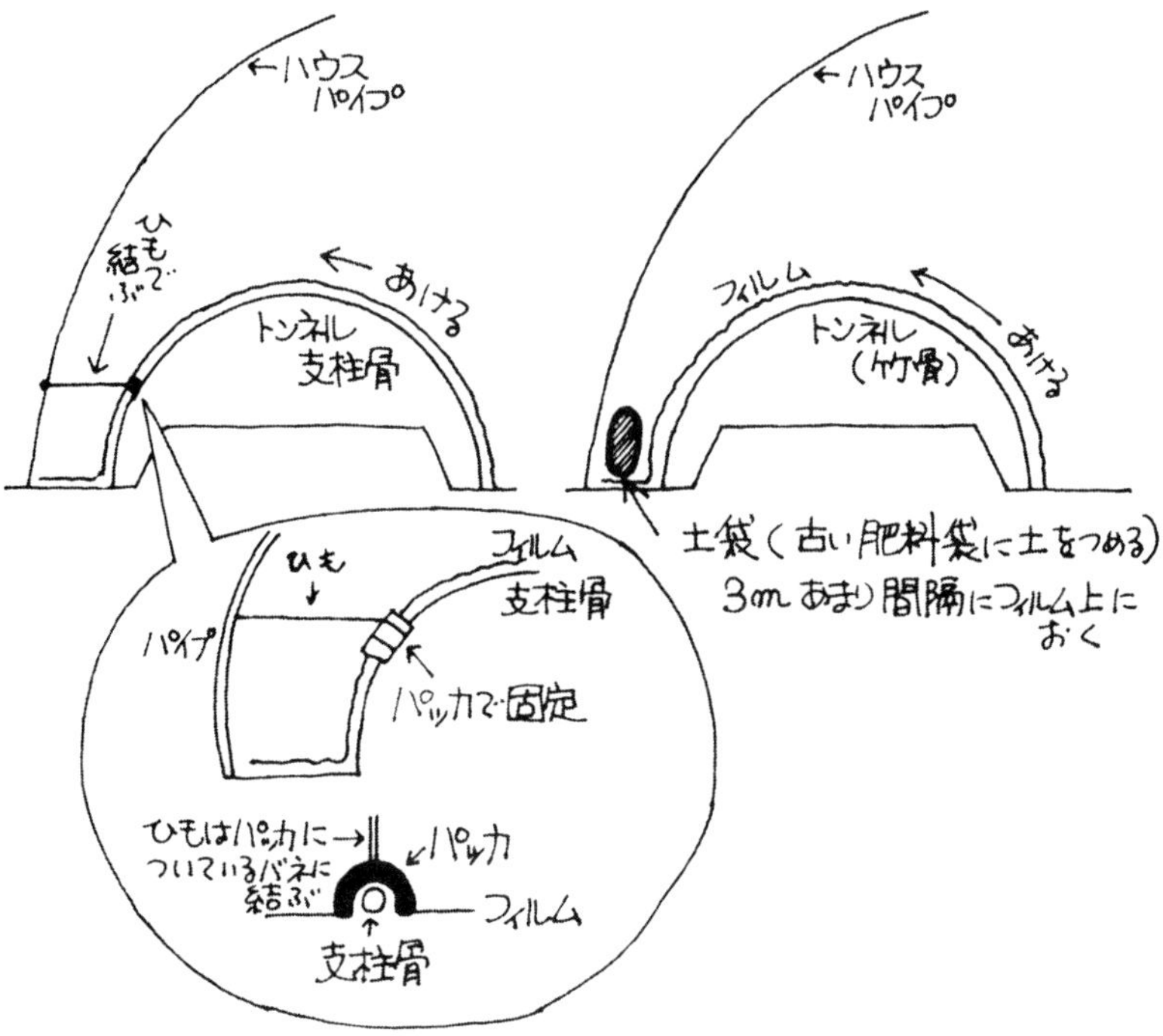

ハウスのパイプの埋没防止策

地盤が軟弱なところでは、耕盤の下層は軟らかく、パイプが埋まり、突風害や雪害でハウス倒壊の原因となる。地面に接する部分に直管パイプを固定する。

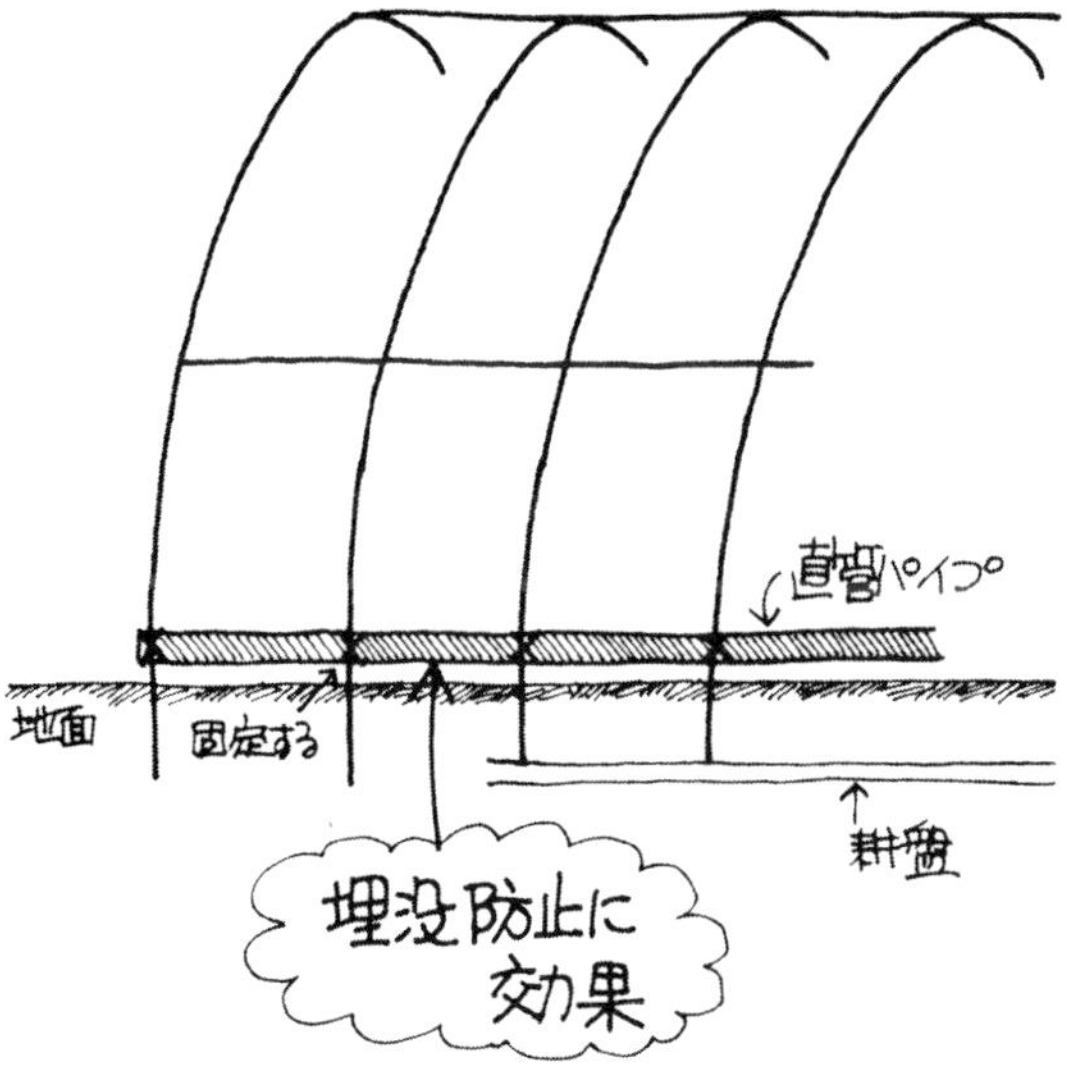

ハウス・トンネルの工夫

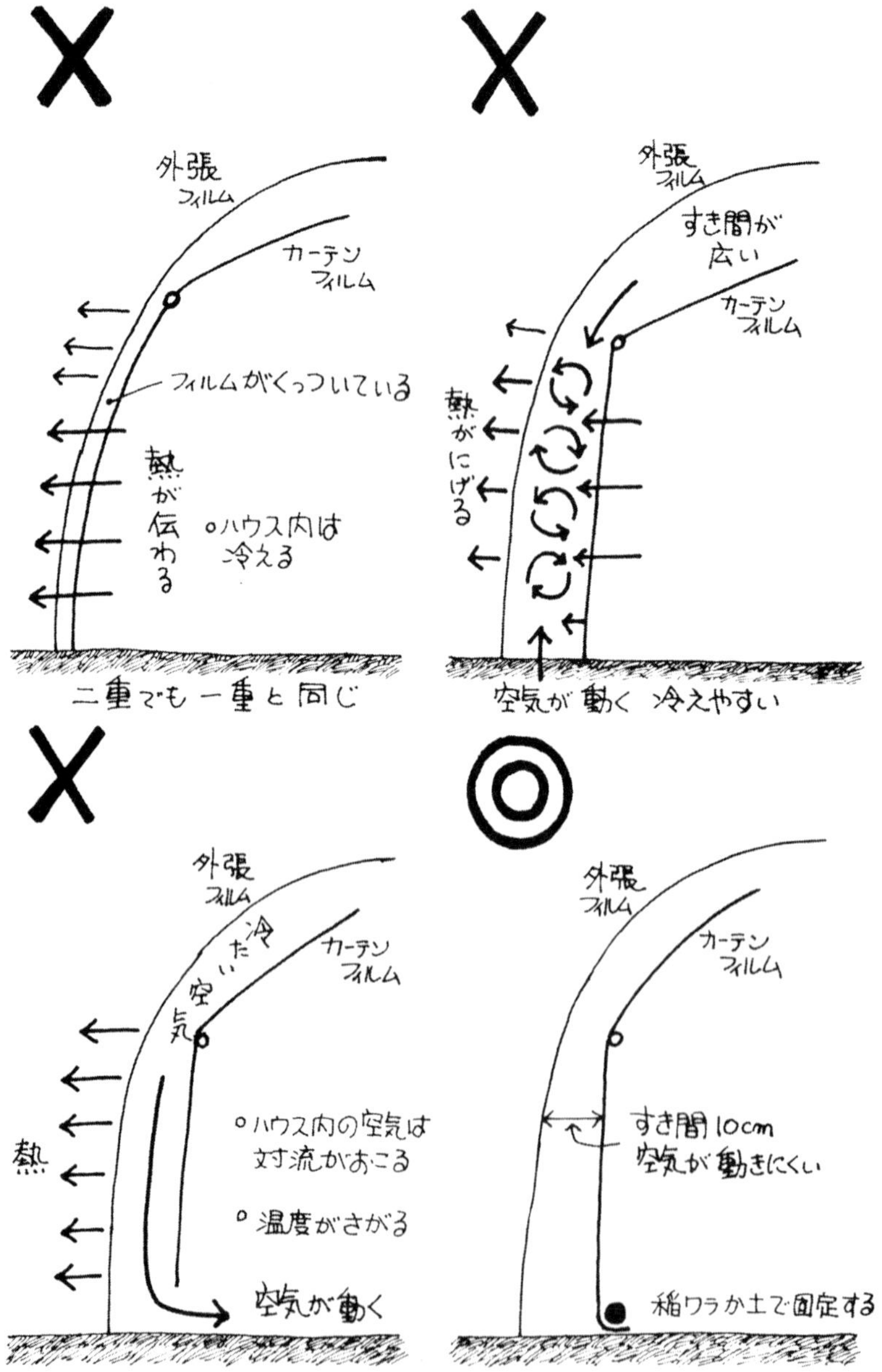
×
外張フィルム
カーテンフィルム
フィルムがくっついている
熱が伝わる
○ハウス内は冷える
二重でも一重と同じ
×
外張フィルム
すき間が広い
カーテンフィルム
熱がにげる
空気が動く 冷えやすい
×
外張フィルム
冷たい空気
カーテンフィルム
熱
○ハウス内の空気は対流がおこる
○温度がさがる
空気が動く
◎
外張フィルム
カーテンフィルム
すき間10cm
空気が動きにくい
稲ワラか土で固定する

ハウス内カーテンの止め方

ハウス内の二枚のフィルムが密着したり、すき間が広いと熱が逃げやすい。また、カーテンのすそが地面から離れていると空気が動き、ハウス内は冷えこむ。

ハウスの外張フィルムと保温用カーテンフィルムとのすき間は一〇センチくらいにし、カーテンフィルムのすそは土か稲わらなどで固定すれば保温効果が高まる。

整枝・摘心・摘葉

整枝、摘心、摘果、摘葉は野菜の大手術で、術後の養生が肝心。株全体の日当たりをよくし、茎葉周辺の風通しをよくしたい。これは、着果しやすい体質づくりのために大事な作業で、茎葉の同化機能や硝酸同化作用をうながし、植物体内の栄養バランスを変化させる。とくに、スイカ、メロン、カボチャ、キュウリ、ナス、トマト、ピーマン、マメ類では花の素質をよくして収穫物の品質を向上させることができる。

摘心と摘芽は、生長点を摘みとり、病害虫の予防にも効果的だが、すべての生長点が弱ってしまう。さらに茎葉を摘みとったあとは、同化養分や合成物質をたくわえる根がいたむ。切り口ができ、病菌の侵入機会もふえるので、傷口を早く乾かすために、野菜が若いうちに作業する、天候の悪い日は作業しない、刃が薄くて鋭利なハサミを用い、傷口に樹液が溜まらないよう斜めに切るなど、注意が必要だ。

メロン・スイカなど

摘心のやりすぎは樹の衰弱を招く

よくある失敗、思いちがい

メロンのハウス無加温栽培ではいつも着果に苦労する。そこで、着果をそろえ、生育中後期のつるの混みあいを防ぐようにと、着果予定の側枝以外は早く摘芽した。その結果、株全体への日当たりがよかったが、収穫を前に萎凋したり、糖度が低く、そのうえ裂果が多くなってしまった。

なぜそうなったか

生育初期から主枝と結果枝以外の側枝（つる）を徹底して除くと、葉数がかぎられて、葉面積が少なくなる。

また、つる先が失われると根の生長をたすけるホルモン物質ができず、同化養分のたくわえが少なくなる。こうして根ばりが少ないうえに根の老化が早まり、株づかれの原因となる（次ページ図）。根ばりが少ないと土壌水分や地温の影響を強くうけ、かん水やハウス外からの雨水がしみこんで土壌水分が変化するとすぐさま裂果してしまう。

果実の肥大はじめころから水分の消費がふえるが、葉からの蒸数量に対し根からの吸水量がともなわなくなり、茎葉がしおれる。いきおい、同化作用も衰えるため糖分の蓄積が悪くなる。

とくに耕土が浅く、腐植の少ない土壌では根ばりが少ないのでこの現象が強い。

どうすればよいか

作物体内の窒素濃度より炭水化物の割合が多い着果しやすい体質（株）にするには、着果するまでの基本整枝を徹底して行なうことである。

基本整枝はつるが混みあわないように配置し、着果枝以外の側枝は早めに除き、日当たりをよくする。整枝は根から吸収される養分を調節し、また葉のはたらきが盛んになって着果しやすい生育相に変える。

着果後は側枝の発生をたすけ、遊びつるを多くして葉面積を多くする。途中混みあうところだけ整理するくらいにし、特肥「地楽園」「えひめＡＩ」などを施し根ばりを多くしてそのはたらきを保つようにする。

一部の品種で、雌花の開花直

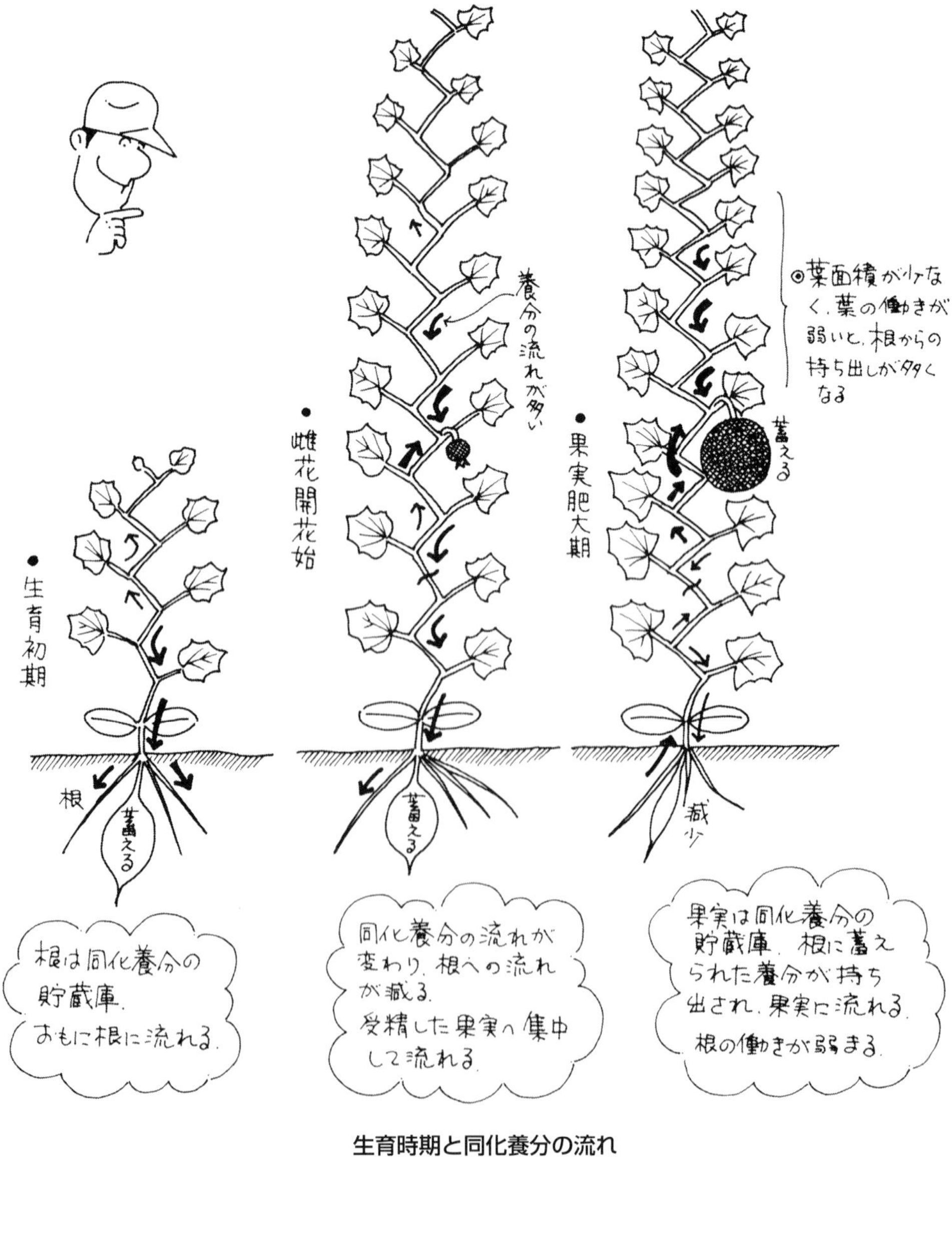

養分の流れが多い
◎葉面積が少なく、葉の働きが弱いと、根からの持ち出しが多くなる
●雌花開花始
●果実肥大期
蓄える
●生育初期
根
蓄える
蓄える
減少
根は同化養分の貯蔵庫。おもに根に流れる。
同化養分の流れが変わり、根への流れが減る。受精した果実へ集中して流れる。
果実は同化養分の貯蔵庫。根に蓄えられた養分が持ち出され、果実に流れる。根の働きが弱まる。

生育時期と同化養分の流れ

前、結果枝の発生節位より下位葉を摘葉することがある。その結果、根の吸肥力が衰え、着果しやすい体質に変わるので、いっせいに着果するが、根のはたらきが弱まる。腐植が多く作土の深い土壌では成功するが、土がしまりやすい畑では生育後半に急性萎凋をおこす。

ハウスメロン以外ではマクワウリやスイカの整枝もまったく同じ考え方でよい。

キュウリなどウリ類

側枝を残して成りづかれを防ぐ

よくある失敗、思いちがい

雑種系（白イボ）キュウリは摘心すると、その後の果実の肥大がよくなる。そこでたくさん収穫しようと思い、主枝を摘心した後、側枝も手まめに摘心をくり返していった。その結果、一時的に果実の肥大がよく、収穫できたが、草勢が弱まり、ベト病が多く発生して全体の収量が少ない。

なぜそうなったか

キュウリにかぎらずほとんどの野菜は、生育の変わりめ、すなわち栄養生長から生殖生長へと変わるとき、同化養分の流れが花芽や果実重点となる。

白イボキュウリで主枝を摘心し、さらに次々に発生する側枝を摘心すると、つる先での窒素やリン酸の消費がとまり、果実への流れが多くなるので、そろって大きくなる。その果実を収穫すると葉でできた同化物質（糖分）の行先がなくなり、それだけ葉に残る。葉に同化養分がとどまると、葉のはたらきが鈍くなり、根への分配が少なくなる。また、根の発育をうながす生長ホルモンをつくるつる先が除かれると根だけでなく、葉の老化も早くなる。

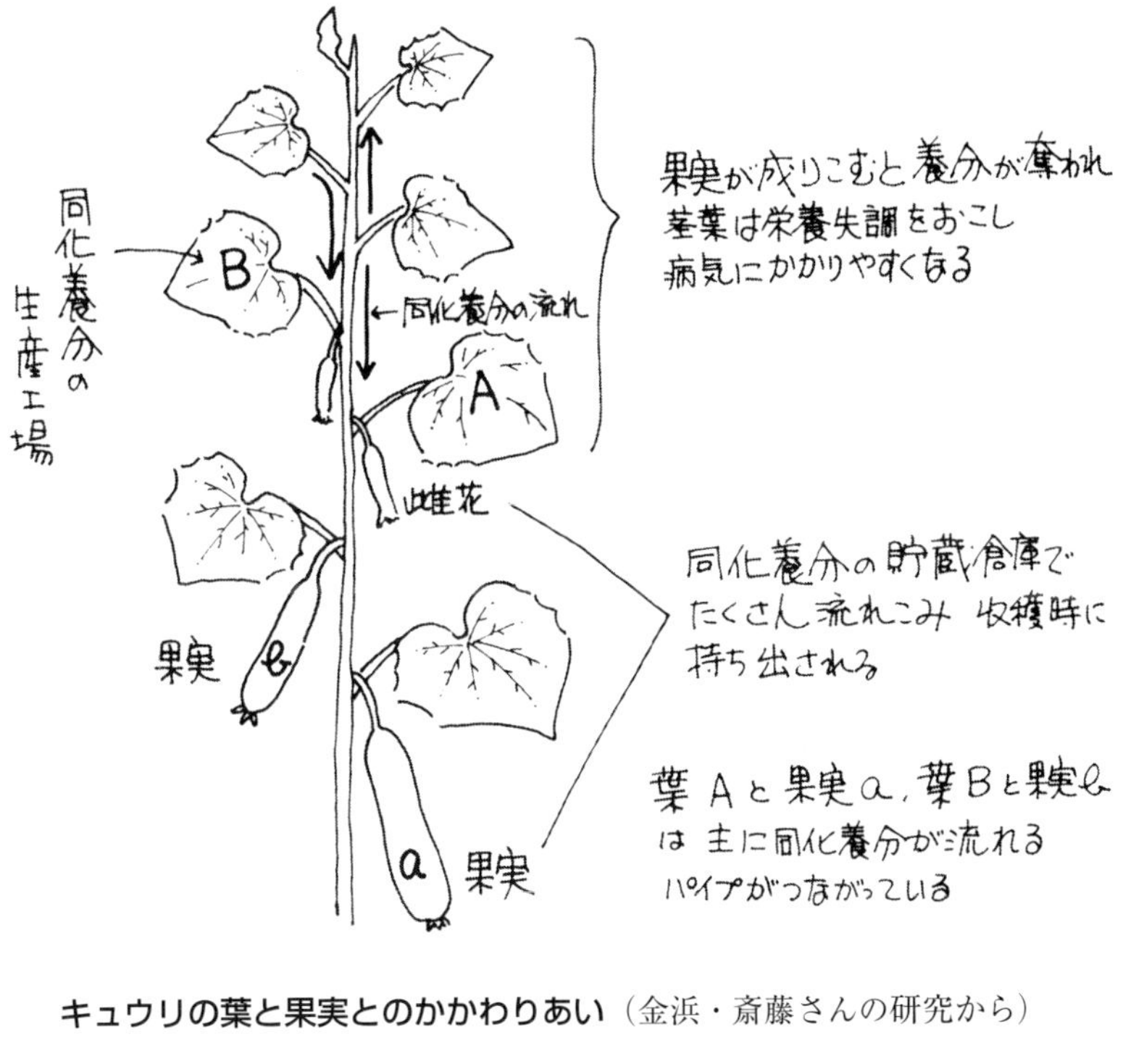
果実が成りこむと養分が奪われ
茎葉は栄養失調をおこし
病気にかかりやすくなる
同化養分の生産工場
B
←同化養分の流れ
A
雌花
同化養分の貯蔵倉庫で
たくさん流れこみ 収穫時に
持ち出される
果実
b
a
果実
葉Aと果実a、葉Bと果実b
は主に同化養分が流れる
パイプがつながっている

キュウリの葉と果実とのかかわりあい（金浜・斎藤さんの研究から）

こうして株の栄養条件が悪くなると、病害にかかりやすくなり、ベト病やウドンコ病が目だってくるほか、収穫の波が大きくなり品質も低下する。

どうすればよいか

主枝摘心後は、つねに生長点を持つ側枝を二〜三本仕立てるか、遊びつる一〜二本を出す。こうして葉面積を広くし、同化養分を多くする。また、着果はじめころから肥効が充分にあらわれるような追肥と、根圏の土壌微生物をふやし、根のはたらきをたすける特肥「エポック」または「地楽園」希釈液に糖蜜や液肥を混ぜて土壌かん注する。さらに、着果節位を中心に液肥や特肥「天酵源」の葉面散布を行ない、草勢を保つ。とくに曇や雨続きのときほど効果が高い。

また、果実が成りこんできたら夜温を低く一八度くらいにして、果実への転流を抑え収穫の波を少なくする。

ハウスメロンやスイカなどでも、生育後半の草勢を強化する手段として遊びつるの利用は有効である。

一口ヒント

ウリ類の側枝の摘心時期は？

キュウリの側枝は二葉残して摘心するが、早い摘心はよくない。三葉めが開いて、同化養分を盛んに生産するようになったころに行なうと、雌花や果実の肥大がよい。ハウスメロン、マクワウリも同様。

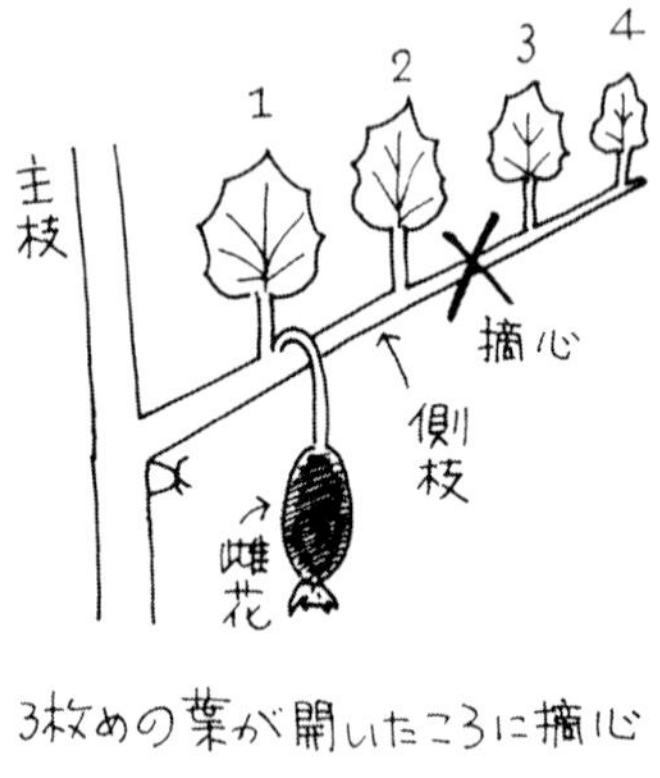

1
2
3
4
主枝
摘心
側枝
雌花
3枚めの葉が開いたころに摘心

側枝の摘心、早すぎ、おそすぎはダメ

ナスなど

草勢が弱ったときの摘心は

よくある失敗、思いちがい

日射量の少ない冬場の促成ナス栽培では、光や温度管理が大切だと指導をうけた。そこで株のふところへの日当たりをよくし、着色をよくし、また地温を高めようと、多めに摘葉したところ、その後急に草勢が弱った。さらに側枝の摘心をつづけたところ、草勢の回復がますますおくれてしまった。

なぜそうなったか

収穫期間中、葉でできた同化養分はおもに花芽や果実へ流れる。しかし、生産工場である葉を一度に数枚除くと同化養分の生産が少なくなり、大きなショックを与える。一度は根や茎に流れていった養分が、再び果実や花芽などへ分配されるので、根のはたらきは急に弱まる。いきおい地上部へと影響する。

どうすればよいか

一度に数枚を摘葉するのは好ましくなく、一～二枚にとどめて株にストレスを与えないようにすることが大切だ。

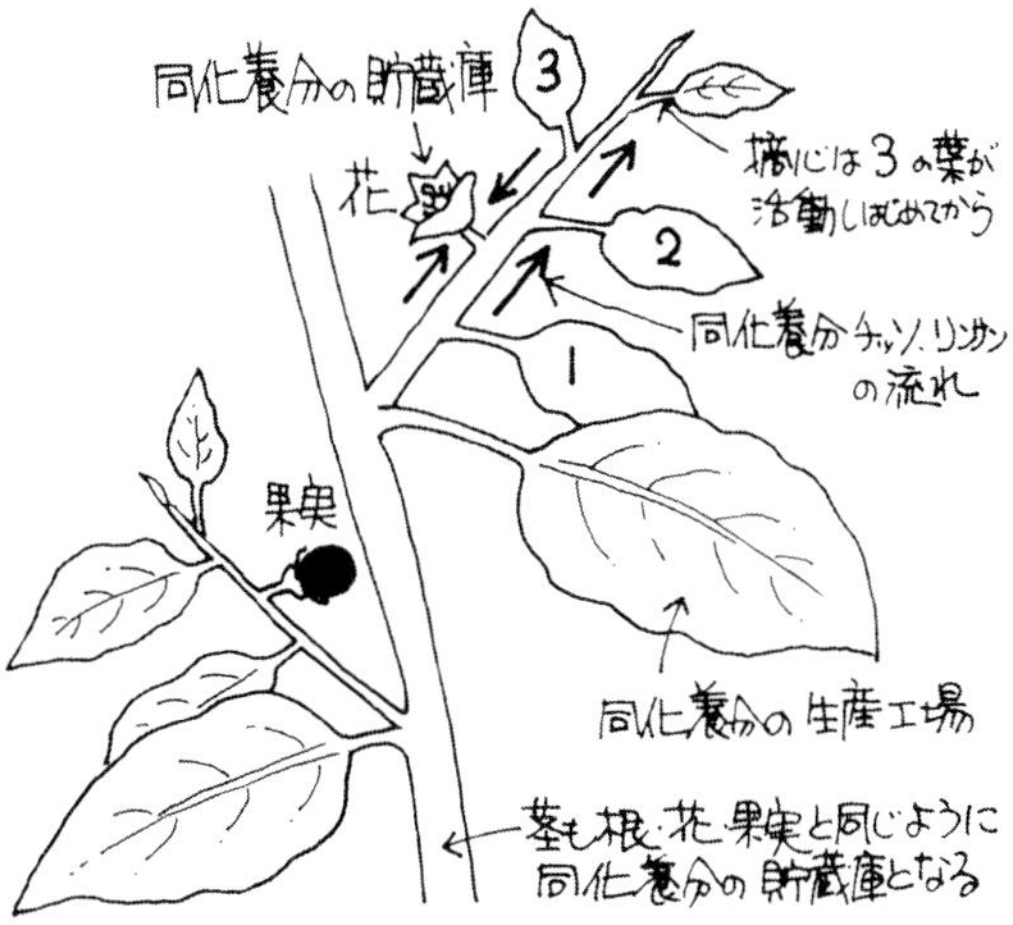

ナスの養分の流れと摘心

また、側枝の頂芽を除くと窒素やリン酸の流れが止まり、行き場がなくなるのでほかの葉に多く残る。葉に養分がたまるとはたらきが弱くなる。草勢が弱ったときの摘心は不適当である。

逆に、摘心せず若い葉や頂芽への養分が多く流れると、根の生長と活力を強化する発根ホルモンが多くなる。側枝の頂芽や若い葉が生長するにつれて、光合成が活発となり草勢が回復する。

草勢が弱ったときの摘心は、葉数をふやすよう二芽残しとするのがよく、草勢が回復したあとは一芽残しにもどすとよい。

なお、複合肥料の液肥や特肥「天酵源」の希釈液の葉面散布を行なう。土壌水分が多く、根のはたらきが弱く、マルチ下に白根が見られないときは、特肥「エポック」または「地楽園」の希釈液を土壌かん注すると草勢回復が早い。

メロンなどウリ類

つるボケ時の体質改善法

よくある失敗、思いちがい

メロンの無加温の半促成栽培、三月上～中旬の開花時に冷えこみが厳しく、着果が悪い。草勢はますます強くなり、肥大途中の幼果まで落果し、過繁茂となった。そこでつるを生長させれば、余分な養分を吸収して草勢がおちつき着果するのではないかと思い放任した。しかし、着果が悪く、減収した。

なぜそうなったか

過繁茂になった株を放任すると日当たりがますます悪くなり徒長的な生育になって茎葉の同化養分の生産量が少なくなる。急いで体質改善をはからなければならない。

どうすればよいか

着果していない側枝をまず摘みとり、茎葉全体への日当たりをよくすると、茎葉のはたらきが回復して同化物質がふえる。また、生長点を持つ側枝や茎葉を摘みとると根の吸収力が弱まり、作物体内は窒素よりも炭水化物の割合が高くなって着果しやすい株となる。落ちそうな幼果もよく肥大してくる。

まもなく、充実した雌花が開花してきたら受粉後は高めに保温し、着果剤を使用する。また、茎葉の同化機能を高める特肥「天酵源」三、〇〇〇倍液と「エポック」一、〇〇〇倍液に液肥五〇〇倍液を加えて、一〇〜一五日ごとに二〜三回葉面散布するとよい。

摘除したつるは数日放置し、しおれたあとで整理すると株をいためることが少ない。摘除直後につるを動かすと、残したつるをいためるため、ほかの病害を誘発するので注意する。

スイカやシロウリ、マクワウリ、カボチャやインゲンマメなどのつるボケ時も、同じことで、思いきった整枝を行なうとよく着果するようになる。

トマトなど野菜全般

降雨時の整枝作業は病気のもと

よくある失敗、思いちがい

山間地での夏秋トマト栽培、整枝作業がおくれると着果が悪くなる。作業を早くしようとしても、晴天日は収穫などほかの作業とかちあう。そこで、時間の余裕がある雨のときを選んで、摘芽や誘引作業を進めたところ、その後「かいよう病」が多発し、減収した。

なぜそうなったか

「かいよう病」の病原菌は多湿を好む細菌で、湿度の高い雨どきに伝染する病害である。とくに整枝作業時にうけた傷あとや害虫の食べあとから細菌が侵入して発病する。

どうすればよいか

整枝や誘引などトマトに傷をつけるような作業は、傷あとが早く乾き硬化するように、晴天時に行なうことだ。また作

一口ヒント

トマトの草でき防止法

根の活力の強いトマトは下位果房が着果するまでの生育調整がポイント。活着後はかん水をひかえ、肥効を抑え、着果後に肥効をうながす。草できしたときは土を乾かし、根への流れを分担する下位葉を三〜五枚摘葉して日当たりをよくする。また、同化養分のうけ入れ器官となる側枝は少し伸びたあととり除く。

業後の殺菌剤散布は必ず実行する。

　このようなことは露地栽培だけでなく、キュウリ、メロン、イチゴなどの施設栽培でもたびたび見かけられる。

　ハウスキュウリでは、ハウス内は高温となり作業がやりづらいことから、曇天や雨天時に摘心や摘芽作業を行ないがちである。湿度の高いハウス内は、作業時にできた傷口が乾きにくくその傷口から細菌が入って軟腐病や斑点細菌病が、ハウスメロンではつる枯れ病や褐斑細菌病が多発して、その防除に困ることが多い。

　促成イチゴでは古葉かぎを曇天や降雨直後あるいは夕方ちかくに行ない、クラウンの傷あとが乾かないうちに病菌が侵入し、疫病や炭疽病を多くしている。とくに、自然に離層ができつつある黄変した古葉のあとよりも、まだ活力のある葉を強引にかいだときはこの現象が多い。

　ハウス野菜・露地野菜ともいずれにしても、作物に傷をつけるような作業は、天候を見はからいながら晴天時に実行し、二次的な障害を回避する。

果菜類

ハサミでの摘心は病気を広げる

よくある失敗、思いちがい

　ハウスメロンやトマトなどで整枝がおくれてしまい、手での除去がむずかしいと思って肉厚のハサミで整枝した。しかし、整枝したあとハウスメロンはつる枯れ病や菌核病が、また、トマトでは軟腐病やかいよう病が多く発生した。

なぜそうなったか

　果菜類の摘心や摘芽作業は、人の指先で行なうのが本来の姿であり、肉厚のハサミなど金具を使うのは好ましくない。

　ハサミを利用すると切り口の組織が乱れて、ゆ合組織の発達がおくれる。また切り口は乾きにくいことから細菌など病原菌が繁殖しやすいようで、思わぬ被害をうけるときがある。とくに不良天候のときに著しい。

どうすればよいか

　整枝作業は早めに行ない、つるや側枝が大きく生長したあとでもハサミは使用しないほうがよい。素手で葉腋の離層部からひねるようにすると芽かきあとは清潔で、傷口が小さくてすむ。傷あとの乾きが早く、ゆ合組織ができやすいので病菌の侵入が防止できる。とくにハウスメロン、スイカ、キュウリ、カボチャ、トマトでは後遺症が少なくてすむ。

　どうしてもやむをえないときは、カミソリ刃のように、うすくてよく切れるものを選ぶ。切り口には殺菌剤を塗衣しておくと発病が予防できる。とくにハウスメロンではつる枯れ病に注意したい。

　なお、金具を使うと接触伝染するウイルス病がこわいので、罹病株にはふれないようにしたい。

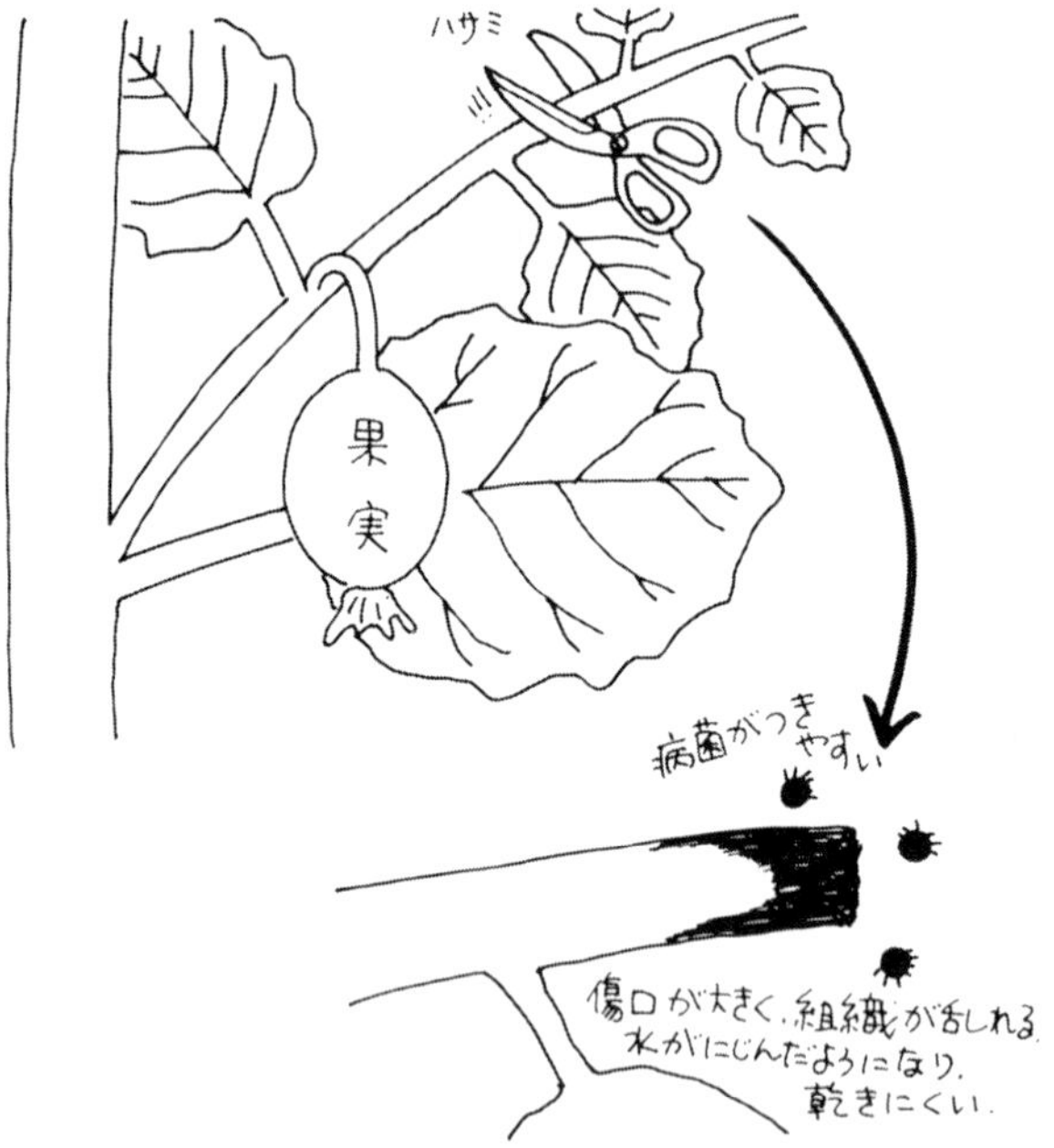

ハサミ
果実
病菌がつきやすい
傷口が大きく、組織が乱れる。
水がにじんだようになり、
乾きにくい。

摘心でハサミを使うと

エンドウ・インゲンなど

つるを放任するとどうなるか

よくある失敗、思いちがい

　つる性のエンドウは、支柱に巻きついて生長するので倒伏しないと思って放任した。しかし、内部が混みあい、一部のつるはたれてしまい、低節位に開花してもほとんどさやが落ちたり奇形さやが多く、減収した。

なぜそうなったか

　エンドウのさやが生長するには、受精後子実ができなければならない。受精は花粉の活力で決まるが、日照が不足したり五度以下の低温または二〇度以上の高温下では花粉の機能が低下してくる。さらに、風通しが悪く日当たりが少ないとさやは生長しない。

とくに支柱が倒れると主枝や第一次側枝が折れたり、重なって、日当たりが悪くなり、とうてい収穫はのぞめない。エンドウ栽培で誘引作業はきわめて重要な基本技術である。

どうすればよいか

収量の多い主枝をよく伸ばすように、生育初期は仮支柱と土寄せで倒伏を防ぐ。支柱はしっかりと固定し、さらに横なわをピンと張って、地際から発生したつるが地面にふれないようにつり上げて、たれ下がらないようにする。また、つるは等間隔に誘引して日当たりをよくする。

このことは露地栽培だけでなく、冬から早春にかけて栽培するハウスではなおいっそう誘引を徹底しなければならない。

なお、倒伏防止のため合掌式が見られるが、内側の成りこみが少なく、日当たりがよい直立式が好ましい。また、上位節から発生したつるは着花しないので摘みとり、日当たりをよくする。

近ごろ、省力的な網支柱が多く利用され、放任してもよいような錯覚を持つことが多いが、生育初期の誘引には細かい気配りが必要で、しっかりとつり上げる。

もし誘引がおくれてつるが混みあっているときは、株元から出ている側枝は折らないようにつり上げて固定して風通しをよくする。また、混みあっている側枝は、思いきってとり除き間引きする。内部まで光線がよく当たるようになると開花やさ

一口ヒント

ウネの上や株元を踏みつけてはいけない

日常行なう整枝や収穫作業をするとき、ウネ面にのると土壌が固くしまり、根のはたらきが弱まる。草勢の衰弱が早まり、後々苦労するので株元の踏みつけは禁物。

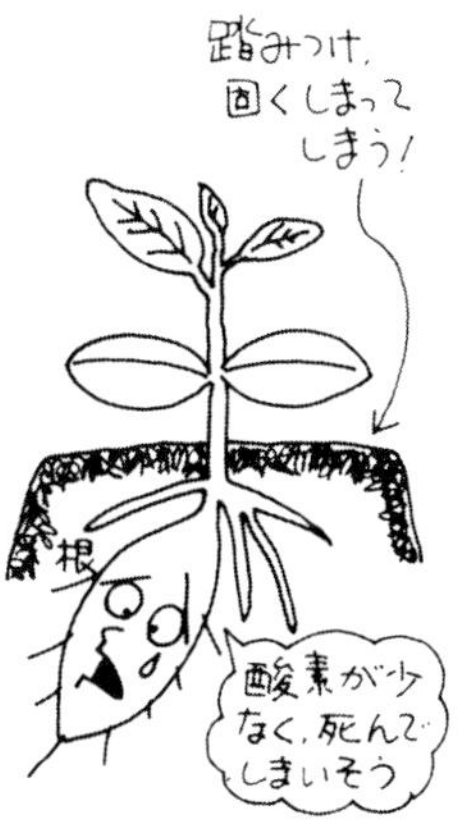

ついついウネに踏みこんで作業しがち

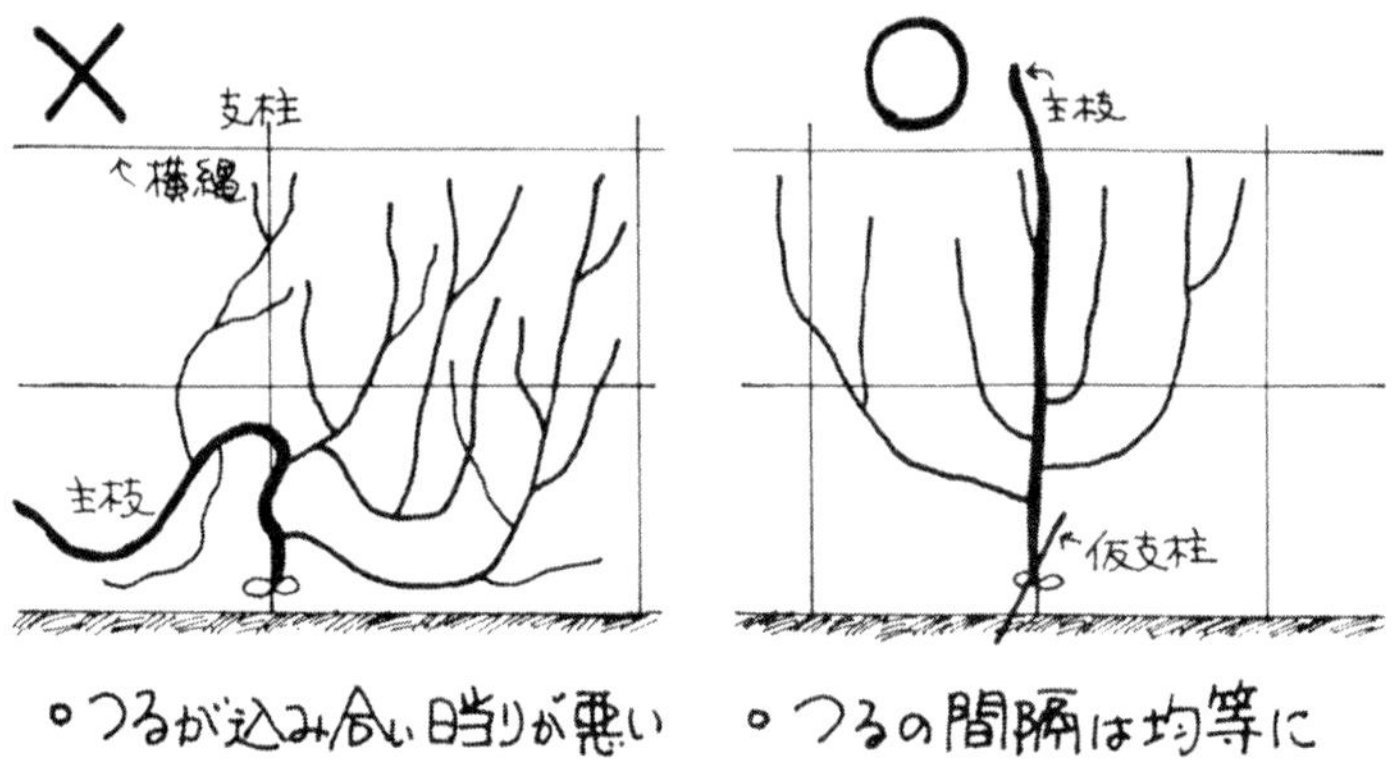

エンドウの誘引

やつきがよくなる。なお、曇天や降雨時の作業はひかえるほうがよい。

また、草丈がよく伸びるスナップエンドウや半つる性の品種も誘引がポイントになることを忘れてはならない。

エンドウ以外のつる性のインゲンも生育初期の主枝と側枝の誘引がカギとなる。また、グリーンアスパラガスの倒伏防止用の支柱も、しっかりと固定し中心部がむれないようにする。

ナスなど果菜類

早い摘果は木ボケの危険

よくある失敗、思いちがい

促成ナスの生育を調整するために、例年一番果を着果させてきたが、昨年は年内の発育がおくれ、一次側枝の生育が不ぞろいとなったため、少し早めに摘果したほうがよいのではとの指摘もあって、早く摘果して初期の株づくりを進めようとした。ところが生育がおう盛となってしまい、一〜三月ころは石ナスばかりで大きく減収した。

一番果がカギ

なぜそうなったか

果菜類では開花後種子ができはじめると、すぐ同化養分が流れこみ、それまで側芽や茎葉あるいは根に分配されていた養分の一部も果実へと移っていく。

ナスもまったく同じことで、着果すると株の負担が重くなる。とくに一番果の着果は、株の初期生育の調整上、側枝の発生や主枝の生育をそろえるうえで、きわめて重要な役割をはたす。したがって、早く摘果してしまうと株の負担が軽くなって、その分、茎葉や根の生育が盛んとなり草できるようになる。

どうすればよいか

気温や地温の高い好条件下に定植される促成ナスでは、おのずと生育が盛んになり、とかく茎葉が繁りやすい。開花した花は、ホルモン処理（トマトトーン三〇～八〇倍単花処理）を行ない、必ず着果させるようにする。

着果させた一番果のとり扱いも重要で、収穫時期、大きさは生育を見て判断する。

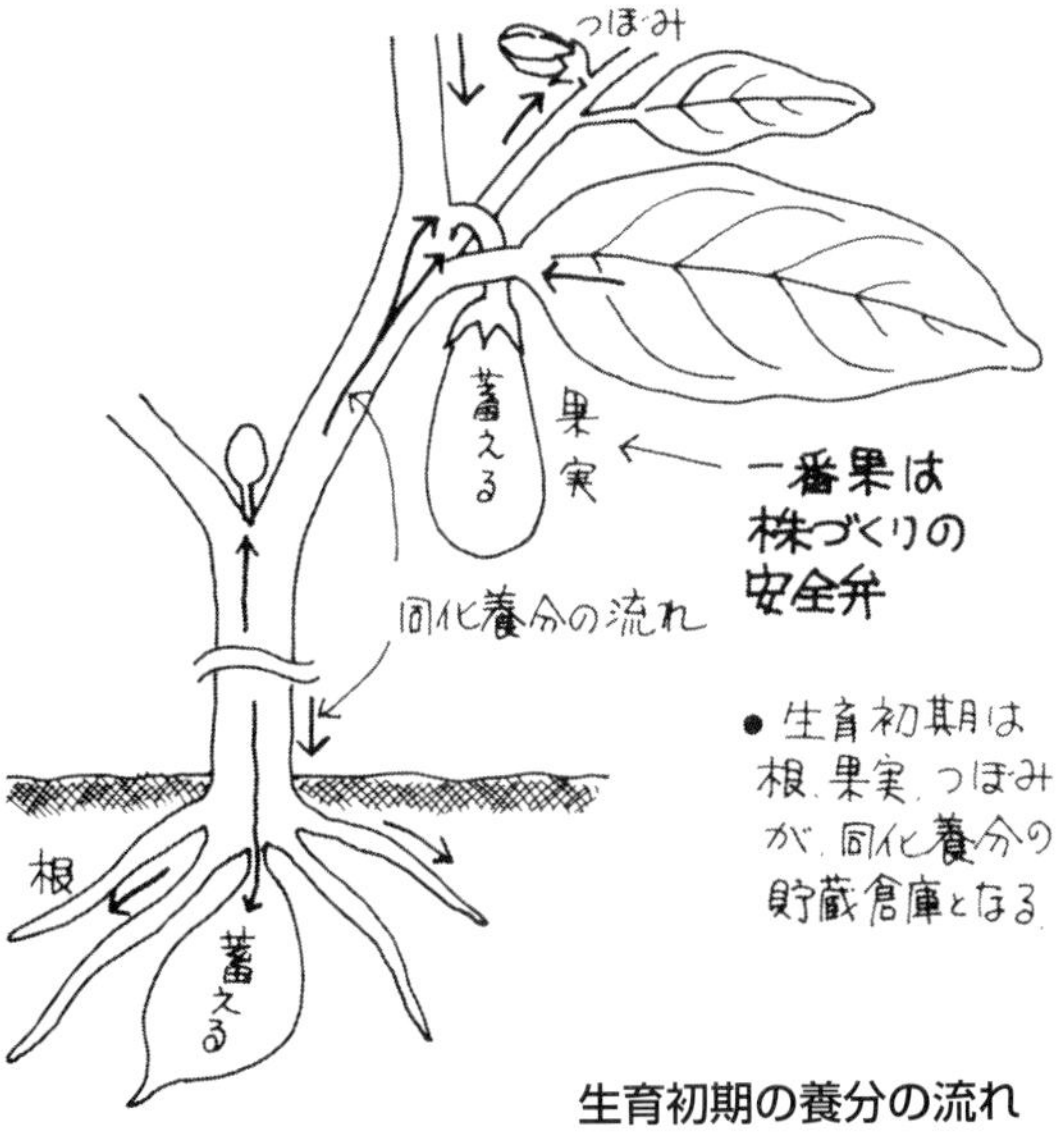
つぼみ
果実
蓄える
一番果は株づくりの安全弁
同化養分の流れ
●生育初期は根、果実、つぼみが、同化養分の貯蔵倉庫となる
根
蓄える

生育初期の養分の流れ

側枝の発生が多く、力強い生長点が見え、生育がよいときは通常よりもやや大きくして収穫する。

なお、貧弱な苗や適期を失した植付けで、植えいたみが激しく、初期生育がおくれた場合は、生育を早く回復させるよう、摘果を急ぐことがある。

主枝となる第一次側枝の生育むらは、定植後の生育も関係するが、むしろ、苗の素質が強く影響してくる。苗の発育を支配する床土や水分管理に注意する。また、強い主枝は広めの角度に、弱い主枝は立ちぎみに誘引するほか、かん水のやり方や夜温管理など総合的に判断して生育をそろえる。

このように生育初期の着果は、生育を調整する安全弁であり、このことはナスの抑制や半促成栽培、またトマト、キュウリ、スイカ、メロン、カボチャなど果菜に共通することである。

カボチャ・メロン・マメ類など

着果のさせすぎで果実が変形

よくある失敗、思いちがい

黒皮カボチャの半促成栽培、親子づる二本仕立ての整枝で、果数を多くし多収穫しようと考えた。ホルモン剤を使って二果以上を連続して着果させようとしたが、

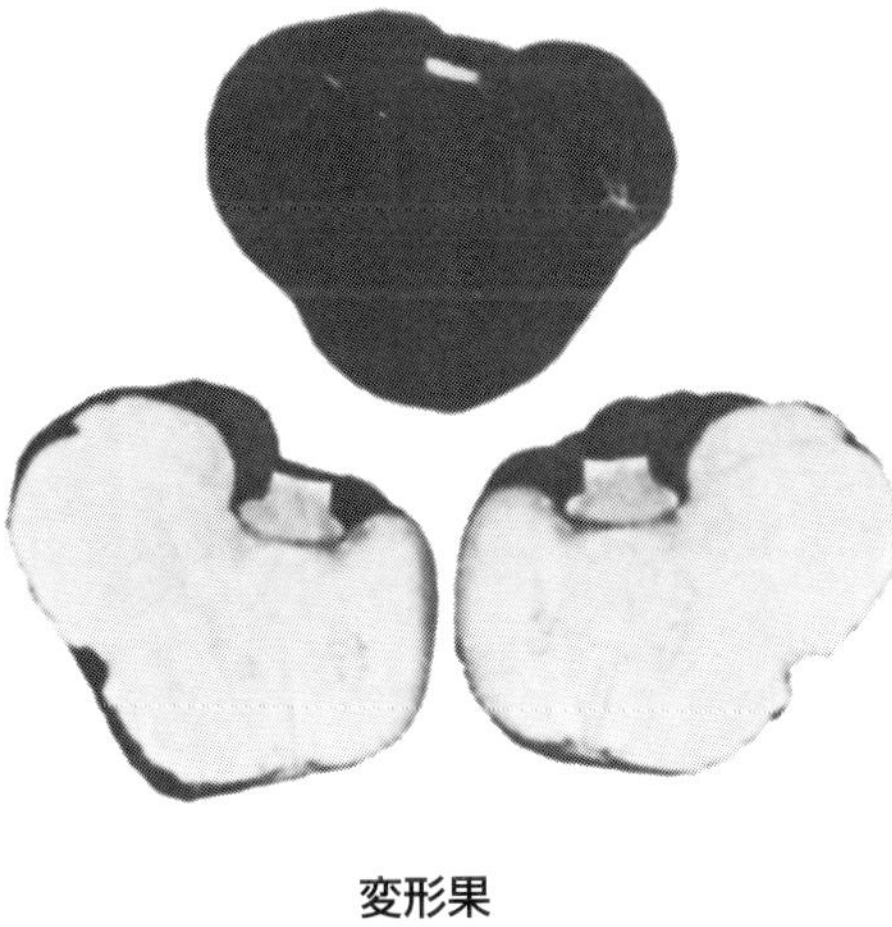

変形果

発育途中の幼果がしぼみ、落果する。また、着果しても果肉の一部分の肥大が悪い変形果となり、肉質や食味が悪いものになってしまった。

❓なぜそうなったか

カボチャの果実は、キュウリやメロン、ナスなどと同じように、茎葉でできた同化養分の貯蔵器官となる。しかし肥大途中の未熟果を次々に収穫するキュウリやナスとはちがい、栄養分をたっぷり、たくわえて完熟させてからの収穫になる。二果以上が着果すると、株への負担が大きくおたがいの果実間に栄養分の奪いあいがおこる。とくに温度や光線など環境条件がかぎられ、しかも、整枝して葉面積が少ないハウス栽培では、とくに株の負担が大きい。この場合、先に着果した果実には、次の果実よりも多く栄養分が流れこむ性質があるが、同化養分が不足すると、受精しても肥大中途で発育が停止してしぼみ

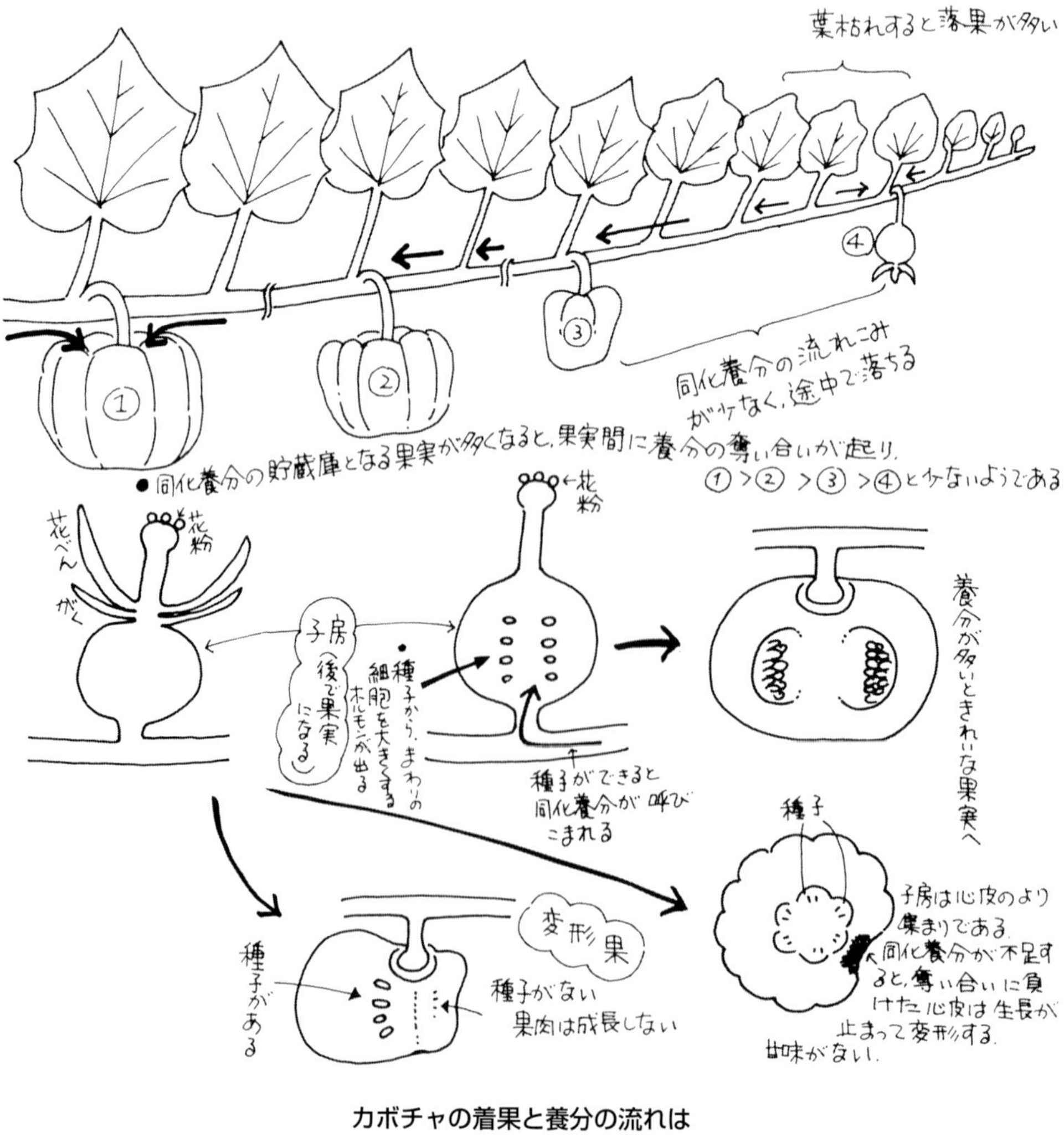

カボチャの着果と養分の流れは

豆類の花（子房）

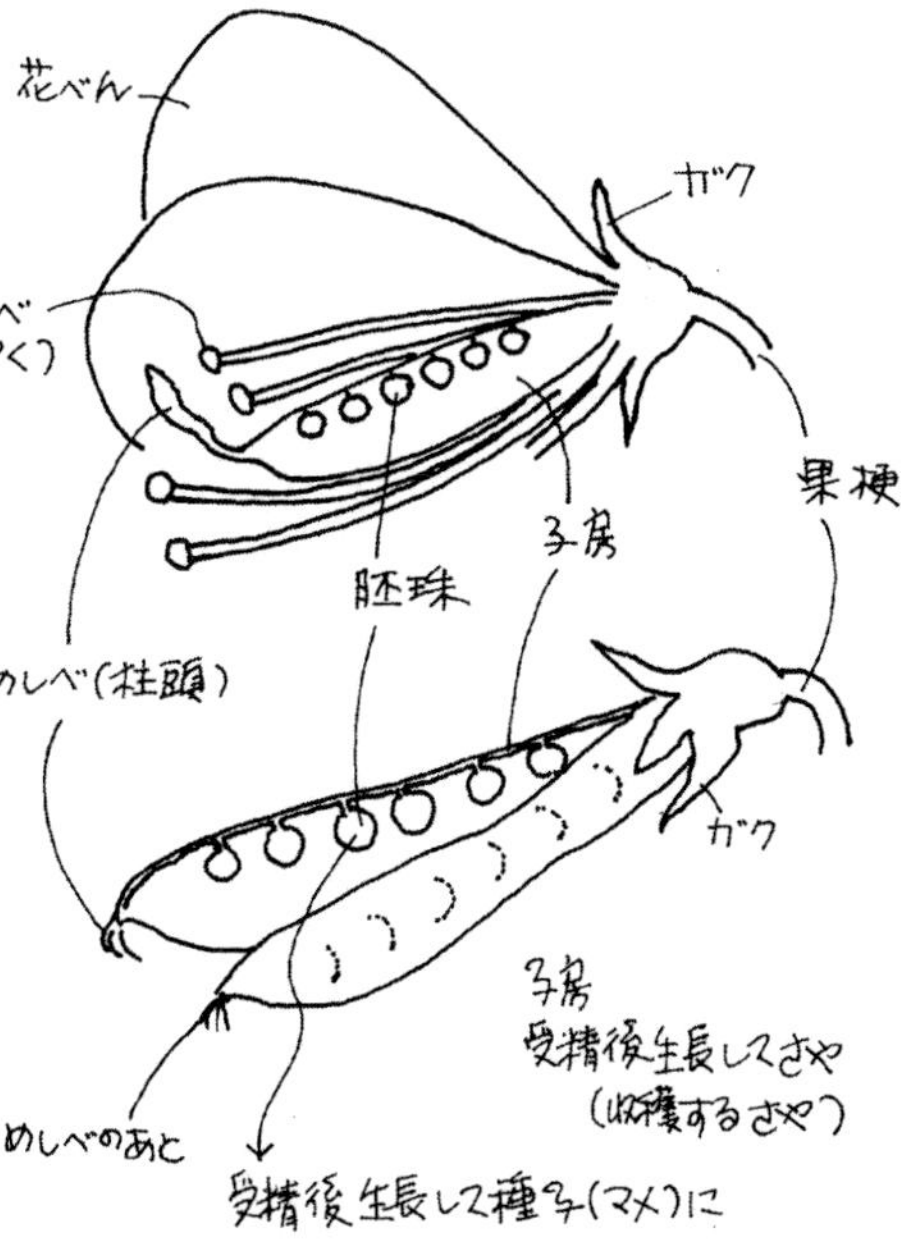

カボチャ雌花（子房）

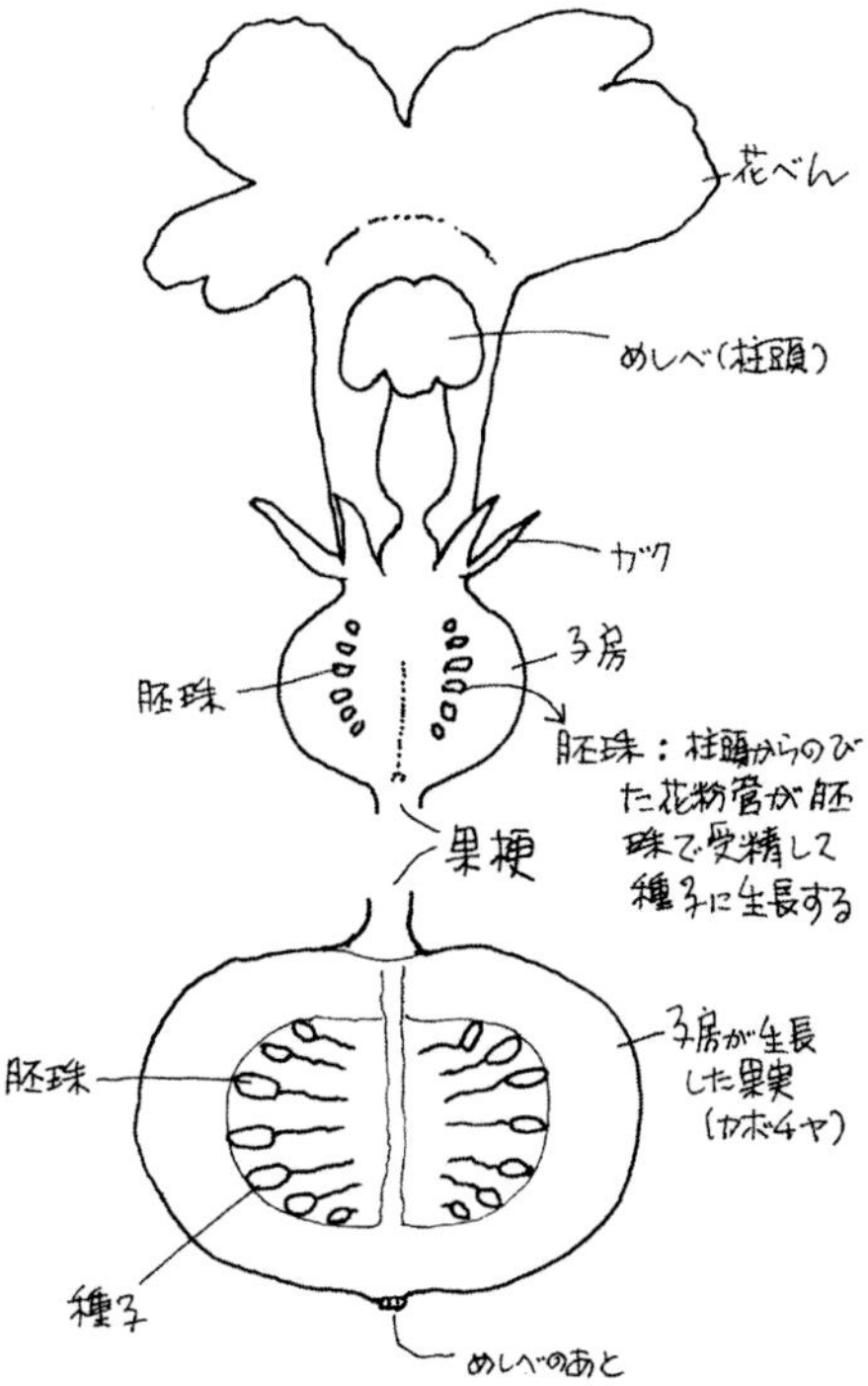

ナス花（子房）

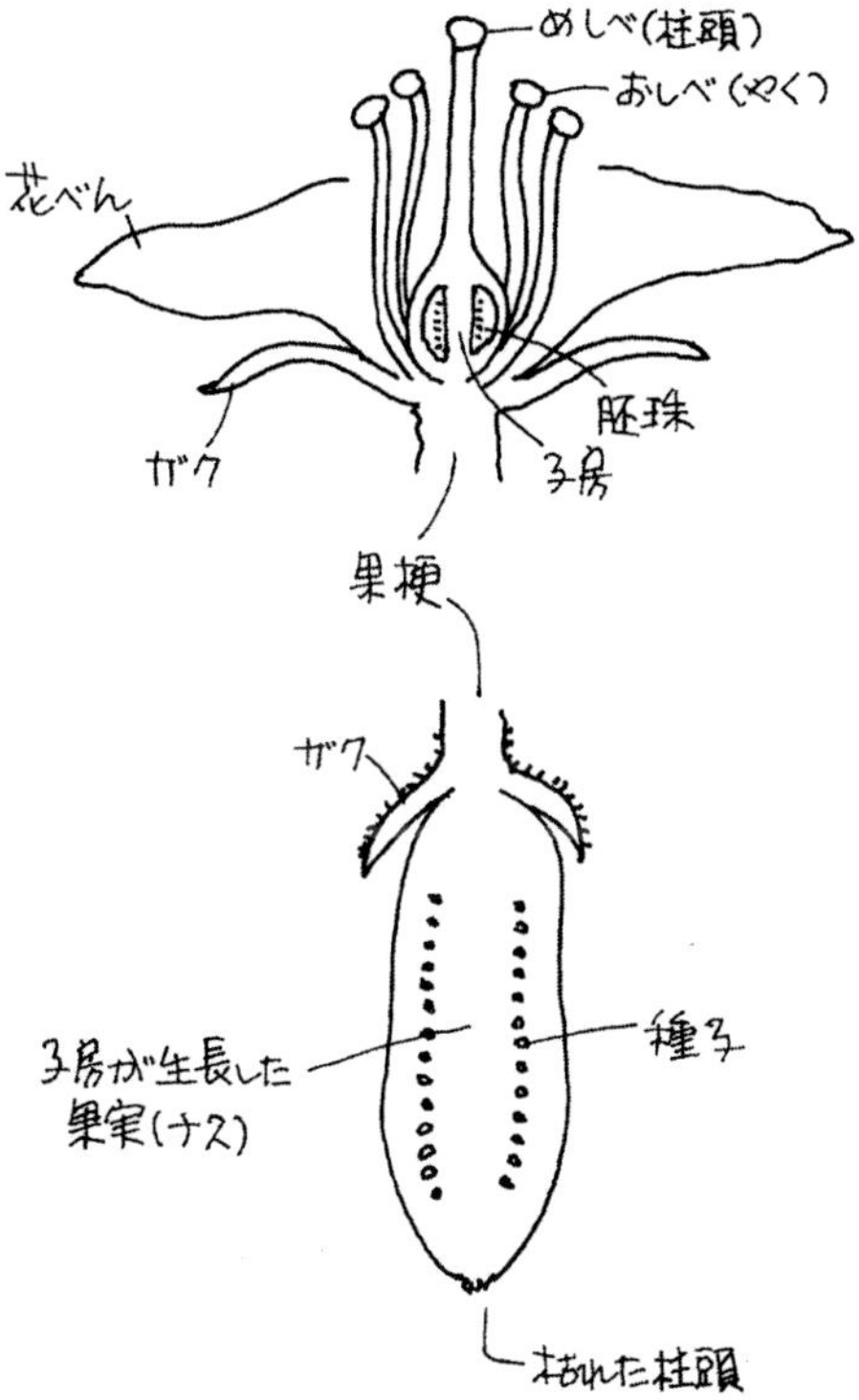

トマトの花（子房）

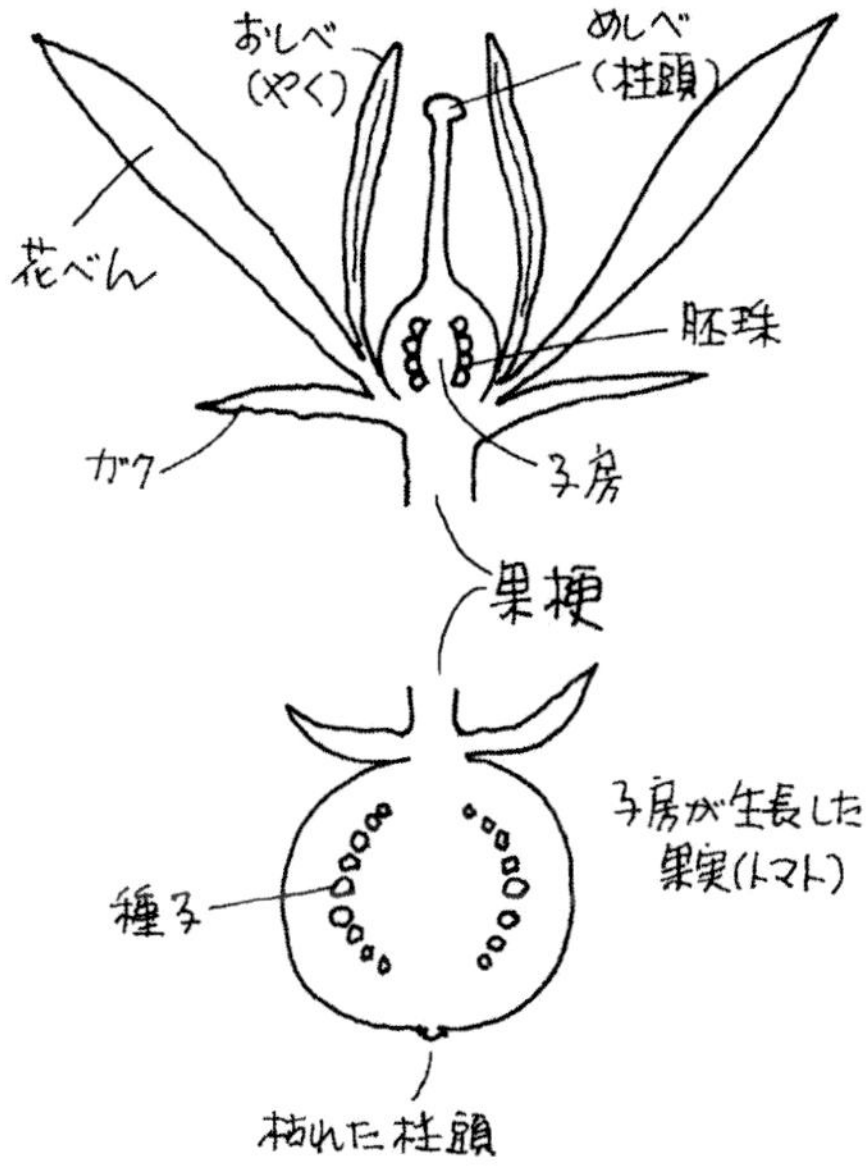

いろいろな野菜の花（子房）

落果する。また、着果しても変形果になる。

茎葉と果実とのあいだには、栄養分が流れる維管束が通じている。栄養分が不足してくると、同じ果実内でも養分が充分に供給される部分と、そうでない果肉部分ができ、不足する部分は発育がおくれるので変形する。またでんぷんが少なく、肉質も悪い。

どうすればよいか

よく着果し肥大させるには、生育初期の根づくりが基本となる。着果後の草勢、葉のはたらきを強め維持するようにかん水と肥効があらわれるように施肥するほか、混みあった場所は整理したり、保温資材の開閉などに注意して日当たりをよくする。株の生育によっては、摘果して株の負担をかるくする。また、特肥「天酵源」の葉面散布と土壌微生物をふやし、根のはたらきをたすける特肥「エポック」の土壌かん注を、結果後一〇～一五日ごとに連続して行なうと効果がある。

このようなことはスイカやメロンにも見られる。メロンでは開花がそろわず、三～五日開花がずれてくると、開花がおくれた雌花は着果しない。あとで開花した雌花は栄養分の奪いあいに敗れ、養分が不足して、着果できなくなるわけだ。

ソラマメ、エンドウ、エダマメ、インゲンなど粒の生長が止まった異常さやも、さやまたは粒（子実）におこる同化養分の奪いあいが原因となる。とくにハウス栽培で天候が悪いときや露地栽培で日照が不足し草勢が弱い場合に多い。受光をよくし、草勢を強めるのも対策の一つである。

セットタマネギ・ワケギなど

枯葉を除かないと生育がこんなにおくれる

よくある失敗、思いちがい

冬どりタマネギのセットを植え付けるときに、枯れた茎葉をそのままつけていても発芽には支障がないと思った。しかし、萌芽葉が伸びだすと枯れた葉がからみ、葉の生長が妨げられ、新葉の発育がおくれた。初期生育がおくれるばかりか、青立株となり収穫できない。

なぜそうなったか

生育適期間が短くかぎられる冬どり栽培では一日も早く発芽させ、初期生育を急がせることが大切である。長日刺激を感じる十月上旬までに、七枚以上の葉数を確保し、葉身を大きく生長させるのが多収穫のポイントになる。

どうすればよいか

セットの枯れた茎葉は乾くと硬く、伸びてくる新葉の展開を妨げる。第一葉の発育が阻害されると、次の第二葉の生育を悪くして、後々まで尾をひく。だから、セットの枯れ葉は短く切りつめて萌芽葉が素直に伸びるようにしなければならない。

枯れた葉の扱いは生育への影響が少ないように受けとられがちだが、生育期間の短いこの栽培では、生育初期のわずかなおくれが、青立株を生ずる重大な結果となるので注意したい。

タマネギのほか、早出し（夏出し）のワケギでも同じことがいえる。萌芽葉の生育が収穫期だけでなく、収量を少なくするので、種球の茎葉はきれいに除きたい。

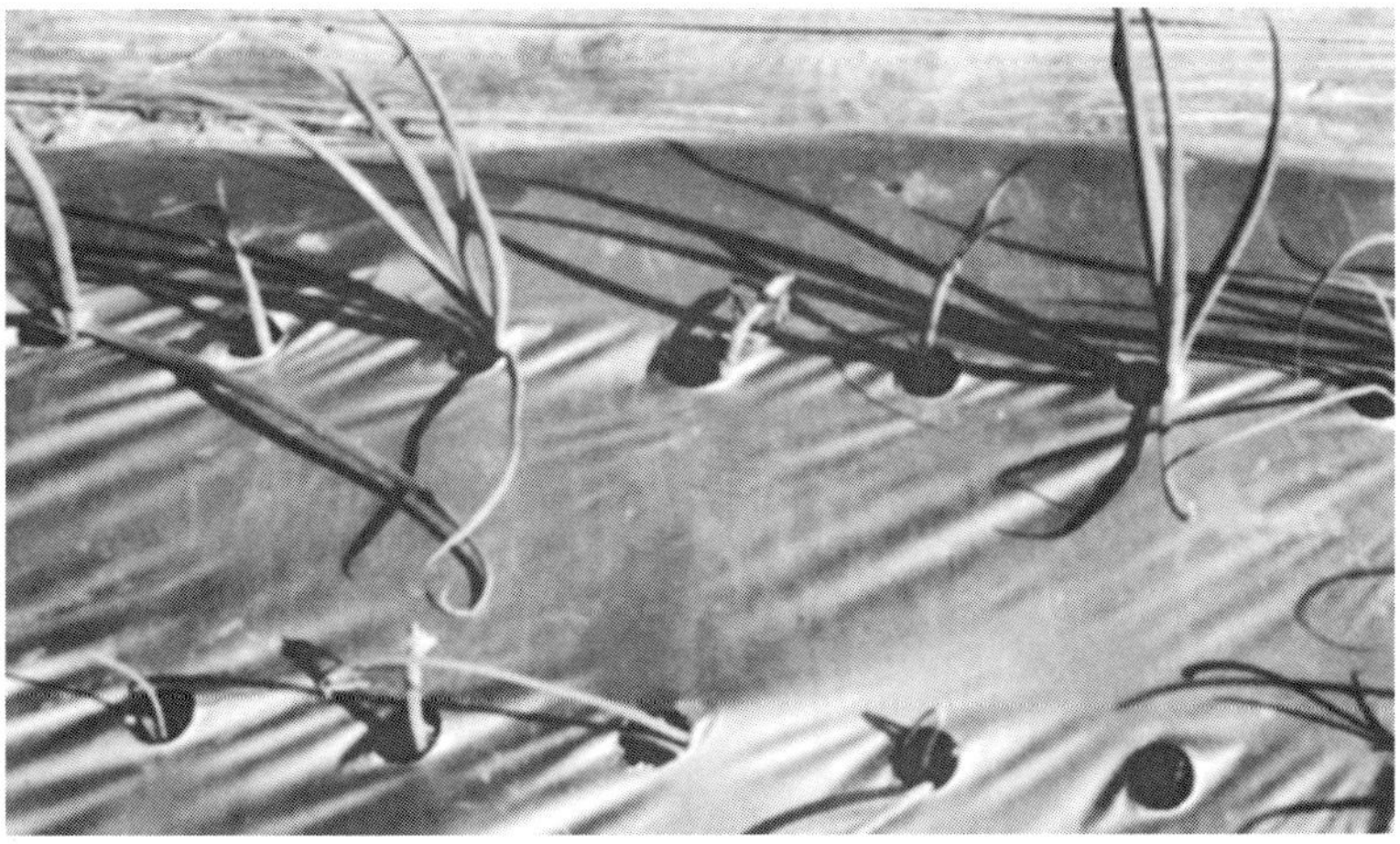

枯れた茎葉をつけたセットは、新葉の展開、伸びが著しく妨げられる
発芽後1カ月で玉が太るセット栽培では命とりとなる

スイートコーン

除けつがマイナスになる場合

よくある失敗、思いちがい

極早生品種を用いたマルチ栽培で、栄養分の無駄使いを少なくし早く収穫しようと、株元から発生する分けつ茎をとり除いた。しかし、収穫時期は変わらず、雌穂の先端をはじめ全体に粒（子実）の充実が不ぞろいで品質がよくなかった。

なぜそうなったか

雌穂の粒は受精しないと生長しない。開花前後の天候がよく乾燥しすぎて、絹糸（花粉が受粉されるめしべの先端）の機能が失われると受精しない。

また、受精しても粒への同化養分の流れが不足すると粒の発育が妨げられる。

分けつ茎を除いて、葉数（葉面積）が少なくなると、同化養分の生産量が不足して、不稔粒ができやすい。とくに極早生品種は葉数が一〇枚あまりと少ないので、除けつするとますます粒の充実が悪い。

どうすればよいか

茎葉の生育量の少ないトンネルマルチ栽培で早まきしたり、排水の悪い水田や肥切れして生育が劣った圃場では除けつは行なわないほうがよい。また、根や茎葉の発育をうながし、光合成を盛んにするように本葉三~五枚ころに特肥「エポック」一、〇〇〇倍液を、株元かマルチ下からかん注する。さらに特肥「天酵源」五、〇〇〇倍液の葉面散布を一〇日ごとに二~三回行なうと雌穂を大きくし、先端部まで粒の充実がよくなる。密植をさけて下葉まで光がよくあたるようにすることも大切だ。

粒（子実）が不ぞろいとなったスイートコーン（下）

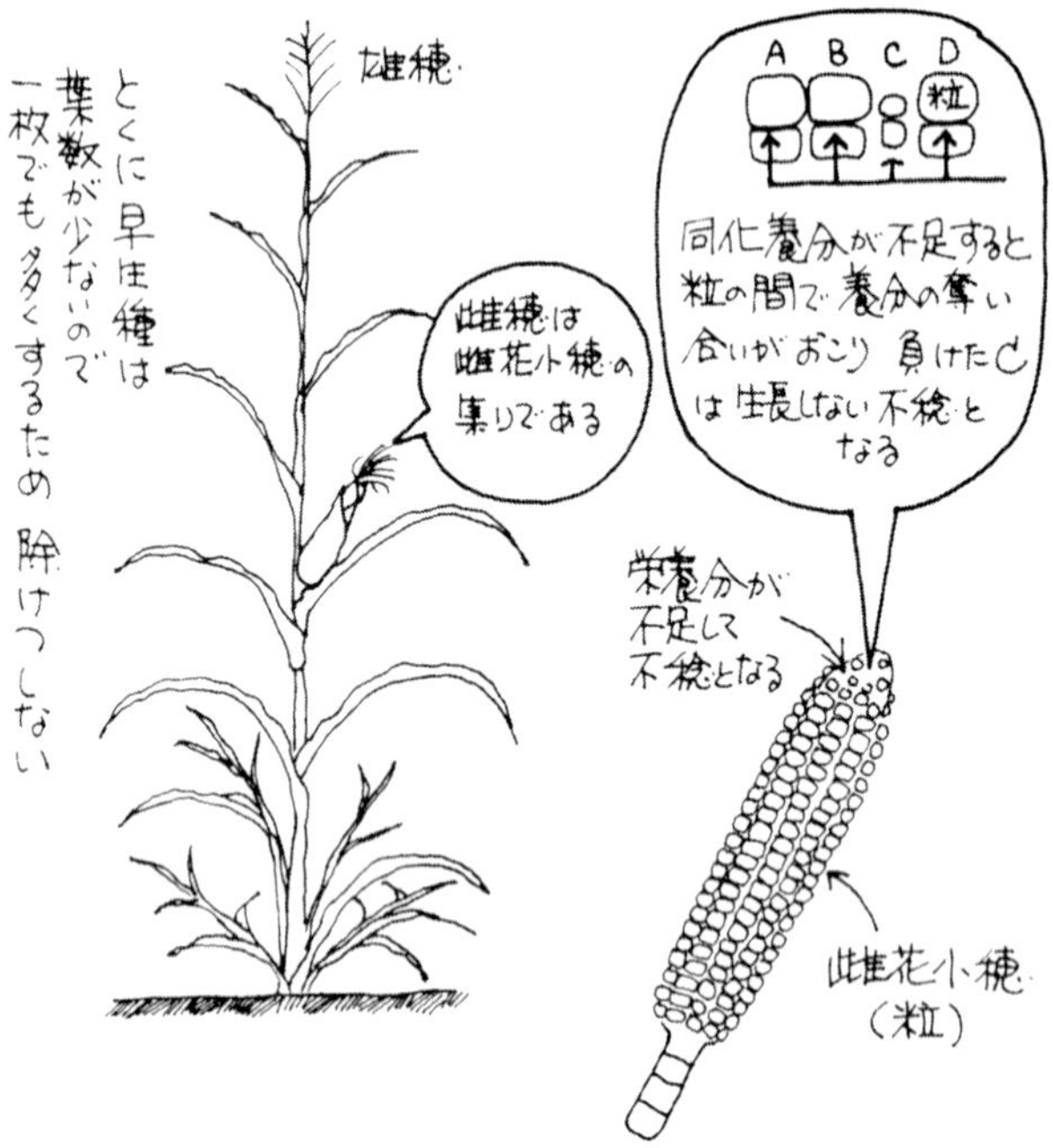
雄穂
とくに早生種は葉数が少ないので一枚でも多くするため除けつしない
雌穂は雌花小穂の集りである
A B C D
粒
同化養分が不足すると粒の間で養分の奪い合いがおこり負けたCは生長しない不稔となる
養分が不足して不稔となる
雌花小穂（粒）

農薬利用

農薬の使い方を誤ると、副作用で障害をおこす。農薬に頼らない、安全第一に資材を使い分けた野菜つくりを心がけたい。近年は気候の変動もあって見慣れない害虫や病気、さらに外来の雑草がふえてきた。病害虫の発生や雑草被害にともなう対策の副作用で、生育障害もふえているが、その原因の多くは、人の不手際によるものが多い。

雑草や病害虫の発生のしくみはほぼ決まっていて、事前に手を打てば予防できる。病気に強い品種選び、水かけ方法、発生初期の重点防除のほか、天敵利用、草勢維持など、耕種的な予防方法をとり、使う薬剤の特性を理解しておけば、防止できることが多い。

殺菌剤・ウリ類

幼苗時のダコニール散布は奇形を招く

よくある失敗、思いちがい

キュウリのベト病は苗時代の予防が大切と考え、防除効果の高いダコニール顆粒水和剤を規定の濃度で、本葉一～二枚ころ早めに使用した。ところが定植後一〇～一三枚前後の葉が変形し、一部では心止まり株がでた。

なぜそうなったか

キュウリにダコニール顆粒水和剤は使用できるが、本葉二枚ころまでの幼苗時には使用できない。散布すると、代謝作用を混乱させるためか、新しく分化してくる葉や生育中の葉、あるいは花芽に異常分裂をおこす。葉色に濃淡ができウイルス症状となったり、葉片が矮小化したり変化する。ひどいときは心止まりになる。また、雌花も子房部が変形して商品にならない。このような症状は五～七枚つづけて見られ、あとは正常葉が出てくる。また

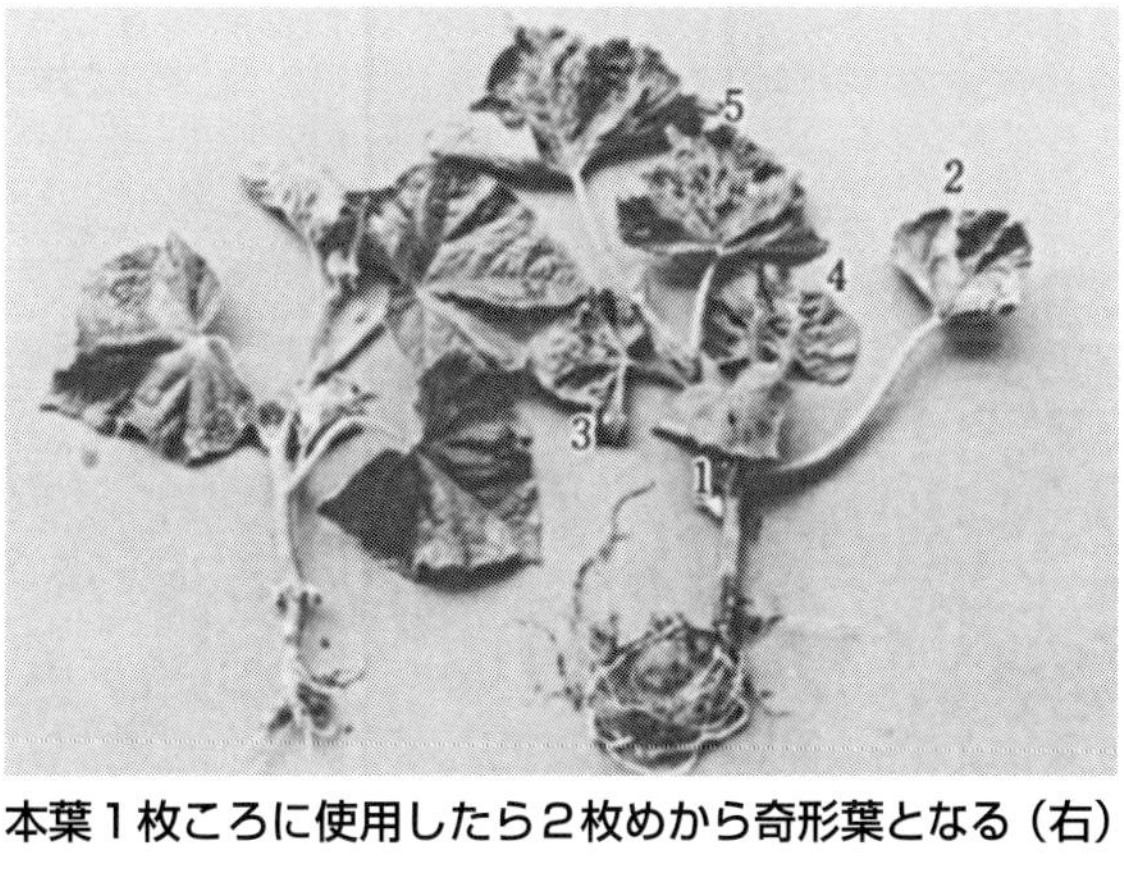

本葉1枚ころに使用したら2枚めから奇形葉となる（右）

使用時期が早いとさらに低い葉に症状が発生する。

どうすればよいか

ダコニール水和剤は幼苗期には使用せず、本葉が五～六枚以上に大きく生長してから利用する。本症状の発生は一時的であり、発生節位で摘心すると、新しい側枝が伸び正常な葉や雌花をつける。多少、収穫がおくれる程度で収量や品質への影響が少なくてすむ。

キュウリのほかハウスメロンやスイカ、マクワウリ、カボチャなどでも同様である。

なお、心止まりは、苗床の床土の窒素肥料が多く（ECで三・〇me／cm以上）、pHが四・五以下になったときにも発生する。また石灰質資材を多用し床土がアルカリ化してホウ素の吸収が妨げられた場合も生長点がつぶれたり、変形葉が発生する。

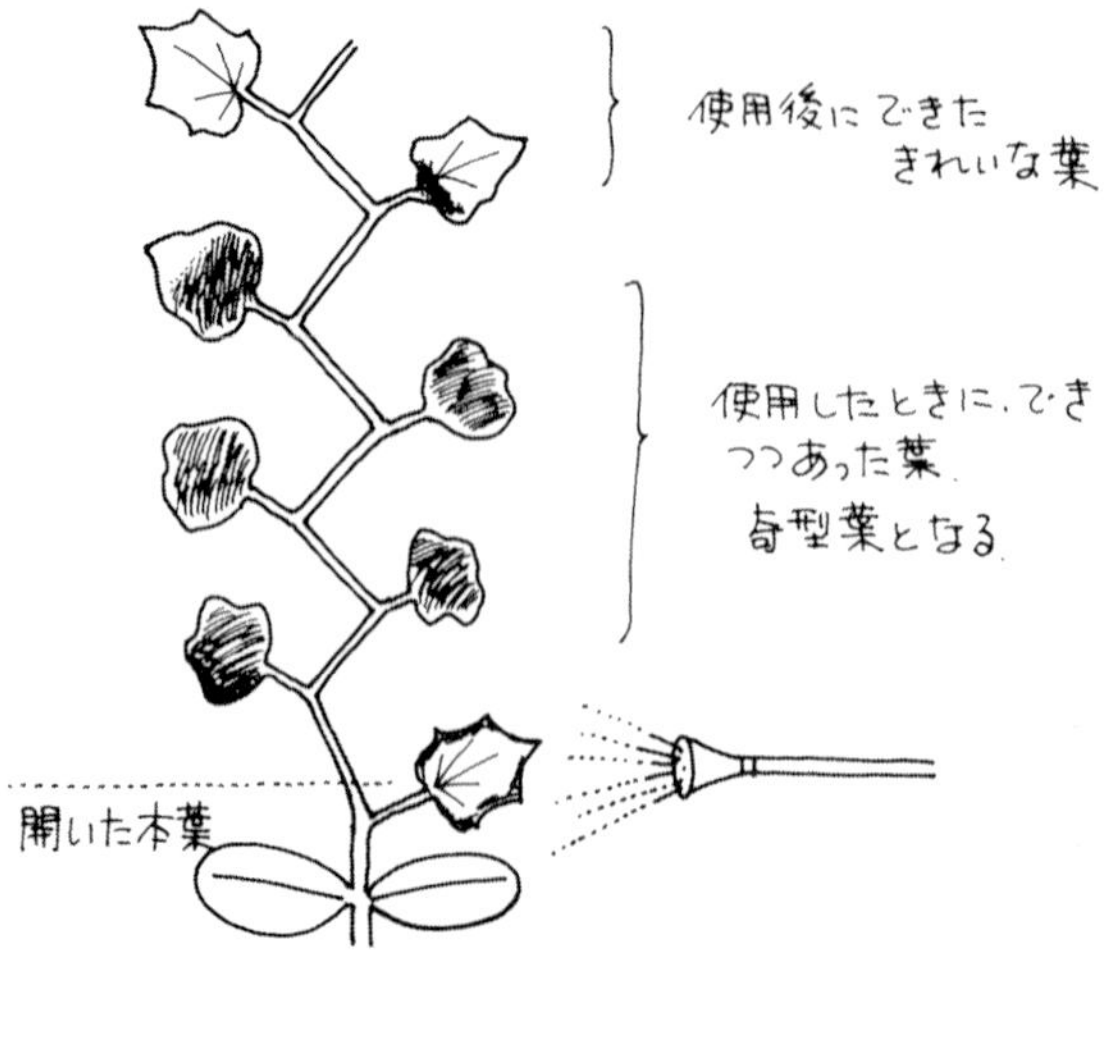

使用後にできたきれいな葉
使用したときにできつつあった葉
奇型葉となる
開いた本葉

一口ヒント

麦マルチ栽培でカボチャのアブラムシ防除

カボチャ栽培において、ウイルス病とアブラムシ対策、雑草防除、乾燥防止に、「マルチ麦」は有効だ。麦は暑くなるころには枯れ、敷きわらの代用になる。マルチ麦のよいところは、ウイルス病を媒介するアブラムシの天敵がふえることで、アブラムシ防除に効果があること。したがって、減農薬栽培ができる。ウリやオクラにも利用できそうだ。

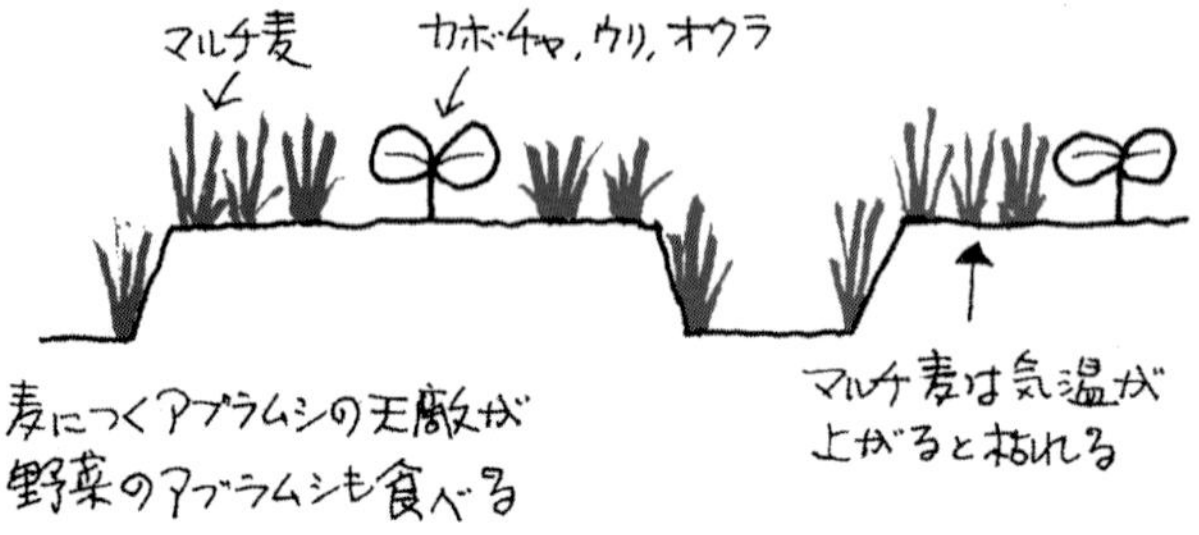

マルチ麦
カボチャ，ウリ，オクラ
マルチ麦は気温が上がると枯れる
麦につくアブラムシの天敵が野菜のアブラムシも食べる

殺菌剤・イチゴ

開花期の散布で奇形果発生

よくある失敗、思いちがい

促成イチゴを栽培中、灰色カビ病とウドンコ病が発生した。開花中であったが、薬剤散布をくり返して防除しようとした。病害は防げたものの、薬剤散布時に開花した花は、ほとんどが奇形果となり販売できなかった。

薬害などによる奇形果

なぜそうなったか

イチゴの奇形果は、花粉が付着しても受精できず種子ができないときにおこる。胚珠で受精し、細胞が分裂して種子ができると、種子から分泌される拡散ホルモンによって種子のまわりの細胞がよく発達して肥大する。しかし種子がなくて、細胞が生長しないところとの発育にちがいが見られ奇形果になる。

開花中の薬剤散布も発生原因の一つで、開花前の農薬散布は花粉への影響はないものの、開花当日だと花粉の発芽に影響する。一般的に、農薬の散布は花粉の発芽を抑制し、開花当日はもちろん、三～四日後の花にも影響する。薬剤の種類で奇形果のでかたがちがうので注意したい。また、薬液（水）だけでも花粉のはたらきがなくなる。薬剤散布時の水が、柱頭（め

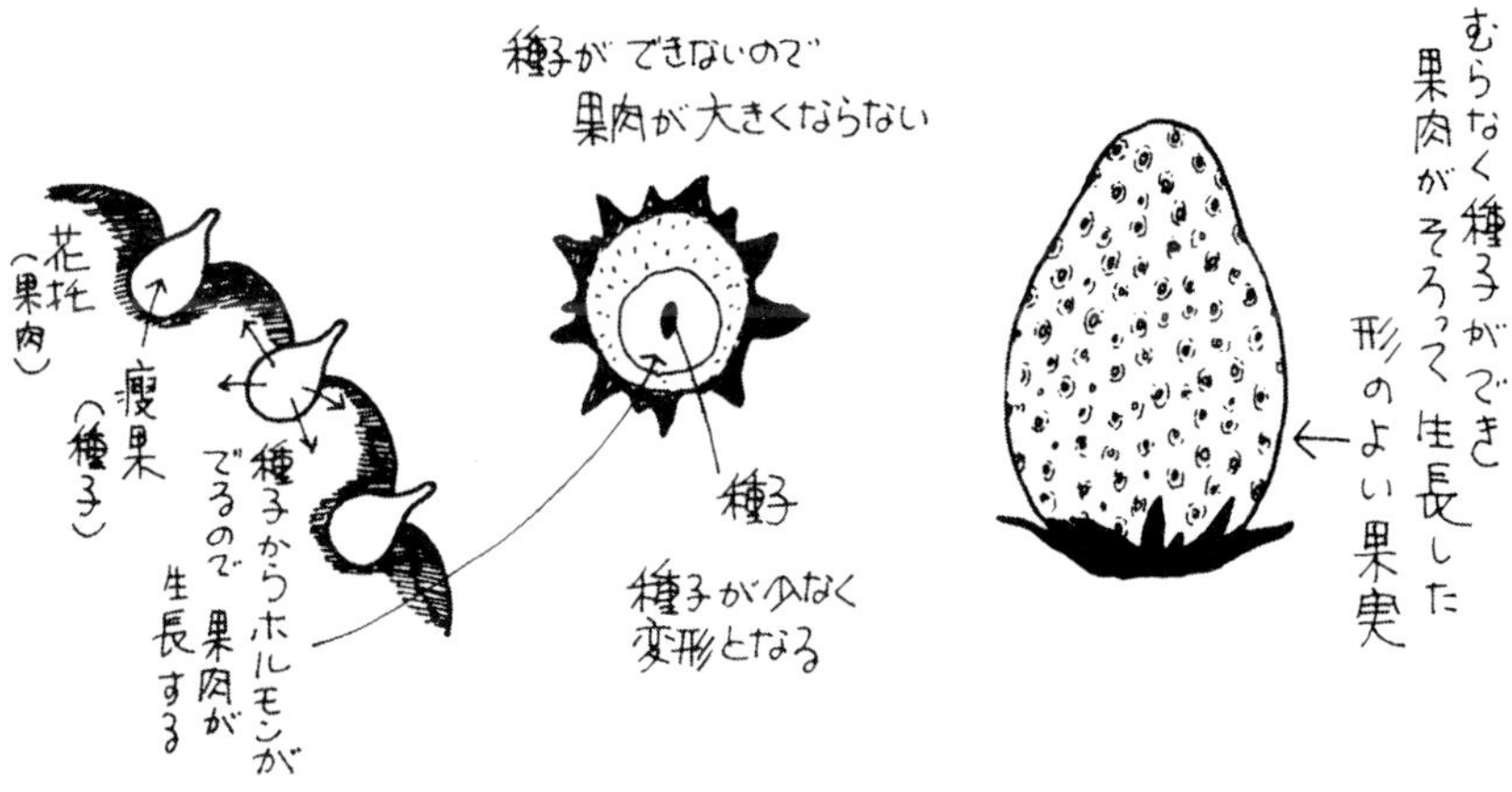

イチゴの種子と果形

しべの先端）につくと、花粉は水を吸ってやぶれてしまう。噴霧口の強い圧力も軟らかい柱頭をいためて受粉を妨げる。

どうすればよいか

とにかくイチゴの開花期間には薬剤散布は行なわないことである。耕種的な防除を中心に親株床や苗床での徹底的な防除を行ない、本圃への持ちこみを防ぐ。本圃での防除も開花するまでに行なう。

殺菌剤・メロンなど

定植直後の塗衣やかん注は萎凋のもと

よくある失敗、思いちがい

ハウスメロンに例年立枯れ性疫病やつる枯れ病が多く発生する。その防除方法として、定植直後にメロンに利用できる殺菌剤をペースト状にして胚軸部に塗衣したり、希釈液を株元に土壌かん注するとよいと聞いた。ところが、どちらの方法も病害は発生しなかったものの、交配はじめころから、つるが急に萎凋して枯れる株が目だった。

なぜそうなったか

定植後まもない時期は胚軸の組織はひじょうに軟らかい。そこへペースト状にした殺菌剤を塗衣すると組織をいためる。また幼根が集中している根鉢への殺菌剤液をかん注すると、幼根をいためる。こうしておこったチローシス現象が、急性萎凋の原因となる。

チローシス現象はウリ類に多い。養水分の通路となる導管に傷ができると、その傷口から水分がぬけるのを防ぐため、導管ちかくの活動が盛んな柔細胞がふくれてきて導管内へ押しだされ、導管がふさがってしまう現象である（小川氏の研究から）。

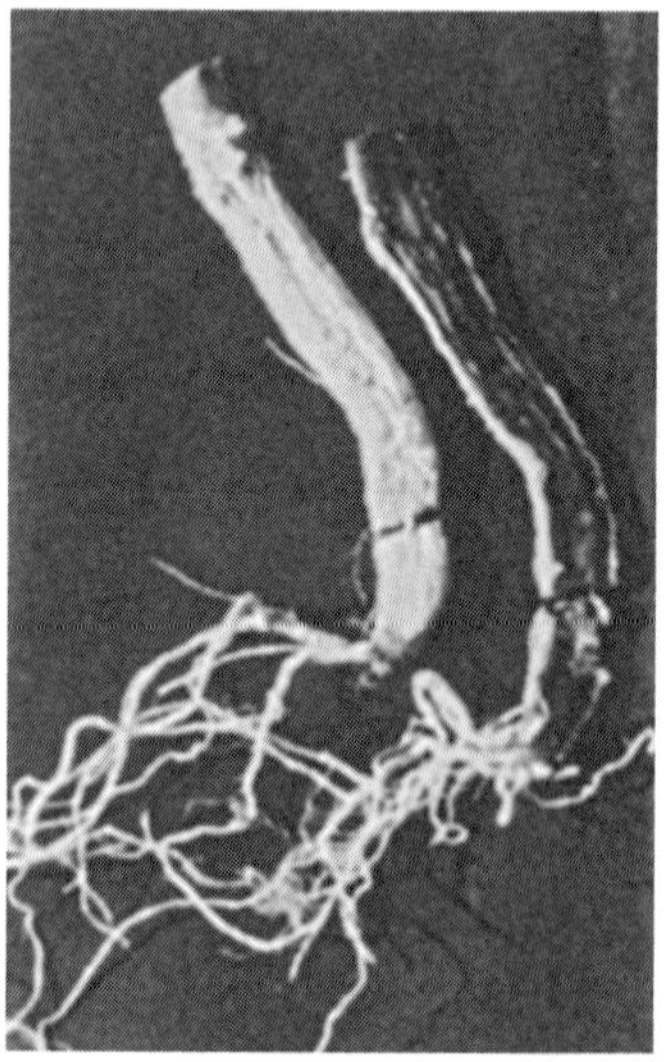

定植直後、殺菌剤を塗衣しておきたチローシス現象

株元（胚軸）がいたみ、その傷口をふさぐように組織が変化した

この場合は、胚軸や幼根の傷口から水分がぬけたり病菌の侵入を防ぐように、傷口にちかい部分の導管にチローシス現象がおこった。その結果、根の水分吸収が悪くなり、蒸散量が増加する開花はじめころから、吸水と蒸散のバランスがくずれて萎凋をおこすのである。

どうすればよいか

ハウスメロンなどに使用が許される薬剤で定植直後の組織が軟らかいときに、塗衣したり、かん注したりするのは不適当である。予防のためや発病はじめに塗衣で

一口ヒント

水和剤、よくかき混ぜず こんな薬害

ハウスメロンのベト病防除に水和剤を規定どおりの濃度で散布したところ、一見、ウイルス病に似た症状が見られた。原因は薬害で薬剤を調製したあと、薬液が沈でんし、沈でんした濃厚液を散布した場合に一定方向に症状が激しくみられる。農薬は規定濃度でも、薬液をよく混ぜる。また、散布時の温度が高いと薬害が強くなるので温度管理に注意する。

この種の現象はハウスメロンだけでなく、キュウリ、ナス、ピーマンなどほかの野菜にもよくみかけられる。

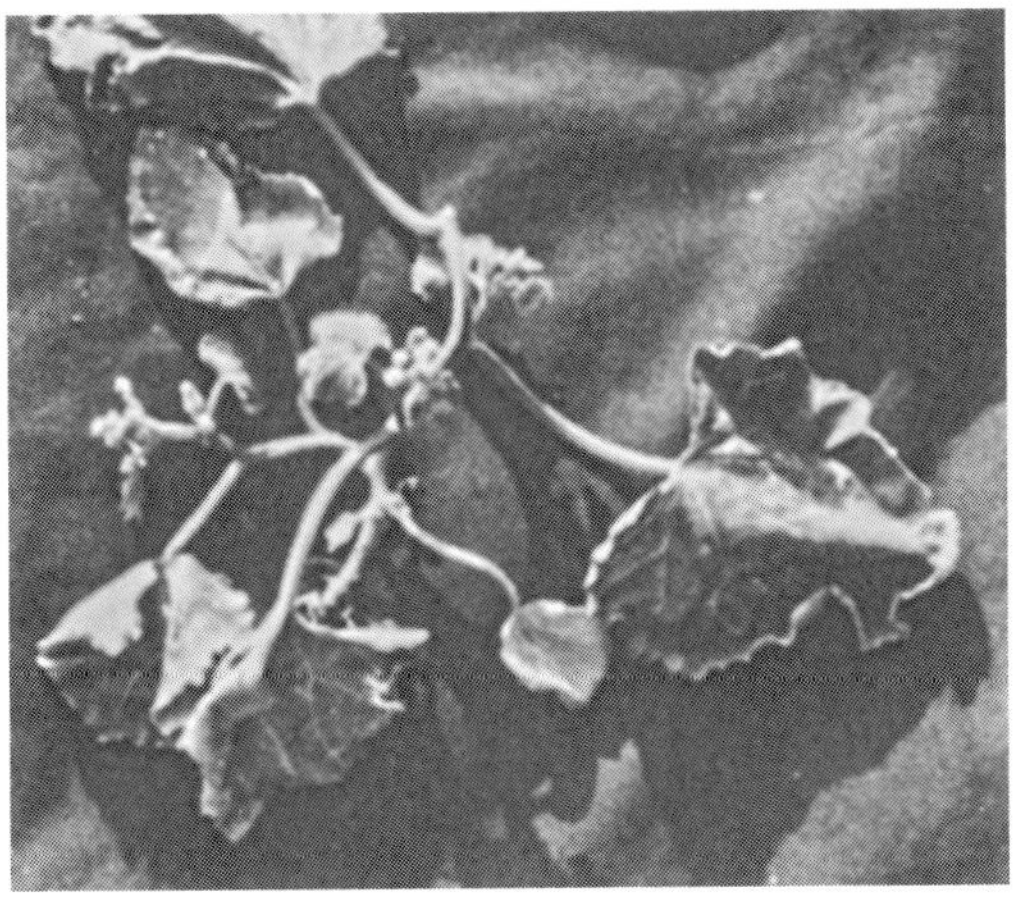

水和剤による心止まり株

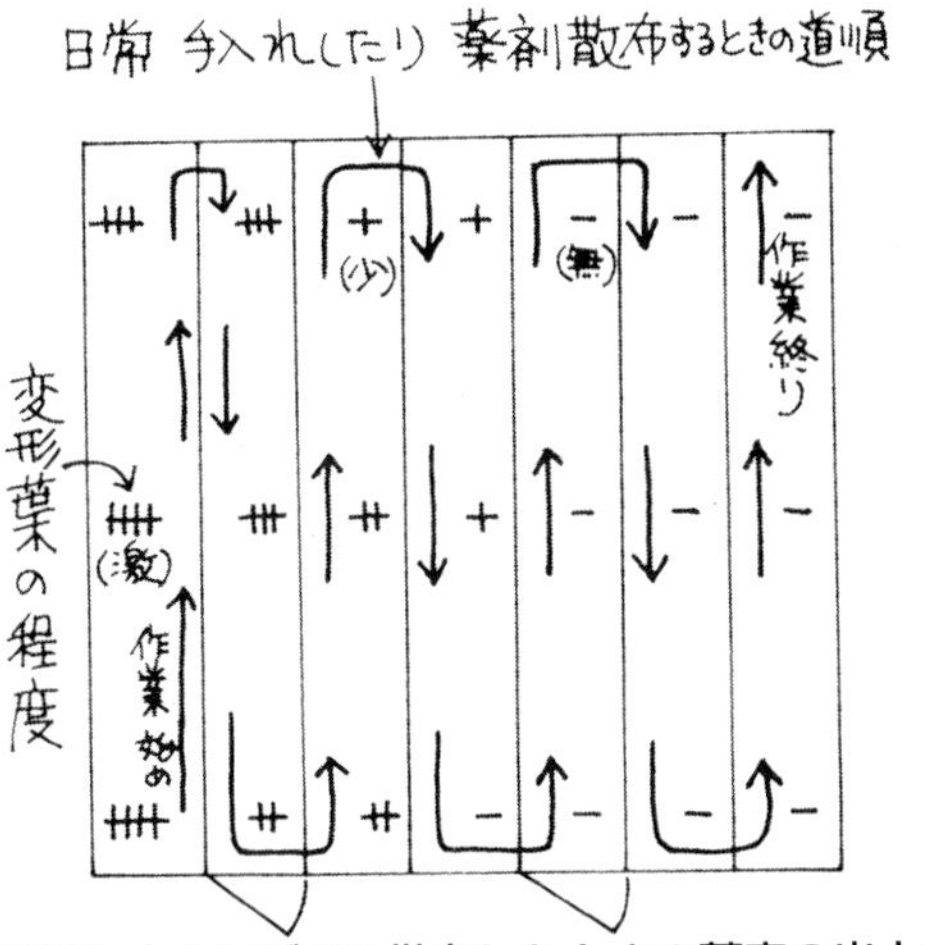

薬液をよく混ぜずに散布したときの薬害の出方

メロン、本葉二枚に散布する

上位一〇葉は変形するが、その後は回復する

きる薬剤でも、ある程度生育が進み、茎が硬くなってからしか使用できない。

土壌消毒・キュウリなど

作付けは微生物相が回復してから

よくある失敗、思いちがい

キュウリのハウス栽培で疫病やネコブセンチュウなどの被害が多い。床土からの持ちこみが原因であり、土壌消毒が最も効果が高いと指導をうけ、クロールピクリンで土壌くん蒸消毒を行なった。ガス抜きは充分に行なったが、その後あまり日をおかずにキュウリ苗を移植した。温度や水分条件はよいにもかかわらず葉色が淡く、苗の生育が悪い。

なぜそうなったか

クロールピクリンでのくん蒸消毒や蒸気消毒を行なうと病原菌や害虫とともに、窒素肥料を分解させる硝酸化成菌やVA菌根菌などの有用微生物も同時に殺されてしまう。

硝酸化成菌が少なくなりアンモニア化成菌が多く残ると、とくに窒素肥料の多い土壌では、アンモニア態窒素ばかりがふえ生育を抑える過剰害がでてくる。また土壌消毒後、硫安や油粕などを多用した場合、苦土の吸収が悪く欠乏症がみられる。このような現象は土壌消毒後三週間くらいで多くみられ、とくにアンモニア態窒素に敏感なキュウリでは注意する。

どうすればよいか

土壌消毒は移植するまでに有用な土壌微生物が正常

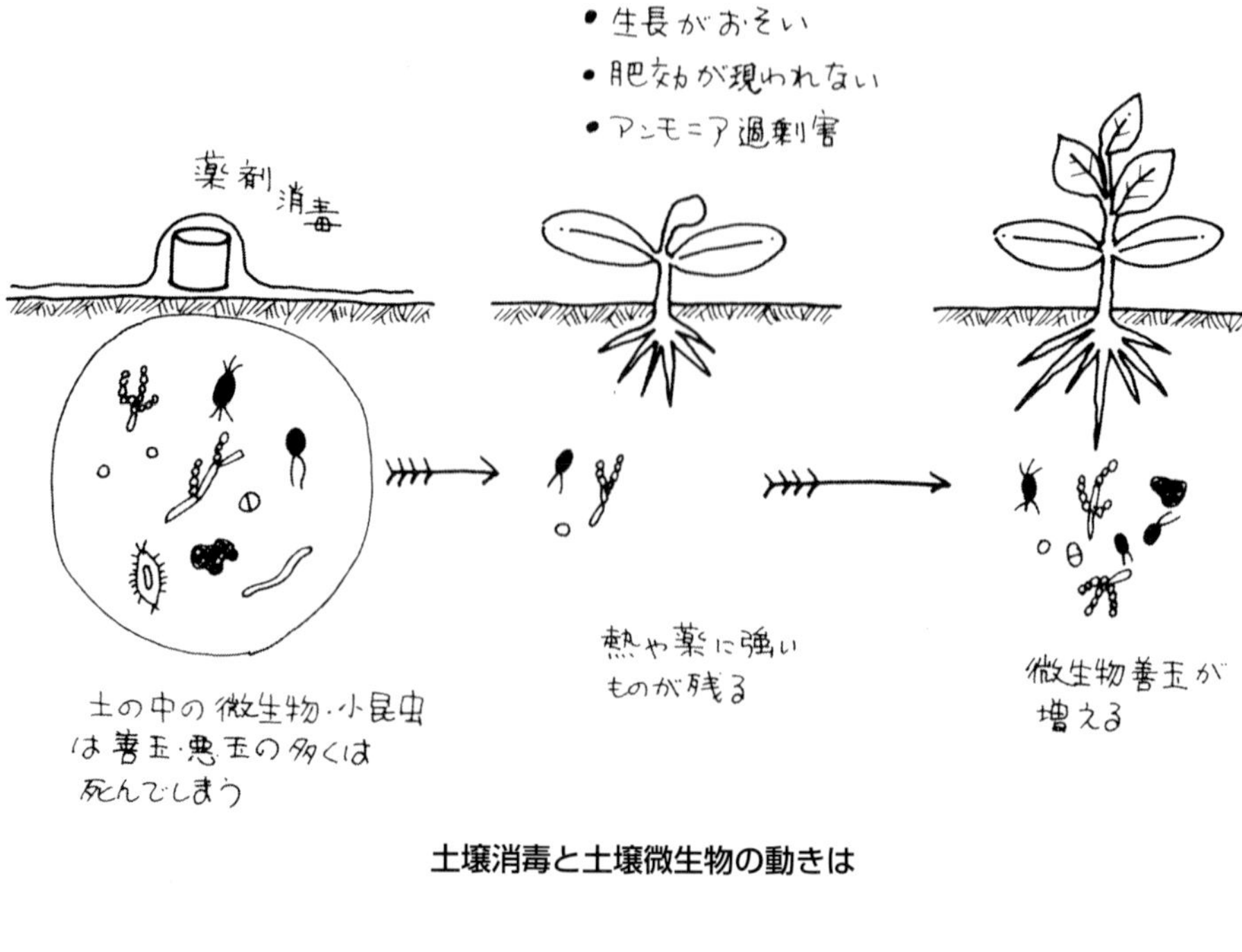

薬剤消毒
土の中の微生物・小昆虫は善玉・悪玉の多くは死んでしまう
・生長がおそい
・肥効が現われない
・アンモニア過剰害
熱や薬に強いものが残る
微生物善玉が増える

土壌消毒と土壌微生物の動きは

一口ヒント

除草剤、規定濃度でも薬害がでる場合

タマネギに使用できる除草剤を土壌や茎葉処理する場合、一〇アール当たり一〇〇リットルの散布水量で薬量が決められる。効果を高めるために散布量を多くすると、たとえ希釈倍数が同じでも、薬量がふえ、薬害をおこす。土壌処理用に登録されている使用基準に準じた使い方でも、傾斜した畑で使用直後に多量のかん水や降雨でくぼ地に水が集まると薬害が出る。また耕起時の砕土が粗い場合と細かくした場合で除草効果や薬害のでかたが変わる。

なお、農道や整地前の畑に生育中の雑草などに使われる接触型除草剤は薬害をおこしやすい。使用する場合は、一〇アール当たり五〇リットルと散布量を少なくし、濃度を高めるとよい。

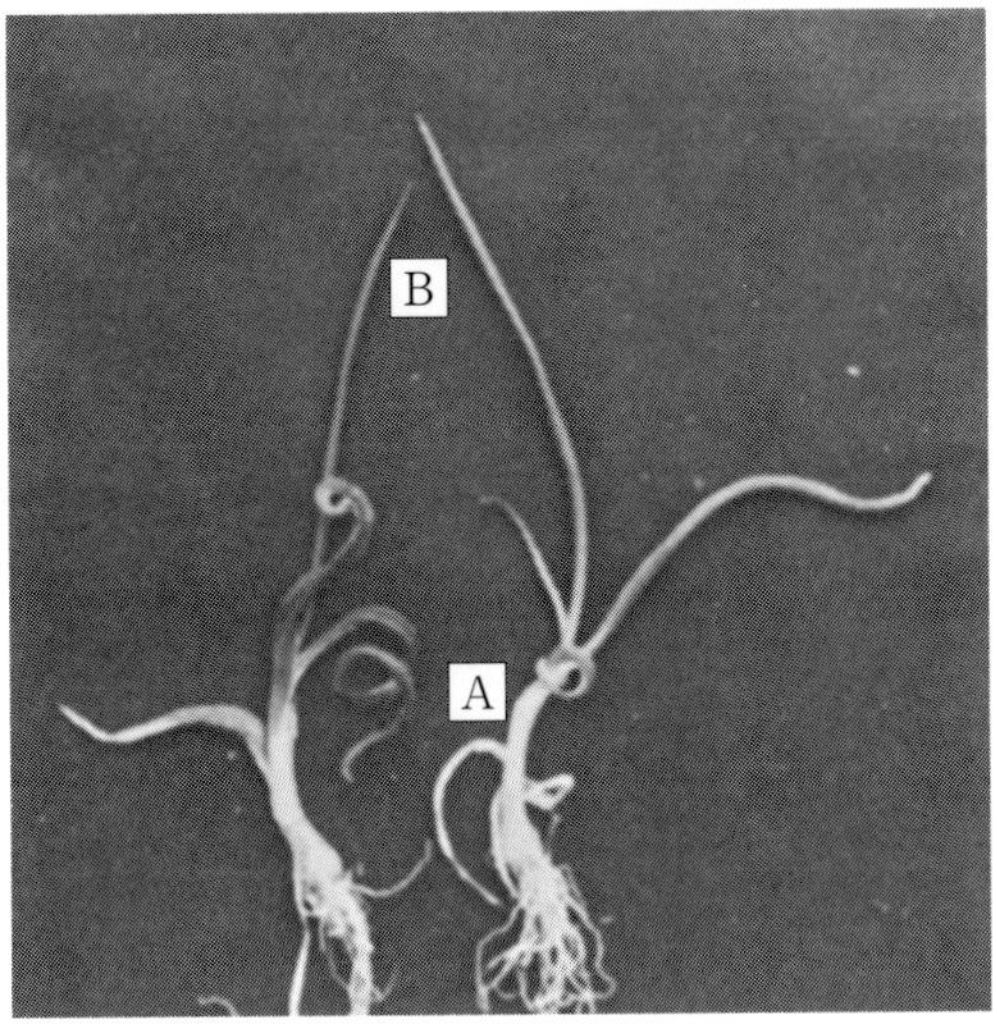
B
A

タマネギ用の除草剤で散布量が多く、葉に接触害がおこる
A：薬がついた部分の生長がとまり、病気のように曲がる
B：被害をうけない新しい葉

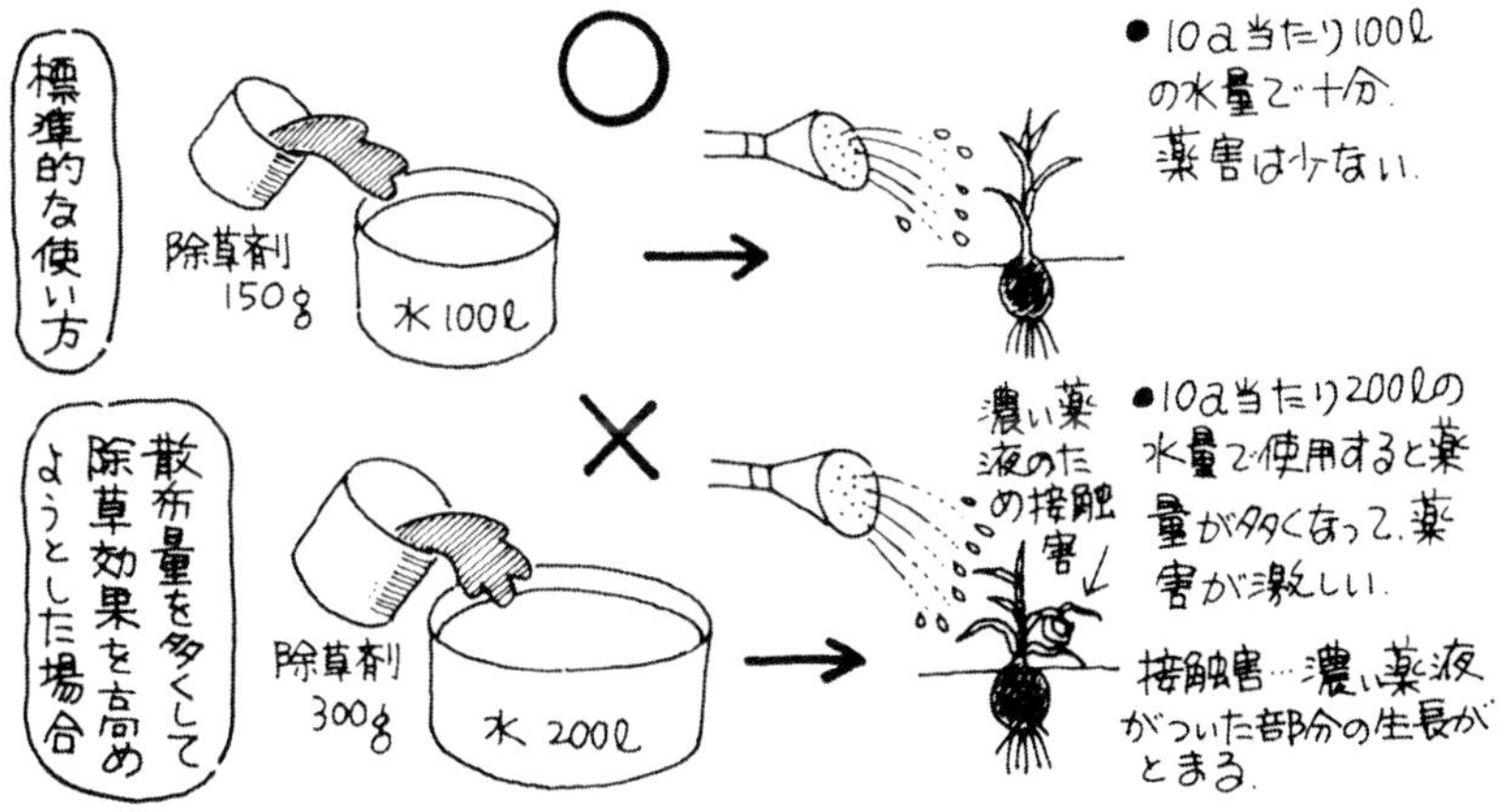
標準的な使い方
○
除草剤150g
水100ℓ
●10a当たり100ℓの水量で十分。薬害は少ない。
散布量を多くして除草効果を高めようとした場合
×
除草剤300g
水200ℓ
濃い薬液のため接触害
●10a当たり200ℓの水量で使用すると薬量が多くなって、薬害が激しい。
接触害…濃い薬液がついた部分の生長がとまる。

除草剤の使い方

に回復するよう、早めに行ないたい。とくに気温の低いときは、微生物相の回復に時間が長くかかり、二カ月あまりの余裕を持って作業する。有用な微生物相を早く回復させるには、複数の土壌微生物を含む特肥「エポック」を一アール当たり五〇〇ccまたは「地楽園」を一アール当たり三〇〇cc希釈液を消毒後にかん注すると、四季をとわず短期間で微生物相を復元でき連続して作付けできる。

　土壌消毒法には薬剤や太陽熱利用以外に有用土壌微生物入りの特肥「エポック」を一アール当たり一リットル、栽培後の整地時または除塩目的の代かき時に土壌混和して土壌微生物をふやし、障害を軽減できる。また、プラスチックフィルムを被覆して地温を高め土壌微生物の活動をたすける。使用する肥料も硝酸態窒素を含む肥料やリン酸肥料をやや多めに施す。

　キャベツやタマネギなどの冷床でも殺菌剤の土壌かん注を行なうと、七〜一〇日くらい、葉色が淡くなる。これも同様の原因による。

一口ヒント

効果が大きい太陽熱消毒

ハウス栽培で連作すると、センチュウ類や土壌病害の被害が目だってくる。土を高温と酸素不足にして害虫や病原菌を封じこめる太陽熱利用の土壌消毒は有効である。ハクサイ、キャベツなど露地野菜でも、ハウス栽培と同じ効果が認められている。

ハウスや露地畑でも効果が期待される
太陽熱利用の土壌消毒

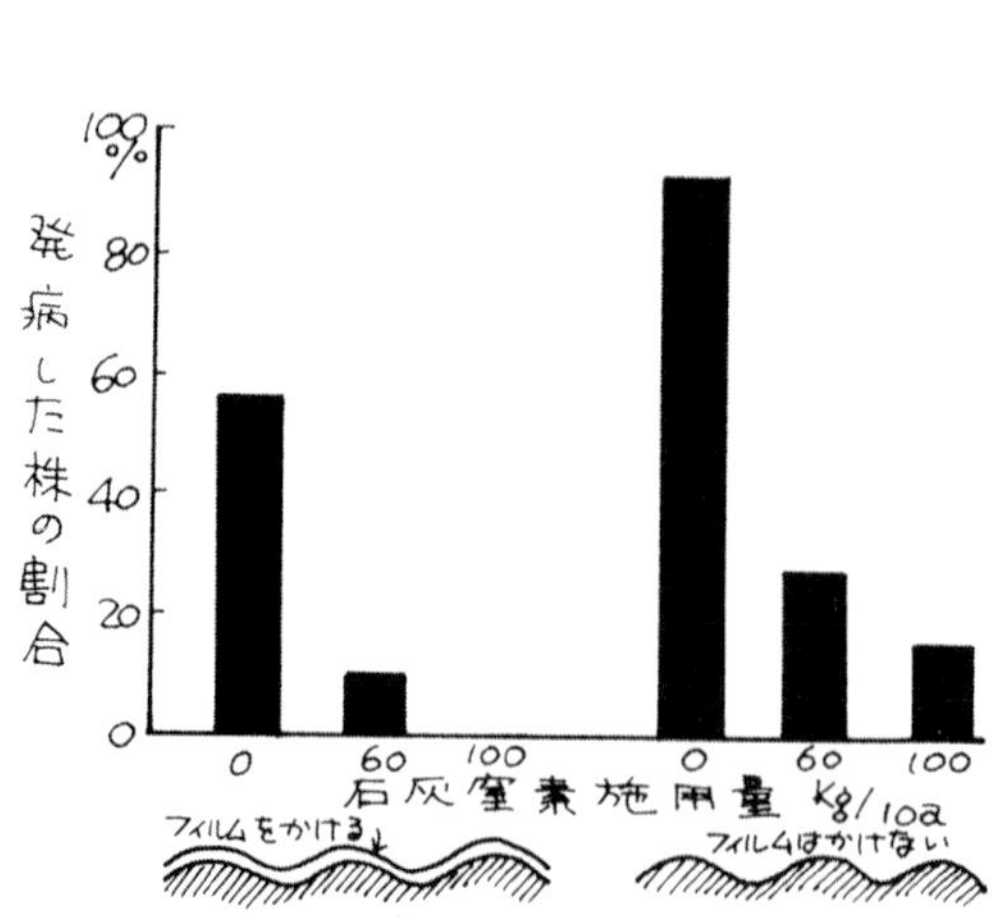

ハクサイの根こぶ病は太陽熱による土壌消毒の効果が高い（兵庫県農総セ）

適用病害虫と病原菌死滅地温および期間（奈良県農業試験場）

適用できる病虫害（応用できる病害虫）	病原菌死滅限界温度と期間		備考 特記事項
	最低地温（地表下20cm）	期間	
イチゴ萎黄病 （ナス半枯病 キュウリつる割れ病 トマト萎凋病ほか）	40度 45 50 55	8～14日 6日 2日 12時間	自然病土 40度は注水処理を併用、畑状態での40度では20日間以上存在
イチゴ芽枯れ病 （ホウレンソウ株腐れ病ほか）	40 45 50	4日 6時間 30分間	菌糸および菌核
トマト白絹病 （その他作物白絹病）	40 45 50	5日 12時間 15分間	培地上に形成した菌核
ネグサレセンチュウ （ネコブセンチュウ）	35 40 45	5日 2時間（12時間） －（1時間）	湛水条件下 （ ）内は畑状態

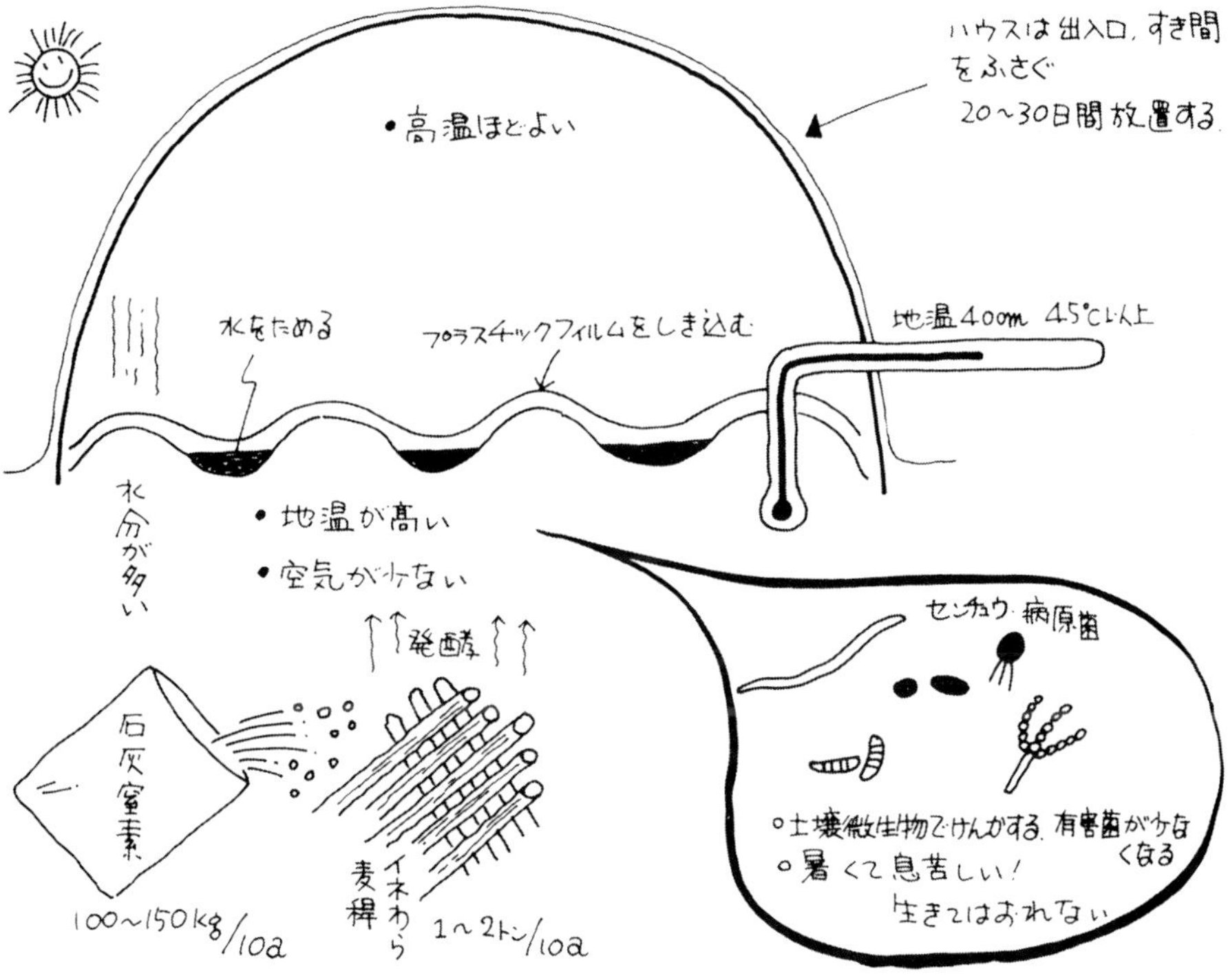

太陽熱消毒

除草剤・野菜全般

薬剤のこんな組合わせは効果半減

よくある失敗、思いちがい

作付け前の畑に、ハマスゲ、ヨモギ、スギナなどの強勢雑草とメヒシバなどの一年生雑草が発生している。そこで遅効きする薬剤と早効きする接触型の薬剤を混用して使用すると、効果が高いだろうと思った。しかし宿根性の雑草は枯らすことができなかった。

なぜそうなったか

野菜畑で利用できる除草剤には大きく遅効きするものと、早効きするものと二とおりの薬剤がある。遅効きする薬剤は茎葉から吸収されて、葉のはたらきや根のはたらきを妨げて少しずつ葉や根の組織をこわす。早効きする薬剤は、薬液が付着した茎葉の組織が枯れたり、葉のはたらきを弱める。

このように薬剤の効き方がちがうものを、混合すると、遅効き型の薬剤の主成分が根に移り終わる前に、早効きする接触型の薬剤がはたらき、茎葉が枯れてしまう。したがって、一年生の雑草は枯れても、遅効き型（移行型）の薬剤は、その目的をはたすことはできず、宿根性の雑草が生き残る。

どうすればよいか

遅効き型と早効き型を同時に使用せず、別々に間をおくこと。

貯蔵養分をたくわえ、防除がむずかしいハマスゲ、セイタカアワダチソウ、ヨモギ、ヨシ、ムラサキカタバミ、イヌガラシ、ヒルガオ、ススキ、クズ、

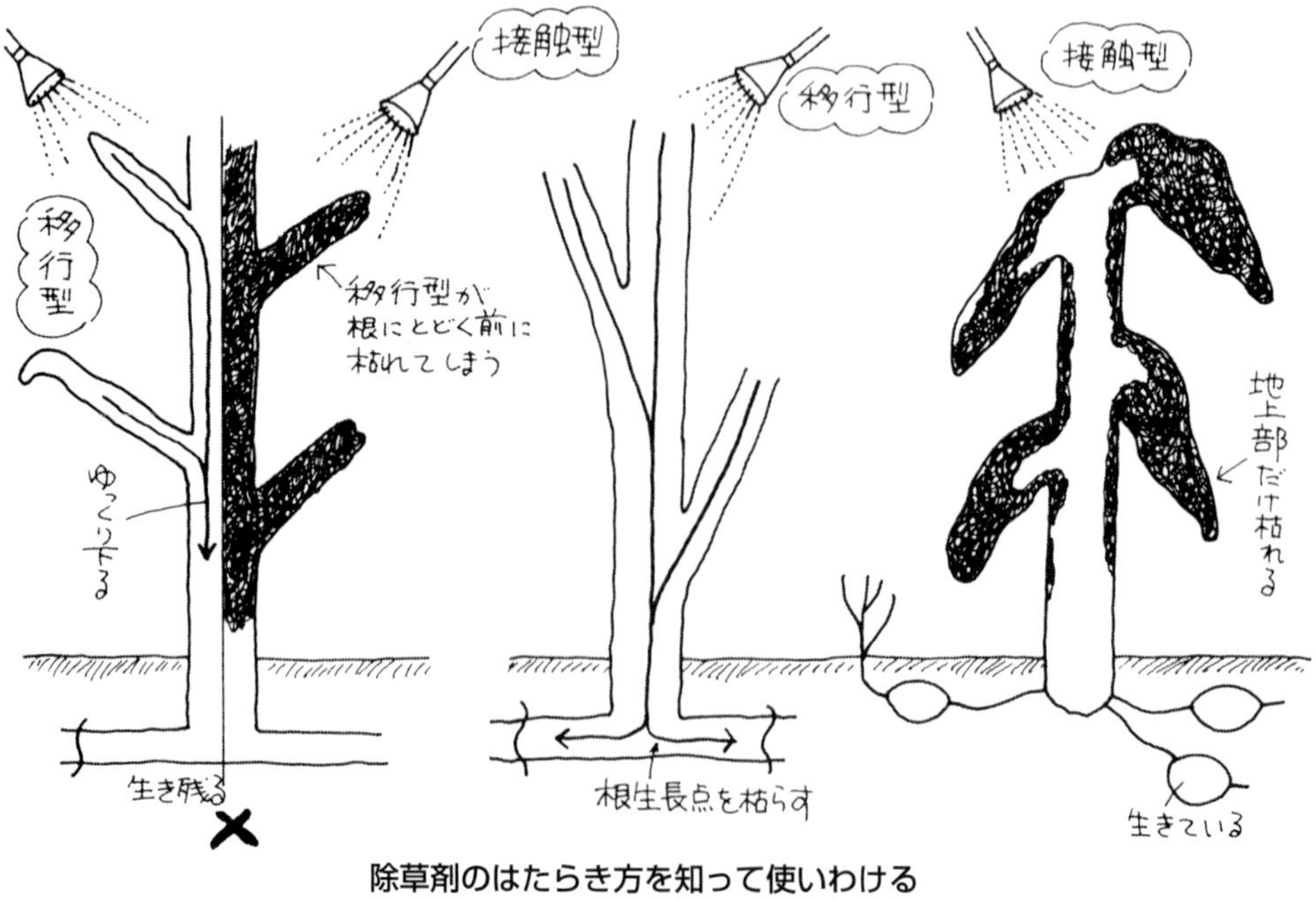

除草剤のはたらき方を知って使いわける

ギシギシなどの強勢雑草には、移行型で根や茎葉のはたらきを弱める除草剤が適当である。なお、移行型は薬剤によっては土壌に残るものがあり、後作作物に薬害をもたらすことがあるので注意したい。

除草剤・タマネギなど

同じ薬剤の連用は雑草をふやす

よくある失敗、思いちがい

水田裏作のタマネギ栽培、イネ科雑草や広葉雑草に対し、耕種基準を参考に毎年、同じ薬剤を使っているが、例年春先には、タデ、ニワヤナギ、タネツケバナなどが多く、苦労している。

なぜそうなったか

除草剤は根から吸収するもの、茎葉から吸収して枯らすもの、イネ科雑草または広葉雑草だけを枯らすなど、薬剤によって作用特性がちがう。

水田裏作ではスズメノテッポウ、スズメノカタビラ、カズノコグサなどイネ科雑草やノミノフスマ、ナズナ、タネツケバナ、タデ、ニワヤナギなど広葉雑草が多い。

タマネギを植付け後、雑草が発生する前にクロロＩＰＣを使用すると、二月ころまでは雑草が発生しない。しかし三月からは広葉雑草が生え、これを防除しないと次の年には広葉雑草が多くなる。また、トレファノサイド粒剤２・５を使うと、イネ科雑草は見えないが広葉雑草のみが残り、その防除が必要になる。

雑草が発生後に茎葉に散布するもので、広葉雑草に効くアクチノール乳剤を使うとイネ科雑草のみが残る。

こうしたことから、同じ除草剤ばかり使っていくと特定の雑草がふえることになる。

どうすればよいか

除草剤は雑草の発生にあわせて上手に

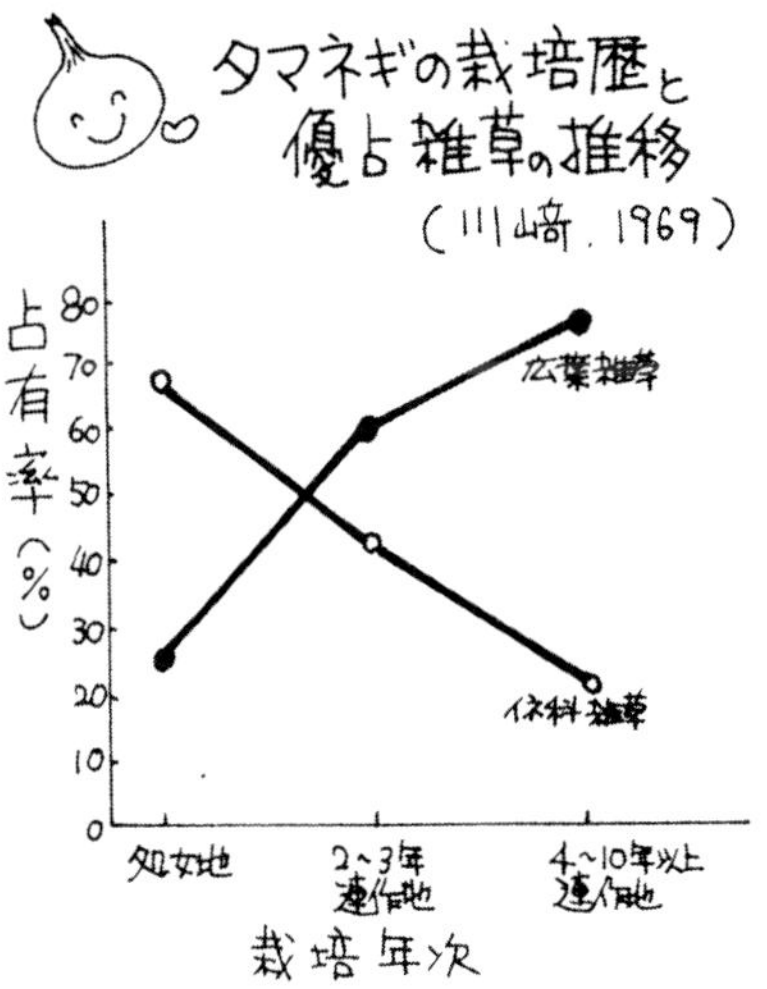

一口ヒント

薬害の出にくい除草剤は

多年生雑草用のラウンドアップマックスロード、一年生雑草用のプリグロックスＬなどは土壌中での分解が早く、使用直後でも野菜の種まきや植付けができる。そのほかの薬剤は残るので注意する。

組み合わせたい。

たとえば、植付け後トレファノサイド粒剤2・5（乳剤）を土壌処理し、その後広葉雑草にはアクチノール乳剤やバサグラン液剤の茎葉処理を行なう。また、活着後または生育期の土入れ後、雑草が発生する前にグラメックス水和剤、ゴーゴーサン乳剤の土壌処理をし、生育期に生えるイネ科雑草にナブ乳剤か、セレクト乳剤、広葉雑草にはアクチノール乳剤の雑草茎葉処理を行なう。

ホルモン処理・トマト

早すぎ、濃すぎ、多すぎでピーマン果が多発

よくある失敗、思いちがい

日照が少ない低温時のトマト栽培、着果を多くしようと着果ホルモン剤を使用した。

着果ホルモン剤は濃度が高く、薬量が

一口ヒント

除草剤が後作に害を与える場合

前作の野菜に使用した除草剤が土中に残り、後作の野菜やイネなどの生育を妨げ、枯れることがある。とくにマルチ栽培あとや土中の水の動きが少ない水田で著しい。また、特定の野菜だけに使用できる選択性の除草剤ほどこの現象が強いので、農薬の安全使用基準を参考に利用する。

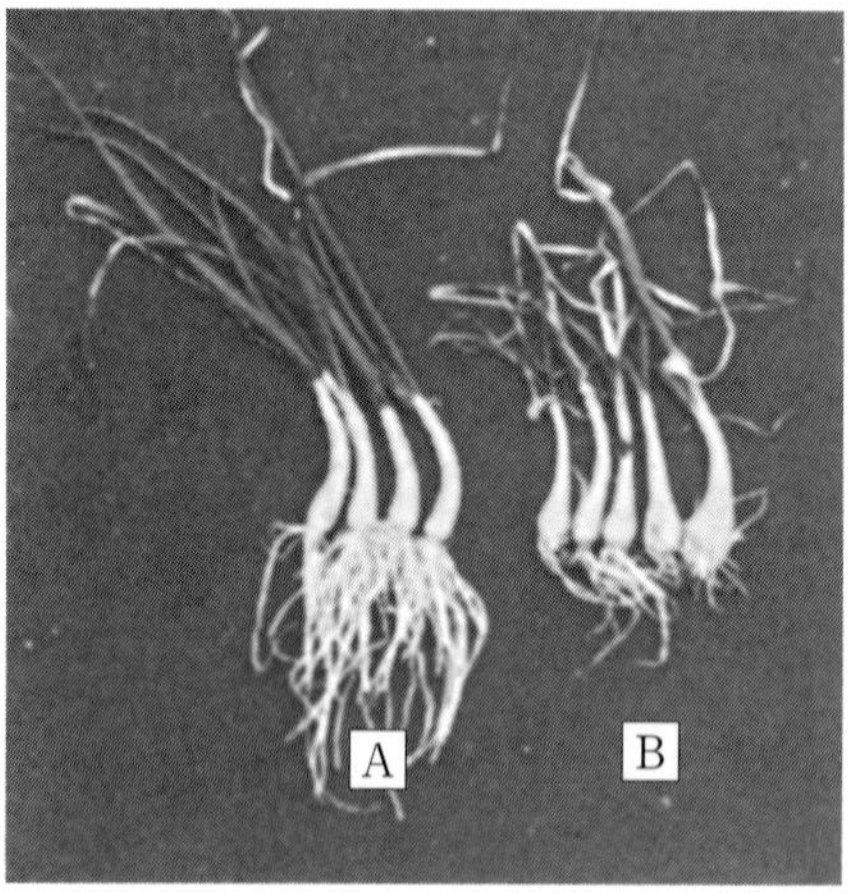

スイカのマルチ栽培に利用した除草剤が残り、6カ月後に植えたタマネギの発根や生育を抑制している。
A：健全　B：除草剤の残効

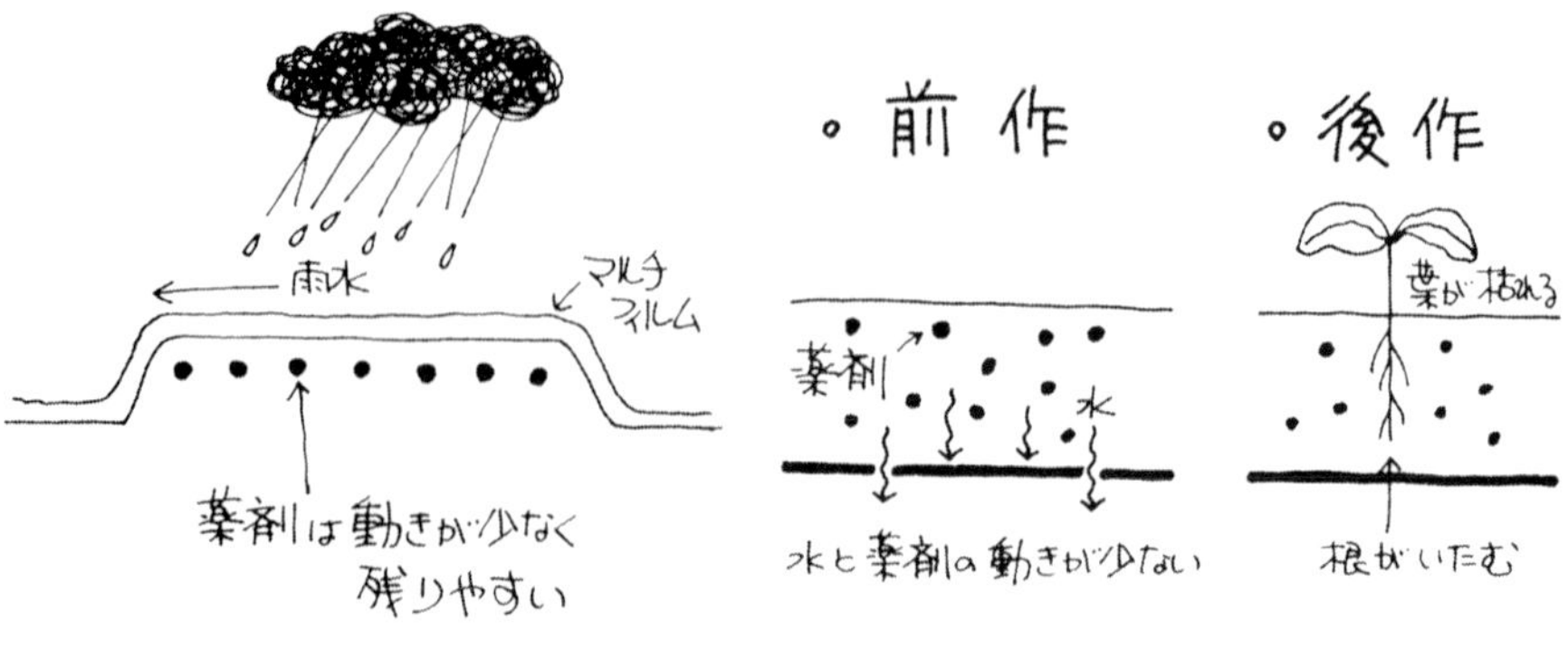

一口ヒント

除草剤使用時の土壌水分は？

土壌処理する除草剤は土壌水分が多いほど地表面に処理層ができやすく、雑草が生えない。とくに粒剤は乾燥時に散布すると効果がない。

逆に雑草の茎葉全面散布する除草剤は、つゆが落ちて乾いたときほど効果が高い。また、畑のまわりや整地前に生育中の雑草に使う特殊な接触型除草剤（プリグロックスL）は紫外線の少ない曇天日や夕方に使用するほうがよい。

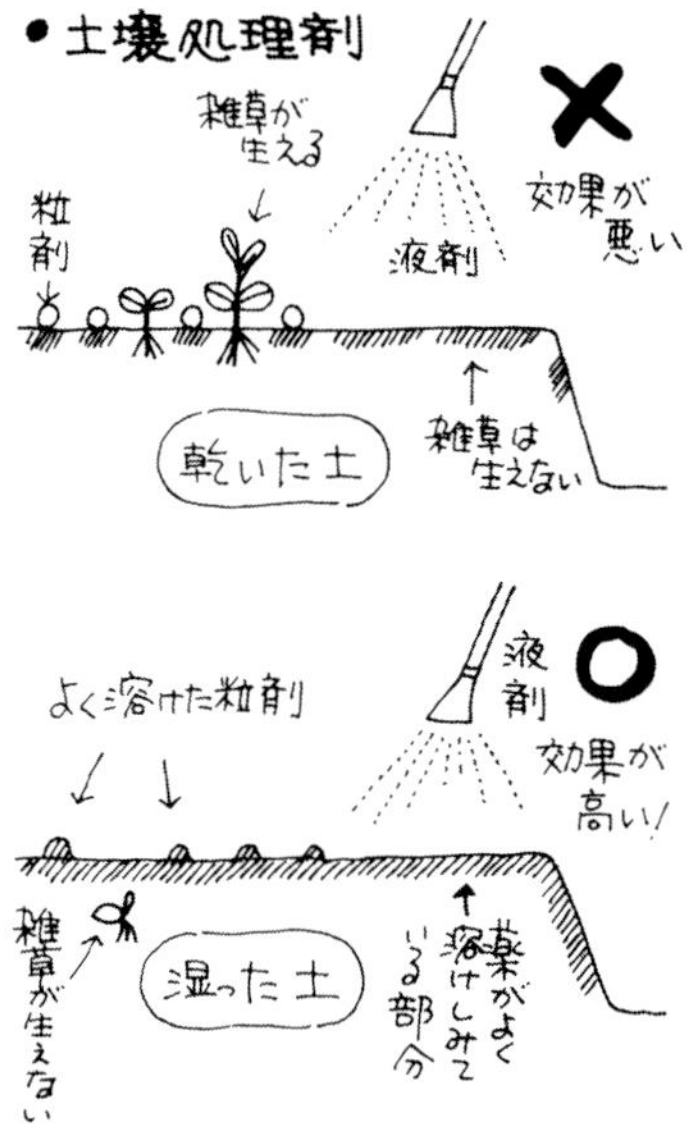

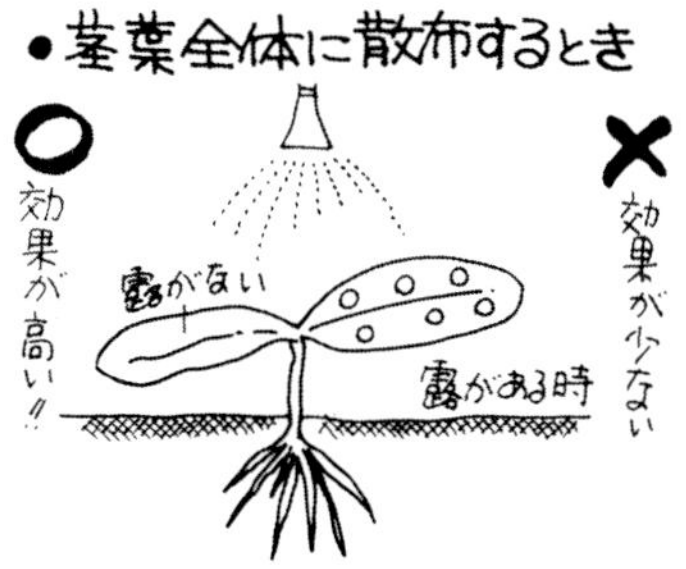

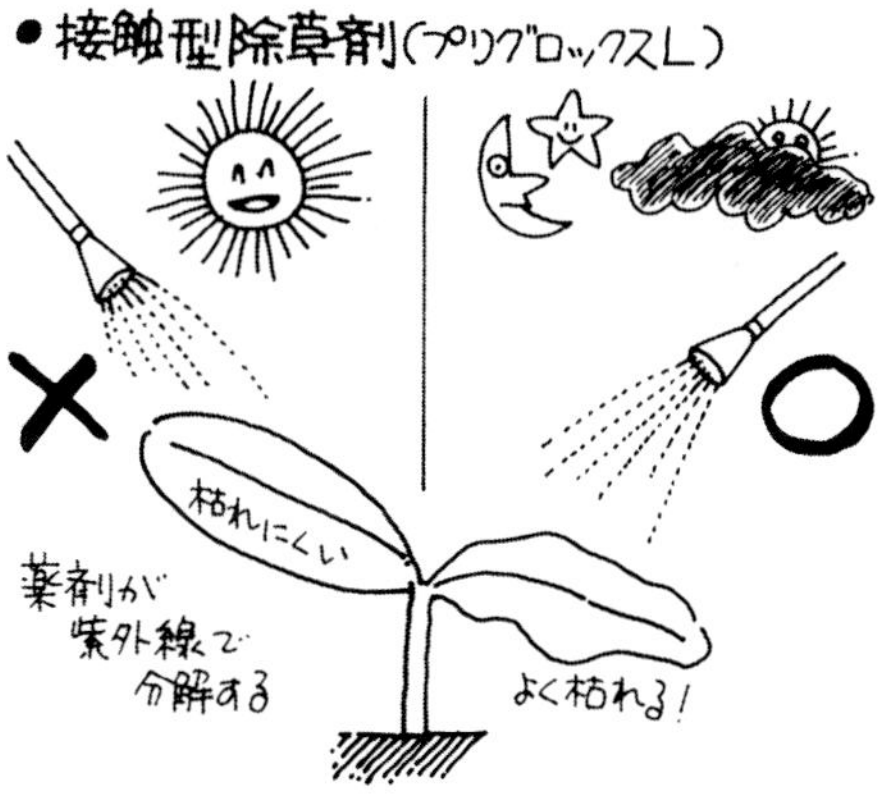

土を動かすと除草剤の効果がおちる

タマネギの除草剤で、土壌処理後、土を動かしても効果がおちないのはトレファノサイド剤だけである。ゴーゴーサン乳剤、グラメックス水和剤、クロローPC乳剤などの土壌処理剤は使用後土壌を動かすと雑草が生えるので、土入れ後に土壌処理する。

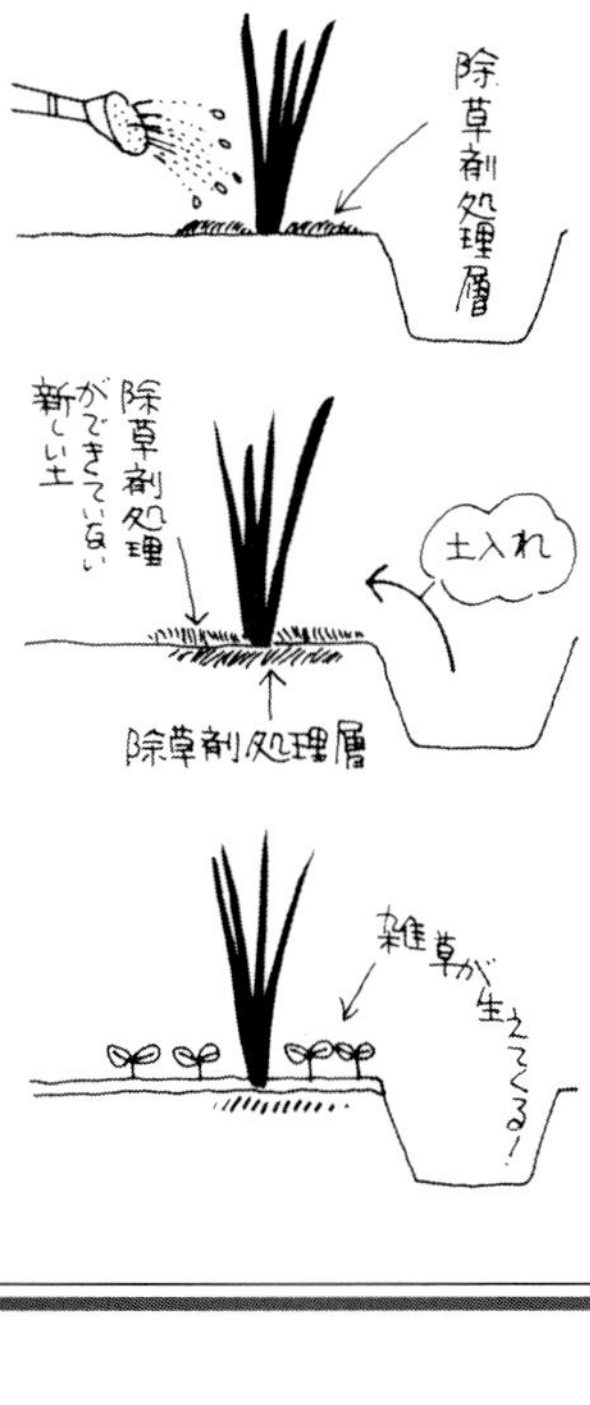

多いほどその効果が高いと思って、五〇倍液を多めに噴霧した。また、一部は二回くり返し使用した。ところが、裂果が多く、ピーマン果が多くでた。

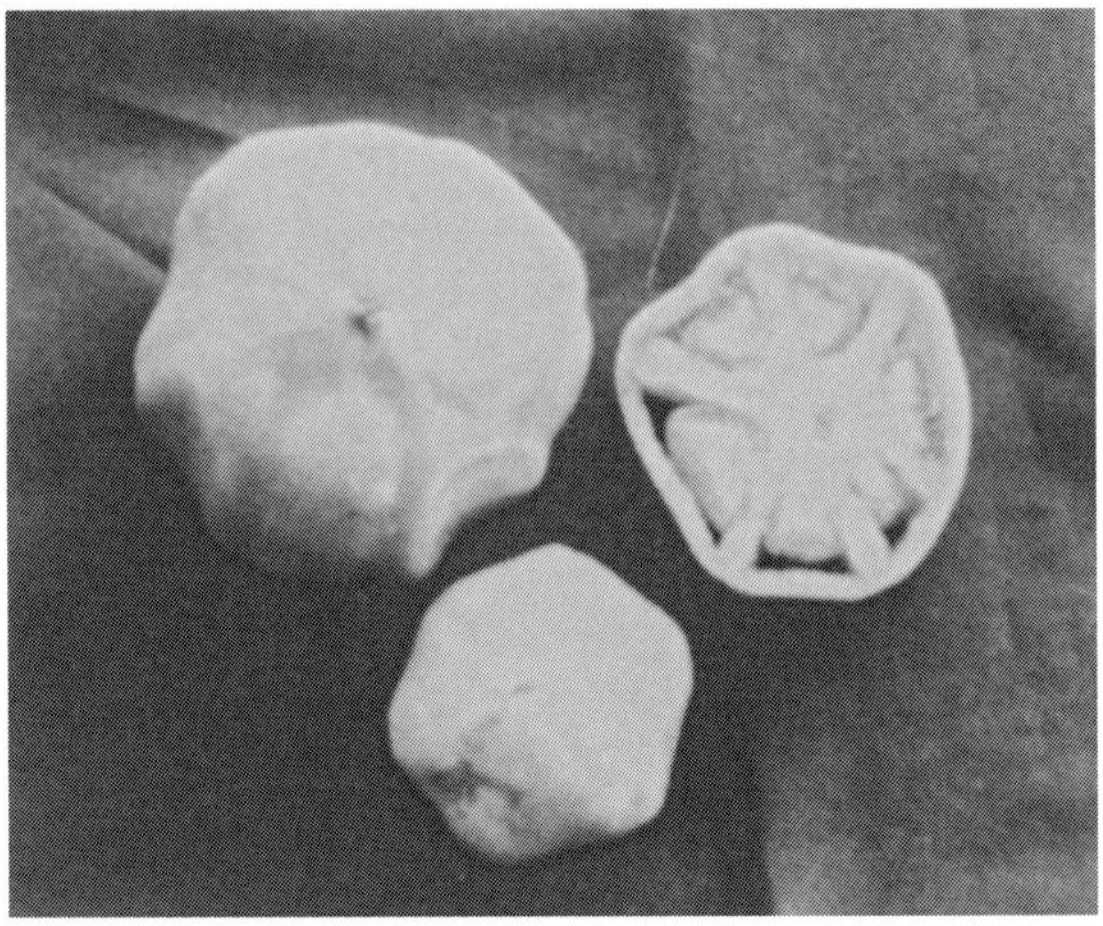

種子ができず果肉だけが発育したピーマン果

なぜそうなったか

トマトにかぎらず果菜（キュウリを除く）では、果実が肥大するには花粉が受精し、種子ができる必要がある。ピーマン果は種子がなく、果肉だけが発育した場合に発生する。

着果ホルモン剤（トマトトーン）を使用すると花粉管の生長が妨げられ種子ができにくい。種子がないと胚座の生長ホルモンが不足し、心室中のゼリー状物質の発達が悪く、中果皮のみが発育する。果実の肥大にあった同化養分の流れが得られずに空洞になる。

使用時期が若いつぼみであったり、濃度が濃く使用量が多いとこの空洞果（ピーマン果）が発生しやすい。とくに半促成や抑制、夏秋どりなどに多く、窒素が多いときや気温が高いときほど目だつ。また、着果ホルモン剤が多い場合、とくに小さい幼果に裂果が見られる。

どうすればよいか

空洞果を防ぐには、開花時に花房をかるく振動させて受粉させて多くの種子ができるようにする。また、蜜蜂やマルハナバチなどの利用は効果が高く、省力できる。なお、花の素質や花粉の稔性をよくするように、根や茎葉の機能を存分に発揮できるような光線、温度管理、苗の素質、肥効調節や水分管理などもポイントになる。

着果ホルモン剤を使用するときは、二〇度以下の低温時は五〇倍液、二〇度以上は一〇〇～一二〇倍液が適当。ハウス内ではできるだけ気温の低い朝から午前中に使用する。散布も細かい霧をさっと噴霧する程度でよく、しずくが落ちるほどでは多すぎる。花房をそっくり浸漬するドンブリづけや二回使用は禁物。一花房三～四花が開花したときに一回だけとする。

石ナスをふやすこんなやり方

よくある失敗、思いちがい

着果ホルモン剤を使用すると、多少むりな条件でもうまく着果できる。そこで、発育を急がせ、ホルモン剤にたよって年内の収量を多くしようとした。ところが、着果が悪いうえに石ナスが多く販売できなかった。

石ナスの多い草姿

なぜそうなったか

ナスの果実が正常に発育するには種子が必要であるというのは、ほかの果菜類とかわらない。日照が不足したり、低温や高温にあうと花粉の機能が低下して不稔となる。また、肥料が多く、栄養過多となると、葉のはたらきが弱まり花粉のほか、花柱の短い貧弱な花となる。開花しても、よく受粉できず種子が形成されずに落花する。

そこで落花を防ぐため、ホルモン剤を使ってむりやり着果させても、果実への同化養分の流れが悪く、肥大しないので石ナスになる。

どうすればよいか

定植後の株づくりに注意し、第一番果を確実に着果させて、過繁茂を防ぐ。生育が強く、果実の伸びが悪いときは、ハウス内の温度を昼、夜とも高めにする。夜温は一三度ぐらいに設定し、果実への分配を多くするようにする。なお、ホルモンの使用濃度が濃かったり重複散布した場合、あるいは若いつぼみへの使用や処理時の温度が高い場合にはガク割れの発生を招きやすい。

ホルモン剤は朝夕の涼しい時間に使用し、低温期は五〇倍、高温時は一〇〇倍にする。

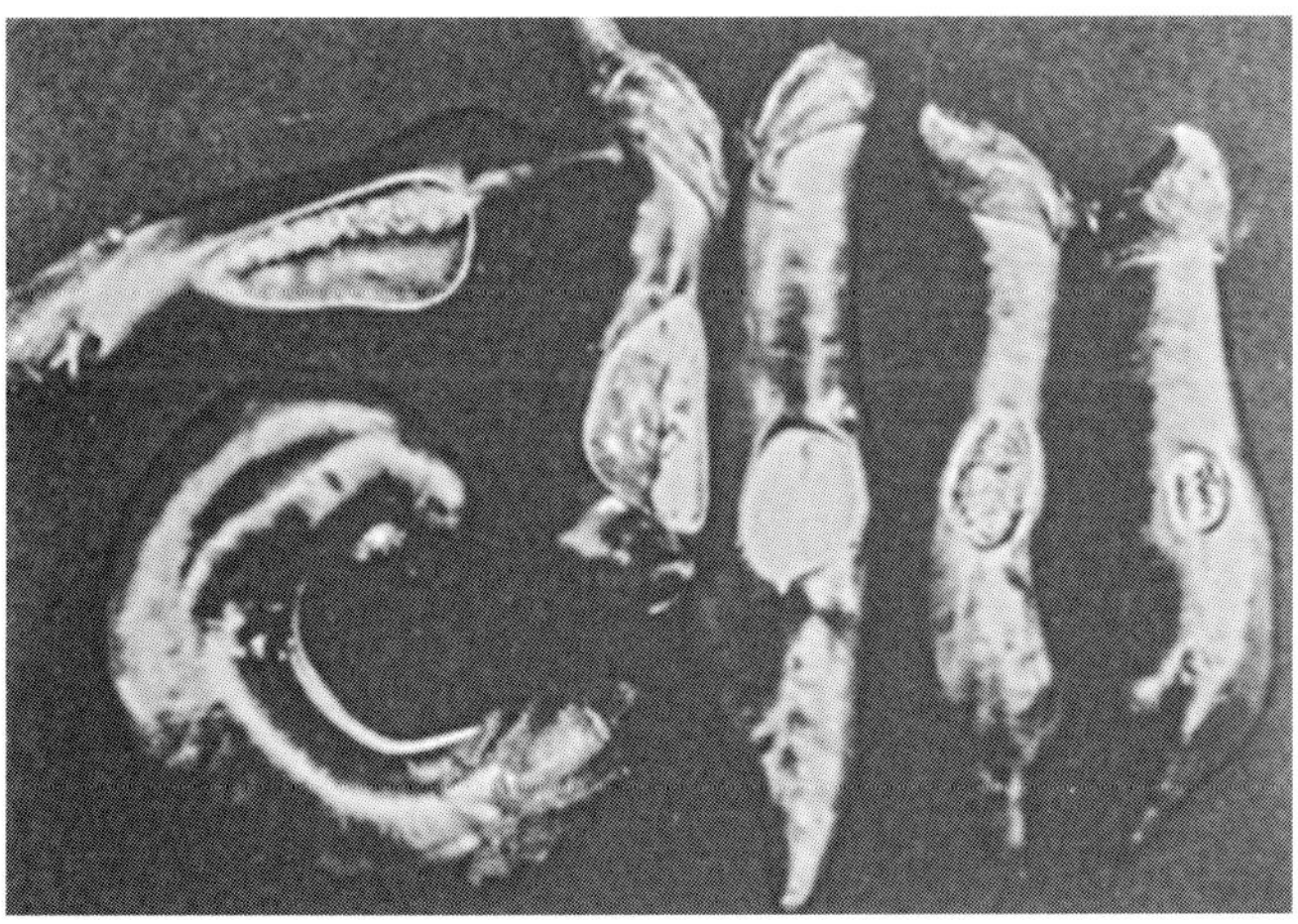

奇形果　写真は薬量を濃くしたり、2度使用したときにでる

うすめる。また、茎葉への全面散布は、新葉が奇形化し葉面積がせまくなるので、草勢を見ながら行ないたい。また、長く草勢を保つように特肥「エポック」一、〇〇〇倍液を一平方メートル当たり一リットルを一五日ごとに土壌にかん注し、さらに「天酵源」三、〇〇〇倍液を一五日間隔に葉面散布する。とくに低温寡日照時や長雨時に効果が高い。

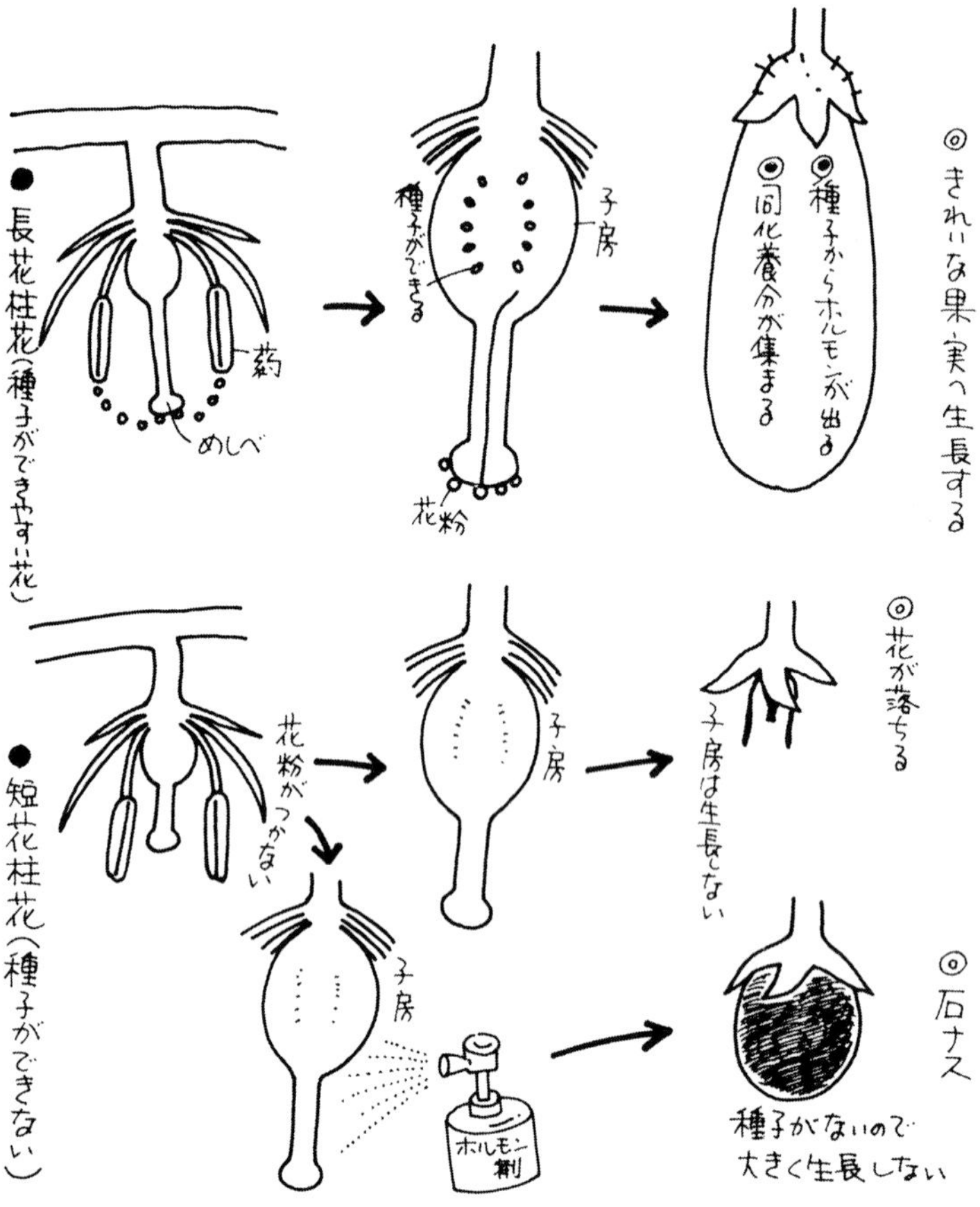

●長花柱花（種子ができやすい花）
葯
めしべ
種子ができる
子房
花粉
◎種子からホルモンが出る
◎同化養分が集まる
◎きれいな果実へ生長する
●短花柱花（種子ができない）
花粉がつかない
子房
子房は生長しない
◎花が落ちる
子房
ホルモン剤
◎石ナス
種子がないので
大きく生長しない

ナス果実の生育

土つくり

野菜に適した土とは、野菜が利用する肥料養分がバランスよく含まれ、複数の土壌微生物が多く棲みついている土だ。野菜つくりを成功させるにはまず、このような土をつくることが好ましい。

畑の排水をよくし、作土を深く耕し、腐熟堆肥や土壌微生物資材などの有機物の施用、土壌診断にそった施肥といった対策を、野菜つくりをはじめる前に実行しておきたい。とくに、圃場整備した後地での野菜つくりでは、土つくりを先行させたい。

グリーンアスパラガス

梅雨あけに若茎の異常が多い

よくある失敗、思いちがい

ハウス栽培でグリーンアスパラガスを導入して三年目、十二月から保温し、二月から若茎を収穫していた。梅雨の中ごろから七月上旬にかけて、細い若茎、先開き、穂先が片方に曲がる、たけのこ型、穂先ちかくが裂開するなどの若茎が多く見られるようになり、販売収量がふえなくなってしまった。

なぜそうなったか

梅雨の中ごろから七月にかけて変形した若茎が多くなるのは、株の栄養状態のバランスがくずれたための障害ではないだろうか。

二～八月ごろまでに収穫される若茎は、地下茎の先端にできたりん芽（若芽）が、貯蔵根（太根）にたくわえられる同化養分を吸収して生長し、翌年若茎として収穫される。そのため、太根や地下茎に含まれる栄養分は、収穫のたびごとに持ち出され、少なくなる。

梅雨時期の収穫になると、同化養分をつくる親茎がなく、立茎したばかりの親茎のはたらきは不十分で、養分を補えない。さらに、梅雨時期には茎葉のはたらきが充分に発揮できない。気温が高く、最高気温と最低気温の差が少ないので、呼吸消耗もふえて、ますます栄養バランスがとれなくなると推測される。

太根や地下茎の栄養分が少なくなると、細根（吸収根）のはたらきがとまり、最後には組織がこわれて消滅してしまう。筆者がメロン、キュウリ、イチゴ、タマネギなどの調査で、盛んに活動中の葉をとり除いてみたところ、三〜五日で活力のある白い根が消えてしまった。イチゴやトマトで葉数を制限して着果負担をかけた場合も、白根が消え、葉枯れをおこす。アスパラガスでも類似した傾向を観察している。

　変形茎や裂開茎の横断面や縦断面を観察すると、維管束（導管）から滲出液が染み出る部分と出ない部分がある。空洞が観察されたら、細根が消滅して、太根や地下茎、さらに若茎への流れがとまっていると推測できるだろう。この現象が、株全体でおこると茎葉が枯死するが、一部分だけにおこると茎の一部、養水分が流れる部分が生長し、流れが途切れた部分は生長しない。すると、変形や裂けを誘発してしまう。

ズングリまたは穂先が裂開した若茎

異常茎の多い場所、作土下の排水が悪い
地下茎・太根、細根が変色・腐敗したのが多い

　また、収穫初年度から異常茎が多い圃場は地下水位が高く、下層土は還元土が多く作土が浅いのではないだろうか。そのような土壌では、植えいたみで、根群分布の狭い株が多く観察される。

どうすればよいか

　主因である地下茎や太根、細根を充分にはたらかせるような土壌管理を徹底するのが得策だ。地下水位を下げるよう排水路を整備し、硬い耕盤は心土破砕機で下層土を破砕して作土を深くするよう、植付け前に対応しておきたい。

　土壌改良としては、有用な土壌微生物を含む特肥「エポック」または「地楽園」一〇アール当たり二〜三リットルを、元肥施用時から茎葉黄変期まで継続して施用する。対策を急ぐ場合は、一〇アール当たり、「地楽園」三〜五リットルを一、〇〇〇倍液にして作土全体に浸透するように、一五日ごとに継続してかん注する。ただし、エポックや地楽園を施用するときは、かん水量が重要。充分かん水しないと効果が発揮できないが、かん水が多すぎても、土壌微生物のはたらきで根腐れを防ぎ、下層の還元土を酸化させてしまう。

親株の管理は、過繁茂にならないように無駄な茎葉も整理して株全体の受光量を多くする。加えて、ハウス内が高温にならないように工夫する。なお、植えいたみの影響が大きいので、苗の時期に鉢土の乾きは禁物。植付け後のかん水にも注意したい。

キュウリなど

牛フン一〇トン施用で苦土欠乏症

よくある失敗、思いちがい

砂質壌土水田の転換畑でキュウリのハウス栽培に取りくんだ。土つくりが重要と思い、未熟牛フンとチップ混入の鶏フンを一〇アール当たり一〇トンぐらい、毎作投入してきた。ところが三年目ころから苦土欠乏症が目だってきた。

なぜそうなったか

牛フンや鶏フンなどを毎年一〇トンあまり施すと堆肥に含まれる窒素、カリ、苦土などが土壌中にとけて年々多くなる。露地では降雨などでしぜんに洗脱されるが、ハウス栽培では流亡しにくく、堆肥を多用した圃場はカリと窒素が通常の数倍量含まれるのが実態である。カリや窒素、石灰が多いと苦土の吸収が妨げられる欠乏症があらわれる。粘土含量の少ない砂質土ではこの現象がより強い。

どうすればよいか

堆肥の必要以上の施用は危険で、完熟した堆肥を一〇アール一～二トンとする。生堆肥は一年あまり風雨にさらし、余分な養分を流して（黒い汁がでないようになるまで）よく腐熟させたあとに利用したい。

土つくりはただ有機物を施用するだけでなく、地下水位の引下げ、深耕による有効土層と作土の拡大など総合的に考える

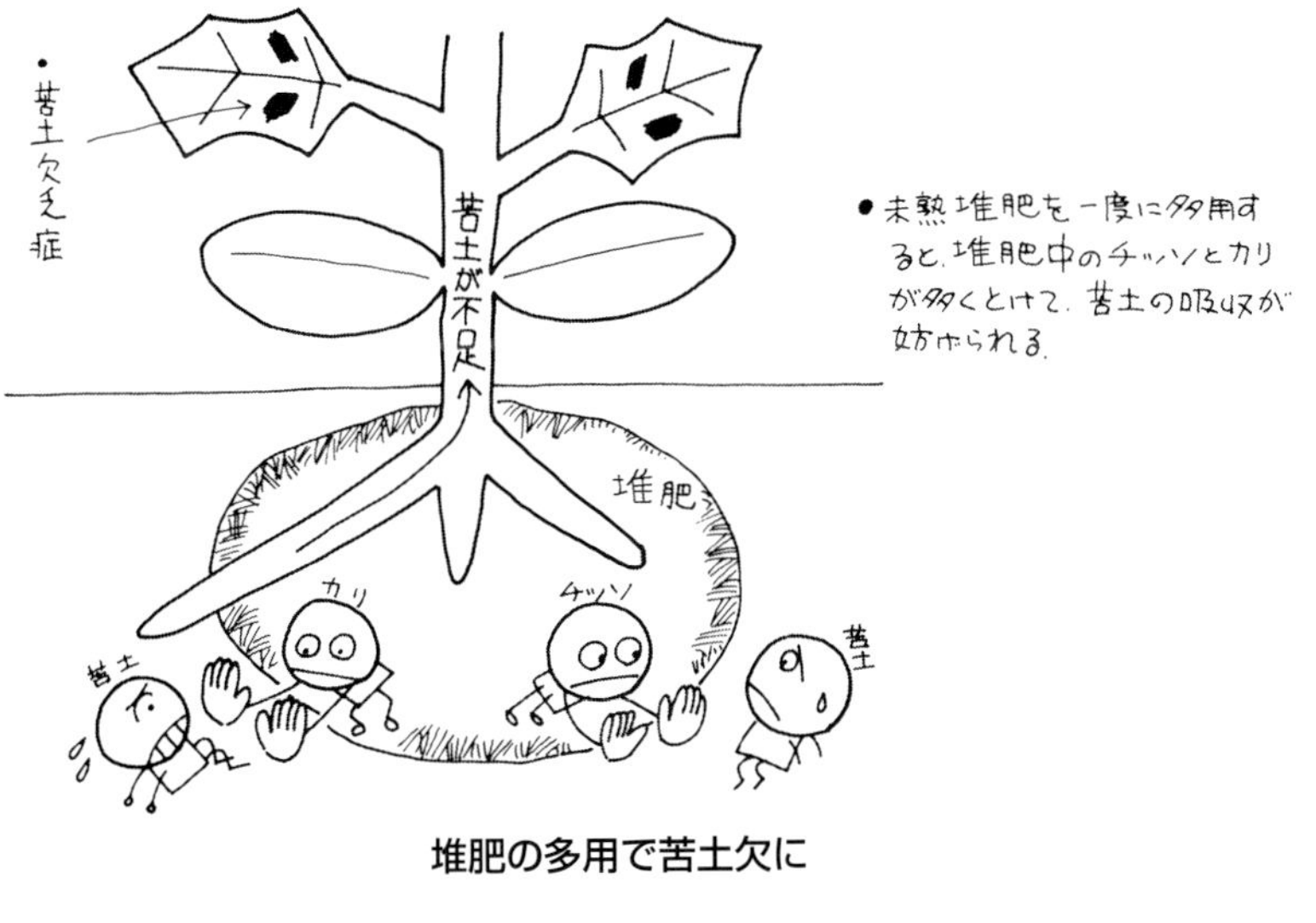

・苦土欠乏症
苦土が不足
・未熟堆肥を一度に多用すると、堆肥中のチッソとカリが多くとけて、苦土の吸収が妨げられる。
堆肥
カリ
チッソ
苦土
苦土

堆肥の多用で苦土欠に

べきである。有機物の施用量は作土の深さを考慮し、深耕を組み合わせればその効果が高い。

　有機物の施用が化学性の改善、土壌微生物の活動促進だけでなく、強粘質土壌のように物理性の改善効果を強く期待する場合は、有機物の種類も考慮せねばならない。堆肥や稲わらだけでなく、腐熟しにくい大豆残稈、麦稈、さらに河原に自生するヨシや竹クズ、庭木をせん定した小枝などを完熟堆肥として利用するのをすすめたい。

　堆肥多用時の障害圃場は除塩し、さらに土壌調査にもとづき施肥する。

　腐熟した有機物が入手できず、早くふかふかした土に改良したいときは特肥「エポック」一アール当たり〇・五～一リットルを五〇〇倍液に希釈して作土全体にしみこませる。同時に窒素肥料や糖蜜など併用するとよい。

一口ヒント

未熟堆肥に多いキノコ対策

未熟な樹皮堆肥や家畜のおが粉敷料を多用した小ネギ畑に、キノコ（オオシロカラカサタケ）が発生することがある。そうなると、地面から作土全体に白い菌糸が蔓延し、かん水した水が根に届かないので、水不足で育ちが悪くなるか、作物が枯死してしまう。

　対策としては、耕起後に充分に散水し、「エポック」を一アール当たり五〇〇ccを水五〇〇リットルで希釈したものをかん注する。小ネギ栽培床に菌糸が蔓延し、土が固まった場所では、ホークでおこし、充分にかん水したあとに希釈液をかん注する。

　キノコ発生予防には完熟堆肥を使うようにしたい。家畜堆肥を使う場合は畜舎内の敷料全体（家畜も含め）に「エポック」一、〇〇〇倍液を散布すると敷料の発酵をうながし、悪臭も消え、キノコの発生を予防でき、土壌微生物の多い完熟堆肥になる。

トマト・ナスなど

堆肥多用→過繁茂→節水→尻腐れ

よくある失敗、思いちがい

トマトのハウス栽培で土つくりとして堆肥を多用したら窒素の肥効が強く、生育がおう盛で過繁茂ぎみとなった。その対策として友人に相談したら、肥効を抑えることで、まず、土壌を乾燥させて生育を抑制するよりほかは手段がないとアドバイスをうけた。

　ところが、かん水をひかえて土壌を乾くようにしたところ、肥大はじめの幼果のほとんどが尻腐れ果となってしまった。

なぜそうなったか

尻腐れ果は石灰欠乏症である。石灰は生長活動が盛んな生長点付近に多く必要とされ、細胞にとって欠くことのできない成分で、細胞をつなぐ物質「カルシウムペクテート」の主成分となる。石灰が不足すると細胞がばらばらになって組織がこわれてしまう。トマトの果実では幼果の花落ち部分の組織がこわれて尻腐れ果となる。

石灰は茎葉の蒸散作用によって動く水分とともに移動するので、土壌が乾燥して水のはたらきが鈍ると石灰の吸収量も著しく少なくなる。この場合、石灰をより多く要求する果実への分配が少なく、とくに幼果が敏感に反応する。ふつう、果実には〇・二～〇・四％の石灰が含まれ、〇・一五％ぐらいに少なくなると欠乏症がおこるといわれる。

このような石灰欠乏症は土壌中に石灰が少ない場合だけでなく、土に充分に含まれていても、窒素やカリ、苦土あるいはナトリウムなどが多い場合は拮抗作用で吸収が抑えられる。この例では、これらの成分を多く含む堆肥を、一度に多用したうえに土壌を乾燥させたので、ますます石灰の吸収が悪くなって、尻腐れ果を多くした。

どうすればよいか

堆肥の多施用は危険がいっぱい。堆肥は一年あまり雨ざらししたあとか、完熟さ

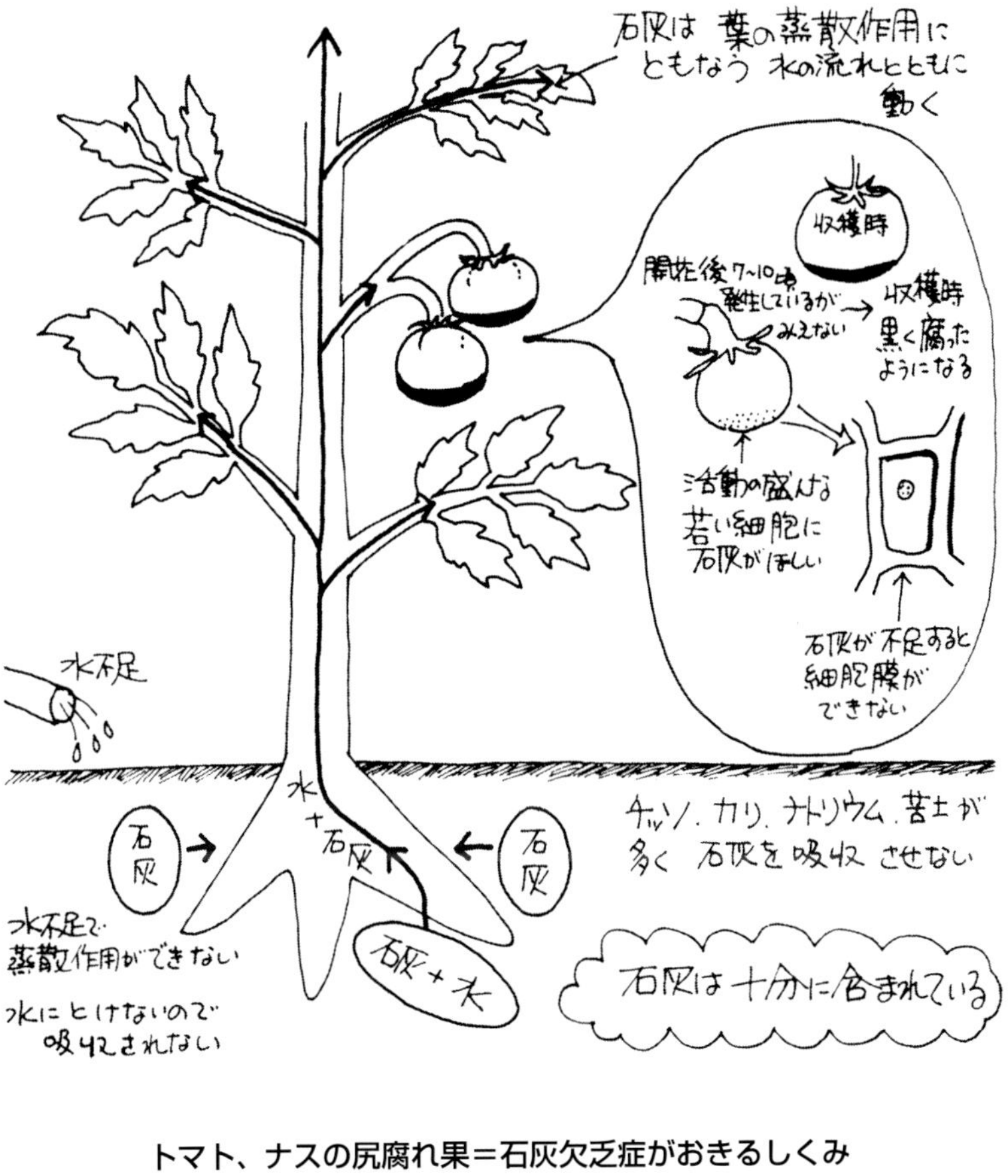

トマト、ナスの尻腐れ果＝石灰欠乏症がおきるしくみ

せたあと、一〇アール当たり一～二トンを施用する。

また、土壌診断を行ないバランスのとれた施肥量を決める。肥料養分が流れにくいマルチ栽培では通常よりも三割あまり減肥する。

石灰の吸収は土壌水分とのかかわりが深いが、作土を深くしたり下層土の構造を変え（き裂をつくる）根が深く入るようにして乾燥を防ぐ。乾燥時のかん水はもちろん、プラスチックフィルムのマルチや敷きわらを行ない土壌水分を保ち石灰の吸収をたすける。

石灰欠乏は時期的には発育が盛んな高温時に多発し、ハウスでは春先に、トンネルや夏秋栽培では梅雨あけ後の乾燥時に多い。また、アカナスに接ぎ木すると高温、乾燥条件では尻腐れ果が多いので注意する。

除塩が不充分で根ばりの浅い干拓地では、水分の変化が激しいうえ、石灰の吸収を妨げる苦土、カリ、ナトリウムが多いので発生しやすく高ウネにして根ばりを多くし、根のはたらきをたすけカルシウムの吸収をよくする特肥「エポック」または「地楽園」を施用する。

発生時には塩化石灰〇・三～〇・五％液の葉面散布をする方法がある。

なおナス・ピーマンの尻腐れ果、キャベツ・ハクサイ・レタスの心腐れ、ハウスメロンの発酵果などは石灰欠乏症で発生原因や対策は共通している。

一口ヒント

通路も作土として生かす

通路は踏みかためられ根ばりが悪くなりがちだが、通路も作土として利用したい。ウネ間の通路に深さ二〇～二五センチあまりの溝を掘り、稲わらや中熟堆肥に緩効性肥料、ボカシなどを混ぜて埋め戻す。さらに特肥「エポック」の希釈液をかん注すると、生育後半の株づかれ防止や水分、地温保持に役立つ。耕土の浅い圃場やアスパラガスやトマト、ナスなどの長期栽培によい。

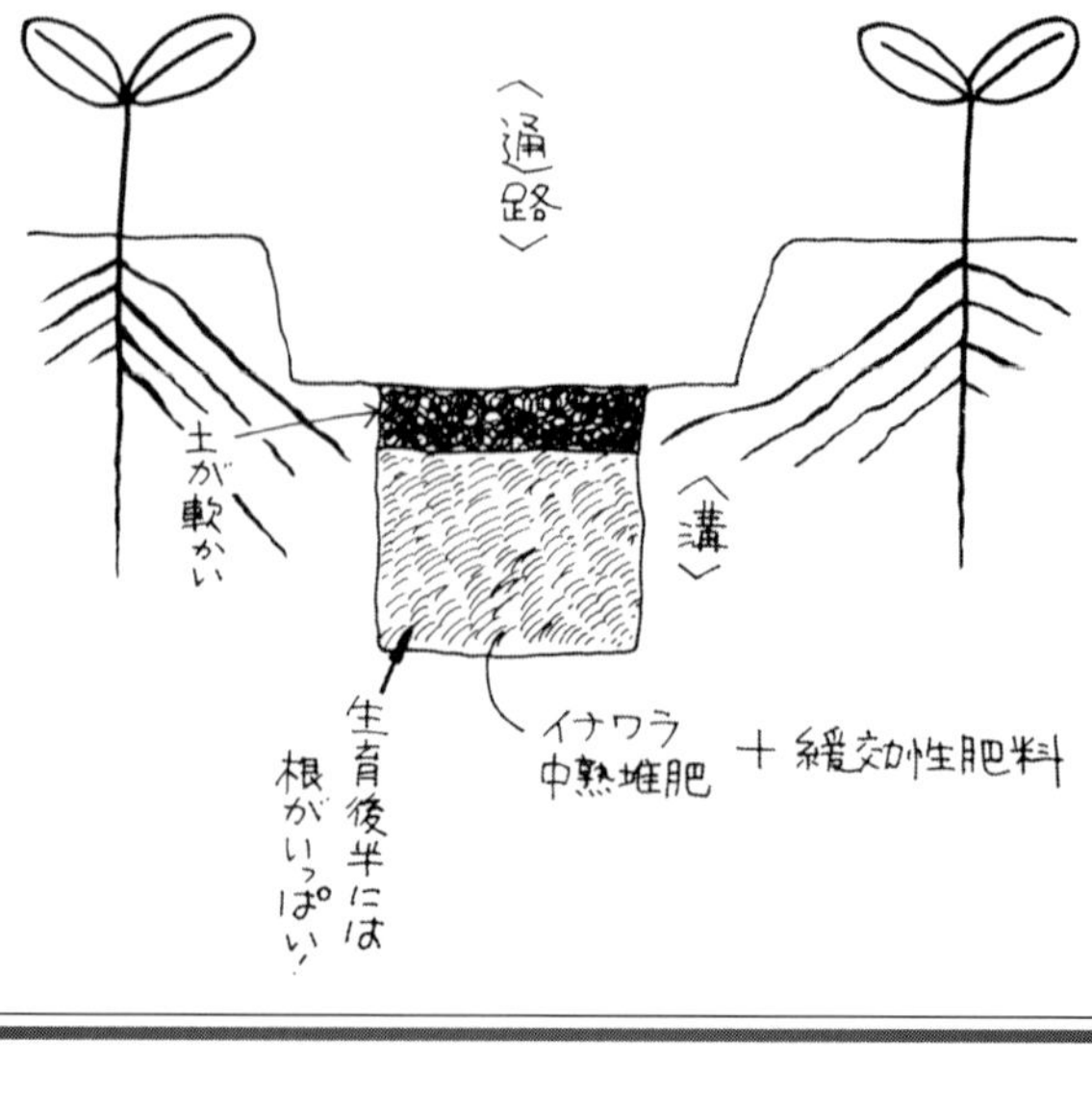

野菜全般

生わら・青刈り作物の危険性と生かし方

よくある失敗、思いちがい

キュウリとジャガイモの予定地に土つくりとして、稲わらを一〇アール当たり二トンあまり、植付け直前に施した。深さ一五センチにロータリー耕を行ないウネ立てしたが、稲わらと土壌がよくなじまず、土の乾きが激しい。植付け後、植えいたみをおこして生育がおくれた。そればかりか病害による欠株が多い。

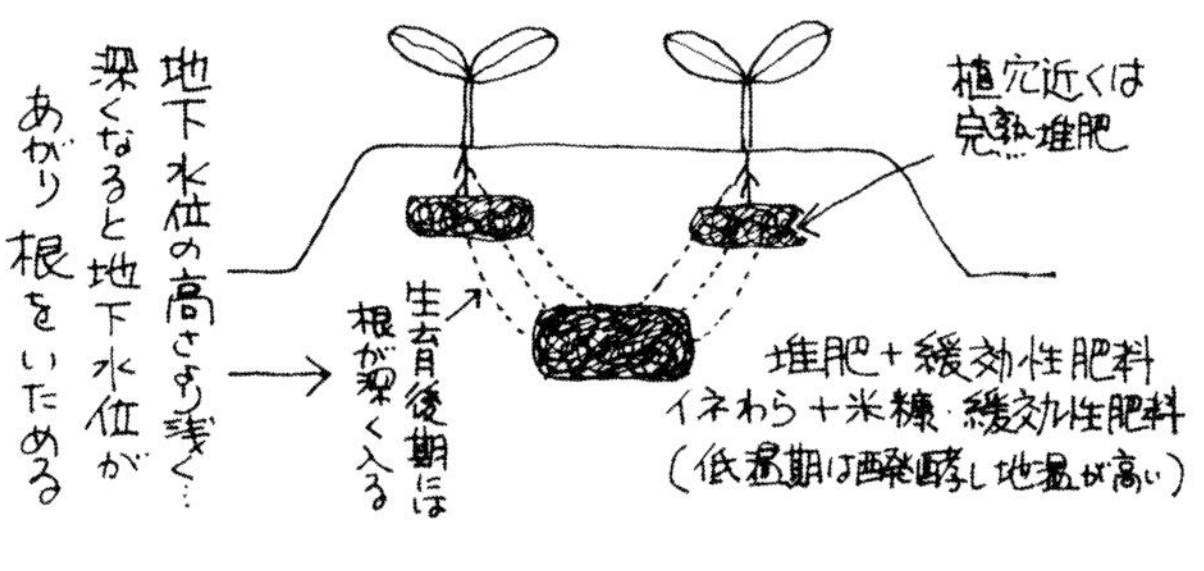
植穴近くは完熟堆肥
堆肥＋緩効性肥料
イネわら＋米糠：緩効性肥料
（低温期は醗酵し地温が高い）
生育後期には根が深く入る
地下水位の高さより浅く…
深くなると地下水位があがり根をいためる

根ばりを深くし、草勢を保つ堆肥のやり方

なぜそうなったか

未熟有機物を施用した直後の土壌中は、微生物や放射状菌、糸状菌などが一時的

一口ヒント

新素材を使ってのトマト栽培

果肉がつまった甘いトマトを収穫しようと、新しく酵素や土壌微生物入り資材を使用したが、思うような成果が上がらないことがある。これは、施肥やかん水を慣行の方法で行なったことに起因することがある。

ぼかしや酵素、土壌微生物を含む新素材を使用する場合は、資材の特性に適した方法をとらないと使用効果は出ない。たとえば特肥「天酵源」を葉面散布すると、茎葉や根の組織構造と機能が変わり、発育が様変わりする。

また、有用な土壌微生物を複数含む資材を土壌に施すと、土壌微生物相が変わり、土壌養分は吸収しやすく、呼吸熱で土壌は乾きやすくなる。

トマトに酵素や微生物資材を使ったときも同じことがいえる。根量がふえ、水分や肥料養分の吸収力が盛んで、さらに茎葉の蒸散作用や同化作用、硝酸同化還元作用などが盛んになり、花芽や果実が多く、株の負担がふえてくるなど発育相が変わる。その実態に即応するように微量要素をなどの施肥量を増量したり、土壌微生物の餌となる窒素や糖蜜資材をふやし、存分にかん水しないと成果はあらわれない。

に増加する。たまたま植物があると感染して発病することが多くなる。

一方、有機物が腐熟するために土壌中の窒素が奪われ、作物は窒素飢餓をおこす。また、耕土が浅いところに未熟物を多く使用すると、土壌が乾き、根の生長が妨げられたりいためられることから、病害にかかりやすくなる。

キュウリでは小苗立枯病、つる割病、疫病が、ジャガイモではそうか病などの発生は、典型的な例である。

どうすればよいか

有機物の使用にあたっては、やはり完熟堆肥の利用がのぞましい。

堆肥の施用時期では、とくにジャガイモでは、前作作物を栽培するときに充分に施用し、ジャガイモを作付けするときまでに腐熟させておくと発病が少なく肥効も高い。

ソルゴーやトウモロコシなどを青刈りしてすき込んだり、稲わらや麦稈など未熟有機物を利用するときは、野菜を作付けする一～二カ月前に施す。また腐熟をたすける石灰窒素や発酵促進剤を添加し、土壌と混和するか、土壌微生物を含む特肥「エポック」の希釈液をかん注する。

施し方では、堆肥にリン酸肥料を混和するとリン酸の肥効が高まる。堆肥を圃場全体に施すのもよいが、深さを変えて植穴ちかくに溝施用するとよい。

植穴ちかくへの溝施用は、かぎられた量でより効果的に施す方法である。根のまわりに有益な微生物が活動し、根の生長とはたらきをたすける。

つぎのような方法もある。ウネの中央部に深さ三〇～四〇センチくらい（地下水が見えると浅くする）幅三〇センチあまりの溝を掘り、堆肥と緩効性肥料を施す。低温期のハウス栽培では稲わらに米糠・緩効性肥料を混ぜて施すか、特肥「エポック」を施用すると腐熟が早く、発酵時の発熱で地温を高め、生育をうながすので無加温のハウスメロン、キュウリなどによい。

以上のように施用する位置を変えて、根ばりを深く広く誘導するようにすると、生育末期まで草勢が維持でき多収穫につながる。とくに栽培期間の長い作型で効果がある。

なお、排水不良地での溝施用は湿害をおこすので、排水をよくしてから取りくみたいが、実現できない場合は、光合成細菌を含む特肥「エポック」の施用が効果が顕著にあらわれる。

イチゴ

粘質土での山砂客土は逆効果

よくある失敗、思いちがい

強粘質土水田で促成イチゴを栽培しているが、土壌が粘質で作業がやりにくい。

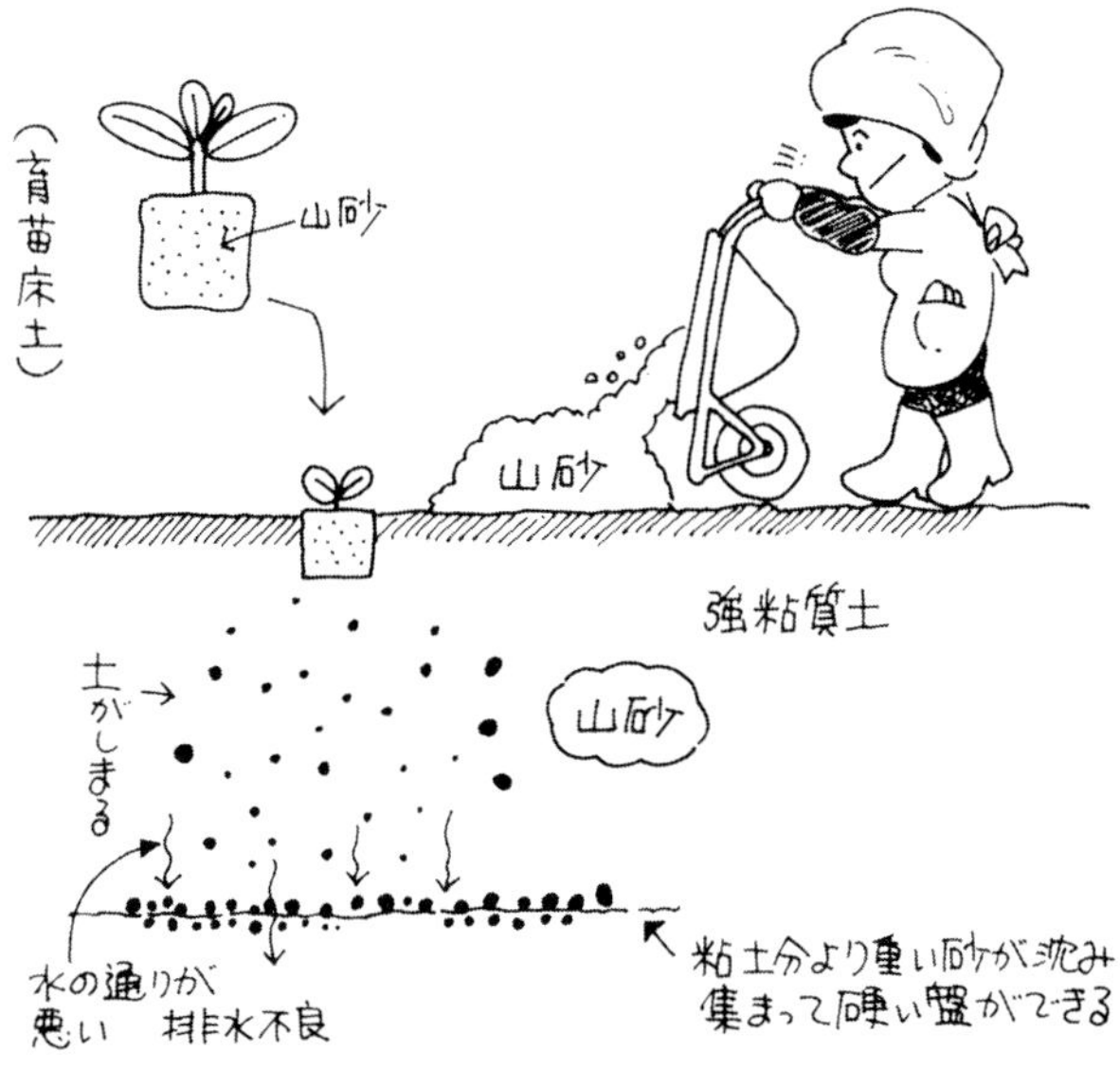

（育苗床土）
山砂
山砂
強粘質土
土がしまる
山砂
水の通りが悪い
排水不良
粘土分より重い砂が沈み集まって硬い盤ができる

強粘質土壌に山砂を持ちこむと

そこで山砂を客土した。ところが、土壌が硬くしまって株の衰弱が早いようである。

❓なぜそうなったか

粘土含量の多い土壌に山砂を混ぜると、軟らかくなるよりも硬くしまりやすい。

また、イチゴ栽培あとに行なう湛水時の代かきは比重の重い砂が早くしずみ、耕盤部に集まり、水をとおしにくくするので排水が悪くなる。

花芽分化促進技術として採用される鉢育苗の培土はほとんどが山砂である。毎年、一〇アール当たり六〜七トンちかい山砂が搬入されるので、徐々にその弊害もでてくる。

水がとおりにくい硬い耕盤ができると、根ばりが悪くなり株づかれしやすい。

どうすればよいか

強粘質土壌の物理性を改めるには、暗きょを施し、下層土に亀裂（水みち）をつくり、地中の排水をよくするのが先決である。作土を軟らかくするには、粗材有機物を積極的に投入するか粘土粒子を強く結びつける高分子系土壌改良剤（キッポPX粒剤スーパー）を一アール当たり一〇キロ投入する。または特肥「エポック」を施用すると土壌微生物のはたらきで軟らかく、ふかふかした土壌に改良できる。

山砂が搬入され、硬い耕盤ができた圃場では二〜三年ごとに深耕しながら堆肥や土壌改良資材（物理性を改善する資材）を積極的に利用する。

一口ヒント

暗きょには地力対策を

暗きょにすると土壌中の窒素、カリ、石灰、苦土などが流れ失われる。土壌微生物の活動も盛んで、腐植の消耗も激しい。排水と同時に積極的に堆肥の施用など、地力対策を考えておかなければならない。

湛水除塩と深耕をいっしょにやってよいか

よくある失敗、思いちがい

粒径の粗い砂が多い砂質壌土の水田で、促成ナスを数年つくりつづけている。湛水除塩は生育がよく、収穫量も回復すると、専門書に書いてあった。

年々つくりにくくなってきたので、深耕と除塩をかねて行なうことにした。湛水し、ロータリー耕で深さ一五センチあまりに耕しながら除塩をはかった。しかし、作土下に硬い耕盤ができ、ナスの根ばりは悪く、生育後半の株づかれが早い。前年とくらべて変わりばえがなかった。

なぜそうなったか

連作土壌の若がえりには、湛水除塩と深耕は効果が高い。しかし、土壌によって、方法を変えないとその効果がうすれる。砂質壌土で湛水しながら深耕をかねて代かき作業を行なうと、粘土粒子より重い砂が早く沈下し、耕盤部に集まり、硬くしまる傾向が強い。

また、砂質壌土は埴土とちがい、乾いたときに土壌のちぢみ方が少なく縦状亀裂ができにくく透水が悪いので湛水だけでは除塩できにくい。

どうすればよいか

透水が悪いままでは、かけ流しにするか、水を更新する以外に方法はない。

作土下の下層土の透水をよくするには、有材暗きょと弾丸暗きょが適当である。砂質壌土では亀裂ができにくいから、弾丸暗きょまたは心土破砕などを毎年行なう以外に方法はない。

また、このような土壌では、除塩と深耕を同時に行なっても効果があらわれにくいので、まず除塩したあと、クランクロータリーまたはプラウで反転耕を行なう。作土の下に大きな土塊とすき間をつくるようにして根ばりを深くする。一方では、粗材有機物の施用を忘れてはならない。

ハス田の耕起作業も同じようなことがいえる。砂の多い砂質壌土や砂質埴壌土では、湛水しながらの耕うんは、深耕効果があらわれない。深耕し、地なおしのあ

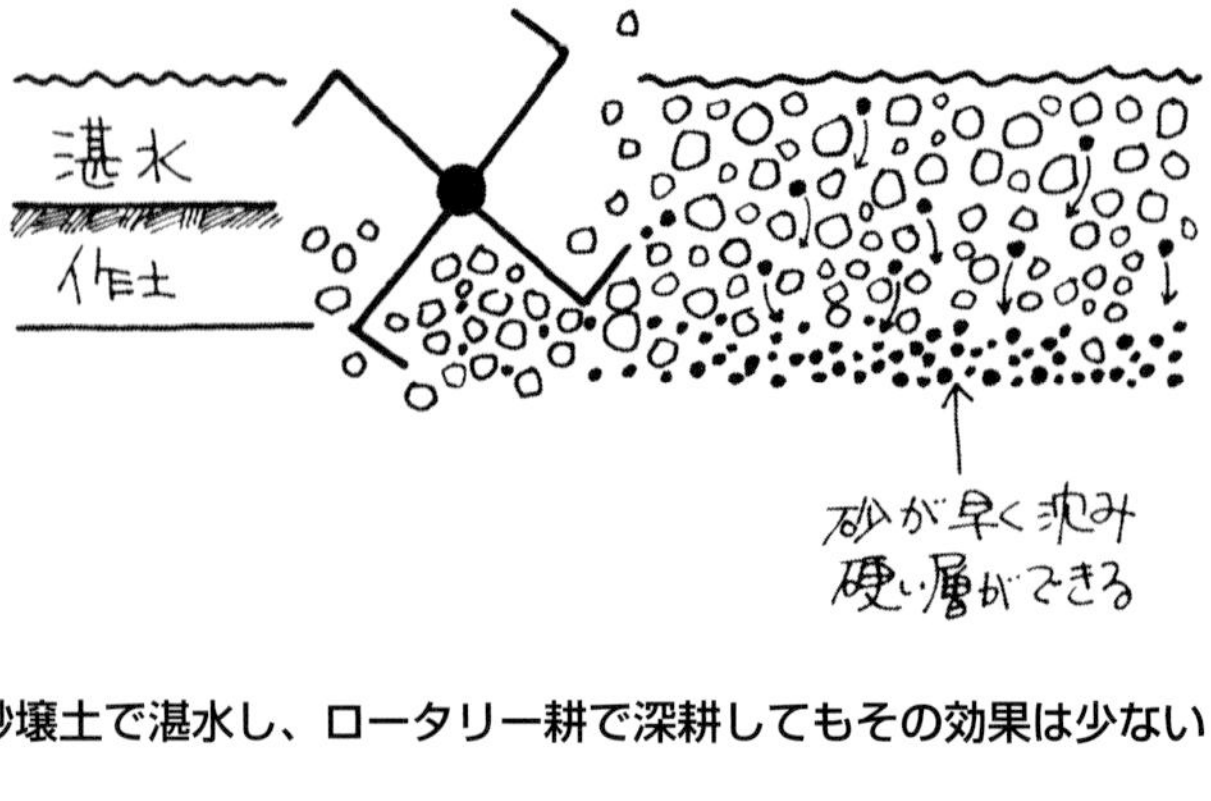

砂壌土で湛水し、ロータリー耕で深耕してもその効果は少ない

と湛水するほか、毎年深耕する必要があり、耕うん方法も改めなければならない。とくに有機物が多いと、生育中後期には硫化水素ガスによる根腐れがおこり、病害を誘発したり、減収の原因となるので、注意したい。

ハウス野菜

クリーニング作物はすき込んでよいか

よくある失敗、思いちがい

トマトやキュウリの連作ハウスで肥料の残りがふえ、つくりにくくなった。その対策として湛水除塩を考えたが湛水がむずかしく、また土壌害虫がみられないことから、クリーニング作物を栽培した。トウモロコシを土つくりに利用しようと、青刈りしてすき込んだところ、トマトに苦土欠乏症がみられ、土壌の電導度はいぜんとして二・〇以上と高い。

なぜそうなったか

ソルゴーやトウモロコシなどイネ科作物は窒素やカリをよく吸収し、生草収量五トンのとき吸収される窒素は一五キロ、カリは三五キロで、とくにカリが多い。したがって、カリや窒素が多く苦土欠乏症の多い圃場で効果が期待できる。

しかし、カリや窒素を多く吸収した残稈をそのまますき込むと、吸収された成分は元の土壌にもどる。

窒素はアミノ酸やタンパク質に変化しており、分解するのに時間がかかるので濃度がすぐ高くなることはない。しかし、カリは早くとけ出すので、元どおりカリが多くなってあいかわらず苦土欠乏症が発生する。

どうすればよいか

残肥量の多い土壌では、刈取り後、茎葉を圃場外に持ち出すのが得策である。さほど多くない場合は、そのまますき込んでよいが、野菜の作付けまで一月～一月半以上、腐熟させる余裕をもちたい。

とくに窒素の残肥量が多いときは「エポック」を施用するとよい。エポックは、窒素を餌に増殖しアンモニア態窒素を硝酸態にかえるはたらきのつよい土壌微生物を含む。すき込んだ茎葉を早く、完熟させる利点もある。

パイプハウスでのソルゴー栽培

排水が悪い場合の除塩対策

よくある失敗、思いちがい

暗きょなどの排水施設のない水田転換畑にハウスを建てキュウリを連作してきた。その結果、肥料が蓄積してきて窒素の過剰症や苦土欠乏症がふえ、また、菌核病やネコブセンチュウなどの病害虫がふえてきた。

その対策技術を習うため、先進産地へ見学にでかけたが、ハウスフィルムをかけたままで湛水除塩がなされ、充分効果があるといわれた。さっそく、太陽熱処理をかねて天井フィルムを被覆して湛水し、水は減水した分を補給した。ネコブセンチュウはいなくなったが、排水後の土壌表面に結晶した肥料塩がみられ、湛水除塩の効果がみられなかった。

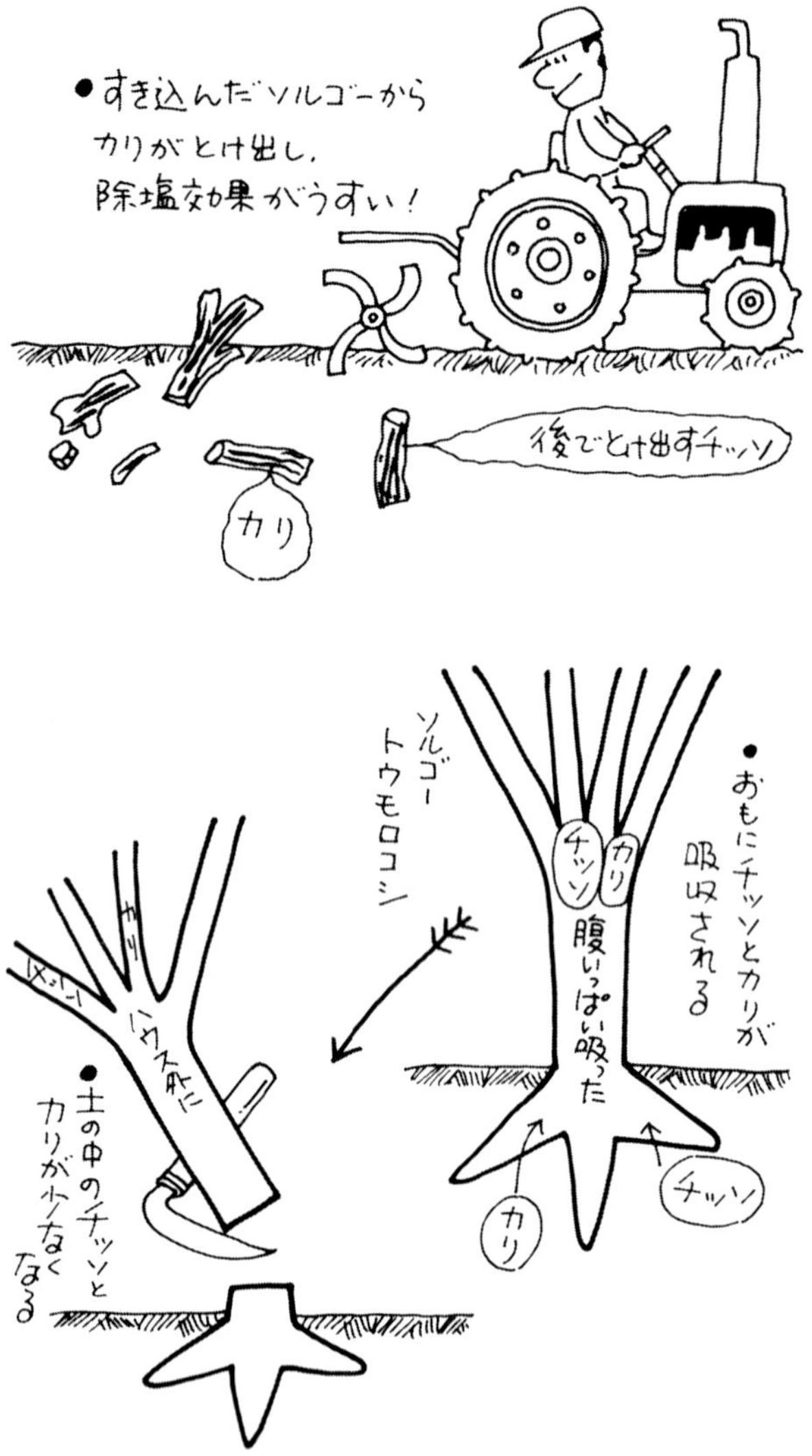
●すき込んだソルゴーからカリがとけ出し、除塩効果がうすい！
後でとけ出すチッソ
カリ
ソルゴー
トウモロコシ
●おもにチッソとカリが吸収される
チッソ
カリ
腹いっぱい吸った
カリ
ハウス外に
●土の中のチッソとカリが少なくなる
チッソ
カリ
残肥量の多い畑からはクリーニング作物を持ち出す

なぜそうなったか

土壌に蓄積したカリや窒素（硝酸態）肥料は水によくとける性質がある。湛水除塩はその特徴を利用し、排水と同時に肥料分をハウス外に持ち出す方法である。

しかし、下層の透水が悪いところや暗きょがない場合は湛水した水は一時的には下層へ移動しても、乾くと再び毛管水とともに上がってきて肥料分も地表に逆もどりする。水分が蒸発すると地表に塩が残る。

どうすればよいか

下層土の排水の悪い土壌や硬質フィル

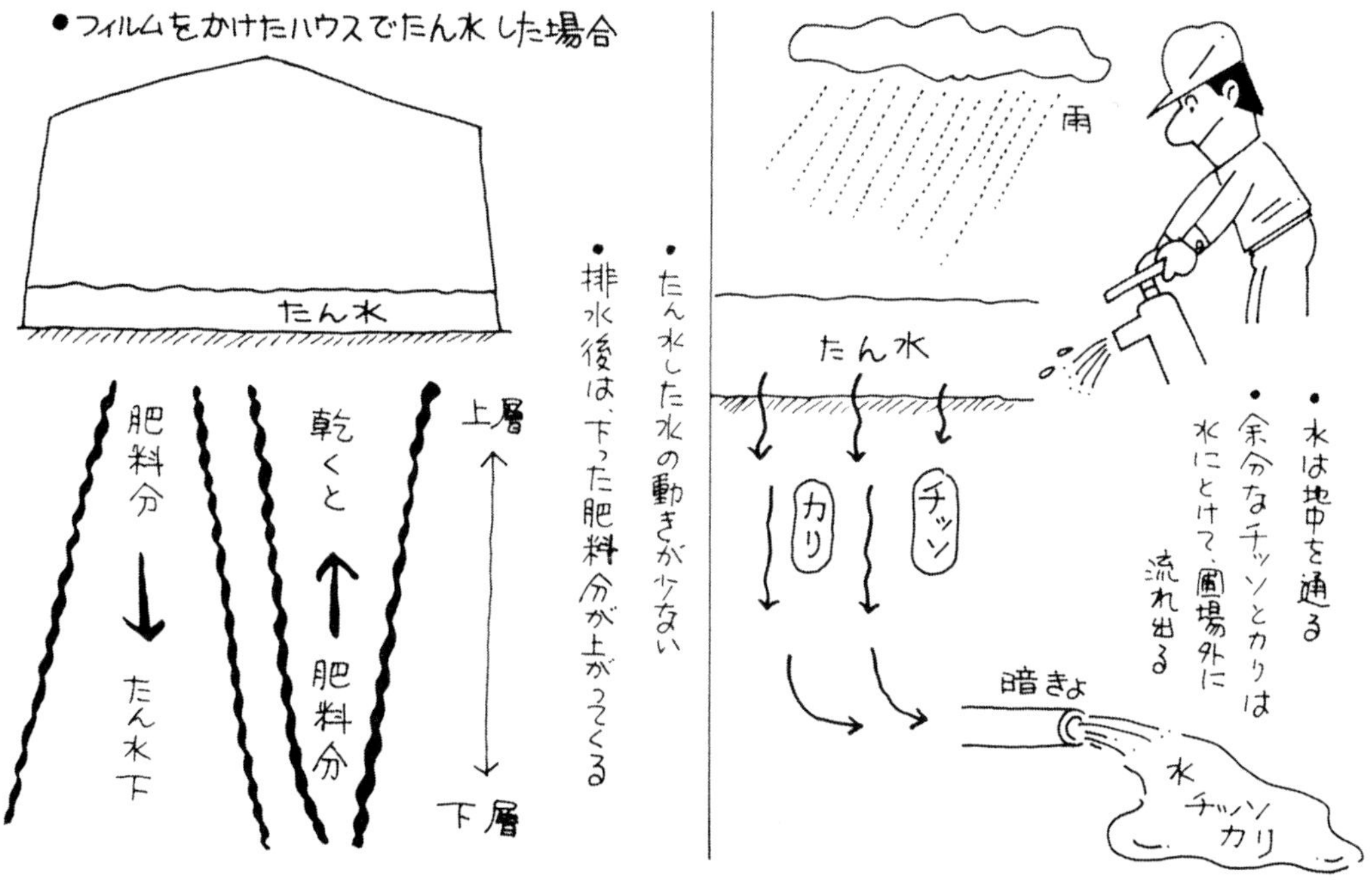
●フィルムをかけたハウスでたん水した場合
たん水
肥料分
たん水下
乾くと
肥料分
上層
下層
●たん水した水の動きが少ない
●排水後は、下った肥料分が上がってくる
雨
たん水
カリ
チッソ
●水は地中を通る
●余分なチッソとカリは水にとけて、圃場外に流れ出る
暗きょ
水
チッソ
カリ

湛水除塩のしくみ

ムを被覆したハウスでは、暗きょを施工する。また心土破砕を行ない、水が動きやすいようにする。とくに強粘質土壌では縦状亀裂（水みち）をつくる。また、排水の悪いハウスはフィルムを除去し、自然の雨にさらし洗い流すか、かけ流す。

硬質フィルムハウスではイネ科作物を栽培し肥料分を持ち出す。なお、この場合、病害虫防除はむずかしいのでほかの対策を考える。

海岸にちかい地方や干拓地土壌で除塩するときは、表面排水だけでは不充分である。暗きょを施工し、土壌水分が表層から下層へ、さらに暗きょを通って外に流れ出るようにしないと除塩できない。また作土下にすき間ができるような深耕を行なう。

ナスなど水田転換野菜

せっかくの暗きょが逆効果になる場合

よくある失敗、思いちがい

水田転換畑でナス栽培を成功させるには排水が大切であると考え、暗きょを施した。暗きょの吐出口が、直接基幹排水路に通じるように施工したところ、集中豪雨のとき排水路の水位が上昇した。その後気温が上昇するころから、暗きょ部分を主体に青枯病が発生した。

なぜそうなったか

ナスの根ばりの深さは、おもに作土の深さや作土下の下層土の亀裂のできぐあいや地下水位によって決まる。暗きょを施し地下水位が下がると、当然のことながらナスの根ばりは深くなり、暗きょちかくや亀裂部分に集中して伸びてくる。ところが、排水路の水位が上がり、暗きょに逆流し、地下水位が上昇してくると、動くことのできない根はそのまま水に浸され、呼吸作用ができずに枯死し、その傷口から細菌が侵入して発病する。葉から空気が送られる通気組織ができやすいナスでも、急に水につかると根はひどくいたむ。

どうすればよいか

周囲が水田にかこまれていたり、地下水位が高くしかも変動しやすい水田転換畑でのナスづくりでは暗きょ施工がやはり前提条件となる。問題はやり方である。

圃場内の地下水位と土壌水分を調節できるようにするには、モミガラまたは、カキガラなど疎水材を利用した有材暗きょと無材暗きょを組み合わせるとよい。とくに無材暗きょ（弾丸暗きょ）は営農手段の一つとして毎作ごとに行なうようにしたい。なお、暗きょの吐出口を、用排水

一口ヒント

病気にかかった野菜クズを堆肥に

病虫害は栽培が終わったあとの残渣や畑ちかくに捨てられた被害茎葉が次の伝染源となる。病虫害にかかった茎葉、根、玉などはよく拾い集めて圃場外へ持ち出す。残渣と石灰窒素を混ぜコンポストに入れるが、透明のプラスチックフィルムでつつみ、腐熟させるとよい。また特肥「エポック」一、〇〇〇倍液を使うと残渣の分解が早く、消臭効果が顕著で、できた有機物は肥料効果が高い。雑草も種子が落ちる前に除くと、次の年は少なくなる。

命とりになるタマネギの乾腐病は罹病した玉を拾い、あき肥料袋に入れて持ち出す

病気にかかった玉や株の処理

管理が広い地域で行なわれる基幹排水路に直接設けると、思うように排水できず、失敗する。暗きょのはたらきを充分に発揮させるには、つぶれ地がふえるが、補助排水路を設ける。吐出口を補助排水路に設け、天候に応じ暗きょの開閉、水位調節を行なう。ときには強制排水して、暗きょ内に逆流するのを防ぐ。

また、暗きょがハウス外にはみ出ており、降雨時はハウス外の雨水が暗きょに流入し、根をいためている事例もよく見受ける。集水範囲がハウス内にとどまるように工夫し、集水槽を設けるようにしないと暗きょのはたらきが半減するばかりか逆効果となる。

幹線排水路（A）と支線排水路（B）をつくり、支線排水路に暗きょを設け、かん水・排水管理を行なう

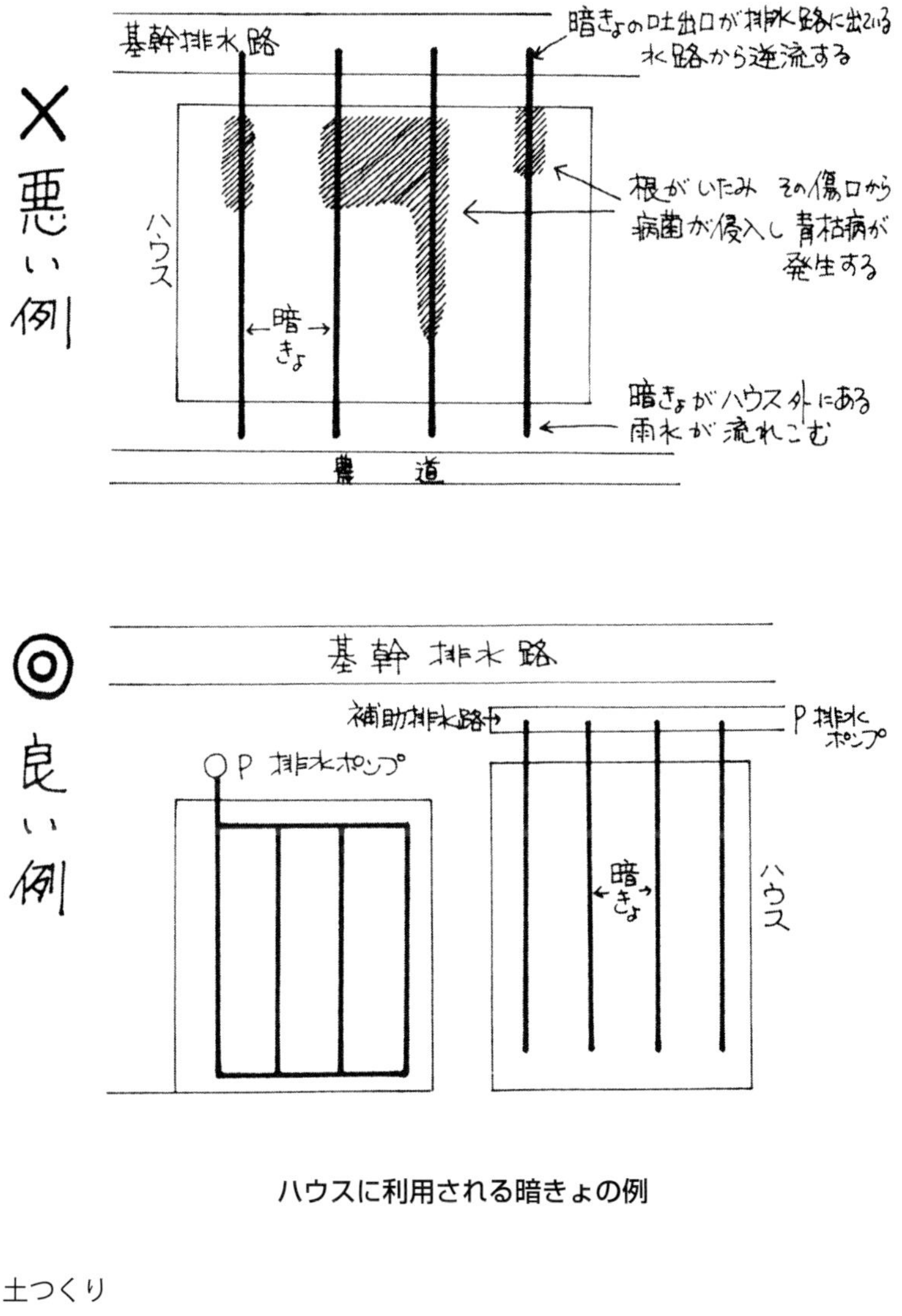

ハウスに利用される暗きょの例

このようなことはトマトでもみられ、メロン、キュウリなどでは急性萎凋症の一因となる。露地栽培でもまったく同じことがいえ、天候に応じて暗きょを管理する。

暗きょのない階段状の圃場では排水のよい法面《のり》にちかい場所は地下水位が低いため、根ばりが深くなる。しかし、降雨時は地下水位が急に上昇して、せっかく伸びていた根をいため、その後青枯病が多発する。とくに山間地や山麓地の夏秋トマトやピーマンなどに多く見かけられる。また、抑制インゲンにも根腐れが見られ、これも同じ原因による場合が多い。

階段状の圃場では湧水や伏流水の多い山際に暗きょを入れ、地下水位を一定にして安定させるようにする。

以上は土壌水分の急激な変化によっておこる根の障害であったが、そのほかに、ハウス野菜や露地野菜をとわず、土壌が乾きすぎて、しおれたり、肥効が抑えられ、生育が妨げられる場合を見逃すことも多い。

土壌水分の不足は地上部の微気象にも影響するためか、乾燥を好む害虫、ハウス内ではハダニ類やアブラムシがふえる。また、露地でもスリップスが多発して思わぬ被害をこうむる。

したがって、排水だけに気をとられないように、天候を見はからい、暗きょの吐出口の開閉管理、敷きわらによる乾燥防止、土壌の乾きぐあいでかん水するなど細かい管理を行ない、病害虫を予防したい。

生育や圃場環境、病害虫の発生などにおよぼす影響を充分に心得、事前に察知しないと新技術が生かせない。

畑選び

畑は野菜の住まいであり、野菜のできには、畑の環境条件が強く影響する。特にハウスなどは一度建てると簡単には移動できないので、畑選びは慎重に行ないたい。日当たり、気温、風の流れなどの気象条件、水はけ、地下水位、圃場の前歴、土壌（土性）、作土と下層の状態などが畑選びの要点になる。畑への作業用道、堆肥置き場、住居との遠近なども、あわせて考慮しなくてはならない。

タマネギなど

大豆あとの苗床は立枯れがでやすい

よくある失敗、思いちがい

水田転換畑をタマネギの苗床に予定し、夏場の遊休期間を利用しながら土つくりしようと、夏大豆を栽培した。夏大豆収穫後、消毒用薬剤で土壌くん蒸消毒を行ないタマネギを播種した。ところが、発芽後リゾクトニア菌による小苗立枯病が激発して苗が不足し、栽培計画を変更せざるをえなかった。

なぜそうなったか

小苗立枯病の病菌にはリゾクトニア菌、フザリウム菌、ピシウム属菌があるが、おもにリゾクトニア菌による場合が多い。

リゾクトニア菌の発育適温は二五度前後とされ、土壌がすこし乾いたときや未熟有機物が多いと発生しやすい性質がある。

夏大豆などの豆類栽培跡地にかぎって、土壌消毒しても小苗立枯病が多発するのは、未熟残渣や根につく根粒の栄養分を餌にリゾクトニア菌がよく繁殖し、その生息密度が高まり、発芽まもないタマネギに感染すると思われる。夏大豆にかぎらず秋大豆の栽培を中断し、タマネギ苗床に利用したときも同様である。

どうすればよいか

大豆あとは土壌消毒を行なっても、その効果が不充分であるのでタマネギ苗床としては不適当である。なお、本病菌はほかの野菜にも発生するので、苗床予定地の前作には注意したい。

また、苗床に施用する堆肥は完熟したものを利用し、未熟有機物は使用しない。

タマネギ苗床にかぎらず、リゾクトニア菌はネギ、ホウレンソウ、ニンジン、キャベツ、カリフラワーなどにも幼苗時に多く発生するので、苗床・本圃とも作付けをさけたほうが安全である。

苗床あとでの栽培は苦労する

よくある失敗、思いちがい

水田地帯で促成イチゴを栽培しているが、適当な苗床の設置場所がない。そこで何日か畑の準備のために植付けがおくれても、さして問題はないだろうと考え、本圃予定地を利用して育苗した。

苗を除いたあと、元肥を施し、作畦を急いでただちに定植（九月中旬）した。苗床に利用しなかった場所は順調に生育している。しかし、苗床あとはわずか二日おくれの植付けですんだものの、新葉の展開や出蕾が大幅におくれてしまった。

なぜそうなったか

苗床は定植時の植えいたみを防ぐため、定植前にたっぷりかん水するので、育苗鉢を除いた跡地の土壌は水分が多い。定植を急ぐあまり、過湿ぎみでむりして耕起すると砕土が悪い。根鉢と土がよくなじまずに、すき間ができ根鉢が乾きやすく、植えいたみをおこす。活着後もゴロゴロした土壌は乾燥し、生育を妨げる。

元肥の施用は植付け直前であり、そのうえ秋の気温は日ごとに下がることから、元肥の分解がますますおくれてくる。とくに使う肥料が遅効性の有機質や緩効性肥料が主体であるため、ますますこの傾向が強まる。

このように植えいたみと土壌の乾燥、さらに肥効のおくれは根の伸長だけでなく、新葉の展開や花芽の発達を著しく妨げる。いきおい、出

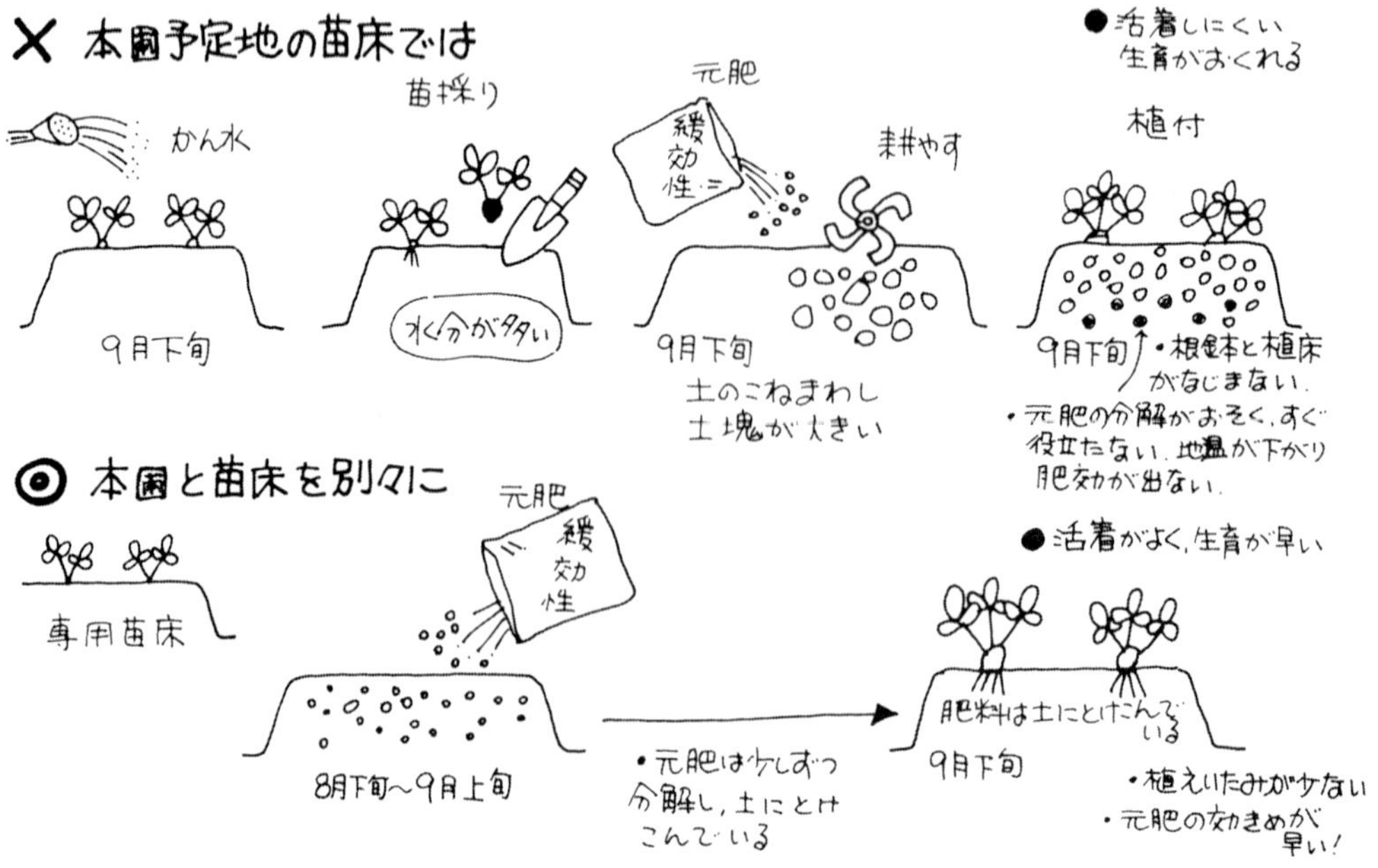
×本圃予定地の苗床では
かん水
9月下旬
苗採り
水分が多い
元肥
緩効性
耕やす
9月下旬
土のこねまわし
土塊が大きい
●活着しにくい
生育がおくれる
植付
9月下旬
・根鉢と植床がなじまない
・元肥の分解がおそく、すぐ役立たない、地温が下がり肥効が出ない
◎本圃と苗床を別々に
専用苗床
元肥
緩効性
8月下旬〜9月上旬
・元肥は少しずつ分解し、土にとけこんでいる
肥料は土にとけこんでいる
9月下旬
●活着がよく、生育が早い
・植えいたみが少ない
・元肥の効きめが早い！

蕾・開花・収穫などに悪い影響がおよぶ。
したがって、たとえりっぱな健苗が育苗できても、本圃の土壌条件が悪ければ健苗のよさが発揮できない。

苗床専用の畑を準備し、水田地帯では盛り土して天候に左右されない苗つくりができるように

どうすればよいか

本圃予定地での育苗は絶対にさけたい。平坦地の水田地帯は、地理的に夏場の苗床期は冠水や浸水の被害が多く、苗つくりがきわめて不安定である。営農の主体が促成イチゴであれば、おもいきって専用の苗床を準備するのが適当である。

もし、苗床跡地を利用せざるをえない場合は土壌の乾きを待って耕すのが一番。元肥の肥料は遅効性以外に速効性肥料の割合をふやしたり、窒素とリン酸による根付け肥や液肥の葉面散布を行なって生育をうながす。かん水は根鉢を主体に行ない、葉面散水もよい。

以上のことは、イチゴだけにかぎらず、キュウリ・トマト・メロンなどの果菜でも同じことがいえよう。

ハウス果菜

圃場整備あと、毎年同じところに青枯病が

よくある失敗、思いちがい

基盤整備あとの水田は、田面がきれいに地ならしができ、外から見るかぎりではとくに問題はないように見える。野菜栽培に最適条件と思い、ビニールハウスを建ててハウスメロンとナス、トマトを栽培したところ、毎年、決まって同じ場所で生育障害や病害が発生する。ハウスメロンでは急性萎凋症が、トマト、ナスでは青枯病が発生し防除がむずかしい。

なぜそうなったか

圃場整備工事は、作土を削除したり盛り土したり、あるいは旧排水溝を埋めもどしして盛り土するなど一様でない。外から見るかぎりでは均一であるが、土壌表面下はさまざまである。

障害が発生した場所を掘りかえすと地下水がしみ、土壌構造・作土の深さなどがほかの場所とちがう。トマトやハウスメロンの根の痕跡が見えることから、埋めもどした軟らかい土壌で根が深く伸びていることが想像できる。一度降雨があると、ハウス外の雨水がしみこみ、旧排水路に流れこみ、その部分の水位が上昇してせっかく伸びていた根は湿害をうける。ハウスメロンでは根部と地上部とのバランスがくずれて急性萎凋症をおこす。トマトやナスでは湿害でいたんだ傷あとから細菌が侵入して青枯病を誘発する。また、雨水だけでなく、ハウス内でかん水してもその水は雨水と同じ動きをする。

同じハウスでも、地下水位が変わったクリークあと（A）に発生したトマトの青枯病

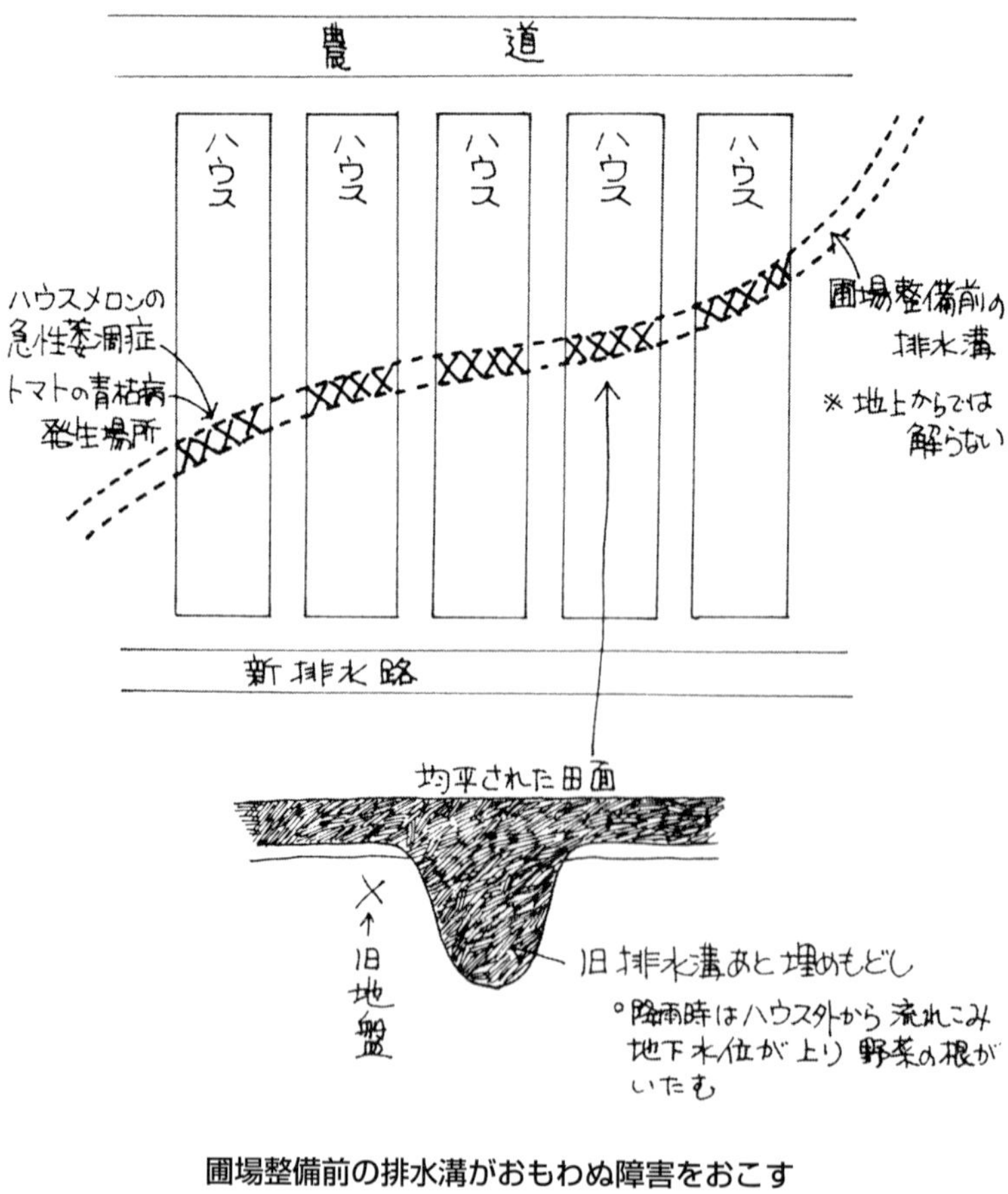

圃場整備前の排水溝がおもわぬ障害をおこす

どうすればよいか

ハウスの建設は、圃場整備前の状況をよく調べてからかかる。道路や排水溝、クリークを埋めた場所はさける。この場合はハウスを移動する以外に根本的な解決方法はない。移動しないときは側壁部に止水壁を設け、横からの浸水を防ぐ以外に手段はない。

鉱害復旧田で、とくに耕盤をしめる圃場整備の工法がなされた場合も同じである。また、強粘質土では暗きょが施工され、土壌に縦状亀裂ができていても、地下水が横へ動かないと部分的に地下水位が高まり、野菜の根をいためる。そのストレスから疫病や根腐れが発生することがある。暗きょがあっても排水できないと障害の原因になる。

一口ヒント

野菜つくりは地ごしらえから

野菜つくりは根づくりからはじまり、根づくりはまず、地ごしらえがポイントになる。

耕起、整地、ウネづくりなどの地ごしらえは、初期生育はもちろん、生育後期まで影響し、収量や品質を支配する決め手である。

地ごしらえは意外と関心がうすく、病害や生育障害の誘因となっている。

田面が不均一であれば、当然、ウネ面に凹凸ができ、排水にちがいがでる。また、均一に散水できるかん水チューブを使用しても、かん水むらができる。高いところは乾き、低い場所は湿害をおこしやすく、生育が不ぞろいになる。

ハウス野菜・露地野菜いずれも、圃場のすみずみまで、むらができないように、ていねいに起こし、一定の高さにウネをつくり、ウネ面が均一になるように仕上げる。

圃場整備あとの野菜つくりは あわてないで まず、土つくりから

圃場整備あとは作土が一様でなく、排水が悪い。土壌の化学性も不安定であり、野菜栽培を急ぐと障害が多い。

一作おくれても、土つくりをしっかり取りくむのが得策。土壌調査を事前に行ない、暗きょや心土破砕で排水をうながす。深耕し、耕土を深め、有機物を施して、ソルゴーやトウモロコシの青刈栽培で生育状態を観察し、あらかじめ、圃場のクセをつかみ、本格的に取りくみたい。

ふろく1

自分の畑のクセを知ろう

　野菜畑にはいろんなクセがある。同じ一枚の畑でも場所によって大きなちがいがある。排水状態だけをとってみても、畑の高さや傾斜程度、あるいは地下水位や近接する排水路、農道があるのかどうかによって著しくちがってくる。とくに圃場整備したところでは、切土したか、盛り土したのか、あるいは排水溝あとに埋めもどしたかなどによって、土中の水の動きが変わってくる。

　地下水位は農道側が高く、排水路側に低く傾斜しているのが一般的で、農道付近は排水が悪く、その反対側は乾きやすい。このようなクセを持つ圃場で、地下水位や土壌水分の動きをまったく無視して、ウネ面から一様にかん水するとどうなるだろうか。農道側は多湿となったり、排水路側は水分不足となる。いきおい、水に敏感な野菜は生育差がおこってあたりまえである。湿りすぎは、水にかかわる青枯病や疫病などの病害を多くする。逆に乾く場所では、乾燥を好むスリップス類やハダニなどが多くなる。

畑にはいろんなクセ（顔）がある
野菜をつくる前によく調べよう

　南面に傾斜し、日当たりのよい圃場や冷たい北風をさえぎる防風林などがあるときは温度が高く、冬から春にかけて生育が進み、春先の早出しが可能である。耕土も表土が流れる下になるほど、深く肥沃で、施肥のやり方を加減しないと生育差を生ずる。

　平坦地の圃場やハウスでも一筆のなかで

耕土の深さ、化学性がちがう。

このように圃場にはいろんなクセがあり、そのクセにあった野菜つくりでなければ成功しない。

人が病気になったとき病院で診断を受け、その病症が詳しく記録されたカルテがつくられる。そのカルテによって処方箋ができ健康管理が行なわれる。

これと同じように野菜畑やハウスの持つ、クセを記録した圃場ごとのカルテづくりをすすめたい。

①圃場やハウスの前歴は

野菜を作付けする圃場やハウス予定地の前歴をよく理解しておかないと、とり返しのできない障害がおこる。とくに近年、各地で水田をはじめ畑でも基盤整備が行なわれている。工事終了後、見かけは一様で均一に見えても、その下の中身が著しくちがう。

整備前の状態や盛り土の深さ、搬入した土の性質、どの場所を切削したのか、暗きょの間隔と深さ、素材の種類などを明らかにしておく。また、施工した年などの記録は、作付けする野菜の品目・栽培法を決めたり、ハウスの建設、土つくりや水管理・施肥・障害予防面でおおいに参考になる。

②土層構造と土壌の特徴

野菜の根ばりやそのはたらきと関係する作土の深さ、耕盤の硬さ、作土下の下層土の状態、排水や地下水位の高さと動きなどを記録する。また、土壌pHや土壌養分の含みぐあいなどは土壌改良や施肥、障害予防上大切なことで、農協や普及所などで測定器具が整備されているので利用するとよい。

また、使用した肥料の種類や堆肥などの使用量なども記録する。さらに栽培終了後の除塩方法やその効果なども確かめておくと好都合である。

③諸障害の発生と被害程度

湿害や要素欠乏などの障害、あるいは病気が発生したときは、どのような場所で、どのようにでたかを記録する。土壌や水で伝染する病虫害については、その種類と発生時期、被害程度、さらにどのような防除対策をとったのか、記録しておくとよい。

④栽培した野菜の種類と生育概況

作物の種類・品種・栽培時期・作柄などを記録しておくと、障害対策や輪作を考えるときおおいに参考になる。

また、気象（天候・温度）や生育状況のほか、野菜の根の観察を強調したい。生育のよい場所とそうでない場所について、栽培終了後ウネの断面を掘りおこし、根ばりと根の色などを観察し記録することは、肥培管理改善上、貴重な資料となる。なお、生育や根の観察に写真で保存すると年ごとの変化を知るうえで有意義である。

⑤雑草の発生状況

除草剤を効果的に使い経営改善の一助

とするために、どんな雑草がいつごろから発生するのか、また、使用した除草剤とその効果、どんな雑草が残ったか記録しておく。

ふろく2 生育診断 目のつけどころ

野菜のどこをみたらよいだろうか

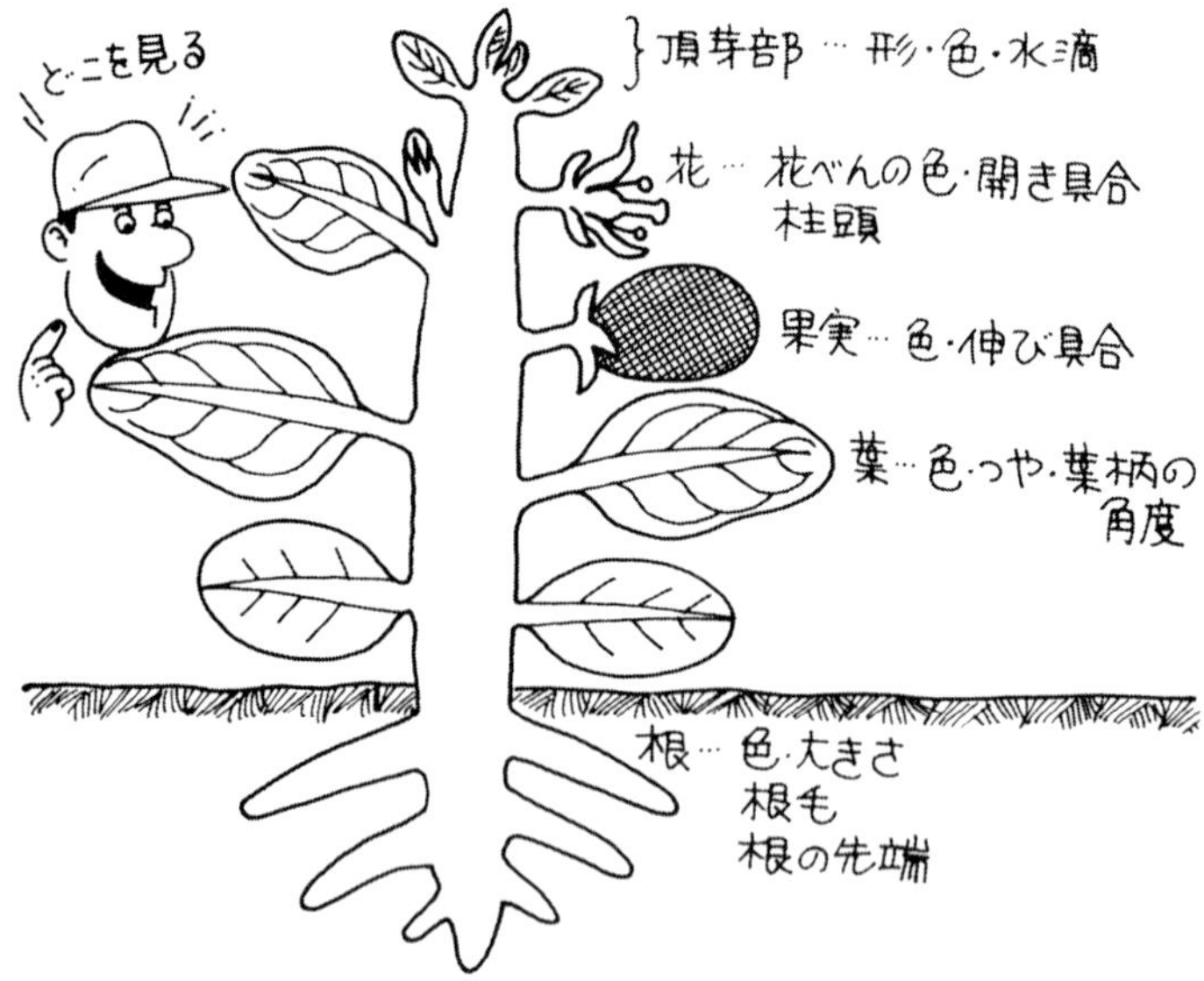

どこを見る
頂芽部…形・色・水滴
花…花べんの色・開き具合
柱頭
果実…色・伸び具合
葉…色つや・葉柄の角度
根…色・大きさ
根毛
根の先端

茎葉や根は一日中休むことなく活動し、生長が早い。葉色はもちろん葉柄の角度などは日々変化する。さらに、細かく見ると、葉色や草姿は本格的に活動する前の朝方と、葉のはたらきが盛んな昼間、同化養分が動いている夕方、また、養分をそれぞれの器官に移し静かに呼吸し翌朝のスタミナをたくわえる深夜とでは、大きく変化するもので、その変わり方をよく観察し育てるのが野菜つくりである。

〈観察のポイント〉

株の全体　根や葉が充分に活動していればのびのびとした感じで、葉色は野菜の種類や品種特有の鮮緑色でつやがある。活気がなくしなびた感じは、温度が高いか逆に低すぎて根や葉のはたらきが弱まり、異常になっているとみてよい。

葉　葉色や葉の大きさは温度や、肥効、光のあたり方で変わる。葉柄の角度や茎の太さ、生育のスピードなども肥効でちがう。

頂芽　頂芽の状態は根の活動を物語っており、その大きさと節間の長さで株の栄養状態が判断できる。頂芽が生気がなく、濃緑色のときは根のはたらきが弱まっている。また細く弱い、あるいは短くなったときは、草勢が弱ったときである。果菜では収穫盛期に見受けられ、早く対処する必要がある。温度や土壌水分、肥効で調節する。

茎葉のしおれ、とくに心葉（頂芽）のしおれや朝方、葉縁に見える水滴は、根のはたらきぐあいや土壌水分状態で変わる。

定植後、水滴が見えないときは植床は水分が保たれていても根鉢だけが乾いている場合である。とくに果菜の鉢育苗に多く、活着するまでに目だつ。生育中後期では地表面は湿りがあっても、その下層土が乾いている場合に多く見られる。施設野菜で土壌が単粒化し、かん水しても下層への浸透が悪いときによく見かける。

着果位置　果菜では着花果の位置が、頂芽部に近く、数多く開花しているときは、肥効が切れ、草勢が弱まったときであり、逆に遠くはなれているのは草勢が強すぎるときである。

花　花やつぼみの大きさ・形・花べんの色も参考となる。開花時の花べんの開きぐあいや葯の色・柱頭（めしべ）の伸び方は草勢や温度、光などで変わる。とくに生育温度の高いハウスメロン・スイカ・キュウリ・ナスなどは、温度が低いと花べんの開きが不充分でめしべの発育が悪く短い。淡紫色（俗に白花と呼ぶ）で小さく柱頭の伸びが悪いナスの短花柱花は、石ナスになりやすく、窒素栄養の多すぎまたは肥切れの場合に多い。

根　根は地上部の生育程度だけでなく、体内の栄養状態や土壌条件で変わり、草勢と強く関係している。とくに、摘葉や病虫害によって葉面積が少なくなった場合や茎葉のはたらきぐあいが悪くなった場合、果実が多く成りこんで、株の負担が多くなった場合に根色が褐変したり、枯死する。とくに摘葉の影響が大きい、栽培期間が長い栽培型では根はたえず変化しており、キュウリ・イチゴ・ナス・トマトなどではフィルムマルチや敷きわらをはいで根の状態を観察する。根が見えなくなると、その約七〜一〇日後に地上部の生育が悪くなる。その前に、摘果・収穫果の大きさなどを加減し、肥効・水分・温度管理で対応する。

ふろく3　生育障害　原因の見分け方

①かんたんな見分け方

株のしおれと葉枯れ　野菜の生育中におこる株のしおれは、根から吸収される水分が少なく、茎葉から蒸散作用で出ていく水分が多く、そのバランスがこわれておこる症状である。

根が褐変したり、組織が硬く老化したり、導管が病菌や柔細胞などでつまったり、根毛の先端が変色し亀頭状につまったりすると、土壌水分があっても根の機能は発揮できない。

高温を好む野菜では地温が低いと吸水ができない。逆に土壌水分が多すぎて、根の組織がこわれた場合や、水分の変化が急激な場合にもしおれがおきる。さらに、一度にたくさん施肥し、土壌溶液濃度が高くなったときや、病菌、センチュウなどの害虫が寄生したときにも吸水力は低下する。

そのほかウリ類では接ぎ木のゆ合組織がうまく発達しないときに見られる。

葉枯れはしおれが進み、組織がこわれたときにおこり、多くは根のはたらきの低下、要素欠乏や土壌中に残った除草剤が原因となる。

心止まりと葉の変型　温度や農薬が強く関係する。また、肥料養分がかたよって作物体内のホルモン代謝が乱れ、生長点が異常分裂をおこして生長点がくずれ、心止まりとなる。葉が分化する際に異常がおこり、葉縁が鋸歯状あるいは不整形の欠刻、スプーン状に葉面にしわができる変形は、一見、ウイルス病の病状に似ている。このときに見られる症状は、一時的で節位で症状が変わる特徴がある。

一時的な低温は、ウリ類やナス・トマトなどに心止まりや葉面のしわ・欠刻症状をおこす。高温でもモザイク状や柳葉状の変形葉がおこり、苗床やハウス内で多い。土壌溶液濃度が高く窒素過多のとき、殺菌剤や殺虫剤の濃度が高いときにもおこる。ホルモン剤ではスプーン状に変形・矮化する。

葉枯れ　葉枯れ症状も一様でなく、葉縁からの枯れや葉脈間の枯れは農薬が強く関係するほか、コナジラミ類の発生時に見られる。葉脈間の枯れは根のはたらきが悪い場合や茎や葉柄がいたんだとき、あるいは要素欠乏時に見られる。枯れた部分と健全な部分の境目がはっきりしているのは根や茎などのいたみや要素欠乏時が多く、境目がぼやけてにじんだような場合は病害の疑いが強い。葉脈にそって傷ができたり、果実のへた下や葉柄の分かれめなどに見られる傷はスリップスがうたがわれる。つる先が縮んだり、葉などがべたべたする場合はコナジラミ類の発生が多い。

葉の表面だけの枯れは、湿度の急変や薬害時に多い。葉全体が不規則に枯れるのはハウスやトンネルのアンモニアガス害、あるいは接触型の除草剤による。また、葉裏の葉肉組織がこわれるのは亜硝酸ガスの被害跡か、薬害またはハダニの食害跡による。ハダニは地面ちかくに細いくもの糸が見られる。

②発生原因をつかむには

ガス障害や薬害など速く症状が見られる場合は別にして、発生時より三〜三〇日、生育速度のおそいときは六〇日くらい前にさかのぼって原因を考えなければならない。すなわち、根や茎葉にストレスを与えるような、移植・摘葉・かん水方法・地下水位の動き、海岸地にちかいところでは用水の水質・温度や換気方法、農薬の使い方や施肥など日常の管理作業をも含めて原因を探る必要がある。

用語解説

●雨よけ栽培 ◆◆◆74

野菜に雨がかからないようにハウスにフィルムを被覆して栽培する方法。パイプハウスに透明のフィルムをかけると病害が予防でき、障害が回避される。その上、品質向上、収量増加が見込まれる。トマト、ナスなどのほか軟弱野菜の栽培に最適で、春先の早どり、秋冬期に栽培期間を延ばすこともできる。

●暗きょ ◆◆◆67

地下水位が高く排水が悪い圃場で、地表から五〇～六〇センチメートルの深さに排水管や疎水材を埋めたり、三〇センチメートルの深さに排水用の穴をつくったりすること。地中や地表の水を早く排水する手法である。地下水位を安定させ余分な水を排水できるので、野菜の根ばりを深くし、病害や湿害を予防する。

●EC（電気伝導度） ◆◆◆150

土壌中に養分がどの程度含まれるかをあらわす濃度。野菜ごとに適正な濃度があり、高い値では根がいたんで養分を吸収できないし、不足すると栄養不足になる。とくに硝酸態窒素含量と関係が深いので、生育診断や肥料設計に役立っている。

●花芽分化 ◆◆◆16

日長時間や温度、栄養条件などの刺激を受けて、花芽の基ができること。花芽分化は野菜つくりではきわめて重要で、野菜が栄養生長から生殖生長へと変わる時期にあたる。したがって野菜の管理でもきわめて重要な時期だといえる。

●活着 ◆◆◆16

野菜苗を定植したあと、根がはたらき新しい葉や茎が伸びる状態のこと。逆に、新根が出ずに吸水せず、育ちが悪いのを植えいたみという。その原因には水分不足が多く、とくに老化苗で起こりやすい。野菜の根が伸び、床土（培養土）を包み込むように伸びた根と床土を根鉢と呼び、機械植えの場合は根鉢がくずれないことが大切である。

●花蕾 ◆◆◆21

芽（花房）分化後に第一次側枝の頂花房、その外側に第二次側枝ができ、小花が生長し花弁などを確認できる段階になったものをいう。また、カリフラワー、ブロッコリーなどの野菜では、若い花蕾を食用にするので、その可食部分をとくに花蕾と呼ぶこともある。

●カルチ ◆◆◆69

小型の中耕除草機で表土を回転刃で削りとり、細かく砕土する。おもに、麦や大豆栽培に使用されている。ウネづくりだけでなく、サトイモ、ジャガイモ、ソラマメ、ネギ、ショウガなどの土寄せ、タマネギの土入れ作業にも便利である。

●緩効性肥料 ◆◆◆77

有機質肥料の油かす、鶏糞など、窒素の効き方がじわじわとあらわれる肥料で、野菜の生長や養分吸収に適す。これにちかい効果をねらい、尿素をアルデヒドに反応させたり、イオウで被膜したり、大きな粒にして微生物分解をおくらせたりして、ゆっくりと肥効が出るようにした肥料もある。

●かん水チューブ ◆◆◆101

プラスチック軟質フィルムで折幅五センチメートルの管に穴をあけ、斜めまたは横方向に水が出る細かい小穴をあけた資材のこと。ウネ面や通路に配置する。目づまりしやすく、水の出方にそれぞれ特徴があるので、野菜によって使い分ける。かん水時に風があると、かん水むらが起こるので注意する。

●拮抗作用 ◆◆◆81

野菜の生育、生理に必要な元素間で、相互に吸収をうながすはたらきがあるのとは逆に、吸収を妨げるはたらきもあること。たとえば、カルシウムが多すぎると、マグネシウムの吸収が悪く欠乏症を発症するので、施肥量と土壌条件で施肥のバランスをとらなくてはならない。

●客土 ◆◆◆172

土壌の物理性、化学性を改善するために、新しい土を入れること。山土の粘土質を利用して、作業の利便性と物理性をよくするために、粘土質の山土を利用することが多い。また、腐りにくい有機物を多用したり、土壌に応じて石灰資材を施用したりする。

●休眠 ◆◆◆24

植物が種子や体内の生理作用によって、一時的に生長しない性質のこと。ジャガイモの品種には、休眠期間が長いもの、短期間で動き出す品種、両方がある。タマネギも収穫後の一定期間は芽が動かないので、貯蔵には好都合。ホウレンソウには、種皮に発芽を抑える物質が含まれているので、発芽しにくく、保存に適している。

●共生菌 ◆◆◆76

生きている植物体の組織や細胞内で生活する生物で、土壌微生物の一種。植物の根域に集まる微生物は、宿主になる植物から栄養分をもらう。その見返りにアミノ酸態窒素やリン酸などを供給するほか、病害虫に対し抵抗性を誘導するとされる。水稲、ハクサイ、アスパラガス、マメ類の根につくこぶの中の根粒菌も共生菌である。

●クリーニング作物 ◆◆◆175

土壌中に蓄積された肥料養分をとり除くために植える、根群が多く吸肥力の強いイネ科の植物のこと。たとえばソルゴー、トウモロコシ、イタリアンライグラス（秋冬向き）など。かん水して水稲の青刈り栽培を行なうこともある。なお、青刈りした茎葉は圃場外に持ち出すことがポイントになる。

●耕盤 ◆◆◆67

作土と下層土との境界にできる硬い土層のこと。耕盤には野菜の根は貫入しにくいし、水の通りが悪く、根張りが浅い。

そのため、生育後半の草勢維持と高ウネづくりがポイント。心土破砕や反転耕起して耕盤をくずすと、その後の作業が楽になる。

●高分子系土壌改良材 ◆◆◆54

酢酸ビニールをつくる過程でできた白い粉末の、ポリビニールアルコール系資材は、土中のシルトや粘度粒子同士を結合させて土壌を団粒構造にするはたらきが強い。ポリエチレンイミン系資材は、陽イオンと土中の陰イオンが結合して土壌団粒構造を変える。ポバール、EB-aなどが土壌改良材として市販されている。

●子房 ◆◆◆145

めしべの基部にある器官で、柱頭とつながる心皮といわれる袋状の組織が、融合してできている。トマトやエンドウなどの子房はおしべ、花弁、ガクに囲われ外部から見えにくい。雄花と雌花が別々に開花するカボチャ、スイカなどは、雌花の花梗につながり収穫時の外観、形など品種の特徴が見られる。

●熟成床土、速成床土 ◆◆◆38

熟成床土をつくる場合は、二〜三年前から病害虫の心配のない原土と未熟堆肥、家畜堆肥、稲わらなど有機物を用意。年二〜三回切り返しを行なって熟成させる必要がある。速成床土は原土に完熟堆肥や肥料、くん炭、さらに高分子系やフミン酸質の土壌改良材を加えてつくり、一週間あまりで使用できる。

●除塩 ◆◆◆75

施肥した肥料は土壌中の水に溶けているが、ハウス栽培では雨水が入らないため、水に溶けている多くの塩類がたまり、野菜の生育が悪くなる濃度障害が出る。その対策に塩類を除くのが除塩である。除塩方法には、かん水して塩類を流す、吸肥力の強い作物を育てる、深耕して土を混ぜ合わせて濃度を下げるといった方法がある。

●除草剤 ◆◆◆158

雑草の発芽や生育を妨げて枯らす薬剤だが、その方法はさまざま。地表面に薬の処理層をつくり、雑草の発芽や発芽後伸びてくる茎葉の生育を妨げるもの、生育中の雑草にかけて茎葉のはたらきを阻害して枯らす茎葉処理剤などがある。野菜の種類や雑草の種類によって、的確に使用しないと雑草以外を枯らし、効果がでない場合もある。

●心土破砕 ◆◆◆68

硬い耕盤によって、湿害や生理障害などが起こったとき、その対策として耕盤を砕くこと。心土破砕専用のサブソイラーなどで心土破砕、反転耕起を行なう。家庭菜園の場合は、ショベルで深さ三〇センチメートルあまり起こす天地返しを、冬期に行なえばよい。

●水田転換畑（転作畑） ◆◆◆21

水田として利用したあと、畑の状態にして野菜などを育てること。作土が浅く、地下水位が高く、排水が悪い場合が多い。そのため、心土破砕、暗きょなど排水対策が必要で、ウネづくりにも注意を要する。転換してすぐは畑地型の病害虫が少ないが、数年で被害もふえる。

●セット栽培（タマネギ） ◆◆◆19

タマネギは、育苗して植えるのが普通であるが、寒冷地で枯れるのを防ぐために、あらかじめ小さな球（セット）を用意して栽培すること。温暖地で秋冬に収穫する栽培では、二～三月に播種し、五月上旬に球が早く太った個体だけを選び、種球として利用する。

●促成栽培 ◆◆◆15

自然条件下の収穫適期より早い時期に、野菜を収穫する栽培方法。温暖な気候条件や地熱を利用した栽培地の例がある。現在はハウスや加温機などが普及したので、果菜類を中心に各地で抑制栽培、促成栽培が行なわれている。

●短日処理 ◆◆◆40

一日の日の長さを短くして花芽が早くできるようにする操作で、早出しのイチゴ栽培で重要な作業。イチゴの花芽を早く分化させるには、分化予定日一カ月前から施設内の温度を下げ、毎夕方に遮光して日長時間を短くできる施設に搬入する。

●団粒構造 ◆◆◆77

異なるイオンを帯びる土壌粒子と粘土鉱物、腐植などが、土壌微生物の分泌物や死んだ菌体によって結合した小粒の集合体。団粒構造にするには有機物の堆肥を施用し、米ぬか、おから、糖蜜などをほどこし、土壌微生物資材を利用するとよい。単粒構造とは土壌構造がばらばらな状態をいい、野菜つくりには向かない。

●窒素飢餓 ◆◆◆37

新しい稲わらや麦わらを土中に入れると、これを分解する土壌微生物が土中の窒素を消費するので、野菜が吸収する窒素が不足して、飢餓状態になる現象を呼ぶ。土壌微生物資材を多用した場合も、同じ傾向が見られる。植物体内の窒素濃度は、葉色が変化する七日前後から不足状態になっている。

●長日刺激 ◆◆◆73

タマネギの球が肥大するには長い日長時間が必要で、日長時間の影響を感受する刺激のこと。昼と夜の長さは、野菜や花などの生育や花芽のでき方に大きくかかわる。極早生品種が敏感で、短日、低温期に栽培する場合、マルチフィルムの種類選びがポイントになる。

●接ぎ木、台木親和性 ◆◆◆43

性質のちがう野菜の根をかりて栽培する方法。土壌病害の克服や品質向上を目的に行なわれる。接ぎ穂と台木との相性で接合部分のつながりぐあいは大きくちがい、これを台木親和性という。親和性が低いと枯れてしまうこともあるので、品種選びに注意すること。

●摘果 ◆◆◆52

果菜類の果実を摘みとる作業のこと。着果が多く養分の奪い合いを防ぎ、果実の太りを助ける。ほかにも、甘みを強くしたり、株の過繁茂や衰弱を防ぐなど、草勢を調節する効果も大きい。植えいたみの程度や肥料の効き方など生育初期の育ちぐあいを観察しながら行なう。

●摘芽（芽かき） ◆◆◆138

余分な養分消費を抑え、日当たりをよくするためにわき芽をとり除く整枝作業。トマト、ナス、ウリ類では摘心と同様に重要な作業であり、適期を逃さないことが肝心である。おくれると効果が半減するし、芽かき後の傷痕が大きくなり病菌が入りやすくなってしまう。

●摘心 ◆◆◆133

野菜つくりで行なう整枝作業で、つる先や茎の生長点を摘みとり、余分な生長を止める作業のこと。トマト、ナス、スイカ、メロン、カボチャ、キュウリなどにとっては、着果しやすい雌花を育てる大事な手入れである。

●転流作用 ◆◆◆122

根で吸収された水分や肥料養分、茎葉でできる同化養分や合成物質などが、別の器官に移動すること。同化養分は日中に茎葉ででき、おもに夜間の早い時間帯に流れる。新しい合成物質は、貯蔵器官となる蕾、花、果実（種子）、根、茎葉に流れる。

●同化養分 ◆◆◆41

光合成（炭酸同化）でできた葉緑体内にある同化でんぷんと、新しくできた合成物質のこと。光合成作用や転流作用は温度、湿度、光、土壌水分、肥料と深く関係するので、同化養分ができているかどうかは、野菜つくりで見落とせないポイントになる。

●土壌物理性、土壌化学性、土壌生物性 ◆◆◆168

野菜の生育栄養診断や手入れとかかわりの深い、三相分布、団粒構造、土壌の硬さ、排水などの特性が、土壌物理性である。土壌化学性は、土壌反応や成分の含有量などの諸特性の総称。土壌生物性は、農作物の生育にかかわる土壌の生物的な性質を示し、根のまわりの微生物、病原菌、ミミズなどの生息状況も生物性の判断として活用される。

●床しめ ◆◆◆67

水田を畑地に利用するとき、排水をよくするために心土破砕をし、亀裂（水みち）ができる場合がある。そのあと、水田に戻したときに漏水してかん水できなかったら、作土と下層土との境界部分に硬い耕盤をつくり、漏水を防止する方法を床しめという。代かきをくり返す、大型機械の車輪で加圧するなどの方法がある。

●徒長 ◆◆◆28

野菜の茎葉や節間が無駄に伸びる現象のこと。発芽時の胚軸（足）は伸びると傷ができて病菌に侵されやすくなるので、発芽後の移植作業に不便。葉菜の発芽時に、温度管理をよくし、受光量を多くする株間がポイントになる。ハウスやトンネル栽培では、温度と湿度が高く、光線不足になりやすいので、換気が大事である。

●粘質土、砂質土 ◆◆◆16

学問的には土の粒の大きさから区別されるが、ここでは現場での耕しやすさや、水分の保ちぐあいなどから判断する。粘質土は、水分が多くねばりが強いので、排水性をよくし、団粒構造にする土つくりが必要である。砂質土は前者と対照的に土の粒が大きいので、排水や通気性がよく耕起作業は容易だが、肥もちが悪い。

●葉枯れ現象 ◆◆◆29

野菜の体内の栄養バランスがくずれ、茎葉や果実中の水分が抜けて組織がこわれ、葉枯れを起こす現象。トマト、タマネギの葉先枯れ、イチゴの葉枯れがある。着果量を調節したり、根の機能回復を図ると治りは早い。

●被覆資材（寒冷紗、不織布） ◆◆◆30

ビニロン繊維で織ってあり、編み目の大きさ、遮光率にバリエーションがある。防虫、防鳥、防風のほか、遮光して温度調節を目的とするには、寒冷紗が有効。長繊維を織らずに、結合して布状にし、通気性をよくした不織布は、防寒保温用に使えるので、べたがけに使用するとよい。

●肥料濃度 ◆◆◆66

土中の水分に溶けている肥料養分の濃度のこと。施肥量が多すぎたり、雨にあたらないハウス栽培で肥料養分が残ったりすると濃度障害が起こる。水に溶けている塩類が濃くなると野菜の根がいたみ、葉枯れ、要素欠乏、ガス害などの生育障害が出るのも濃度障害である。

●微量要素 ◆◆◆82

野菜の生育に絶対に必要な元素のなかで、大量に必要とされる窒素、リン酸、カリウム、マグネシウム以外のもの。光合成や硝酸同化還元などの代謝作用に重要な役割を持ち、多すぎても不足しても、生理作用に強く影響する。

●VA菌根菌 ◆◆◆76

植物や野菜の根に共生する糸状菌で、特徴は共生する植物や野菜のリン酸、土壌中で動きにくい亜鉛、銅、鉄などの吸収を助けること。乾燥時のストレスの軽減、病害やセンチュウ害の抵抗性を高めるなどのはたらきもある。宿主植物から栄養分を供給されるので、その生存には宿主植物が不可欠。

●フィルム（農業用） ◆◆◆31

軟質フィルム、硬質フィルム、硬質板など質感もさまざまあるが、さらに用途によって細かく選択が可能になっている。そのバリエーションは、フィルムを通る光線の波長の調整、遮光や補光、生育促進や雑草防除に着色や除草剤をほどこしたものなど、枚挙に暇がない。光で風化して使用後に省力できる便利なものも出てきている。

●不耕起（部分耕起） ◆◆◆62

一度立てたウネまたは前作のウネをくずさず、ウネの中央の植える部分だけを耕起する。前年の栽培株の残った茎や根を土壌微生物で分解させ、そのあとに植える方法もある。いずれにしても、米ぬか、ぼかし、糖蜜、土着微生物や市販の土壌微生物資材を施用したあとに、たっぷりかん水して土壌を団粒構造にすることがポイント。

●腐植酸系土壌改良材 ◆◆◆76

原料の石炭や亜炭を硝酸などで分解、生成する腐植酸を石灰や苦土で中和した資材。土壌の腐植酸と同じはたらきで土壌の団粒化をうながしたり、保肥力を高める作用があり、野菜の根にちかい植穴施用が効果的。土壌改良資材としてアズミン、ハイフミン特号などが市販されている。

●腐植と腐植酸 ◆◆◆66

土壌中で動植物の遺体が微生物によって分解、再合成された暗色無定形（コロイド状）の腐植物質。腐植のはたらきは二つ。一つは、土壌微生物に分解され、野菜の栄養分となる栄養腐植。もう一つは、土壌微生物に分解されにくく、団粒形成を助ける陽イオンを保つ耐久腐植になる。

●マルチ栽培 ◆◆◆19

野菜の株元やウネ面を、敷きわらやフィルムで被覆して栽培する方法。マルチをすると地温と水分を保ち、肥料の流亡が防げる。さらに土砂の跳ね上がりを防ぎ、反射光線で害虫を寄せつけない、抑草などの効果もある。自給できるマルチとして、稲わら、麦わら、くん炭、モミガラ、未熟堆肥などがある。

●幼穂 ◆◆◆87

スイートコーンの場合、主茎のなかほどの下の節から分かれたわき芽の茎頂点で葉の分化が止まり、雌穂の基ができる。その穂が出穂するまでの時期を幼穂と呼ぶ。雌穂は子房を持つ雌花の多数の集まりで、子房の先端から長い絹糸雌ずい（めしべの柱頭に相当する器官）を伸ばして受精する。

●抑制栽培 ◆◆◆45

自然条件下の収穫適期よりおそい時期まで、野菜を収穫する栽培方法。野菜の種類によって、温暖、冷涼それぞれの気候を生かし収穫期間を延ばす。また、トンネルやハウスを利用し、保温して収穫期間を延ばす事例もある。

●ロータリー耕、反転耕 ◆◆◆66

一般に普及している耕起法。駆動式の耕うん機の複数の耕うん爪が回転して耕起と砕土が一度にできる。二〇センチメートルあまりの深さまで耕起でき、培土機を装着するとウネづくりにも利用される。土壌改良で天地返しする耕起法もあり、これをすると排水がよくなり雑草の生え方も変わる。

本書に掲載した主な資材（初出掲載順、ただし同一メーカーはまとめた）

資材名	問い合わせ先（会社名／住所／電話番号／URL）
エポック 地楽園 天酵源	（株）愛華 〒814-0161　福岡県福岡市早良区飯倉6-3-2 092-874-3939　ファックス 092-874-2600 http://www.aika-agriculture.co.jp/
キッポPXスーパー	（株）生科研＊ 〒861-2401　熊本県阿蘇郡西原村鳥子312-4 096-279-3133 http://www.n-seikaken.co.jp/
EB-a	林化学工業（株） 〒601-8357　京都市南区吉祥院石原堂の後西町31 075-661-3171 http://www.hayashi-hci.co.jp/
リーワン	（株）日本微生物 〒842-0014　佐賀県神埼市神埼町姉川1530 0952-53-4271 http://www.panox.co.jp/index.html
ハイフミン特号	日本肥糧（株） 〒103-0023　東京都中央区日本橋本町1-10-5 03-3241-4231 http://www.nihonhiryo.co.jp/
ハイプロN	（株）キングコール 〒101-0043　東京都千代田区神田富山町30-2 03-3256-9828 http://www.jade.dti.ne.jp/kingcoal/index.html

＊2014年1月1日付にて、「エーザイ生科研（株）」より「（株）生科研」に社名変更

著者略歴

川﨑　重治（かわさき　しげはる）

1930年生まれ。1949年佐賀県農事試験場勤務。以来、野菜、イモ類、花、特用作物などの研究に従事。作物の土壌生態と適地性、品種や育種、転換畑の排水技術と施肥や雑草防除などの栽培技術改善について研究。1989年佐賀県を退職後、八江農芸株式会社、国際協力事業団の専門家として中国派遣（4カ月）や大電株式会社、JA川副町に勤務後、1995年生態園芸研究所を設立。土壌微生物や酵素など民間農法を調査研究して現在に至る。
その間1990年から2010年まで中国、北京市、吉林省、遼寧省、浙江省、上海市、江蘇省の15都市、県を延べ35回訪問し、技術移転と華北地域、華中地域の野菜栽培などを現地調査。

著書
『野菜の作業便利帳』（農文協）、『作型を生かす　タマネギのつくり方』（共著・農文協）『タマネギ栽培のすべて』（近代農林社）、『総合野菜畑作技術事典　野菜編Ⅱ、続野菜編Ⅴ』（共著・農林統計協会）、『野菜栽培シリーズ　ネギ・香辛菜の上手なつくり方』（共著・家の光協会）、『そだててあそぼう　タマネギの絵本』（農文協）、『野菜栽培クリニック』（タキイ種苗）、同韓国語版　他
愛華農法『微生物・酵素で土と作物の自然力を引き出す』（農文協）

新版
野菜の作業便利帳——よくある失敗100カ条

1987年8月15日　初版 第1刷発行
2014年2月28日　新版 第1刷発行
2021年7月30日　新版 第5刷発行

著者　川　﨑　重　治

発行所　一般社団法人 農山漁村文化協会
郵便番号　107-8668　東京都港区赤坂7丁目6−1
電　話　03(3585)1142(営業)　03(3585)1147(編集)
F A X　03(3585)3668　振替 00120-3-144478
U R L　http://www.ruralnet.or.jp/

ISBN978-4-540-14115-7　DTP製作／㈱農文協プロダクション
〈検印廃止〉　印刷／(株)新協

製本／根本製本(株)
Printed in Japan　定価はカバーに表示

乱丁・落丁本はお取り替えいたします。